충북대학교 인문사회 연구총서

중국고대의 법제

中國古代의 法制

임병덕 저

충북대학교 출판부

목 차

머 리 말

본서는 제1장 중국고대법제의 성격, 제2장 『張家山漢墓竹簡』·「奏瀐(讞)書」, 제3장 『張家山漢墓竹簡·二年律令』「賊律」·「盜律」·「具律」, 제4장 『古人堤簡牘』과 『長沙尙德街出土東漢簡牘』, 맺음말 등으로 이루어져 있다.

제 1장은 본서에서 다루고자 하는 몇 가지 기본사료인 『張家山漢墓竹簡』·「奏瀐(讞)書」와 『張家山漢墓竹簡·二年律令』「賊律」·「盜律」·「具律」에 관한 해설이다.

제 2장에서는 『張家山漢墓竹簡』·「奏瀐(讞)書」를 다루고 있다. 『張家山漢墓竹簡』·「奏瀐(讞)書」는 1983년에서 1984년에 걸쳐서 장강중류지역의 湖北省 江陵 張家山에서 대량의 죽간이 발굴되었는데, 『二年律令』을 비롯한 일련의 죽간 자료와 함께 발굴된 법률관련 자료이다. 주요 내용은 22개의 재판 판례가 수록되어 있는데, 이에 대한 지금까지의 해석에 대한 정리를 시도하였다. 『張家山漢墓竹簡』·「奏瀐(讞)書」에 대한 주석과 해석은 池田雄一, 『奏讞書—中國古代の裁判記錄—』刀水書房, 2002; 高恒, 『秦漢簡牘中法制文書輯考』, 社會科學文獻出版社, 2008; 池田雄一, 『漢代を遡る奏瀐(讞)—中國古代の裁判記錄—』, 汲古書院, 2015 등을 기본적으로 참고하였고, 사료로는 ①張家山二四七號漢墓竹簡整理小組: 『張家山漢墓竹簡』, 文物出版社, 2001年; ②『張家山漢墓竹簡[二四七號墓](釋文修訂本)』, 文物出版社, 2006년; ③彭浩·陳偉·藤元男 主

編, 『二年律令與奏讞書 —張家山二四七號漢墓出土法律文獻釋讀』(上海: 上海古籍出版社, 2007)을 참고하였는데, 대체로 彭浩·陳偉·工藤元男 主編, 『二年律令與奏讞書 —張家山二四七號漢墓出土法律文獻釋讀』(上海: 上海古籍出版社, 2007)을 기본으로 하였다. 물론 이에 대한 많은 연구 논문도 있고, 당연히 이러한 연구논문도 참고하였다. 또한 韓國의 秦漢史硏究者들이 중심이 되어 10여년 전에 『張家山漢墓竹簡』·「奏獻(讞)書」에 대한 簡牘講讀會를 진행한 적이 있었는데, 이때에 筆者를 포함하여 김진영씨, 김진우씨, 이명기씨, 김동오씨, 유영아씨, 오준석씨, 김병준씨 등이 발표하였는데, 이 발표 자료들도 크게 도움이 되었다. 특히 案例21, 案例22의 경우 김동오씨의 해석에 적지 않은 도움을 받았다. 다만, 이 때 발표 자료는 특별히 출판된 것이 아니었기 때문에 참고한 부분을 인용할 수 없었다. 이 자리를 빌려 고마움과 미안함을 표한다. 또한 案例17 이후부터는 대체로 池田雄一, 『漢代を遡る奏獻(讞)—中國古代の裁判記錄—』, 汲古書院, 2015에 크게 의존하였음을 밝혀둔다. 『張家山漢墓竹簡』·「奏獻(讞)書」와 관련해서는 이를 사료로 해서 뛰어난 연구 성과를 발표한 오준석, 김종희씨 등의 논고가 있는데, 이들의 연구도 크게 도움이 되었다. 林健柱, 『中國古代의 法律과 判例文』, 백산자료원, 1999에는 이미 『張家山漢墓竹簡』·「奏獻(讞)書」 전문에 대한 번역이 수록되어있는데, 연구 여건이 매우 열악한 거의 20여년전 시기에 발표한 점을 감안하면 놀라울 정도로 뛰어난 번역이라고 생각된다. 당연히 林健柱씨의 연구성과를 빠짐없이 참고하였다.

제3장 『張家山漢墓竹簡·二年律令』 「賊律」·「盜律」·「具律」은 종전에 필자가 발표한 것인데, 틀린 부분이 적지 않았고, 또 그

동안 많은 연구가 진행되었기 때문에 새로이 수정하여 정리하였다.

제4장 『古人堤簡牘』과 『長沙尙德街出土東漢簡牘』은 모두 東漢法律資料이다. 『睡虎地秦簡』·『龍崗秦簡』·『里耶秦簡』·『岳麓秦簡』의 연이은 공개를 통해서 戰國秦에서부터 秦始皇始期, 그리고 統一 以後의 秦에 이르기까지의 中國古代法制의 變化와 繼承의 문제를 체계적으로 살펴볼 수 있게 되었고, 또한 이를 통하여 漢初인 『張家山漢簡』·「二年律令」을 거쳐 漢文帝의 刑法改革에 이르기까지의 中國古代律令의 변화에 대한 體系的인 接近도 가능하게 되었다. 秦漢律에 대한 자료와 그에 대한 이해는 종전과 비교할 수 없을 정도로 진척이 되었다. 中國古代 律令에 커다란 변화를 가져다 준 漢文帝13년의 刑制改革 이후, 그리고 東漢을 거쳐 魏晉南北朝에 이르는, 궁극적으로는 唐律에 이르기까지의 律令의 變化와 發展을 이해하기 위해서는 東漢時代의 出土法制文獻이 절실히 요구되고 있었는데, 지금까지 이 시기의 출토법제자료는 상대적으로 매우 빈곤한 상태이었다. 『古人堤簡牘』과 『長沙尙德街出土東漢簡牘』은 그나마 이러한 요구에 부응하는 東漢出土法律資料라 할 수 있다.

1987년 4월 湖南張家界市古人堤의 漢代房屋建築遺址에서 많은 문물과 함께 簡牘이 출토되었다. 그 출토상황에 대해서는 2003년 『中國歷史文物』에 발표되었다. 張家界古人堤漢律目錄은 紀年簡에 의하면 후한 和帝 永元(89-104)에서 安帝 永初(107-113)까지의 것으로 『張家界古人堤簡牘』중에 포함된 「盜律」과 「賊律」의 목록은 완벽하지는 않지만 2001년 발표된 『二年律令』「賊律」의 변화상을 중간 점검할 수 있는 자료라고 할 수 있다.

張家界古人堤漢律目錄이 東漢 和帝 永元(89-104)에서 安帝 永初(107-113)까지의 것, 즉 東漢 初中期 정도에 해당한다면, 『長沙尙德街出土東漢簡牘』의 경우에는 대체로 그 보다 늦은 東漢 靈帝(168-189) 이후에서 三國吳의 중기 정도에 해당한다. 『長沙尙德街出土東漢簡牘』의 公文書에는 이 시기의 東漢中後期의 율령을 엿볼 수 있는 중요한 내용을 담고 있다. 그러나 『長沙尙德街東漢簡牘』은 거의 최근에 나온 자료이기 때문에 필자의 능력과 이 책을 출판해야할 시간관계상 그 완벽한 해석과 의미를 가지고 치밀하게 분석할 수는 없었다. 제 4장에서는 기존의 文獻史料와 『長沙尙德街東漢簡牘』과의 대강의 비교를 통하여 그 의미를 스케치해 보았다.

마지막 맺음말은 최근에 발표한 오준석씨의 「秦代 縣廷의 조세수입 연구」에 대한 내용에 대해 몇 마디 덧붙이는 것으로 마무리를 하였다.

이상의 필자의 연구서는 주로 중국고대 법제사연구에 기초가 되는 기본자료에 대한 해석과 해설에 중점을 두고 있다. 역사학에서 가장 중요한 것은 말할 것도 없이 사료인데, 본서에서는 중국고대법제 연구의 기본이 되는 몇 개의 출토법률문서에 대한 비교적 자세한 정리를 시도하였다. 부족한 부분은 앞으로 후속연구를 통해 계속해서 보충하기로 하겠다.

제1장

中國古代의 法制 資料의 性格

1. 『張家山漢墓竹簡』·「奏讞(讞)書」

제1장에서 다루고자 하는 몇 가지 기본사료는 『張家山漢墓竹簡』·「奏讞(讞)書」와 『張家山漢墓竹簡·二年律令』「賊律」·「盜律」·「具律」에 관한 해설이다. 중국고대 간독자료의 법률 문서에는 律令 조문 이외에도 구체적인 사건의 정황을 전하는 소위 '案例'도 다수 있는데, 『張家山漢簡』·「奏讞(讞)書」과 2013년 6월 『岳麓書院藏秦簡』(參)으로 출판된 『岳麓書院藏秦簡』(參)·「爲獄等狀四種」이 바로 그것이다.

근래 다량으로 출토되고 있는 중국의 출토 간독자료는 중국 고대사 연구의 일차자료로서 중요한 가치를 가지고 있다. 『張家山漢簡』·「奏讞(讞)書」와 『岳麓書院藏秦簡』(參)·「爲獄等狀四種」의 案例들은 실제 당시 재판 과정과 각급 사법절차의 진행을 여실히 보여주는 사례들로, 이른 바 秦漢帝國의 律令支配에 대한 이해에 도움이 되는 자료이다. 『張家山漢墓竹簡』·「奏讞(讞)書」는 1983년에서 1984년에 걸쳐서 장강중류지역의 湖北省 江陵 張家山에서 대량의 죽간이 발굴되었는데, 『二年律令』을 비롯한 일련의 죽간 자료와 함께 발굴된 법률관련 자료이다.[1] 주요 내용은 22개의 재판 판례가 수록되어 있지만, 과연 이러한 내용이 당시에 발생한 사실을 그대로 반영한 것인가에 대해서는 의문이 있다. 그렇지만 재판이 진행된 당시의 역사적 사실을 생생하게 전하고 있기 때문에 모든 내용이 창작된 것이라고도 말 할 수 없다. 「奏讞(讞)書」는 당시의 율령이 어떻게 운영되고, 재판이 어떻게 진행되었는가를 생생하게 보여주고 있다. 여기서 문제가 되는 것은 관료제가 율령에 기초하여 어떻게 운영되었는가 하는 점이다. 따라서 「奏讞(讞)書」의 내용은 종래 문헌자료에서는 이해할 수 없었던 秦漢時期 국가의 지배 실상을 율령을 통해서 새롭게 인식할 수 있는 기회를 제공하고 있다. 「奏讞(讞)書」는 바로 '법치국가의 출현'을 의미한다. 즉 春秋時代에서 前漢初期에 걸친 재판기록은 당시 민들의 일상과 직접적인 관계를 맺고 있었기 때문에 「奏讞(讞)書」의 이해는 단순한 秦漢時期의 律令에 대한 이해를 넘어선 국가체제의 운영을 이해하는데 커다란 단서를 제공하고 있다.[2] '奏讞(讞)'은 재판에서 심리에 관계한 관리들의 의견이 판결을 내릴 때, 일치하지 않았을 경우, 또는 論·論決·決事·判(判決)을 행할 때에 근거가 되는 律·令이나 比(判例) 등으로 판결이 확실하지 않은 이른바 '疑獄' 사건 인 경우, 상급심에 판단을 요구하는 제도이다. 확정한 판결에서 하자

1) 江陵張家山漢簡整理小組, 「江陵張家山漢簡『奏讞書』釋文(一)」, 『文物』1993-8 및 「江陵張家山漢簡『奏讞書』釋文(二)」, 『文物』1995-3; 張家山二四七號漢墓竹簡整理小組 編, 『張家山漢墓竹簡[二四七號墓], 文物出版社, 2001; 池田雄一 編, 앞의 책, 2001; 彭浩·陳偉·工藤元男 主編, 『二年律令與奏讞書─張家山二四七號漢墓出土法律文獻釋讀』, 上海古籍出版社, 2007.

2) 「奏讞書」 22개의 案例 가운데에는 前漢初期(漢 高祖6년에서 11年間)의 기록이 16건, 秦代 4건, 춘추시기 2건이 있다(澎浩, 「談『奏讞書』中的西漢案例」, 『文物』 1993-8 및 「談『奏讞書』中秦代和東周時期的案例」, 『文物』1995-3).

가 생겨서 행하는 再審(覆審, 復審)과는 다르지만, 上下가 다른 행정단위에서 동일 안건을 반복 심판하는 제도이며 일종의 審級制度와 유사한 면도 있다. 그 형식은 주로 사건을 담당하는 관리인 縣令 또는 縣丞이 형사소송을 제기하는 '告劾', 재판을 열어 심문하는 단계인 '訊', 추가로 심문하는 '詰', 피고가 이의 없음을 의미하는 '毋(無)解', 治獄을 담당하는 관리들이 안건을 조사하고 심리한 결과, 확인된 범죄의 사실을 간략하게 결론지은 기록인 '鞫', 마지막에는 최종심판을 '審', 판결을 의미 '論' 등으로 구성되어 있다. 이 '奏讞(讞)'에 대해서는 『漢書』·「刑法志」에 다음과 같이 비교적 자세히 서술되고 있다.

> [高祖 7년(기원전 200년)에] 어사에게 조서를 내렸다. "지금부터 지방의 현(縣)·도(道)의 관리가[3] 판결하기 어려운 사건은 각각 자신이 소속된 군수(郡守)에게 보고하고[4] 군수는 각각 적합한 죄명을 결정하여 현(縣)·도(道)에 회답하도록 하라. 군수가 판결하기 어려운 안건은 모두 정위(廷尉)에게 보고하도록 하고 정위는 마땅히 신중하게 판결하여 회답하도록 하라. 정위가 결정하기 어려운 안건은 삼가 신중하게 자료를 갖추어서 상주하고 마땅히 비교하고 참조할만한 율령을 첨부하여 황제에게 보고하도록 하라." 하라고 하였다.[5]

---

3) 道: 소수민족이 거주하는 변경지역의 縣을 道라 한다.

4) 二千石: 여기에서는 郡太守를 가리킨다.

5) 『漢書』·「刑法志」, 1106쪽, "自今以來, 縣道官獄疑者各讞所屬二千石官, 二千石官以其罪名當報之. 所不能決者, 皆移廷尉, 廷尉亦當報之. 廷尉所不能決, 謹具為奏所當比律令以聞."

『漢書』·「刑法志」에는 판결하기 어려운 사건의 경우, 縣·道 → 郡 → 중앙 廷尉 → 皇帝로 올라가는 중국고대 '奏潚(讞)制度'의 실제에 대하여 상세히 설명하고 있다. 이 사례에서 알 수 있듯이 廷尉와 郡守는 비록 같은 二千石官이지만, 司法 案例를 다루는데 重要性은 다르다는 점을 알 수 있다. 한편으로는『漢書』·「刑法志」에 나오는 '奏潚(讞)'에 대한 기술이 漢高祖 7년(기원전 200년)이라는 점도 주목된다. 왜냐하면『張家山漢簡』·「奏潚(讞)書」에서 다루는 案例의 시기가 漢高祖 6년—漢高祖 11년에 집중되어 있기 때문이다.[6] 즉『張家山漢簡』·「奏潚(讞)書」의 案例와『漢書』·「刑法志」의 위의 내용은 밀접한 관련이 있다고 보인다.

이러한 訴訟 節次에 관해서는 『睡虎地秦簡』·「法律答問」의[7] 告訴와 投書와 관련한 조항에서도 하급관리가 상급관리에게 심의하는 내용이 확인된다.

> ① 율문에서 말하기를, "소송을 제기하는 자는 廷에 소송한다."라고 한다. •郡守가 "廷"이 될 수 있는가? 될 수 없는가? "廷"이 될 수 있다. 율문에서 말하기를 "소송을 제기하는 자는 官長·嗇夫에게 먼저 소송을 제기하지 아니한다."라 하는데, 무엇을 "官長"이라 하는가? 무엇을 嗇夫라 하는가? 都官을 주관하는 관원을 "長"이라 칭하고, 縣을 주관하는 관원을 "嗇夫"라 칭한다[8]

---

6) 案例1과 案例2가 漢高祖11년, 案例3·案例4·案例5가 漢高祖10년, 案例6·案例7·案例8·案例9·案例10·案例11·案例12가 漢高祖 8년 이후, 案例14가 漢高祖 8년, 案例15가 漢高祖 7년, 案例16이 漢高祖6년으로 되어 있다.

7) 睡虎地秦墓竹簡整理小組,『睡虎地秦墓竹簡』, 文物出版社, 1978. 이하『睡虎地秦簡』으로 약칭하고 인용 쪽수는 생략한다.

② 율문에서 말하기를, "익명으로 투서된 서신이 있으면, 뜯어보지 말고, 뜯어보았다면 즉시 불살라야 한다. 능히 투서자를 체포할 수 있었다면 남녀 노예 두 명을 상으로 주고, 투서자를 구금하여 그 죄를 심의하여 결정한다."라고 한다. 이 율문이 말하는 바는, 익명의 서신은 보았지만 투서한 자를 붙잡지 못했을 경우, 마땅히 서신을 불사르지 말고 뜯어보지 말아야 하며, 투서한 자를 붙잡았을 경우는 서신을 불사르지 말고 투서한 자를 심문하여 죄를 결정한다는 것이다.[9]

상기의 "辭者辭廷" 簡은 告訴를 하는 경우, 판결 수속과 관련한 내용이다. 秦代 縣은 재판 소송의 최하급 행정단위임을 알 수 있다. 縣에서 이 사건 을 처음으로 담당하지만, 郡 역시 관련 업무를 맡고 있음을 언급하고 있다. 즉 사건을 판결할 경우, 우선 縣에서 처리하지만 獄疑가 있을 경우, 郡으로 상급심을 요청하는 내용이다.[10] "有投書" 簡의 내용 중, 투서를 한 자가 체포되면, 獄에 繫留하고 鞫審을 행하지만 이 경우에 "讞"이 함께 진행되고 있다. 이와 같이 秦代에도 비록 그 자세한 내용을 확인할 수 없지만 재판기록이 존재했음을 알 수 있다.[11]

---

8) 『睡虎地秦簡』·「法律答問」, "辭者辭廷." •今郡守爲廷不爲? 爲殹(也). "辭者不先辭官長·嗇夫." 可(何)謂"官長"? 可(何)謂"嗇夫"? 命都官曰"長", 縣曰"嗇夫". 이에 대한 번역은 윤재석역주, 『수호지진묘죽간 역주』, 소명출판, 2010을 따랐다.

9) 『睡虎地秦簡』·「法律答問」, "有投書, 勿發, 見輒燔之; 能捕者購臣妾二人, 毄(繫)投書者鞫審氵獻之." 所謂者, 見書而投者不得, 燔書, 勿發; 投者【得】, 書不燔, 鞫審氵獻 之之謂殹(也)"

10) 池田雄一, 『漢代を遡る奏瀫(讞)—中國古代の裁判記錄—』, 汲古書院, 2015, 4쪽.

11) 金慶浩, 「秦漢法律簡牘의 內容과 그 성격 — 嶽麓書院藏秦簡(參)·(肆)의 내용 분석을 겸하여 —」, 『中國古中世史硏究』42, 2016년 11월, 217쪽.

물론 이 '奏讞(讞)制度'가 제대로 운영이 되었는지는 의문이다. 『漢書』·「景帝紀」에는 奏讞(讞)의 운영을 철저하게 하라는 조서가 다음과 같이 거듭 발표되고 있다.

① 중원5년(기원전 145년)에 또 조서를 내려서, "의혹이 있어서 판결하기 어려운 모든 안건에 대하여, 비록 옥리가 교묘하게 법을 적용하여 유죄의 판정을 내렸다하더라도 인심에 납득되기 어려운 경우에는 마땅히 다시 자세히 조사하여 사실을 가려서 재판을 하도록 하라."고 하였다.[12]

② 후원년(기원전 143년) 조서를 내려서, "재판은 중대한 일이다. 사람들에게는 지우(智愚)의 차이가 있고, 관(官)에는 상하(上下)의 구별이 있다. 판결하기 어려운 안건은 상급기관에 보고하여 재결을 받아 판결하면,[13] 그 후 판결이 잘못된 것이 밝혀진다 하더라도 그것은 보고하여 판결한 자의 過失로 하지 않는다."[14]

판결하기 어려운 사건의 경우, 縣·道 → 郡 → 중앙 廷尉 → 皇帝로 올라가서 판단을 구하는 奏讞(讞)制度가 존재하였음에도 불구하고 실제적으로 다른 기관에 판단을 맡기는 것이었으므로 관리들의 저항이 상당했음을 살피게 한다.[15]

『張家山漢墓竹簡』·「奏讞(讞)書」 중의 재판기록(案例)의 내용을 간략히 소개하면 다음과 같다.

---

12) 『漢書』·「景帝紀」, 148쪽.

13) 讞: 죄를 결정하기 어려운 경우에 상급기관에 上言해서 그 판결을 청하는 것.

14) 『漢書』·「景帝紀」, 150쪽.

15) 池田雄一, 앞의 책, 8-9쪽.

案例1: 漢高祖 11년(기원전 196년) 8월 6일에 請讞. 毋憂는 蠻夷로 성인남자로 해마다 賨錢을 내어 傜賦에 충당하였고, 都尉 窯가 屯戍하도록 보냈는데, 도망하였다가 체포됨. 廷尉의 최종판결은 腰斬.

案例2: 漢高祖 11년(기원전 196년) 8월 3일 請讞. 女子 '媚'는 전에 士五 '點'의 婢로 楚時에 도망하였고 漢의 시대가 되어 漢나라에 항복하였는데, 명적에 등기하지 않은 채, 士五 '點'이 체포하여 士五 '點'은 女子 '媚'를 호적에 등기하여 다시 婢로 하고, 大夫 '祿'의 處所에 팔았는데, 女子 '媚'가 도망한 내용. 廷尉屬官이 제출한 판결안: "女子 '媚'의 얼굴의 광대뼈에 黥해서 大夫 '祿'에게 준다." 혹은 "서인으로 해야 한다."

案例3: 漢高祖 10년(기원전 197년) 7월 3일에 請讞. 關中으로 徙民된 齊의 여성과 호송을 담당한 獄史와의 逃亡. 廷尉의 최종판결은, 闌을 '黥爲城旦'으로 처벌.

案例4: 漢高祖 10년(기원전 197년)] 12월 9일에 請讞. 私家의 여자 노비가 도망하고 거짓으로 호적을 만들어 다른 사람에게 시집감. 廷尉의 최종판결은 도망인을 娶해서 처로 삼은 것으로 논죄해서 '斬左趾城旦'으로 처벌.

案例5: 漢高祖 10년(기원전 197년) 7월 24일에 請讞. 江陵縣의 縣令인 餘와 縣丞인 驁이 감히 請讞합니다. 楚漢이 대립할 당시 한으로 도망하여 해방된 大奴 武가 원래의 주인에게 발각되어 체포하러 간 관리인 求盜 視를 傷害함. 廷尉의 판결안은 大奴 武는 黥爲城旦으로 처벌. 求盜 視의 죄를 면제.

案例6: 公大夫인 昌이 석방될 노비 相如를 매질하여 죽인 사건. 廷尉의 최종판결은 公大夫인 昌을 허위 진술한 범죄로 처벌.

案例7: 도망한 노비 주인이 돈을 받고 도망한 사실을 숨긴 사건. 廷尉의 최종판결은 뇌물을 주고받은 죄로 처벌.

案例8: 노비가 도망하자 관리의 관리상의 책임을 물어 처벌. 戍卒 官大夫 有의 부서를 경유해 노비가 도망하자 관리의 관리상의 책임을 물어 처벌함. 廷尉의 최종판결은 戍卒 官大夫를 贖耐로 처벌.

案例9: 관리가 형도를 개인적으로 일을 시키고, 관부의 일을 한 것이라고 문서를 위조함. 廷尉의 최종판결은 '僞書'.

案例10: 관리가 형도를 개인적으로 일을 시키고, 관부의 일을 한 것이라고 문서를 위조함. 廷尉의 최종판결은 '僞書'.

案例11: 大夫 犬이 다른 사람의 말 통행증을 훔쳐서 부정으로 사용한 사건. 廷尉의 최종판결은 '僞書'.

案例12: 郵人인 官大夫 內가 문서의 이송을 8일간 지체시키고 관공서의 전달기록을 바꾸려고 한 사건. 廷尉의 최종판결은 '僞書'.

案例13: 공문서를 훔친 범인의 母를 관리가 拘留하고 있었는데 뇌물을 받고 풀어줌. 廷尉의 최종판결은 罰金4兩

案例14: 五大夫인 獄史가 名數(戶籍)가 없는 남자를 1개월 은닉한 사건인데, 名數를 自占(호적을 자진 신고 등록)하지 않은 자를 집에 숨긴 자는 自占하지 않은 자와 동죄로 처벌한다는 규정에 따라 五大夫 獄史도 결국 耐爲隷臣으로 처벌되었다. 案例14 이후는 吏의 범죄가 중심이 되고 있다.

案例15: 제 15 案例는 左庶長으로 600석인 醴陽令이 관미 263석 8두를 횡령한 사건인데, 관리가 660석 이상의 재물을 절취한 죄로 경위성단에 처벌되었다. 판결직전 '吏'가 660전에 해당하는 재물을 절도한 경우 작으로 감면되거나 속형될 수 없다는 율문이 나오고 있는 점이 주목된다.

案例16: 縣令이 치옥을 담당하는 관리를 사사로이 살해. 최종 판결은 적용해야 할 律로 "賊殺人棄市"가 열거되고, "賊殺人棄市"에 따라 棄市로 처벌되고 있다. 案例16은 縣令을 중심으로 故吏 그룹의 집단범죄이다. 案例 가운데 '爰書'名을 가진 문서가 등장하는 유일한 사례이다.

案例17: 소를 훔친 것으로 누명에 대한 의안으로 오심으로 복역하고 있는 본인이 廷尉에게 재심을 요구하고 있다. '乞鞫'에 의한 재심이 요구되고 '吏'의 '失'이 審問되고 있다. 초심과 재심이 秦王政元年(기원전 246년)에 해당한다.

案例18: 변경에서의 반란을 토벌할 때에 도망한 일에 관한 책임문제를 다룬 것. 현의 재판이 방치되어 郡이 御史의 지시로 裁判을 재개한다. '蒼梧反亂'과 그 사건처리를 둘러싼 縣長吏의 律 適用의 不正으로 '縱囚'의 문제를 다룬 것으로 재심의 개시가 秦始皇27년(기원전 221년) 2월, 재심종료는 秦始皇28년(기원전 220년) 9월에 해당한다.

案例19: 國君의 夫婦에 올린 요리에서 異物이 나와 이를 문책

하는 내용. 國君이 異議를 포착해 사실심리를 세밀히 진행하여 무죄를 증명한다. 시기는 춘추시대에 해당.

案例20: 관리가 관유의 곡물을 훔침. 國君이 異議를 포착해 법률을 엄격히 적용해서 죄를 재단함. 시기는 春秋時代에 해당.

案例21: 寡婦가 남편이 사망한 직후 私通을 함. 縣의 재판으로 결론이 나지 않아서 廷尉가 판결을 행한다. 不孝罪의 법적용을 둘러싼 논의가 중심이다. 초심은 秦王政元年(기원전 246년)년부터 秦王政2年(기원전 245년)사이, 또는 秦二世皇帝元年(기원210년)부터 秦二世皇帝2年(기원209년) 사이에 해당.

案例22: 여자를 상해하고 돈을 강탈한 사건을 다루고 있는데, 縣의 재판에서 무능한 관리가 도중에서 교체되고, 새로운 관리가 범인을 체포해서 무사히 재판이 종료된다. 咸陽에서 일어난 강도상해사건의 해명을 취급한 사건보고와 그 공적자의 현창・郡卒史에의 추천을 말미에 제공하고 있다. 이 案例는 당시의 사건조사의 양상을 이해하는데 매우 귀중한 자료이다. 초심 개시는 秦王政6年(기원전 241년) 8월.

案例1—案例5는 縣・道 → 郡 → 중앙 廷尉 → 皇帝로 올라가서 판단을 구하는 奏讞(讞)制度의 형식으로 '敢讞(讞)之'로 시작하는 請讞(讞)의 형식이 잘 나타나 있다. 내용적으로는 漢民의 逃亡이나 亡繇, 결혼에 얽힌 戶籍의 不正한 登記, 율령규정의 해석을 둘러싼 오해, 해석의 차이을 바르게 정하는 안례로 되어 있고, 심리의 중요한 부분이《鞫···審》의 형식을 취하고 있다. 그런데, 案例6-案例13은 案例1-案例5와 달리 郡守가 직접 奏讞(讞)하는 것 같은 형식을 취하고 있고, 문서의 마지막에 疑罪라고 표기한 점 등도 案例6-案例13에서 보이는 공통적인 형식이라 할 수 있다. 案例1—案例5가 '敢讞之'의 형식을 취하고 있는데 비하여 案例6~案例13가 아니라 '讞(讞)'의 형식을 취하고 있는 점도 案例6—案例13의 특징이라 할 수 있는데, 그것은 案例1-案例5와 달리 案例6—案例13은 郡守가 직접 奏讞(讞)하였는데, 廷尉와 郡守는 '秩'이 같기 때문에 '敢讞之'가 아니라 '讞'을 사용했을 것이다. 案例6—案例13까지는 간결한 小文章으로 구성되어 있고, 郡守의 '讞'을 시작으로 해서 매우 간략한 요점이 기술된 案例群을 이루고 있다. 발생지역도 주변 郡으로 확대되어 있으며 有爵者나 吏와 관계된 범죄가 다수를 구성하고 있다. 여기에서 거론되고 잇는 범죄내용도 「錯告不孝」·「受行財枉法」·「僞書」 등이다. 案例1~案例16이 주로 漢初의 奏讞(讞)이라 하면, 案例17-案例22은 春秋時代와 戰國秦, 秦始皇 시기의 奏讞(讞)의 사례로 시기도 다르고, '讞(讞)'·'敢讞(讞)之'·'報' 등의 奏讞(讞)用語를 포함하지 않는 등 매우 다른 특징을 보여주고 있다. 특히 案例19 이후에는《鞫···審》을 전혀 다루지 않고 있다.

『岳麓秦簡』은 中國 湖南大學 岳麓書院에서 소장하고 있는 秦代 간독류를 지칭한다. 호남대학 악록서원은 2007년 홍콩의 골동품 시장에서 2,098매에 달하는 간독을 구입했고, 이어서 2008년 홍콩의 수집가로부터 76매의 간독을 추가로 기증받아 모두 2,174매의 진대 간독을 소장하게 되었다. 岳麓書院 이 중 비교적 완전한 1,300여 매의 간독을 분류해서 釋文작업을 진행했는데, 내용은 크게 「質日」·「爲吏治官及黔首」·「占夢書」·「數」·「爲獄等狀四種」·「律令雜抄」 등으로 분류된다. 이 중 「質日」·「爲吏治官及黔首」·「占夢書」는 2010년 『岳麓書院藏秦簡』(壹)로 간행되었고, 「數」는 2011년 『岳麓書院藏秦簡』(貳)로 간행되었다. 본서에서 분석할 「奏讞狀」 문서는 「爲獄等狀四種」이라는 표제를 붙여 2013년 6월 『岳麓書院藏秦簡』(參)으로 출판되었다. 「爲獄等狀四種」은 주로 秦 통일 직전 秦王 政 때의 재판관계 문서로 252매의 죽간으로 이루어져 있고 내용은 江陵·州陵縣 등 지방의 縣급기관에서 상부기관으로 奏讞해 심의하고 판결한 案例들이다. 그 구성으로는 '敢潚(讞)之'·'敢言(潚)之'·'疑罪·'子潚(讞)'·'潚(讞)固有審'·'潚(讞)報' 등의 奏潚(讞)用語를 포함하고 있으며 또한 '告'·'劾'·'覆'·'气(乞)鞫'·'訊'·'診'·'詰'·'問'·'鞫'·'吏議'·'論' 등의 재판의 추이를 전하는 용어도 보인다. 즉 『張家山漢墓竹簡』·「奏潚(讞)書」의 사례와 거의 동일하다. 『岳麓書院藏秦簡』(參)에 보이는 '潚(讞)報'는 『張家山漢墓竹簡』·「奏潚(讞)書」에 '報'·'廷報'와 똑같은 下達文書이다.[16] 『岳麓書院藏秦簡』(參)보이는 모두 15건의 案例인데, 형식에 따라 살인·사기·협박·수뢰·盜殺人·和姦·强姦·문서위조·탈영에 관한 案例 등으로 구분할 수 있다.

『張家山漢墓竹簡』·「奏潚(讞)書」의 기본적인 내용은 상급 기관에 재판의 의문에 대해 해답을 구하는 上報의 형식을 띠고 있다. 일반적으로 문서의 마지막 부분에 "疑 某罪", "疑罪" 또는 "敢潚之"라고 기록한다. 그 형식은 대체로 다음과 같다. 1) 告劾 : 주로 사건을 담당하는 관리인 縣令 또는 縣丞이 형사소송 을 제기

16) 池田雄一, 앞의 책, 15쪽.

하는 것을 말한다. 2) 訊 : 재판을 열어 심문하는 단계이며, 그 대상은 피고인과 사건 관련자들이다. 「奏讞書」에는 주로 추가로 심문하는 "詰"의 단계가 빈번히 확인되며, 詰問은 피고가 이의 없음을 의미하는 "毋(無)解"라고 대답하면 마무리된다. 3) 鞫 : 治獄을 담당하는 관리들이 안건을 조사하고 심리한 결과, 확인된 범죄의 사실을 간략하게 결론지은 기록이다. 주요 내용은 사건의 개요, 발생한 범죄 사실 등이 포함되며, 마지막에는 "審"또는 "皆審"이라고 기록한다. 4) 論 : 판결을 의미한다. 판결을 할 때에는 범죄 사실과 관련 조문을 인용하거나 피고의 죄를 定罪하는 형식을 취한다. 예를 들면 「奏讞書」 안례 14와 15는 법률 조문을 인용하여 판결을 내리고 있으며, 안례 4의 "當以娶亡人爲妻論, 斬左止爲城旦"과 같이 "當以某某論"의 형식을 띠고 있다.[17)]

『岳麓秦簡』·「爲獄等狀四種」과 『張家山漢簡』·「奏讞書」의 案例들은 중앙 국가권력이 발신한 율령이 이를 수신하는 기층 사회와 만나서 접촉하는 상호 교신의 場이라고 할 수 있다. 따라서 이와 같은 案例들은 황제권력이 지향하는 율령지배의 구체적인 양상을 확인할 수 있는 동시에, 일률적인 국가권력의 법적 지배에 조응하는 민간사회의 다양한 양태를 생생하게 그려낼 수 있는 좋은 사례라고 할 수 있다. 治獄을 담당하는 관리들이 안건을 조사하고 심리한 결과, 확인된 범죄의 사실을 간략하게 결론지은 기록인 鞫은 『岳麓秦簡』·「爲獄等狀四種」과 『張家山漢簡』·「奏讞書」에 몇가지 형식으로 나타난다. 첫째는 《鞫之……審. 疑「某某」 罪……, 敢潚(讞)之.》의 형식으로 『岳麓秦簡』·「爲獄等狀四

17) 金慶浩, 앞의 글, 218쪽.

種」의 案例2・案例5・案例6・案例7과 『張家山漢簡』・「奏讞書」案例1・案例2・案例3・案例4・案例5가 이에 해당한다. 이 사례는 縣廷에서 안건을 심사하고 조사한 결과를 정리하여 상급기관인 郡府 혹은 廷尉府에 재판의 의문에 대해 해답을 구하는 형식이다. 둘째는 《鞫之……審. 當(論):「某罪」.》의 형식으로 『岳麓秦簡』・「爲獄等狀四種」의 案例8과 『張家山漢簡』・「奏讞書」案例14・案例15・案例16・案例17・案例18이 이에 해당한다. 이 사례는 縣廷 혹은 郡府에서 조사 후 스스로 판결을 하는 형식이다. 셋째는 《鞫之……某當……罪. 審.》의 형식으로 『岳麓秦簡』・「爲獄等狀四種」의 案例1・案例3・案例4가 이에 해당하며 '鞫之'의 내용이 곧 판결내용으로 나타난다.[18)]

한편, 『張家山漢墓竹簡』・「二年律令」에는 다음과 같이 재심, 즉 覆獄에 관한 상세한 내용이 나오고 있다.

> 죄인의 재판이 종결되었으나, 스스로 형벌이 부당하다고 하여 다시 재심을 원하는 경우 이를 허가한다. 재심요구가 정확하지 않으면 죄 1등을 더한다. 죄인이 또다시 재심을 요구하였을 때는, 肉刑을 받아야 하는 경우는 肉刑을 가한 후 再審要求를 들어준다. 死罪의 경우에는 직접 재심을 청구할 수 없고, 그 父・母・兄・姊・弟・夫・妻・子가 재심을 청구하려고 한다면[19)] 들어준다. 그 재심요구가 부정확할 경우에는 黥城旦舂으로 한다. 나이가 아직 열 살이 되지 않았는데, 재심을 청구한다면 허락하지 않는다.

---

18) 陳炫瑋, 「秦漢時代的乞鞫制度及其相關問題探究」, 『清華學報』 新46권-2기, 2016, 244-245쪽.

19) "其父・母・兄・姊・弟・夫・妻・子欲爲气(乞)鞫" 『晋書』・「刑法志」, "二歲刑以上, 除以家人乞鞫之制, 省所煩獄也"

재판이 종결되고 나서 一年이 경과되었을 때는 재심을 청구할 수 없다. 재심을 청구하는 경우 각각 거주하고 있는 縣이나 道에 가서 供述하고 縣道의 官의 令·長·丞은 嚴正히 접수하여 재심청구를 문서로 작성하여 안건을 관할하는 바의 二千石官에게[20] 上申하라. 二千石官은 都吏에게 명해서 이를 다시 조사케 한다. 都吏가[21] 다시 조사하여 판결을 재심한 내용은 法廷[22] 및 郡이 각각 인근의 郡에 통달하고[23], 御史·丞相이 최종 판결한 내용은 法廷에 通達하라.[24]

『張家山漢墓竹簡』·「二年律令」에 보이는 상기의 재심에 관한 내용은 피고인이나 피고인과 관련된 자들에 의한 再審申請으로[25], 『岳麓秦簡』·「爲獄等狀四種」의 案例11, 案例12와 『張家山漢簡』·「奏讞書」의 案例17 등의 사례에 자세히 나타나고 있다. 또

20) 二千石: 漢代 관리의 祿俸 等級인데 실제로는 官位品秩의 표시이다. 漢代에는 內로는 九卿 外로는 郡守에 이르기까지 年俸祿이 모두 二千石인데 이 二千石은 三級으로 나누어진다. 그 三級은 각각 中(滿)二千石, 二千石, 比(比照)二千石이다. 『後漢書』·「百官志」에 의하면, 中二千石은 月俸一百八十斛, 二千石은 月俸一百二十斛, 比二千石은 一百斛으로 穀物과 貨幣로 支拂하도록 되어 있다.

21) 都吏: 都吏는 二千石官 직속의 관리. 이 규정에 의하면, 縣·道가 수리한 재심의 안건은 二千石官으로 송부되고 그 직속의 都吏에 의해서 심판되게 된다.

22) 京都大注釋: 廷은 縣廷, 郡廷, 廷尉 등 각각의 단계에서 재판을 행하는 부서.

23) 移: 整理小組는 '移書'로 해석. 안건을 다른 재판소로 옮긴다는 뜻.

24) 『二年律令』, 114簡-117簡, "罪人獄已決, 自以罪不當, 欲气(乞)鞫者, 許之. 气(乞)鞫不審, 駕(加)罪一等; 其欲復气(乞)鞫, 當刑者, 刑乃聽之. 死罪不得自气(乞)鞫, 其父·母·兄·姊·弟·夫·妻·子欲爲气(乞)鞫, 許之. 其不審, 黥爲城旦舂. 年未盈十歲爲气(乞)鞫, 勿聽. 獄已決盈一歲, 不得气(乞)鞫. 气(乞)鞫者各辭在所縣道, 縣道官令·長·丞謹聽, 書其气(乞)鞫, 上獄屬所二千石官, 二千石官令都吏覆之. 都吏所覆治, 廷及郡各移旁近郡, 御史·丞相所覆治移廷."

25) 『周禮』·「秋官」'朝士', "期內之治聽, 期外不聽[鄭司農云, 謂在期內者聽, 期外者不聽. 若今時徒論決滿三月不得乞鞫]"

한 상급기관에서 覆獄을 집행한 사례로는 『岳麓秦簡』·「爲獄等狀四種」 案例1, 案例3, 案例4, 『張家山漢簡』·「奏讞書」 案例16, 案例18 등이 있다. 覆獄의 과정은 治獄과 거의 동일하다. 이러한 覆獄의 사례에 대한 이해를 통하여 진한대의 사법체계 및 그 운영의 시스템의 이해에 큰 도움이 될 것이다. 『張家山漢簡』·「奏讞書」 案例가 실제 재판의 사례인지는 의문이 있다. 당시의 관리가 율령을 학습할 때, 율령의 기본 내용만이 아니라 더욱 중요한 것은 그 율령이 실제 사법에 어떻게 적용되었는지를 학습하는 것이었을 것이다. 그 때 『張家山漢簡』·「奏讞書」 案例는 중요한 텍스트 역할을 하였을 것이다.[26)]

2. 『二年律令』·「賊律」, 『二年律令』·「盜律」, 『二年律令』·「具律」

『張家山漢墓竹簡』·「二年律令」은 前漢 초기의 법률문서인 『張家山漢墓竹簡』(247號)의 내용 중 '律令' 부분이다. 張家山漢墓群은 湖北省 江陵縣(현재 荊州市 荊州區) 서북쪽 1.5㎞ 떨어진 곳에 위치하고 있다. 한묘군 가운데 247호를 비롯한 5개의 묘—247호, 249호, 258호, 327호, 336호—에서 竹簡이 출토되었다. 즉 247호와 336호에서는 법률관련 문서가 출토되었지만, 다른 3개의 묘에서는 日書 또는 曆書가 발견되었을 뿐 문서나 서적류는 보이지 않는다. 또한 247호의 묘주 이름을 비롯한 관직, 신분 등은 현재로서는 알 수 없다. 단지 「曆譜」에 '病免'이라는 이름이 보

26) 張忠煒, 「讀《奏讞書》"春秋案例"三題」, 『中國古代法律文獻硏究』 제3집, 中國政法大學出版社, 2007, 249-252쪽.

일 뿐이다. 출토된 유물과 성격이 같은 지역에서 발견된 鳳凰山前漢10號漢墓와 거의 유사한 점과 247호묘에서 법률관계문서가 대량으로 출토된 점으로 보아[27] 묘주는 사법을 관장하는 하급 관리로서 추정할 수 있다.

247호에서 출토된 죽간은 정리소조에 의해 모두 9개의 群으로 분류되었다. 그 가운데 『二年律令』은 일단 C와 F群으로 분류되고 있는데, 奏讞書(E군)에서도 I군인 「引書」가 출토되었듯이 『二年律令』에서도 I군이나 잔간이 포함되어 있어 인접한 群 사이에 간독들이 섞여 있음을 짐작할 수 있다. 따라서 C와 F군으로 분류되어 있는 「이년율령」은 원래 하나의 책서가 매장되면서 압력에 의해 두 개로 분리되었을 가능성도 배제할 수 없다.

『二年律令』은 배열상 제1간(F14)에 기록되어 있는 書題를 시작으로 C와 F군에 소속된 길이 31㎝, 526개의 죽간으로 구성된 법률문서이다. 간문은 27종의 律과 1종의 令으로 구성되어 있으며 율・령의 명칭은 모두 율령 正文과 분리된 다른 간에 기록되어 있다. 정리소조는 간문의 내용 가운데 "呂宣王內孫・外孫・內耳孫玄孫, 諸侯王子・內孫耳孫, 徹侯子・內孫有罪, 如上造・上造妻以上"(「具律 85간」)에 보이는 呂宣王 및 친족 우대 법률문서와 「이년율령」과 공존한 「역보」에 기록된 연호가 高祖5年(202 B.C.)부터 呂后2年(186 B.C.)라는 점에 주목하여 '二年'이란, 여후2년을 지칭하는 것으로 이해하고 있다. 즉 「이년율령」이란 여후2년에 시행된

27) 『張家山漢墓竹簡』(247號)에서 출토된 죽간은 총1,236簡과 殘片으로 구성되어 있다. 이를 내용별로 분류하여 보면, 曆譜18簡, 二年律令526簡, 奏讞書228簡, 脈書66簡, 算數書190簡, 蓋廬55簡, 引書112간, 遣策41簡으로 이년율령이 차지하는 비중은 전체의 43%정도로 가장 높음을 알 수 있다.

법률로서 전한시기 사회, 정치, 군사, 경제, 지리 등 다양한 방면에 걸쳐서 관련 있는 중요한 역사문헌자료임을 알 수 있다. 본서에서 다루고자 하는 '賊律', '盜律', '具律'을 간략히 소개하면 다음과 같다.

賊律(1-54簡): 「二年律令」의 내용 가운데 가장 많은 조문(42조)으로 구성되어 있다. 棄守, 謀反 등의 大罪를 비롯한 매우 세밀한 처벌규정을 보여주고 있다. 문헌사료에 의하면, '賊律'이라는 것은 魏의 文侯 때 李悝가 처음으로 『法經』을 편찬할 때는 '賊法'이라 하였는데, 그 후 秦·漢에서 北魏(後魏)까지 모두 '賊律'로 명명함. 「二年律令」에서는 특히 殺人, 傷人에 대해서는 죄행의 성질 정도와 살상당한 사람의 신분에 따른 명확한 처벌 규정을 보이고 있다. 이 외에도 방화(燔燒), 失火, 살인은폐, 황제의 옥쇄와 명령서 그리고 상서의 위조 등에 대한 처벌 규정도 보인다.

盜律(55-81簡): 18조의 율문 내용으로 구성되어 있는데, '盜律'은 '賊律'과 마찬가지로 '魏의 文侯 때 李悝가 처음으로 『法經』을 편찬할 때는 '盜法'이라 하였는데, 秦·漢에서 北魏(後魏)까지 모두 '盜律'로 명명. '盜律'은 명칭에서 알 수 있듯이 절도죄를 처벌하는 내용이 기본적인 것인데, 문헌사료의 한율을 집대성한 沈家本과 程樹德은 이를 언급하지 않고 있다. 盜贓·竊盜 謀議 및 竊盜 教唆 등을 비롯한 受賂·群盜·外地人 入境 竊盜와 內地人 出境 竊盜 등 공사재산의 약탈 및 침범에 대한 법률 규정이다. 주로 群盜 및 그 밖의 요인이 公私의 재산권과 인신권리를 침범하는 범죄에 대한 방비와 처벌을 규정하고 있다.

具律(82-125簡): '具律'은 『法經』의 6편과 漢律에서는 맨 끝과 第六에 위치하였는데, 魏律에서는 '刑名'이라 改名하고 맨 앞에 두었는데, 晉律에서는 이를 둘로 나누어 '刑名第一'과 '法例律第二'로 편제하였고, 宋·齊·梁·後魏에서는 이를 따랐다. 北齊에서는 다시 두 부분을 합하여 '名例第一'로 하였고, 後周에서는 '刑名', 隋와 唐에서는 '名例第一'로 하였다.[28] 이와 같이 具律은 후대에 刑名이나 法例 또는 名例라는 명칭으로 변경된다. 『晉書』 刑法志는 李悝가 6篇을 편제한 까닭을 하나하나 서술한 가운데 具律에 대해서는 "또 具律로써 그 加減을 갖추게 하기 위함이었다(又以具律具其加減)"고 하였다. 즉 앞의 五篇에 규정된 罪刑 조항에 더하여 여러 다른 경우에 따른 부가적 내지 예외적 처벌 규정을 추가로 정하여 보완하기 위함이라는 뜻으로 해석된다. 『晉書』刑法志의 설명처럼 「二年律令」에서는 그 각각의 경우에 대한 治獄형량을 자세하게 규정하고 있다. 또한 관리의 소송판결권의 유무, 그리고 원고와 증인, 피고에 대한 규정 등에 관한 내용이 포함되어 있다. 소송 관련 법률 조문으로서 具律과 囚律이 있지만 『二年律令』에는 具律의 표제만 있고, 囚律의 표제는 없다. 그러나 내용상 具律만이 아니라 囚律이 포함되어 있음이 밝혀져, 93-98簡·101簡·102-103簡·107-109簡·112簡·113簡이 囚律의 내용으로 추정된다.

---

28) 『唐律疏議』 권1名例 (北京, 中華書局, 1993), 2쪽.

이하『張家山漢墓竹簡』·「奏讞書」 案例1~案例22,『張家山漢墓竹簡』·「二年律令」의 '賊律'·'盜律'·'具律'을 차례대로 자세히 살펴보기로 하겠다.『嶽麓書院藏秦簡』(參)·「爲獄等狀四種」의 경우에는 다음 기회에 발표하기로 하겠다.

제2장

『張家山漢墓竹簡』·「奏瀻(讞)書」[29]

案例1

【원문】 1簡, 2簡

十一年八月甲申朔己丑, 夷道(汴)·丞嘉敢瀻(讞)之.
六月戊子發弩九詣男子毋憂告, "爲都尉屯, 已受致書. 行未到, 去亡."

【해석】

[請讞과 案件의 내용]

漢高祖 11년(기원전 196년) 8월 6일에 夷道의[30] 長官(令)인 汴와 副長官(丞)인 嘉가 감히 [疑獄에 대하여] 請讞합니다.[31]

---

29) 『張家山漢墓竹簡』·「奏瀻(讞)書」는 ①張家山二四七號漢墓竹簡整理小組: 『張家山漢墓竹簡』, 文物出版社, 2001年; ②『張家山漢墓竹簡[二四七號墓](釋文修訂本)』, 文物出版社, 2006년; ③彭浩·陳偉·工藤元男 主編, 『二年律令與奏讞書 —張家山二四七號漢墓出土法律文獻釋讀』(上海: 上海古籍出版社, 2007)에 의한다. 이 경우 ①은 整理小組, ②는 『釋文修訂本』, ③은 『二年律令與奏讞書』라 略稱한다. 『奏瀻(讞)書』의 본문은 『二年律令與奏讞書』에 따르며, 또한 ① 整理小組, ② 『釋文修訂本』, ③ 『二年律令與奏讞書』의 경우 특별히 인용 쪽수를 표기하지 않는다.

30) 整理小組: 夷道는 南郡에 속한다. 지금의 湖北省 宜都의 서북쪽에 위치한다. 道는 소수민족이 거주하는 縣.

31) 請讞: 하급기관에서 판결을 내리기 어려운 사건을 상급기관에서 판결해 줄

6월 4일 發弩嗇夫인[32] 九가 男子 毋憂를 데리고 와서 다음과 같이 告訴하였습니다.[33] "都尉의[34] 屯으로 되어, 이미 致書를 받고,[35] 출발하였으나 목적지에 도달하지 않고 도망갔습니다."

수 있도록 요청하는 것을 '請讞'이라고 한다(『論衡』 권27, 「定賢」, "事之難者, 莫過於獄, 獄疑則有請讞."; 『隋書』 권25, 「刑法志」, "每以季秋之後, 諸所請讞, 帝常幸宣室, 齋而決事, 明察平恕, 號爲寬簡.") 필자는 이러한 문헌사료의 典據를 근거로 의안에 대해 상급기관에 대한 판단을 요구하는 것을 이하 '請讞'이란 용어로 모두 통일하겠다.

32) 發弩官: 쇠뇌를 발사를 전문으로 하는 관리. 『睡虎地秦簡』·「秦律雜抄」, "任法(廢)官者爲吏, 貲二甲. •有興, 除守嗇夫·叚(假)佐居守者, 上造以上不從令, 貲二甲. •除士吏·發弩嗇夫不如律, 及發弩射不中, 尉貲二甲. •發弩嗇夫射不中, 貲二甲, 免, 嗇夫任之."

33) 『張家山漢墓竹簡 〔二四七號墓〕 (釋文修訂本)』에서는 이 부분을 "六月戊子發弩九詣男子毋憂, 告"로 하였다. 告는 告訴·告發. 告는 문서로 작성되며 그 내용에 허위가 포함되어 있는 경우에는 '誣告罪' 혹은 '告不審'의 죄가 적용되었다.

34) 秦·漢代에는 都尉職이 매우 많았는데, 주로 侍從官, 職事官, 武階의 관등이 있다.

35) 致書: 통행허가증. '致'는 통행증이란 의미인데, 통행증이란 의미로는 '傳'도 사용되고 있어서 '傳'과 '致'의 구분이 용이하지 않은데, 鷹取祐司씨에 의하면, '傳'은 왕복용인 것에 대하여 '致'는 片道用이었고, '致'는 통행증으로서도 기능하였지만, 人이나 馬 등의 戸籍登録이나 登記의 변경에 관한 문서라는 점이 본질이었다고 한다(鷹取祐司, 「漢代の人·物の移動と傳·致」, "東亜地域社会的情報交流與流通国際学術研討会"(2016韓国忠北大学校大学人文力量強化事業団主催). 즉 일종의 통지서 형태로 특정한 사항에 대해 출입을 허가하는 문서인데, 馬나 金과 같은 특수 물자를 소지하거나 관부의 별도 허가를 받아야 하는 특수한 이동일 경우 官에서 기록한 소지 물자에 대한 내역서와 함께 발급한 통행 허가서라 할 수 있다. 秦漢 時代 일반 민이 타지로 이동할 때는 符·傳·致 혹은 過所라 칭한 통행허가서를 소지해야 했으며, 關·津은 물론 城門이나 亭 등 주요 '通 過所'에서는 관리가 통행자의 신분을 확인하였다. 예컨대, 무기나 말과 같은 특수 물자를 소지하고 이동할 때 사전에 해당지역 官에서 검사를 받고, 관부에서 발급한 소지 물자의 내역서와 통행 허가서인 致를 발급받아야 했다. 騎馬·輕車에 사용할 馬 및 吏의 乘傳·置傳에 사용할 馬를 구입할 경우에도 馬가 필요한 縣에서는 각각 구입할 馬의 名과 匹數를 馬를 파는 지역 內史·郡守에게 告하고, 內史·郡守는 각각 보충할 馬의 名을 標識[久]로 삼아 馬의 身上에 燒印한 후20)

【원문】 2簡, 3簡

•毋憂曰: 變(蠻)夷大男子. 歲出五十六錢以當繇(傜)賦, 不當爲屯, 尉窯遣毋憂爲屯. 行未到, 去亡, 它如九.

【해석】

[審問: 毋憂의 진술]

•毋憂의 진술: 저는 蠻夷의 성인남자입니다. 해마다 56전을 내어 傜賦에 충당하기 때문에 屯戍는 부당합니다. 都尉 窯가 毋憂를 보내서 屯戍하라고 하였지만, 소집 장소에 이르지 않고 도망했습니다. 다른 것은 九의 진술과 같습니다.

【원문】 3簡

•窯曰: 南郡尉發屯有令. 變(蠻)夷律不曰勿令爲屯, 卽遣之. 不智(知)亡故, 它如毋憂.

【해석】

[審問: 窯의 진술]

•窯의 진술: 南郡尉가[36] 屯戍로 징발한다는 令이 있었습니다. 蠻夷律에[37] 屯戍하지 말라는 명령을 내리지 말라고 하지는 않

致를 만들어 津·關에 알려야 했고, 津·關에서는 관련 기록[籍書]과 馬의 火印[灸]을 자세히 檢閱한 후 馬를 반출할 수 있었다(宋眞, 「秦漢時代 통행 허가와 君命의 상징」, 『中國古中世史硏究』42, 2016, 153-154쪽).

36) 郡尉: 『漢書』·「百官公卿表」, "郡尉, 秦官, 掌佐守典武職甲卒, 秩比二千石. 有丞, 秩皆六百石. 景帝中二年更名都尉."

37) 蠻夷律: 蠻夷에 대하여는 郡縣民과 다른 별도의 律令規定이 있었다는 것이 여러 사료에서 확인되고 있다. 『說文解字』'糸部'에서는 「漢令」을 引用하여

았기 때문에 곧 毋憂를 보냈습니다. 도망친 이유를 알지는 못합니다. 그 외는 毋憂의 진술과 같습니다.

【원문】 4簡, 5簡

•詰毋憂: 律: 變(蠻)夷男子歲出賨錢, 以當繇(徭)賦. 非曰勿令爲屯也. 及雖不當爲屯, 窯已遣, 毋憂卽屯卒. 已去亡, 何解? 毋憂曰: 有君長, 歲出賨錢, 以當繇(徭)賦, 卽復也, 存吏, 毋解.

【해석】

[審問: 毋憂에 대한 심문]

•毋憂에 대한 심문: 律[에서는], 「蠻夷 男子는 해마다 賨錢을 내어서 徭賦에 충당한다.」[라고 되어 있지만], 「영으로 屯戍하지 말라」고 하지는 않았다. 이에 비록 屯戍하지 않게 되어 있다 하더라도 都尉 窯가 이미 屯戍로 보냈기 때문에 毋憂는 곧 屯卒이 된 것이다. 이미 도망하였다. 어떻게 해명할 것인가? 毋

"蠻夷卒有額(『說文解字注』 糸部 '額'字下)"가 나오고 있고, 『說文解字注』 歺部 '殊'字下에는, "蠻夷長有罪, 當殊之"라는 漢令이 보이고 있다. 『史記』·「蘇秦列傳」에도 "蠻夷戎狄有罪, 當殊."라는 漢令이 보이고 있다. 『晉書』·「食貨志」의 "其諸邊郡或三分之二, 遠者三分之一. 夷人輸賨布. 戶一匹. 遠者或一丈"도 蠻夷律에 해당한다고 생각한다. 『睡虎地秦簡』·「法律答問」, "眞臣邦君公有罪, 致耐罪以上, 令贖(眞臣邦君公이 죄가 있어 그 죄가 '耐罪以上'의 처벌을 받아야함에 이르렀어도 속죄로 처벌하게 한다)."; 『睡虎地秦簡』·「法律答問」, "臣邦眞戎君長, 爵當上造以上, 有罪當贖者, 其爲群盜, 令贖鬼薪鋈足; 其有府(腐)罪, 【贖】宮(소수민족의 君長, 上造以上에 상당하는 작위를 가진 자는, 죄가 있더라도 속면을 허용함에 만약 群盜가 되었을 경우, 贖鬼薪鋈足으로 판결하고, 만약 腐罪를 받아야할 경우, 贖宮으로 처벌한다)."라 하는 『睡虎地秦簡』의 규정도 蠻夷律은 아니지만, 蠻夷에 대한 처벌 규정이 郡縣民과 달랐음을 보여주는 좋은 사례라 생각한다.

憂의 진술: 君長이 있어서 해마다 賨錢을 내어 傜賦에 충당하니 곧 傜役이 면제되는 것입니다. 吏에 의해 죄가 판명되어 달리 해명할 것이 없습니다.[38]

【원문】 5簡

•問: 如辤(辭).

【해석】

[사실 확인]

•심리의 확인: 毋憂가 이전에 진술한 것과 사실 여부를 질문을 통해 조사한 것과 같습니다.

【원문】 5簡, 6簡

•鞫之: "毋憂變〈蠻〉夷大男子, 歲出賨錢, 以當繇(傜)賦, 窯遣爲屯, 去亡, 得, 皆審."

【해석】

[법률적용의 전제 확인]

•취조한 결과에 따른 범죄사실의 총괄[39]: 毋憂는 蠻夷로 성인

---

38) "存吏, 毋解"의 해석은 쉽지 않은데, 存을 察로 보고, 무죄를 주장한 것이 吏에 의해서 죄가 밝혀져 변명의 여지가 없어진 것으로 해석하는 池田雄一, 『奏讞書—中國古代の裁判記錄—』刀水書房, 2002, 37쪽의 견해에 따른다.

39) 鞫: 審問定罪. 治獄을 담당하는 관리들이 안건을 조사하고 심리한 결과, 확인된 범죄의 사실을 간략하게 결론지은 기록이다. 治獄을 담당하는 관리들이 안건을 조사하고 심리한 결과, 확인된 범죄의 사실을 간략하게 결론지은 기록인 鞫은 『岳麓秦簡』·「爲獄等狀四種」과 『張家山漢簡』·「奏讞書」에 몇가지

남자로 해마다 賨錢을 내어 徭賦에 충당하였고, 都尉 窯가 屯戍하도록 보냈는데, 도망하였다가 체포되었고, 모든 것이 명확히 밝혀졌습니다.

【원문】6簡, 7簡

•疑毋憂罪, 它縣論, 敢潚(讞)之. 謁報. 署獄史曹發.

【해석】

[請讞]

•毋憂의 죄가 의심되며, 다른 안건에 관해서는 縣이 이미 논하였습니다.[40] 감히 請讞합니다. 보고를 올립니다. 獄史曹에서[41]

형식으로 나타난다. 案例1은 《鞫之……審. 疑「某某」 罪……, 敢潚(讞)之.》의 형식으로 『岳麓秦簡』·「爲獄等狀四種」의 案例2·案例5·案例6·案例7과 『張家山漢簡』·「奏讞書」案例1·案例2·案例3·案例4·案例5가 이에 해당한다. 이 사례는 縣廷에서 안건을 심사하고 조사한 결과를 정리하여 상급기관인 郡府 혹은 廷尉府에 재판의 의문에 대해 해답을 구하는 형식이다(陳炫瑋, 「秦漢時代的鞫獄措施及其相關問題探究」, 『淸華學報』新46권-2기, 2016, 244-245쪽).

40) 它縣論: 朴健柱(朴健柱, 『中國古代의 法律과 判例文』, 백산자료원, 1999, 290쪽)는 它縣論의 '它'를 '그'로 해석하였다. 또한 '縣'을 행정단위로 볼 수 없고, "어떠한 사안에 대한"의 뜻으로 쓰이는 관용자로 보았다. 경청할만한 견해라 생각한다. '它'는 '기타'로 해석하는 것(宮宅潔, 「秦漢時代の裁判制度─張家山漢簡《奏讞書》より見た─」, 『史林』 82-2, 1998, 49쪽)이 타당할 듯 하다. 池田雄一은 "현안과 관련된 다른 안건에 관해서는 현이 논거하고 있다"라 해석하고 있다(池田雄一, 앞의 책, 16쪽). 高恒은 "기타 안건에 대하여는 현정에서 이미 結論을 지었다(高恒, 『秦漢簡牘中法制文書輯考』, 社會科學文獻出版社, 2008, 344쪽)."라고 해석하고 있다. 또한 縣=懸으로 보는 견해도 있다.

41) 獄史曹: 獄史는 관명으로 현정소속의 옥을 담당하는 관리. 이 '獄史'는 각 관에 대응하는 "某曹令史", 즉 "獄曹令史". 즉 당시의 '獄史'는 縣廷의 屬吏로 범죄사건의 수사를 담당했으며 縣의 재판 과정에 참여했던 '獄曹令史'이었다. 斗食과 함께 병렬된 것으로(『漢官舊儀』·『漢官六種』中華書局, 1990, 권

문서를 개봉하고 서명합니다.[42]

上, 37쪽, "書令史斗食缺, 試書佐高第補.") 보아 그 지위는 小吏였다고 보인다. 『張家山漢簡』·「奏讞書」案例16의 案例 말미에도 獄史인 丙이 縣令, 縣丞과 함께 재판에 참여했음을 기록하고 있으며, 『嶽麓秦簡』(3) 1案例에서도 縣廷에서의 원심 판결에 간여한 인물로 縣令, 縣丞과 함께 '史'의 이름이 기록되어 있는데, 이 '史'는 '獄史'를 가리키는 것으로 생각된다. 또한 『張家山漢簡』·「奏讞書」案例22와 『嶽麓秦簡』(3) 9, 10案例에서는 영구 미제로 남을 수도 있었던 사건을 정밀한 탐문 수사 방식으로 해결한 '獄史'들의 활약상이 기록되어 있다. 이들 案例에서는 모두 "감히 도적이 발호하지 못하도록 하여" 縣의 치안유지에 혁혁한 공을 세운 이들 獄史들을 郡의 卒史로 승진시킬 것을 건의하고 있는데, 이를 통해 당시 縣廷의 屬吏인 獄史가 縣의 치안유지 업무에 적극적으로 참여했음을 알 수 있으며, 『張家山漢簡』·「奏讞書」案例16의 경우와 같이 이 과정에서 각 亭의 校長과 獄史가 함께 임무를 수행하는 경우도 있었음을 알 수 있다(吳俊錫, 「秦代 亭의 기능과 吏員조직」, 『中國古中世史研究』41, 2006, 73쪽). 獄史曹라 할 경우, 曹가 獄史의 부서를 의미하는 것인지 인명을 의미하는 것인지 불분명한데, 『二年律令與奏讞書』에서는 郡의 治獄機構로 보고 있다(『二年律令與奏讞書』, 336쪽). 그러나 秦代의 縣에는 官嗇夫가 담당하는 '官'과 令史가 담당하는 '縣廷'으로 분리되어 있었고(仲山茂, 「秦漢時代の「官」と「曹」 ―縣の部局組織―」, 『東洋學報』82-4, 2001, 35-39쪽), 秦代 遷陵縣에서는 많은 曹가 설치되어 있었고, 令史는 각각의 '曹'에 따라 그 직무를 담당하고 曹 내부에서 고정된 일을 담당하고 있었다(鄒水杰, 「簡牘所見秦代縣廷令史與諸曹關係考」, 『簡帛研究』2016, 135쪽)는 점을 감안하면, 인명이 아니라면, 郡의 治獄機構가 아닌 縣의 治獄機構로 보인다.

42) 發: 池田雄一은 發을 발송의 의미로 보고 있는데(池田雄一, 앞의 책, 38쪽), 宮宅潔은 발송이 아닌 개봉의 의미로 해석하고 있다(宮宅潔, 앞의 글, 58쪽). 『二年律令與奏讞書』에서는 宮宅潔의 견해에 따라 개봉의 의미(『二年律令與奏讞書』, 336쪽)로 보고 있다. 즉 『睡虎地秦簡』·「法律答問」에 나오는 "有投書, 勿發"의 '發'과 같은 의미.

【원문】 7簡

•吏當: 毋憂當要(腰)斬, 或曰不當論.

【해석】

[縣의 判決案]

•廷尉屬官이 제출한 판결안[43]: "毋憂는 마땅히 腰斬에 처해야 하는데, 어떤 이는 부당하다고 했다."

【원문】 7簡

•廷報: 當要(腰)斬.

【해석】

[廷尉의 판결안]

•廷尉의 案件에 대한 判決: 腰斬에[44] 처해야 한다.

---

43) 吏當: 본고에서는 宮宅潔의 견해(宮宅潔, 앞의 글, 57-59쪽)에 따라 廷尉屬官이 제출한 판결안으로 해석하였다. 縣吏가 제출한 판결방안으로 보는 견해도 있다.

44) 腰斬: 腰斬: 허리를 자르는 형벌. "머리를 베는 것을 '참'이라 하고 허리를 베는 것을 '요참'이라 한다(斫頭曰斬, 斬腰曰腰斬)(劉熙撰, 『釋名』(北京 : 中華書局, 1985)권8, 「釋喪制」 제27, 131쪽)".

案例2

【원문】 8簡, 9簡

十一年八月甲申朔丙戌, 江陵丞驁敢潚(讞)之.

三月己巳大夫祿辤(辭)曰: 六年二月中買婢媚士五(伍)點所, 賈(價)錢萬六千. 迺三月丁巳亡. 求得媚, 媚曰: 不當爲婢.

【해석】

[請讞과 案件의 내용]

•漢高祖 11년(기원전 196년) 8월 3일, 江陵의[45] 縣丞인[46] 驁가 감히 [疑獄에 대하여] 請讞합니다.

3월 14일日, 大夫인 '祿'이 다음과 같이 告辭하였습니다. "漢高祖 6년(기원전 201년) 2월 중에 婢인 女子 '媚'를 士伍[47]인 '點'

---

45) 江陵: 南郡의 治로 南郡의 중심적 도시.

46) 縣丞: 縣의 次官.

47) 士伍에 대하여는 원래 爵位가 있었으나 罪로 인해 奪爵된 사람, 형벌의 명칭, 無爵位의 士兵, 無爵位의 男子라는 다양한 견해가 발표되었으나 대체적으로 士伍는 里伍 가운데 거주하면서 官職·爵位가 없고 호적에 이름을 올린 成年男子로서, 服役年齡以上에 도달한 官爵이 없는 男性公民으로 결론이 모아지고 있다. 『漢舊儀』에서 衛宏은 "秦制 二十爵. 男子賜爵一級以上, 有罪以減, 年五十六免. 無爵爲士伍, 年六十乃免老."라 하여 士伍를 "無爵爲士伍"로 파악하고 있다. 이것은 奪爵을 士伍로 파악한 것과는 차이가 있다. 왜냐하면 無爵에는 奪爵되어 無爵이 되는 경우와 처음부터 爵을 획득하지 못한 경우가 존재하기 때문이다. 실제 『二年律令』에는 죄인인 司寇의 子나 庶人의 子, 혹은 '私屬'의 子가 士伍가 되는 등, 奪爵과는 정반대로 士伍로 되는 경우가 존재하는 것으로 확인되고 있다. 어떤 경로이건 士伍는 里伍 가운데 거주하면서 官職·爵位가 없고 호적에 이름을 올린 成年男子로서, 服役年齡以上에 도달한 官爵이 없는 男性公民이라는 점에서 衛宏의 지적은 如淳, 李奇, 顔師古가 이해하지 못했던 것을 정확히 지적한 것이라 할 수 있는데, 그것은 아무래도 衛宏이 살았던 연대가 如淳, 李奇, 顔師古에 비해 훨씬 앞선

의 처소에서[48] 1만6천전에 샀습니다. 11년 3月 2일에 도망갔습니다. 수색해서 체포하였는데, 女子 '媚'는 '婢로 되는 것이 부당하다(不當爲婢)'라고 주장하였습니다."

【원문】 9簡, 10簡

•媚曰: 故點婢, 楚時去亡, 降爲漢, 不書名數, 點得媚, 占數, 復婢媚, 賣祿所, 自當不當復受婢, 卽去亡, 它如祿.

【해석】

[審問: 媚의 진술]

•女子 '媚'의 진술: 나는 원래 士伍 '點'의 婢였지만, 楚나라 때 逃亡해서 항복하여 漢民이 되었습니다. 그러나 노비의 명적에[49] 등기하지 않았었는데,[50] 士伍인 點은 女子 '媚'를 체포하여 호적에 등록하고[51], 또 '媚'를 婢로 해서 大夫 '祿'의 처소에 팔았으므로 스스로 다시 婢로 되는 것은[52] 부당하다고 [생각

시대였던 것과도 관계가 있을 것 같다. 이 士伍 無爵說은『二年律令』에 의해 그 구체적인 실상이 확인되었다. 士伍의 성격에 대하여는, 任仲爀,「秦漢律의 耐刑 ― 士伍로의 수렴 시스템과 관련하여 ―」,『中國古中世史硏究』19, 2008; 林炳德,「秦漢時代의 士伍와 庶人」,『中國古中世史硏究』20, 2008을 참조.

48) 所: 처소, 거주지점.

49) 名數: 名籍, 戶籍.『漢書』·「高帝紀」, "…… 民前或相聚保山澤, 不書名數, 今天下已定, 令各歸其縣, 復故爵田宅,……", 師古曰: "名數, 謂戶籍也."

50) 名數의 등록을 거쳐 私奴婢로 전환되는데, 名數의 등록을 거치지 않았기 때문에 자신은 노비가 아니라는 의미.

51) 占數: 戶籍에 登錄하는 것.

52) 受婢: 池田雄一은 '受婢'를 '爲婢'와 같은 의미로 보고 있다(池田雄一, 앞의 책, 45쪽).

하여] 곧 도망하였습니다. 다른 것은 大夫 '祿'의 공술과 일치하고 있습니다.

【원문】10簡, 11簡

•點曰: 媚故點婢, 楚時亡, 六年二月中得媚, 媚未有名數, 卽占數, 賣祿所, 它如祿·媚.

【해석】

[審問: 點의 진술]

•士伍 點의 진술: 女子 '媚'는 전에 士伍 '點'의 婢로 楚時에 도망하여 漢高祖 6년(B.C.201년) 2월 중 女子 '媚'를 체포하였는데, 아직 [노비의] 명적에 등기하지 않았었는데, 곧 호적에 등록하고, 大夫 '祿'의 所에 팔았습니다. 다른 것은 大夫 '祿'과 女子 '媚'의 공술과 일치하고 있습니다.

【원문】11簡, 12簡

•詰媚: 媚故點婢. 雖楚時去亡, 降爲漢, 不書名數. 點得, 占數媚, 媚復爲婢, 賣媚當也. 去亡, 何解?

【해석】

[審問: 媚에 대한 심문]

•女子 '媚'에 대한 심문: 너는 원래 士伍 點의 婢였다. 楚時에 도망하였고, [한나라시대가 되어]투항해서 漢民이 되었다고 해도 명적에 등기하지 않은 채 士伍 '點'이 체포하여 [士伍 點이] 너를 호적을 등록하여 너는 다시 婢로 되었다. [士伍 '點'이] 너를

팔은 것은 당연한데, 도망하였다. 어떻게 해명할 것인가?

【원문】 13簡

•媚曰: 楚時亡, 點乃以爲漢, 復婢, 賣媚, 自當不當復爲婢, 卽去亡. 毋它解.

【해석】

[審問: 媚에 대한 진술]

•女子 '媚'의 진술: 楚나라 때 逃亡하였는데, 士伍 '點'이 漢의 시대가 된 후 다시 그의 '婢'로 하고, 나를 팔았습니다. 나는 다시 婢로 되는 것은 부당하다고 생각하여 도망갔습니다. 다른 것은 해명할 것이 없습니다."

【원문】 13簡, 14簡

•問: 媚年卌歲. 它如辤(辭).

【해석】

[사실 확인]

•심리의 확인: 나이 40세로 진술과 같습니다. 다른 것은 女子 '媚'가 이전에 진술한 것과 사실 여부를 질문을 통해 조사한 것과 같습니다.

【원문】 14簡, 15簡

•鞫之: 媚故點婢, 楚時亡, 降爲漢, 不書名數, 點得, 占數, 復婢, 賣祿所, 媚去亡, 年卌歲, 得, 皆審.

【해석】

[법률적용의 전제 확인]

•취조한 결과에 따른 범죄사실의 총괄[53]: 女子 '媚'는 전에 士五 '點'의 婢로 楚時에 도망하였고 漢의 시대가 되어 漢나라에 항복하였는데, 명적에 등기하지 않은 채, 士伍 '點'이 체포하여 [士伍 '點'은 女子 '媚'를] 호적에 등기하여 다시 婢로 하고, 大夫 '祿'의 處所에 팔았는데, 女子 '媚'가 도망하였다. 나이는 40세, 체포, 모든 것이 명확히 밝혀졌습니다."

【원문】15簡

•疑媚罪, 它縣論, 敢潚(讞)之. 謁報, 署中詹發.

【해석】

[請讞]

•媚의 죄가 의심되며, 다른 안건에 관해서는 縣이 이미 논하였습니다. 감히 請讞합니다. 보고를 올립니다.[54] 中詹에서[55] 문서를 개봉하고 서명합니다.

---

53) 鞫之: 주 39) 참조. 이 사례는 縣廷에서 안건을 심사하고 조사한 결과를 정리하여 상급기관인 郡府 혹은 廷尉府에 재판의 의문에 대해 해답을 구하는 형식이다(陳玹瑋, 「秦漢時代的辯訟措施及其相關問題研究」, 『清華學報』 新46권-2기, 2016, 244-245쪽).

54) 報에 대하여는 京都大學人文科學研究所編, 『漢簡語彙中國古代木簡辭典』, 岩波書店, 2015, 517쪽 參照.

55) 中詹: 『二年律令與奏讞書』에서는 안례1의 '獄史曹', 안례5의 '獄西詹'와 함께 郡의 治獄機構의 하나가 아닐까 보고 있다(『二年律令與奏讞書』, 336쪽). 그러나 주 41)에서 지적한 바처럼 郡의 治獄機構가 아닌 縣의 治獄機構로 보인다.

【원문】15簡, 16簡

•吏當: 黥媚顏頯畀祿, 或曰當爲庶人.

【해석】

[縣의 判決案]

•廷尉屬官이 제출한 판결안: 女子 '媚'의 얼굴의 광대뼈에 黥해서 大夫 '祿'에게 준다. 혹은 서인으로 해야 한다.

案例3

【원문】17簡, 18簡

•十年七月辛卯朔癸巳, 胡狀·丞憙, 敢潚(讞)之.

刻(劾)曰: "臨菑(淄)獄史闌, 令女子南冠繳(縞)冠, 詳(佯)病臥車中, 襲大夫虞傳, 以闌出關."

【해석】

[請讞과 案件의 내용]

漢高祖 10년(기원전 197년) 7월 3일, 湖縣의[56] 縣令인 狀과 縣丞인 憙가 감히 [疑獄에 대하여] 請讞합니다.

[관리의 위반행위에 대한] 탄핵논의[57]: 臨菑(淄)의 獄史[58] 闌이

---

56) 胡: '湖'縣, 京兆尹에 속한다.

57) 刻(劾): 徐世虹은 民이 民을, 民이 官을, 혹은 官이 民을 고발하는 것이 '告'이고, 관료기구 내부에서 관이 관을 고발하는 것을 '劾'이라 하고 있다(徐世虹, 「漢劾制管窺」, 中國社會科學院簡帛研究中心編 『簡帛研究』第2輯(法律出版社), 1996). 그런데, 사료에는 민간인에 대해서 '劾'이 이뤄진 사례도 있다. 다만, '劾'을 행하는 주체는 확실히 '官'이다. 따라서 '劾'을 "官에 의한 告發"로 정의 내릴 수 있다(宮宅潔, 「劾小考—中國古代裁判制度の展開—」, 『神女大史學』 18, 2001). 본고에서는 '劾'을 '彈劾'으로 번역하였는데, '彈劾'은 公務員에 대한 징계를 의미하는 近代 法制用語로 '劾'과 '彈劾'은 정확히 일치하지 않지만, '劾'에 가장 가까운 용어로 보인다. 본고에서는 '劾'을 일단 '彈劾'으로 번역하였다. 案例1, 案例4, 案例22는 재판기록의 冒頭에 告訴·告發을 의미하는 '告'로 시작된다. 그러나 案例3, 案例14, 案例16은 '告'가 아닌 '劾'으로 되어 있다. 案例14는 縣丞이 獄史의 죄를 劾하고 있고, 案例16은 郡守가 縣의 搜査에 부정이 있다고 劾하고 있다. 따라서 宮宅潔의 지적처럼 몇 가지 예외가 있다고 해도 대체로 관리의 위반행위에 대한 탄핵으로 해석해도 무리가 없을 듯하다.

58) 獄史: 縣廷 소속의 獄을 관장하는 관리이다. 이 '獄史'는 각 관에 대응하는 "某曹令史", 즉 "獄曹令史". 즉 당시의 '獄史'는 縣廷의 屬吏로 범죄사건의 수사를 담당했으며 縣의 재판 과정에 참여했던 '獄曹令史'이었다. 이에 대하여는

女子南으로 하여금 繳冠을[59] 쓰게 하고, 병들었다고 僞裝하고 車中에 눕히고, 大夫 虞의 통행증을[60] 도용하여,[61] 허가 없이 관을 빠져나오려 하였습니다.[62]

【원문】18簡, 19簡

•今闌曰: 南, 齊國族田氏, 徙處長安, 闌送行, 取(娶)爲妻, 與偕歸臨菑(淄), 未出關得, 它如刻(劾).

【해석】

[審問: 闌의 진술]

•현재 闌의 진술: 女子 南이 齊의 國族인 田氏인 자로 長安으로 거처를 옮기게 되었습니다. 闌이 그녀를 호송해 가는 도중에

주 41)을 참조할 것. 『奏讞書』案例 1, 3, 13, 14, 18, 22에도 獄史가 보인다. 案例3에서 獄史는 죄인의 호송을 담당하고 있고, 案例 22에서는 미제사건의 수사를 담당하였다.

59) 繳: 池田雄一은 生絲縷로 해석(池田雄一, 앞의 책, 51쪽).

60) 傳: 통행증.

61) 襲: 도용하는 것. 위장하는 것

62) 以闌出關: '關'을 함부로 빠져나오다. 『漢書』 권16, 「高惠高后文功臣表」, 601쪽, "(長脩平侯 杜恬 曾孫) 陽平 : 三十七年, 元封三年, 坐爲太常與大樂令中可當鄭舞人擅繇, 闌出入關, 免." 이외에도 『史記』「汲黯列傳」 중 裴駰의 集解에 인용된 "臣瓚曰 : '無符傳出入爲闌'"의 사례가 있다. 도망했어도 국경을 벗어났는가? 국내에 머물면서 숨어버렸는가는 차이가 있다. 도망했어도 국경을 벗어났는가? 국내에 머물면서 숨어버렸는가는 차이가 있다. 여기에서 문제가 된 것은 "未出關得"으로 미수로 그쳤는데, 그 '出關'의 방법이 '闌出關'이라는 불법행위였다. 즉 통관허가증이 없이 무분별하게 '關'이나 국경, 혹은 郡境을 벗어나 관할 외로 침입하는 것(飯島和俊, 「秦漢交替期の亡人の發生と追捕-秦律・奏讞書から見た社會變動」, 『アジア史におおける制度と社會』, 中央大學東洋史研究室編, 1996, 82~83쪽 참고).

그녀를 妻로 娶하고, 모두 함께 고향인 臨淄로 돌아 가고자하였는데, 關을 벗어나기 전에 체포되었습니다. 다른 것은 탄핵논의의 내용과 같습니다.

【원문】 19簡

•南言, 如刻(劾)及闌.

【해석】

[審問: 南의 진술]

•女子南의 진술: 탄핵논의와 闌의 진술 내용과 같습니다.

【원문】 19簡, 20簡, 21簡

•詰闌: 闌非當得取(娶)南爲妻也. 而取(娶)以爲妻, 與偕歸臨菑(淄), 是闌, 來誘及奸, 南, 亡之諸侯, 闌, 匿之也, 何解? 闌曰: 來送南, 而取(娶)爲妻, 非來誘也, 吏以爲奸及匿南, 罪, 毋解.

【해석】

[審問: 闌에 대한 심문]

•闌에 대한 심문: 闌은 女子 南을 娶해서 妻로 할 수 없다. 그런데도 娶해서 妻로 삼았고, 함께 臨菑(淄)로 돌아가고자 하였던 것은 闌이 '來誘'죄 및 '奸'죄에 해당되며, 女子 南은 諸侯에게 도망한 죄에 해당하며, 闌은 이를 숨겨주었다는 것이다. 어떻게 해명할 것인가? 闌의 진술: 女子 南을 보내는 과정에서 그녀를 취하여 처로 삼은 것으로 결코 [임의로] 유인한 것은

아닙니다. 심판관은 女子 南을 '奸'죄 및 '匿'죄로 판단하는데, 유죄입니다. 달리] 해명할 것이 없습니다.

【원문】 21簡, 22簡

•詰闌: 律所以禁從諸侯來誘者, 令它國毋得取(娶)它國人也. 闌雖不故來, 而實誘漢民之齊國, 即從諸侯來誘也, 何解? 闌曰: 罪, 毋解.

【해석】

[審問: 闌에 대한 심문]

•闌에 대한 심문: 律에 '제후국에서 유인하여 데려가는 것(從諸侯來誘者)'를 금지하고 있기 때문에, 타국사람이 타국사람을 娶해서 결혼할 수가 없다. 闌이 비록 고의로 온 것은 아니지만, 실제로는 '漢民'을 誘해서 齊國으로 간 것으로, 즉 '제후국에서 유인하여 데려가는 것(從諸侯來誘者)죄에 해당한다. 어떻게 해명할 것인가? 闌의 진술: 유죄입니다. [달리] 해명할 것이 없습니다.

【원문】 22簡

•問, 如辤(辭).

【해석】

[사실 확인]

•사실 여부를 질문을 통해 조사하니 闌이 이전에 진술한 것과 사실 여부를 질문을 통해 조사한 것과 같습니다.

【원문】22簡, 23簡

•鞫: "闌送南, 取(娶)以爲妻, 與偕歸臨菑(淄), 未出關, 得, 審." 疑闌罪, 毄(繫), 它縣論, 敢潚(讞)之.

【해석】

[법률적용의 전제 확인]

•취조한 결과에 따른 범죄사실의 총괄: 闌은 女子 南을 호송하였고, 女子 南을 娶하여 妻로 삼아서 함께 臨淄로 돌아가려다가 關을 벗어나기 전에 체포되었습니다. 명확히 밝혀졌습니다. 闌의 죄가 의심되며, 구속하였는데, 다른 안건에 관해서는 縣이 이미 논하였습니다. 감히 請讞합니다.[63]

【원문】23簡, 24簡

•人婢清, 助趙邯鄲城, 已即亡從兄趙地, 以亡之諸侯論. 今闌來送徙者, 即誘南.

【해석】

[관계된 사례]

•[이 사건과 관계있는 판례로] 어떤 사람의 婢였던 清이 趙의 邯鄲城을 도와주러 갔다가 끝나고 형을 따라 趙地로 도망가서 제후국으로 도망간 죄로[64] 論한 사례가 있다. 지금 闌이 徙者

63) 請讞과 疑罪의 내용은, 공술에 기초해서 獄史闌의 一連의 行動이 '從諸侯來誘'죄로써 결론을 낼 수 있을 것인지? 그보다도 '從諸侯來誘'의 자각이 없으므로 '亡之諸侯'의 죄가 명백한 '女子南'을 '匿'한 '匿黥春'의 죄는 아닌 것인가? 하는 점이다. 관련 내용에 대하여는, 飯島和俊, 앞의 글, 79쪽을 참고.

를 來送하였는데, 女子 南을 제후국으로 유인한 것은 이러한 사례에 해당한다.

【원문】 24簡, 25簡

•吏議: 闌與清同類, 當以從諸侯來誘論.

【해석】

[郡府官員의 審理意見]

•廷尉屬官이 제출한 의론: 闌과 清의 경우는 같은 사례이니 마땅히 '從諸侯來誘'의 罪로 논해야 한다.

【원문】 25簡

•或曰: "當以奸及匿黥舂罪論."

【해석】

[縣에서 제출한 다른 議論]

•다른 의론: 女子 南을 '奸'한 奸罪 및 '匿'한 '匿黥舂'의 죄에 해당한다.

---

64) 『睡虎地秦簡』·「法律答問」, "人臣甲謀遣人妾乙盜主牛, 買(賣), 把錢偕邦亡, 出徼, 得, 論各可(何)殹(也)? 當城旦黥之, 各畀主."; 亡之諸侯: 漢民이 제후왕의 보호를 믿고 도망하는 일, 혹은 무법지대에로 도망하는 일.

【원문】26簡, 27簡

十年八月庚申朔癸亥, 大(太)僕不害行廷尉事, 謂胡嗇夫: 潚(讞)獄史闌, 潚(讞)固有審. 廷以聞, 闌當黥爲城旦, 它如律令.

【해석】

[廷尉의 최종판결안]

漢高祖 10년(B.C.197년) 8월 3일, 太僕인 不害가 廷尉의 직무를 행하며, 胡縣의 嗇夫에게 이르기를, 獄史闌에 대한 請讞하였는데, 상신서의 내용은 명백하다. 廷尉의 최종판결은, "闌을 '黥爲城旦'으로 처벌하고, 다른 것은 율령과 같다."라 하였다.

案例4

【원문】 28簡

•胡丞憙敢讞(讞)之. 十二月壬申, 大夫(蔣)詣女子符, 告亡.

【해석】

[請讞과 案件의 내용]

•湖縣의 丞인 憙가 감히 請讞합니다. [漢高祖 10년(기원전 197년)] 12월 9일, 大夫인 (蔣)가 女子 符를 데리고 와서 도망하였다고 告訴하였습니다.

【원문】 28簡, 29簡

•符曰: "誠亡, 詐(詐)自以爲未有名數, 以令自占書名數, 爲大夫明隸, 明嫁符隱官解妻, 弗告亡," 它如(蔣).

【해석】

[審問: 符의 진술]

•여자 符의 진술: 진실로 도망갔습니다. 거짓으로 아직 제가 명적에 올라가지 않은 것으로 하고, 스스로 신고하여 명적에 등록한다는 법령에 따라 大夫인 明의 婢가 되었습니다. 大夫 明은 저를 隱官인[65] 解의 妻로 시집을 보냈는데, 도망[하였다는

65) 隱官: 刑徒가 赦免을 받으면 庶人이 되지만, 肉刑을 받은 刑徒는 '隱官'이 된다. 『二年律令』 제124簡의 "庶人以上·司寇·隸臣妾無城旦舂·鬼薪白粲罪以上, 而吏故爲不直及失刑之, 皆以爲隱官(庶人 以上·司寇·隸臣妾인 자가 城旦舂·鬼薪白粲 이상의 罪가 없는데도, 관리가 故意로 경중을 달리하였거나 과오에 의해서 肉刑을 집행하였다면, 모두 隱官으로 한다)."의 사례에서 보듯이 형

사실을] 알리지 않았습니다. 다른 것은 (荊)의 진술과 같습니다.

【원문】29簡, 30簡

解曰: "符有名數明所, 解以爲 '毋怄人也', 取(娶)以爲妻, 不智(知)前亡乃疑爲明隷," 它如符.

【해석】

[審問: 解의 진술]

解의 진술: 符는 호적이 明의 거주지에[66] 있습니다. 따라서 解는 문제가 없다고 생각하여[67] 娶해서 처로 삼았습니다. 이전에 도망죄를 범하였다는 것은 알지 못하였습니다. 다른 것은 符의 진술과 같습니다.

【원문】30簡, 31簡

詰解: 符雖有名數明所, 而實亡人也. •律: 取(娶)亡人爲妻, 黥爲城旦. 弗智(知), 非有減也. 解, 雖弗智(知), 當以取(娶)亡人爲妻論, 何解? 解曰: 罪, 毋解.

벌을 잘못하여 육형을 받은 자로 비록 누명을 벗더라도 이미 신체가 불완전하기 때문에 '隱官'이 된다. 즉 죄인이 사면될 경우 법적으로 庶人이 되지만, 肉刑에 처해진 자가 사면될 경우 이미 肉體에 손상을 받아서 庶人과는 다른 처우를 받게 된다.

66) 주 48) 참조.

67) 整理小組: '尤'로 보고 過失로 해석. 池田雄一은 怄를 回로 보고, '違'로 번역(池田雄一, 앞의 책, 60쪽).

【해석】

[審問: 解에 대한 심문]

解에 대한 심문: 여자 符는 비록 大夫인 明의 처소에 명적이 등록되었지만, 실은 도망인이다.

•律에는 "도망인을 娶해서 처로 삼으면 '黥爲城旦'에 처하고,[68) [도망한 자임을]몰랐다 하더라도 감형할 수 없습니다.[69)]"라고 되어 있다. 隱官인 解는 비록 알지 몰랐다하더라도 마땅히 도망인을 娶해서 처로 삼은 것으로 논죄해야 한다. 어떻게 해명할 것인가? 解의 진술: 유죄입니다. [달리] 해명할 것이 없습니다.

【원문】 31簡, 32簡

•明言, 如符·解.

【해석】

[審問: 明의 진술]

•大夫인 明의 진술은 여자 符와 隱官인 解의 진술과 같습니다.

---

68) 『睡虎地秦簡』·「法律答問」, "女子甲爲人妻, 去亡, 得及自出, 小未盈六尺, 當論不當? 已官, 當論; 未官, 不當論."; 『睡虎地秦簡』·「法律答問」, "女子甲去夫亡, 男子乙亦闌亡, 相夫妻, 甲弗告請(情), 居二歲, 生子, 乃告請(情), 乙卽弗棄, 而得, 論可(何)殹(也)? 當黥城旦舂."; 『睡虎地秦簡』·「法律答問」, "甲取(娶)人亡妻以爲妻, 不智(知)亡, 有子焉, 今得, 問安置其子? 當畀. 或入公, 入公異是."

69) 『二年律令與奏讞書』: "弗智(知), 非有減也."은 『二年律令』·「亡律」, 168簡-169簡의 "弗智(知)者不☐"와 서로 관련이 있다.

【원문】32簡

問: 解故黥劓. 它如辤(辭).

【해석】

[사실 확인]

사실 여부를 질문을 통해 조사하니 隱官인 解는 전에 黥劓의 형을 받은 적이 있습니다. 다른 것은 이전에 진술한 것과 사실 여부를 질문을 통해 조사한 것과 같습니다.

【원문】33簡

•鞫(鞫): 符亡, 詐(詐)自占書名數, 解取(娶)爲妻, 不智(知)其亡, 審. 疑解罪, 毄(繫), 它縣論, 敢潚(讞)之.

【해석】

[법률적용의 전제 확인]

•취조한 결과에 따른 범죄사실의 총괄: 女子 符가 도망가서 거짓으로 신고하여 명적에 등록하고, 隱官인 解는 女子 符를 娶해서 妻로 삼았는데, 그녀가 亡人인 것을 알지 못하였다. 妻로 삼은 일은 명백합니다. 명확히 밝혀졌습니다. 隱官인 解의 죄가 의심되며, 구속하였는데, 다른 안건에 관해서는 縣이 이미 논하였습니다. 감히 請讞합니다.

【원문】34簡

•吏議: 符有數明所, 明嫁爲解妻, 解不智(知)其亡, 不當論. •或曰: "符雖已詐(詐)書名數, 實亡人也. 解雖不智(知)其請(情), 當以取(娶)亡人爲妻論, 斬左止(趾)爲城旦."

【해석】

[郡府官員의 審理意見][70]

•廷尉屬官이 제출한 의론: 여자 符는 大夫인 明의 처소에 호적이 등록되었고,[71] 大夫인 明은 그녀를 시집보내 隱官인 解의 妻로 삼았는데, 隱官인 解는 그녀가 도망했다는 사실을 알지 못했으니 논죄하는 것이 부당하다. •다른 의론: 女子 符가 비록 거짓으로 신고하여 명적에 등록하였지만, 실제로는 도망인이다. 隱官인 解는 그녀가 도망했다는 사실을 알지 못하였다 하더라도 도망인을 娶해서 처로 삼은 것으로 논죄해서 '斬左趾城旦'으로 처해야 한다.[72]

【원문】 34簡, 35簡

•廷報曰: 取(娶)亡人爲妻論之, 律白, 不當灋(讞).

【해석】

[廷尉의 판결안]

•廷尉의 案件에 대한 判決: 도망인을 娶해서 처로 삼는 것으로 논한다.[73] 律에 명확히 되어 있는 것으로 上申할 필요가 없다.

---

70) 『二年律令與奏讞書』: 吏議는 郡府官員의 審理意見.

71) 整理小組: 文意上 "符有數明所"의 '數' 앞에는 '名'이 탈락되어 있다. 에에 대하여 『二年律令與奏讞書』에서는 탈락된 것이 아니라 생략된 것으로 보고 있다.

72) 隱官"解"는 "斬左趾爲城旦"이 확정된다. 본래 "取(娶)亡人爲妻"의 죄는 '黥爲城旦'이지만, 隱官"解"가 이미 黥劓刑을 받고 있기 때문에 더욱 무거운 형이 부과된 것이었다.

73) 『睡虎地秦簡』·「法律答問」, "女子甲去夫亡, 男子乙亦闌亡, 相夫妻, 甲弗告請(情),

案例5

【원문】36簡, 37簡

• 十年七月辛卯朔甲寅, 江陵餘·丞鶩, 敢潚(讞)之.

迺五月庚戌, 校長池曰: "士五(伍)軍, 告池曰: '大奴武亡, 見池亭西, 西行.' 池以告與求盜視追捕武. 武格鬬, 以劍傷視, 視亦以劍傷武."

【해석】

[請讞과 案件의 내용]

•漢高祖 10년(기원전 197년) 7월 24일, 江陵縣의 縣令인 餘와[74] 縣丞인 鶩이 감히 請讞합니다.

5월 19일 校長인[75] 池의 진술: 士伍인 '軍'이 池에게 告하여 말하기를, "大奴 武가 逃亡하여 池가 관할하는 亭의 서쪽에 나타났는데, 서쪽으로 가고 있습니다."라고 하였습니다. 저는 신고에 따라 求盜[76] 視와 함께 大奴 武를 추포하였습니다.[77] 大奴 武는 格

居二歲, 生子, 乃告請(情), 乙即弗棄, 而得, 論可(何)殹(也)? 當黥城旦舂." "甲取(娶)人亡妻以爲妻, 不智(知)亡, 有子焉, 今得, 問安置其子? 當畀. 或入公, 入公異是."

74) 整理小組: 江陵餘는 江陵縣의 縣令인 餘를 의미. 職官이 생략.

75) 校長: 簡牘자료에 등장하는 '校長'은 대체로 특정 관할구역(亭部)를 관리하며, 해당 구역의 치안을 유지하는 업무를 수행함과 동시에 縣令, 縣尉 등의 명령을 받아 群盜 등 범죄자를 체포하기 위해 他縣에까지 파견되기도 하였다. 秦代 簡牘자료에 등장하는 '校長'은 漢代 '亭長'과 같이 그 관할 영역과 관련된 여러 직무를 수행했다기보다는 도적 등의 범죄자를 체포하는 업무에만 집중한 것으로 생각된다. 이는 秦代 亭이 그 관할 영역에 대한 縣의 실질적인 지배력 및 치안능력을 관철시키기 위해 설치된 기구임을 분명히 보여주는 것이다(오준석, 앞의 글, 62쪽). 秦代 '校長'을 곧 '亭長'으로 볼 수 있는가에 해서는 불확실한 점이 많다. 하지만 여러 이설에도 불구하고 대체로 秦代의 '校長'이 漢代의 '亭長'으로 환된 것으로 보고 있다(오준석, 앞의 글, 62쪽). 『漢書』·「百官公卿表」, "大率十里一亭, 亭有長."; 『漢書』·「高帝本紀」, "及壯, 試吏, 爲泗上亭長.〈師古曰：秦法十里一亭. 亭長者, 主亭之吏也.〉"

鬥하고, 검으로써 求盜 '視'를 상하게 하였고, 求盜 視 역시 검으로써 大奴 '武'를 상하게 하였습니다.

【원문】37簡, 38簡, 39簡

•今, 武曰: "故軍奴, 楚時去亡, 降漢, 書名數爲民, 不當爲軍奴, 視捕武, 誠格鬪, 以劍擊傷視. 它如池.

【해석】

[審問: 武의 진술]

•현재 大奴 武의 진술: 저는 원래 士伍 軍의 奴였습니다만, 楚時에 逃亡해 漢에 투항하고 名籍을 登記하고 庶民이 되었습니다. 士伍 軍의 奴가 되는 것은 타당하지 않습니다. 求盜 視가 저(武)를 체포하고자하였기 때문에 진실로 격투하고, 검으로써 求盜 視를 쳐서 상처를 입혔습니다. 다른 것은 校長 池의 진술과 같습니다.

---

76) 整理小組: 求盜는 亭卒로 도적을 追捕하는 일을 담당한다라 하는 『漢書』·「高帝本紀」의 應劭의 주석을 인용하고 있다(『漢書』·「高帝本紀」의 "應劭曰: 「求盜者, 亭卒. ……舊時亭有兩卒, ……掌逐捕盜賊.」). 『二年律令』141簡, "吏將徒, 追求盜賊, 必伍之, 盜賊以短兵殺傷其將及伍人, 而弗能捕得, 皆戍邊二歲"; 『睡虎地秦簡』·「法律答問」, "求盜追捕罪人, 罪人挌(格)殺求盜, 問殺人者爲賊殺人, 且斲(鬪)殺? 斲(鬪)殺人, 廷行事爲賊."

77) 池亭의 校長인 池가 도망친 노비를 봤다는 고발을 접수하고 이를 추적, 체포하던 과정에서 벌어진 격투 중 발생한 상해사건을 기록한 것이다. 이 사건 기록은 亭에서 피의자에 대한 제보를 접수하고 이를 추적 및 체포하는 일을 담당했음을 말해준다(吳俊錫, 「秦代 亭의 기능과 吏員조직」. 『中國古中世史硏究』41, 2006, 47쪽).

【원문】39簡, 40簡

•視曰: 以軍告與池追捕武, 武以劍格鬪, 擊傷視, 視恐弗勝, 誠以劍刺傷武而捕之, 它如武.

【해석】

[審問: 視의 진술]

求盜 視의 진술: 士伍 軍의 보고를 받고 校長 池와 함께 大奴 武를 追捕하였습니다만, 大奴 武가 검으로써 격투하고, 求盜 視를 擊傷하였습니다. 求盜 視는 이길 수 없을 것을 염려하여 진실로 검으로써 大奴 武를 刺傷하고 그를 체포하였습니다. 다른 것은 大奴 武의 진술과 일치합니다.

【원문】40簡, 41簡

•軍曰: 武故軍奴, 楚時亡, 見池亭西. 以武當復爲軍奴, 卽告池所, 曰武軍奴, 亡. 告誠不審. 它如池·武.

【해석】

[審問: 軍의 진술]

•士伍 軍의 진술: 大奴 武는 원래 士伍 軍의 奴로 楚時에 도망하였다가, 校長 池가 관할하는 亭의 서쪽에 나타났습니다. 大奴 武는 마땅히 다시 士伍 軍의 奴로 되어야 한다고 생각하여 校長 池의 處所에 알려서 大奴 武라는 士伍 軍의 奴가 도망하였다고 말하였는데, 저의 고발은 진실로 부실하였습니다.[78] 다른 것은

78) 告不審: 고소를 부실하게 하는 것. 『睡虎地秦簡』·「法律答問」, "甲告乙盜牛若賊傷人, 今乙不盜牛·不傷人, 問甲可(何)論? 端爲, 爲誣人; 不端, 爲告不審.", "甲

校長 池・大奴 武의 진술과 같습니다.

【원문】41簡, 42簡, 43簡, 44簡

•詰武: 武雖不當受軍弩(奴), 視以告捕武, 武宜聽視而後與吏辯是不當狀, 乃格鬪, 以劍擊傷視, 是賊傷人也, 何解? •武曰: 自以非軍亡奴, 毋罪, 視捕武, 心恚, 誠以劍擊傷視, 吏以爲即賊傷人, 存吏當罪, 毋解.

【해석】

[審問: 武에 대한 심문]

•大奴 '武'에 대한 심문: 大奴 武는 士伍 軍의 奴로 되는 것이 타당하지 않다하더라도, 求盜 視는 士伍 軍의 告訴가 있어서 大奴 武를 체포하고자한 것이었다. 大奴 武는 마땅히 求盜 視로부터 追捕하고자하는 이유를 듣고서 후에 吏와 追捕를 받는 것이 옳은 것인가 아니면 그 같은 상황에 해당하지 않는 것인가의 시비를 가렸어야 했다. 그런데 격투를 해서 검으로 求盜 '視'를 격상하였던 것이므로 이것은 '타인을 賊傷'한[79] 죄가 된다. 어떻게 해명할 것인가? 大奴 '武'의 진술: 제가 생각하기에 저는 士伍 軍으로부터 逃亡한 奴가 아니므로 죄가 없습니다. 그런데, 求盜 視

告乙盜牛, 今乙賊傷人, 非盜牛毆(也), 問甲當論不當? 不當論, 亦不當購; 或曰爲告不審.", "甲告乙盜牛, 今乙盜羊, 不盜牛, 問可(何)論? 爲告不審. 貲盾不直, 可(何)論? 貲盾."

79) 李悝의 『法經』에도 「賊律」이 있었으며, 秦漢에는 '賊死', '賊傷'등의 죄명이 있었다. 『睡虎地秦簡』·「封診式」에는 '賊死爰書'가 나온다. 『二年律令』 25簡, "賊傷人, 及自賊傷以避事者, 皆黥爲城旦舂"; 『二年律令』 40簡, "婦賊傷·毆詈夫之泰父母·父母·主母·後母, 皆棄市"; 『二年律令』 92簡, "若賊傷人及殺人, 而先自告也, 皆棄市."; 『二年律令』 123簡, "刑盡而賊傷人及殺人, 先自告也, 棄市."; 『漢書』「衡山王傳」"元朔四年中, 人有賊傷後假母者"

가 저를 체포하고자 하였기 때문에 제가 화가 나서 진실로 검으로써 求盜 視를 격상하였습니다. 吏가 생각하기에 곧 '타인을 賊傷'한 것입니다. 吏의 判斷으로는 죄에 해당한다는 것입니다. [달리] 해명할 것이 없습니다.[80)]

【원문】 44簡, 45簡

•詰視: "武非罪人也. 視捕, 以劍傷武, 何解? 視曰: 軍告武亡奴, 亡奴罪當捕, 以告捕武, 武格鬪傷視, 視恐弗勝, 誠以劍刺傷捕武, 毋它解."

【해석】

[審問: 視에 대한 심문]

•求盜 視에 대한 심문: 大奴 武는 죄인이 아니다. 求盜 視가 大奴 武를 체포하고자 해서 검으로써 大奴 武를 傷하게 한 것은 어떻게 해명할 것인가? 求盜 視의 진술: 士伍 軍은 大奴 武가 逃亡한 奴라고 고발하였습니다. 奴가 도망한 죄를 지은 것이므로 응당 체포해야 합니다. 고발이 있어서 大奴 武를 체포하고자 한 것인데, 大奴 武가 격투를 해서 저를 傷害하였습니다. 저는 이기지 못할까 우려되어서 진실로 검으로써 大奴 武를 刺傷하고, 포획하였습니다. 달리 해명할 것이 없습니다.

【원문】 45簡

•問: 武士五(伍), 年卅(三十)七歲, 診如舜(辭).

---

80) "存吏, 毋解"의 해석은 쉽지 않은데, 存을 察로 보고, 무죄를 주장한 것이 吏에 의해서 죄가 밝혀져 변명의 여지가 없어진 것으로 해석하는 池田雄一, 『奏讞書—中國古代の裁判記錄—』 刀水書房, 2002, 37쪽의 견해에 따른다.

【해석】

[사실 확인]

사실 여부를 질문을 통해 조사: 大奴 武는 士伍로 나이 37세, 傷害를 진단하니[81] 진술한 것과 사실 여부를 질문을 통해 조사한 것과 같습니다.

【원문】45簡, 46簡, 47簡

•鞫之: 武不當復爲軍奴, 軍以亡弩(奴)告池, 池以告與視捕武, 武格鬪, 以劍擊傷視, 視亦以劍刺傷捕武, 審. •疑武·視罪, 敢潚(讞)之. 謁報, 署獄西廥發.

【해석】

[법률적용의 전제 확인]

•취조한 결과에 따른 범죄사실의 총괄: 大奴 武는 다시 士伍 軍의 奴로 되는 것에 해당하지 않습니다. 그런데도 士伍 軍이 도망한[82] 奴라고 校長 池에게 고발하였고, 校長 池는 고발에 따라 求盜 視와 함께 大奴 武'를 체포하고자 하였습니다. 大奴 武는 格鬪하였고, 검으로써 求盜 視를 傷害하였고, 求盜 視 또한 검으로써 大奴 武를 刺傷하고 포획하였습니다. 명확히 밝혀졌습니다. •大奴 武·求盜 視의 罪가 의심되며, 감히 請讞합니다. 보고를 올립니다. 獄西廥에서[83] 문서를 개봉하고 서명합니다.

---

81) 整理小組: 診은 驗視.

82) "軍以亡"은 『二年律令與奏讞書』에서 보충한 것.

83) 獄西廥: 『二年律令與奏讞書』에서는 안례1의 '獄史曹', 안례2의 '中廥'와 함께 郡의 治獄機構의 하나가 아닐까 보고 있다. 그러나 주 41)의 지적처럼 郡의

【원문】47簡

•吏當: "黥武爲城旦, 除視."

【해석】

[郡府官員의 審理意見]

•廷尉屬官이 제출한 판결안: 大奴 武는 黥해서 城旦으로 하고, 求盜 視를 免除한다.

【원문】47簡, 48簡

•廷以聞: 武當黥爲城旦. 除視."

【해석】

[廷尉의 판결안]

•황제의 재가를 받은 廷尉의 판결안: 大奴 武는 黥爲城旦에 해당한다.[84] 求盜 視의 죄를 면제한다.

治獄機構가 아닌 縣의 治獄機構로 보인다.

84) 『二年律令』25簡, "賊傷人, 及自賊傷以避事者, 皆黥爲城旦舂."

案例6

【원문】49簡, 50簡

•漢中守, 潚(讞): 公大夫昌苔(笞)奴相如, 以辜死. 先自告: 相如故民, 當免. 作少府, 昌與相如約, 弗免已. 獄治, 不當爲昌錯告不孝, 疑罪. •廷報: 錯告. 當治.

【해석】

[請讞과 案件의 내용 및 廷尉의 판결안]

•漢中 태수의 請讞:[85] 公大夫인 昌이 奴인 相如를 매질하다, 이로 인하여 辜死하였습니다.[86] 公大夫인 昌이 먼저 자수하여

---

85) 蔡萬進은 廷尉와 郡守는 '秩'이 같기 때문에 '敢讞之'가 아니라 '讞'을 사용했다고 한다. 그는 奏讞書에 郡丞, 郡守丞 혹은 이들이 軍需와 함께 연명해서 奏讞한 사례가 없지만, "縣道官守丞毋得斷獄及讞. 相國·御史及二千石官所置守叚吏若丞缺, 令一尉爲守丞, 皆得斷獄·讞.102(C40)"라는 율령이 있으므로 이들도 奏讞의 권한이 있었을 것이라고 한다(蔡萬進, 『張家山漢簡〈奏讞書〉研究』, 廣西師範大學出版社, 2006, 134쪽). 漢中: 진한시기의 군명으로 치소는 지금의 陝西 安康에 위치(『二年律令與奏讞書』).

86) 노비주는 노비를 마음대로 처벌할 수 없고 官에 보고하는 '謁'의 절차를 반드시 거쳐야 한다(『睡虎地秦簡』·「封診式」, "某里士伍甲縛詣男子丙, 告曰: 「丙, 甲臣, 驕悍, 不田作, 不聽甲令, 謁賣公, 斬以爲城旦, 受賈錢.」 訊丙, 辭曰: 「甲臣, 誠悍, 不聽甲. 甲未嘗身免丙. 丙無病也. 無他坐罪.」 令令史某診丙, 不病. 令少內某, 佐某以市正價賈丙丞某前" ; "某里公士甲縛詣大女子丙, 告曰: 「某里五大夫乙家吏. 丙, 乙妾也. 乙使甲曰: "丙悍, 謁黥劓丙"」"). 그렇지 않을 경우에는 '贖死'의 처벌을 받는다(『二年律令』 39簡 "父母毆笞子及奴婢, 子及奴婢以毆笞辜死, 令贖死."; 『二年律令』 48簡, "諸吏以縣官事笞城旦舂·鬼薪白粲, 以辜死, 令贖死."); 池田雄一은 辜를 罪로 해석하여 不孝罪를 이유로 죽었다로 해석했다(池田雄一, 앞의 책, 72쪽). 金珍佑는 辜死는 保辜 기한 내 사망한 경우로 해석하고 있다. 保辜는 구타하여 다른 사람을 상해했을 때 (피해자 상태의 경중에 따라) 일정한 기한을 법으로 정해두는 것이다. 만약 기한 내에 구타가 원인이 되어 사망했다면 살인죄를 적용한다(金珍佑, 「秦漢律의 '不孝'에 대하여 ─ 『睡虎地秦簡』·『張家山漢簡』의 '不孝'관련 조문을 중심으

告發하였습니다.[87] 相如는 본래 平民이므로 마땅히 免하여 少

로」, 『中國古中世史硏究』19, 2008, 197쪽). 「保辜」는 毆打하여 傷害한 행위 뒤에 일정한 기간을 경과하는 것인데, 만일 구타하여 傷害한 것이 原因이 되어 죽게 되었다면 殺人罪를 적용한다. 이렇게 일정기간을 두는 것을 「保辜」라고 한다. 『明律』에도 같은 규정이 있는데 '大明律集解附例'의 纂註에 의하면 "「保」는 養이고 「辜」는 罪이다. 무릇 사람을 상해하였다면 官司는 그 傷害의 輕重에 따라 期限을 세우고 毆打한 사람을 責命하여 의사의 치료를 받게 한다. 「限」은 滿期日로 그것을 물어 본 후에 罪를 判定한다. 그러므로 保辜라고 한다."라 되어 있다. 淸律은 "保는 養이다. 辜는 罪이다. 保辜란 사람을 구타하여 傷害하였는데 죽지 않았다면 담당 官司는 期限을 세우고 이로써 그를 保(護)해야 하는 것이다. 사람이 다친 것을 보호하는 것은 바르게 罪를 保(護)하는 것이다"라하고 있다. 「明律國字解」에는 "구타하여 이긴 사람을 구타당한 사람에게 대응하여 치료를 한다. 이것을 保辜라고 한다"고 되어 있다. 加害者로서 被害者를 치료시키는 것이지만, 치료가 목적이 아니고 '大明律集解附例'의 纂註와 같이 期限의 滿期日을 물어 본 후에 「罪를 判定한다」는 것이 律에서는 중요한 것이므로 保辜 期限 內에는 判定을 미룬다. 즉 保辜는 구타한 경우 刑罰을 결정하는데 필요한 기간이 되는 것이다. 『唐律疏議』·「鬪訟」6, "諸保辜者, 手足殺傷人限十日, 以他物毆傷人者二十日, 以刃及湯火傷人者三十日, 折跌支體及破骨者五十日(毆·傷不相須. 餘條毆傷及殺傷, 各準此.) 限內死者, 各依殺人論 其在限外及雖在限內, 以他故死者, 各依本法毆傷法(他故, 謂別增餘患而死者.)"; 『居延新簡』EPS4T2 : 100, "二旬中死予者髡爲城旦春及有"; "古者保辜, 辜內當以弑君論之, 辜外當以傷君論之. 疏, 其弑君論之者, 其身梟首, 其家執之, 其傷君論之, 其身斬首而已, 罪不累家, 漢律有其事(『春秋公羊傳注疏』 권19, 「襄公7年條」, '何休注', 425쪽)"; "疻痏保辜謕呼號. 注, 保辜者, 各隨其狀輕重, 令毆者以日數保之, 限內至死, 則坐重辜也(『急就篇』 권4, '疻痏保辜謕呼號', 310쪽)."

87) 『漢書』·「衡山王劉賜傳」, 2156쪽, "聞律先自告除其罪"; 『後漢書』·「顯宗孝明帝紀」, 98쪽, "明帝卽位, 詔天下亡命殊死以下, 聽得贖論, 死罪入縑二十匹, 右趾至髡鉗城旦舂十匹, 完城旦舂至司寇作三匹. 其未發覺, 詔書到先自告者, 半入贖."; 『漢書』·「刑法志」, 1099쪽, "臣謹議請定律曰 : 諸當完者, 完爲城旦舂 ; 〈臣瓚曰 : 文帝除肉刑, 皆有以易之, 故以完易髡, 以笞代劓, 以釱左右止代刖. 今旣曰完矣, 不復云以完代完也. 此當言髡者完也.〉 當黥者, 髡鉗爲城旦舂 ; 當劓者, 笞三百 ; 當斬左止者, 笞五百 ; 當斬右止, 及殺人先自告, 及吏坐受賕枉法, 守縣官財物而卽盜之, 已論命復有笞罪者, 皆棄市."; 『睡虎地秦墓竹簡』·「法律答問」, "夫有罪, 妻先告, 不收. 妻媵臣妾·衣器當收不當? 不當收."; 『二年律令』 90~92簡, "其有贖罪以下, 及老小不當刑·刑盡者, 皆笞百. 城旦刑盡而盜臧(贓)百一十錢以上, 若賊傷人及殺人, 而先自告也, 皆棄市."; 『二年律令』 206簡, "盜鑄錢及佐者, 智(知)人盜鑄

府에서 일해야 했습니다. 그래서 창과 상여는 약속대로 하기로 했습니다. 그런데 公大夫인 昌이 奴인 相如를 免하지 않았습니다. [이에 대하여는] 治獄하였습니다.[88] 그런데 창이 (상여가) 不孝했다고 잘못 고소했다는[89] 점은 부당합니다. 罪가 의심됩니다. •廷尉의 案件에 대한 判決[90]: 허위 진술한 범죄에 해당된다. 마땅히 죄를 다스려야 한다.

錢, 爲買銅·炭, 及爲行其新錢, 若爲通之, 而能頗相捕, 若先自告·告其與, 吏捕, 頗得之, 除捕者罪."; 先自告는 自告를 엄밀하게 표현한 것으로 도망자가 스스로 출두하는 自出과 다르다.

88) 整理小組에서는 已를 뒷문장에 붙여 읽었다(……已獄, 治……). 『二年律令與奏讞書』는 문장 끝에 붙는 語氣詞로 판단하여 앞문장에 붙여 읽었다. 그리고 그 유사한 예로서 案例 19의 '不可得已', '同已'를 들었다. 어느 쪽으로 해석해도 해석상 문제는 없어 보인다.

89) 錯告: 잘못 고소함; 告不審: 부정확, 불확실하다는 의미. 『睡虎地秦簡』·「法律答問」, "甲告乙盜牛若賊傷人, 令乙不盜牛, 不傷人, 問甲可(何)論. 端爲, 爲誣人, 不端, 爲告不審"; 『睡虎地秦簡』·「法律答問」, "甲告乙盜牛, 今乙盜羊, 不盜牛, 問可(何)論? 爲告不審. 貲盾不直, 可(何)論? 貲盾"; 『睡虎地秦簡』·「法律答問」, "當貲盾, 沒錢五千而失之, 可(何)論? 當誶. 告人曰邦亡, 未出徼闌亡, 告不審, 論可(何)也? 爲告黥城旦不審"; 『睡虎地秦簡』·「法律答問」, "伍人相告, 且以辟罪, 不審, 以所辟罪罪之." 有(又)曰: "不能定罪人, 而告它人, 爲告不審." 今甲曰伍人乙賊殺人, 即執乙, 問不殺人, 甲言不審, 當以告不審論, 且以所辟? 以所辟論當也"; 『睡虎地秦簡』·「法律答問」, "可(何)謂「州告」? 「州告」者, 告罪人, 其所告且不審, 有(又)以它事告之. 勿聽, 而論其不審."

90) 廷報: 廷尉의 案件에 대한 判決(張俊民, 「江陵《奏讞書》誤讀一例」, 簡帛網, 2004年 8月 17日).

案例7

【원문】 51簡, 52簡

•北地守潚(讞): 女子甑奴順等亡, 自處彭陽. 甑告丞相: 自行書, 順等自贖. 甑所臧(贓)過六百六十, 不發告書, 順等以其故不論, 疑罪. •廷報: 甑・順等受・行賕狂(枉)法也.

【해석】

[請讞과 案件의 내용 및 廷尉의 판결안]

•北地 태수가 請讞: 여자 甑의 奴인 順等이[91] 도망하고, 스스로 彭陽에 거처하고 있었습니다.[92] 甑이 縣丞인 相에게[93] 告發한 내용: 사사로이 문서를 처리하였고,[94] 順等은 스스로 돈을 내고 贖罪했습니다. 甑이 받은 돈은 660전을 초과했는데, [甑은 縣에] 문서를 보고하지 않았습니다. 順等은 그 까닭에 논죄된 바도 없었습니다. 罪가 의심됩니다. •廷尉의 案件에 대한 判決: 甑과 順等은 뇌물을 주고받아 법을 어겼다.[95]

---

91) 整理小組는 '여자 甑과 奴 順등'으로 읽었다. 池田雄一과 『二年律令與奏讞書』에서는 1인의 명칭으로 보고 있다.

92) 蔡萬進은 '陽'字앞의 1字가 불분명하다고 지적하였는데(蔡萬進, 앞의 책, 18쪽), 『二年律令與奏讞書』에서는 적외선 판독을 통하여 彭陽으로 확정하였다.

93) 甑告丞相: 池田雄一은 丞相인지 이름이 '相'인 縣丞인지 불확실하다(池田雄一, 앞의 책, 74쪽)고 보았고, 『二年律令與奏讞書』에서는 丞은 縣丞 혹은 郡丞이며 相은 人名이다고 보았다.

94) 池田雄一은 行書가 告書(告發文書)와 유사하다고 보았다(池田雄一, 앞의 책, 74쪽).

95) 受賕枉法: 관리가 그 통할・감독 하에 있는 관리로부터 재물이나 음식, 기타 이익을 제공받거나 관리가 뇌물을 받고 청탁을 들어주는 것. 秦漢律에서는 이를 「盜律」로 분류하고 있다. 程樹德은 '受所監受財枉法'으로 보고 있다(程

案例8

【원문】 53簡

•北地守, 潚(讞): 奴宜亡, 越塞, 道戍卒官大夫有署出, 弗得, 疑罪.

•廷報: 有當贖耐.

【해석】

[請讞과 案件의 내용 및 廷尉의 판결안]

•北地 태수의 請讞: 노비 宜가 도망해서 塞를 넘었습니다. 戍卒 官大夫[96] 有[97]의 부서를 경유해[98] 나갔으며,[99] 잡지 못했습니다.[100] 罪가 의심됩니다. 廷尉의 案件에 대한 判決: 有는

樹德, 『九朝律考』 中華書局, 1963, 53-54쪽). '受所監'은 관리가 그 통할・감독하에 있는 관리로부터 재물이나 음식, 기타 이익을 제공받는 것이고, '受財枉'은 관리가 뇌물을 받고 청탁을 들어주는 것을 각각 의미한다. 沈家本은 '受所監', '受財枉法'으로 분리하고 있고(沈家本, 『歷代刑法考』 中華書局, 1985, 1404-1408쪽). 『漢書』・「陳萬年傳」, "後竟徵入爲少府. ⋯⋯受所監(如淳曰: '律, 主守而盜直十金, 棄市.')"; 『漢書』・「馮野王傳」, "入爲左馮翊. ⋯⋯野王部督郵掾祋祤趙都案驗, 得其主守盜十金罪, 收捕; 『漢書』・「刑法志」, "當斬右止, 及殺人先自告, 及吏坐受賕枉法, 守縣官財物而卽盜之, 已論命復有笞罪者, 皆棄市."; 『漢書』・「王子侯表 上」, "元狩五年, 坐爲宗正聽請, 不具宗室, 削爲司寇(師古曰: '受爲宗正, 人有私請求者, 受聽許之, 故於宗室之中事有不具, 而受獲罪.')" 『敦煌漢簡釋文』:2153:釋TH. 1875, "行言者若許及受賕以枉法皆坐臧為盜沒入□□行言者本行職者也□☐"『二年律令』 60簡, "受賕以枉法, 及行賕者, 皆坐其臧(贓)爲盜. 罪重於盜者, 以重者論之.";

96) 官大夫: 漢代 20等級爵에서 6級.

97) 有: 人名.

98) 道: 經過. 由. 從.

99) 整理小組는 "越塞, 道戍卒官大夫有署出"을 "越塞道, 戍卒官大夫有署出"로 읽었다. 張俊民은 이를 "越塞, 道戍卒官大夫有署出"로 수정하였다(張俊民, 「江陵《奏讞書》誤讀一例」, 簡帛網, 2004年 8月 17日). 그 이후 출판된 釋文修正本은 "越塞, 道戍卒官大夫有署出"로 하였고, 『二年律令與奏讞書』도 이를 따랐다.

마땅히 贖耐[101)]에 해당된다.

100) 『二年律令』 488簡, "越塞闌關, 論未有令, 請闌出入塞之津關, 黥爲城旦舂; 越塞, 斬左止(趾)爲城旦; 吏卒主者弗得, 贖耐"

101) 『岳麓書院藏秦簡(貳)』에 의해 秦代의 貲1甲은 1,344錢, 貲1盾=384錢, 1馬甲 1,920錢, 1兩 576錢인 것이 밝혀졌다. 『岳麓書院藏秦簡(貳)』에 의해 貲는 甲·盾에 의해, 贖은 馬甲을 단위로 하는 것이 처음 알려지게 된 것은 획기적이다. 이에 의해 秦에서 이미 벌금형과 속형이 명확히 분리되어 있음이 처음으로 확인이 되었기 때문이다. 貲나 贖에 대한 기준가와 환산액이 밝혀지면서 秦律의 법체계 내에는 罰金이라는 발상은 없었으며, 罰金刑의 직접적인 유래를 秦律 밖에서 찾아야 한다는 藤田高夫의 견해나 貲罰과 罰金刑은 별개의 계통이라고 하여 그 연속성을 부정한 冨谷至의 所說도 설득력을 잃게 되었다. 즉 漢律의 罰金刑과 贖刑은 秦代의 罰金刑과 贖刑을 계승하면서 이에 대한 합리적인 조정이 있었던 것이 명확해졌다(林炳德, 「秦에서 漢으로의 罰金刑과 贖刑의 변화와 그 성격」, 『東洋史學研究』 134, 2016, 116쪽). 『二年律令』, 129-130簡, "贖死罪贖城旦舂, 贖城旦舂罪贖斬, 贖斬罪贖黥, 贖黥罪贖耐, 耐罪 □金四兩罪罰金二兩, 罰金二兩罪罰金一兩. 令丞, 令史或偏先自得之, 相除."; 『二年律令』, 119簡, "贖死, 金二斤八兩. 贖城旦舂·鬼薪白粲, 金一斤八兩. 贖斬·府(腐), 金一斤四兩. 贖劓·黥, 金一斤. 贖耐, 金十二兩. 贖罨(遷), 金八兩."; 朱漢民·陳松長 主編, 『岳麓書院藏秦簡(貳)』(上海辭書出版社, 2011), 0957號簡, "貲一甲 直錢千三百卌四, 直金二兩一垂. 一盾直金二垂. 贖耐, 馬甲四 錢七千六百八十"

案例9

【원문】54簡, 55簡

•蜀守潚(讞): 佐啟主徒. 令史冰私使城旦環爲家作, 告啟, 啟詐(詐)簿曰治官府, 疑罪. •廷報: 啟爲僞書也.

【해석】

[請讞과 案件의 내용 및 廷尉의 판결안]

•蜀郡[102] 태수의 請讞: 佐인 啟가 형도를[103] 주관하고 있습니다. 令史인 冰이 사사로이 城旦인 環으로 하여금 私家의 노동을[104] 시켰습니다. [令史인 冰이 사사로이 城旦 環으로 하여금 私家의 노동을 시킨 일을] 佐인 啓에게 고발하자, 啓는 거짓으로 帳簿에 기록하기를[105], "官府를 수선했다"고 했습니다. 罪가 의심됩니다. 廷尉의 案件에 대한 判決: 啓는 '僞書'를[106] 한 것이다.

---

102) 蜀: 秦漢郡名으로 治所는 四川省 成都에 위치하였다(『二年律令與奏讞書』).

103) 徒: 刑徒(整理小組).

104) 家作: 私家勞動과 관련된 作業(『二年律令與奏讞書』).

105) 整理小組: 簿는 簿에 登記하는 것.

106) 僞書: 『二年律令』譯註에서 京都大注釋은 이를 '僞文書'로 해석하고 있다. 『張家山漢墓竹簡』·「奏潚(讞)書」 '案例10', 『張家山漢墓竹簡』·「奏潚(讞)書」 '案例11', 『張家山漢墓竹簡』·「奏潚(讞)書」 '案例12'에서도 '僞書'가 나오고 있다. 『唐律疏議』권25, 詐僞; "諸詐爲制書及增減者, 絞. … 其收捕謀叛以上, 不容先聞而矯制, 有功者, 奏制, 無功者, 流二千里"가 이와 유사하다. 『睡虎地秦簡』·「法律答問」, "「發僞書, 弗智(知), 貲二甲.」 今咸陽發僞傳, 弗智(知), 卽復封傳它縣, 它縣亦傳其縣次, 到關而得, 今當獨咸陽坐以貲, 且它縣當盡貲? 咸陽及它縣發弗智(知)者當皆貲"; 『二年律令』13簡, "爲僞書者, 黥爲城旦舂"

案例10

【원문】56簡, 57簡

•蜀守潚(讞): 采鐵長山私使城旦田 · 春女爲薑, 令內作, 解書廷, 佐恬等詐簿爲徒養, 疑罪. •廷報: 恬爲僞書也.

【해석】

[請讞과 案件의 내용 및 廷尉의 판결안]

•蜀郡 태수의 請讞: 采鐵長인[107] 山이 몰래 城旦인 田과 春女인 爲薑으로 하여금[108] 私家의 노동을[109] 하도록 했습니다. 문서를 담당 부서로 보낼 때,[110] 佐인 恬等이 거짓으로 문서를 만들어 무리를 위해 취사를 했다고 기록하였습니다. 罪가 의심됩니다. 廷尉의 案件에 대한 判決: 恬은 '僞書'를 한 것이다.

---

107) 采鐵長: 『睡虎地秦簡』 · 「秦律雜抄」; "采山重殿, 貲嗇夫一甲, 佐一盾; 三歲比殿, 貲嗇夫二甲而法(廢). 殿而不負費, 勿貲. 賦歲紅(功), 未取省而亡之, 及弗備, 貲其曹長一盾. 大(太)官·右府·左府·右采鐵·左采鐵課殿, 貲嗇夫一盾."; 『漢書』 · 「地理志」, "蜀郡有鐵官"

108) 整理小組 : 薑은 饘이다. 『說文』 '糜也.' 즉 稠粥; 池田雄一 : 『集韵』 '薑, 艸名.' ; 『正字通』 '薑, 草蔓布地.'; 풀을 베거나 묶는 작업과 비슷하다. '春女'의 '女'는 인명 혹은 성별을 표시하는 것이다. '田'은 상단의 이름으로 볼 수 있지만, '薑'에 상대되는 노동으로도 볼 수 있다. 『二年律令與奏讞書』 : 田과 爲薑은 모두 인명일 가능성이 있다. 54簡 "令史冰私使城旦環爲家作"이 이와 유사한 문장구조로 되어 있으므로 인명으로 보아야 타당할 듯하다.

109) 內作은 案例9의 '家作'과 대응하는 말. '家作'과 유사한 뜻으로 이해된다(池田雄一, 앞의 책, 82쪽).

110) 解: 通知하다는 의미(池田雄一, 앞의 책, 82쪽).

案例11

【원문】58簡, 59簡

•蜀守潚(讞): 大夫犬乘私馬一匹, 毋傳, 謀令大夫武窬□上造熊馬傳, 箸(著)其馬職(識)物, 弗身更, 疑罪.•廷報: 犬與武共爲僞書也.

【해석】

[請讞과 案件의 내용 및 廷尉의 판결안]

•蜀郡 태수의 請讞: 大夫인 犬이 자신의 馬 1필을 타고 가는데, 말에는 통행증이 없었습니다.[111] 그래서 음모를 꾸며서 大夫 武로 하여금 官舍에 몰래 들어가 上造 熊의 말의 통행허가증을 훔치도록 했습니다.[112] 그리고 자기 말에 그 표식을 붙였습니다.[113] 통행증의 내용은 바꾸지 않았습니다. 罪가 의심

111) 大夫犬乘私馬一匹, 毋傳: 무기나 말과 같은 특수 물자를 소지하고 이동할 때는 사전에 해당지역 官에서 검사를 받고, 관부에서 발급한 소지 물자의 내역서와 통행 허가서인 致를 발급받아야 했다. 특히 漢初 馬의 京畿 출입을 매우 엄격하게 통제하였는데, 이때도 우선 소속 기관의 首長으로부터 승인을 받아 關所 관리의 확인 절차를 거쳐야 했다. 가령 中大夫·郎中의 執盾과 執戟 중 집이 京畿 밖에 있을 경우 자신이 속한 기관의 상급자인 中大夫令·郎中令의 승인 하에 京畿 지역으로 들어가 말을 구입하여 돌아올 수 있었다(宋眞, 「秦漢時代 통행 허가와 君命의 상징」, 『中國古中世史研究』42, 2016, 153-154쪽).

112) 整理小組: '窬□'은 '窬舍'로 석독. '窬舍'는 벽을 뚫고 도둑질 하는 것; 池田雄一 : 『集韵』 "窬, 穿也"; 『二年律令與奏讞書』 : 적외선 사진에 의하면 해당 글자의 윗부분은 '發'과 비슷하다. '窬'는 '偷'.

113) 箸(著)其馬職(識)物: 整理小組는 馬의 特徵을 가리키는 것으로 보았다. 秦漢時代에는 騎馬·輕車에 사용할 馬 및 吏의 乘傳·置傳에 사용할 馬를 구입할 경우에도 馬가 필요한 縣에서는 각각 구입할 馬의 名과 匹數를 馬를 파는 지역 內史·郡守에게 告하고, 內史·郡守는 각각 보충할 馬의 名을 標識[久]로 삼아 馬의 身上에 燒印한 후 致를 만들어 津·關에 알려야 했고, 津·關에서는 관련 기록[籍書]과 馬의 火印[灸]을 자세히 檢閱한 후 馬를 반출할 수 있었다(宋眞, 앞의 글, 154쪽).

됩니다.[114] 廷尉의 案件에 대한 判決: 大과 武는 함께 '僞書'를 한 것이다.

114) '謀遣人盜'의 죄목으로 처벌할지 '僞書'의 죄목으로 처벌할지에 대한 疑罪.

案例12

【원문】60簡

•河東守潚(讞): 郵人官大夫內留書八日, 詐(詐)更其徼(檄)書辟留, 疑罪. •廷報: 內當以爲僞書論.

【해석】

[請讞과 案件의 내용 및 廷尉의 판결안]

•河東[115] 태수의 請讞: 郵人인 官大夫[116] 內가 문서를 8일간 체류시키고는[117] 거짓으로 檄書를[118] 바꾸어 문서 체류 사실을 피하려고 했습니다.[119] 罪가 의심됩니다. •廷尉의 案件에

115) 河東: 秦漢時大의 郡名. 治所는 安邑. 지금의 山西省 夏縣 西北쪽에 위치(『二年律令與奏讞書』).

116) 官大夫: 漢代의 20등급작에서 官大夫는 6급에 위치.

117) 留書八日: 『岳鹿秦簡』에 의하면 不急한 문서라 하더라도 8일을 지체시키면 '貲一甲'에 처해지는 것으로 되어 있다(陳松長, 「岳鹿書院藏秦簡中的行書律初論」, 『中國史研究』, 2009-3期, 31~32쪽), "行書律曰 : 傳行書, 署急輒行, 不輒行, 貲二甲. 不急. 日觱(畢). 留三日, 貲一盾; 四日上, 貲一甲, 二千石官書(1250簡)"; "留 · 弗行, 盈五日, 貲一盾, 五日到十日, 貲一甲, 過十日到卄日, 貲二甲, 後有盈十日, 輒駕(加)一甲(0792簡)"; "行書律曰 : 傳書受及行之, 必書其起及到日月夙暮, 以相報. 宜到不來, 追之. 書有亡, 亟告其縣(1271簡)", "•令曰 : 郵一行書留半日, 貲一盾; 一日, 貲一甲; 二日, 貲二甲; 三日, 贖耐; 三日以上, 耐. •卒令丙五(1805簡)"; 『二年律令』 269-270簡 "發徵及有傳送, 若諸有期會而失期, 乏事, 罰金二兩. 非乏事也, 及書已具, 留弗行, 行書而留過旬, 皆盈一日罰金二兩" 이에 관해서는 金慶浩, 「秦 · 漢初 行書律의 內容과 地方統治」, 『史叢』73, 2011참조.

118) 檄書: 囊에 포장하지 않고, 노출된 채로 송달되는 다면체의 단독목간인 「檄」이라 불리어지는 문서. 봉함하지 않고 송달하는 것은 빨리 알리기 위한 것. '署急輒行'의 緊急文書를 不急文書로 조작하였다는 의미로 이해된다. 『後漢書』 · 「鮑昱傳」, "檄, 軍書也, 若今之露布也"

119) 辟=避; 『睡虎地秦簡』 · 「秦律18種」; "行傳書 · 受書, 必書其起及到日月夙暮, 以輒相報也. 書有亡者, 亟告官. 隷臣妾老弱及不可誠仁者勿令. 書廷辟有日報, 宜到

대한 判決: 內는 마땅히 '僞書'로 논죄해야 한다.

不來者, 追之. 行書"

案例13

【원문】61簡, 62簡

•河東守讞: 士吏賢主大夫𧴶. 𧴶盜書毄(繫)隧亡. 獄史令賢求, 弗得, 毄(繫)母嬐亭中, 受豚・酒臧(贓)九十, 出嬐, 疑罪. •廷報: 賢當罰金四兩.

【해석】

[請讞과 案件의 내용 및 廷尉의 판결안]

•河東 태수의 請讞: 士吏인[120] 賢이 大夫[121] 𧴶의 상관입니다.[122] 𧴶이 문서를 훔친 죄로 隧에 구속했는데, 도망하였습니다. 獄史가[123] 賢으로 하여금 찾게 했으나 잡지 못했습니다. [𧴶의] 母인 嬐를 亭에 구속하였습니다. 그런데 [賢이 嬐으로부터] 90전에 해당되는 돼지와 술을 뇌물로 받고, 嬐를 풀어주었습니다.[124] 罪가 의심됩니다. •廷尉의 案件에 대한 判決: 賢은 벌금

---

120) 士吏: 『睡虎地秦簡』・「秦律雜抄」, "•除士吏・發弩嗇夫不如律, 及發弩射不中, 尉貲二甲."의 注釋에서 士吏를 일종의 軍官으로 이해(池田雄一, 앞의 책, 91쪽); 『漢書』・「儒林傳」 3594-3596쪽, "弘爲學官, 悼道之鬱滯, 乃請曰 : … 爲博士官置弟子五十人, 復其身. 太常擇民年十八以上儀狀端正者, 補博士弟子. … 制曰 : 可. 自此以來, 公卿大夫士吏彬彬多文學之士矣."; 『漢書』・「匈奴傳」 注引 "近塞郡皆置尉, 百里一人, 士史・尉史各二人, 巡行徼塞也. 士史應即士吏."

121) 大夫: 漢代의 20등급작에서 大夫는 5급에 위치.

122) 整理小組: 主는 守.

123) 獄史: 縣廷 소속의 獄을 담당하는 관리. 이 '獄史'는 각 관에 대응하는 "某曹令史", 즉 "獄曹令史". 즉 당시의 '獄史'는 縣廷의 屬吏로 범죄사건의 수사를 담당했으며 縣의 재판 과정에 참여했던 '獄曹令史'이었다. 주30)참조.

124) 피의자의 모친을 亭에 구금시키던 중 술과 고기 등의 뇌물을 받고 이를 풀어준 사건의 기록이다. 이를 통해 亭에 피의자 및 그 가속을 일시적으로 구금하던 獄舍가 존재했음을 알 수 있다(吳俊錫, 앞의 글, 47쪽).

4량에[125] 해당된다.

125) 罰金四兩: 『二年律令』 56簡, “盜臧(贓)値過六百六十錢, 黥爲城旦舂. 六白六十到二百廿錢, 完爲城旦舂. 不盈二百廿到百一十錢, 耐爲隸臣妾. 不盈百一十錢到廿二錢, 罰金四兩. 不盈廿二錢到一錢罰金一兩.”; 『二年律令』 93-94簡, “鞫(鞠)獄故縱·不直, 及診·報·辟故弗窮審者, 死罪, 斬左止(趾)爲城旦, 它各以其罪論之. 其當毄(繫)城旦舂, 作官府償日者, 罰歲金八兩; 不盈歲者, 罰金四兩.”; 『漢書』·「張釋之傳」, 2311쪽, “蹕先至而犯者, 罰金四兩”; 『史記』·「張釋之列傳」注, 2753쪽, “諸出入殿門公車司馬門, 乘軺傳者皆下, 不如令, 罰金四兩”; 『漢書』·「文帝紀」, 110쪽, “漢律, 三人以上無故群飮酒, 罰金四兩”

한편, 『二年律令』, 119簡, “贖死, 金二斤八兩. 贖城旦舂·鬼薪白粲, 金一斤八兩. 贖斬·府(腐), 金一斤四兩. 贖劓·黥, 金一斤. 贖耐, 金十二兩. 贖䙴(遷), 金八兩.”; 朱漢民·陳松長 主編, 『岳麓書院藏秦簡(貳)』(上海辭書出版社, 2011), 0957號簡, “貲一甲 直錢千三百卌四, 直金二兩一垂. 一盾直金二垂. 贖耐, 馬甲四 錢七千六百八十”에 따라 秦漢律의 罰金刑을 환산하면 다음과 같다.

秦漢의 罰金刑과 贖刑의 換算額의 비교(林炳德, 「秦에서 漢으로의 罰金刑과 贖刑의 변화와 그 성격」, 『東洋史學硏究』134, 2016.)

<table>
<tr><th>罰金刑·贖刑</th><th colspan="2">漢律</th><th colspan="2">秦律</th></tr>
<tr><td rowspan="4">罰金刑</td><td>4兩</td><td>2,500錢</td><td>貲2甲</td><td>2,688錢</td></tr>
<tr><td rowspan="2">2兩</td><td rowspan="2">1,250錢</td><td>貲1甲</td><td>1,344錢</td></tr>
<tr><td>貲2盾</td><td>768錢</td></tr>
<tr><td>1兩</td><td>625錢</td><td>貲1盾</td><td>384錢</td></tr>
</table>

案例14

【원문】63簡, 63簡, 64簡

• 八年十月己未, 安陸丞忠刻(劾)獄史平舍匿無名數大男子種一月.

【해석】

[縣丞에 의한 彈劾의 내용]

漢高祖 8년(기원전 199년) 10월 13일, 安陸縣의 縣丞인 忠의 탄핵 내용[126]: 獄史인 平은 戶籍에 등록되지 않은 성인남자인 種을 1개월간 은닉.

【원문】平曰: 誠智(知)種無數. 舍匿之, 罪. 它如刻(劾). 種言如平. 問: 平爵五大夫, 居安陸和衆里, 屬安陸相. 它如辤(辭).

【해석】

[審問]

獄史인 平의 진술: 진실로 戶籍에 등록되지[127] 않았다는 것을 알고서 숨겨주었습니다.[128] 유죄입니다. 다른 것은 탄핵한 내용대로입니다. [戶籍에 등록되지 않은 성인남자인] 種의 진술

---

126) 劾: 본고에서는 '劾'을 '彈劾'으로 번역하였다. 구체적인 것은 주 57) 참조.

127) 誠智(知)種無數: 整理小組는 '無數'의 '數'앞에 '名'이 脫字된 것으로 보고 있으나, 『二年律令與奏讞書』에서는 脫字가 아니라 '數'는 '名數'를 생략한 略稱으로 보고 있다.

128) 舍匿: 집에 숨겨주는 것(整理小組). 『漢書』·「淮南厲王劉長傳」, 2139쪽, "亡之諸侯, 游宦事人, 及舍匿者, 論皆有法."의 師古注에서는 "舍匿, 謂容止而藏隱也(사닉은 집에 머무는 것을 허용하고 숨겨주는 것을 이른다)."라 하고 있다. 冨谷至는 人이나 物을 자기 관리 하에 은닉하는 것(冨谷至 編, 『江陵張家山二四七號墓出土漢律令の研究(譯注篇)』 朋友書店, 2006, 108쪽)

은 獄史인 平의 진술과 같습니다. 사실 여부를 질문을 통해 조사: 獄史인 平은 五大夫이고, 安陸縣 和衆里에 거주하며, 安陸縣의 장관인 相의 屬僚입니다.[129] 다른 것은 이전에 진술한 것과 사실 여부를 질문을 통해 조사한 것과 같습니다.[130]

【원문】 65簡

鞫: 平智(知)種無名數, 舍匿之, 審. 當: 平當耐爲隷臣, 錮, 毋得以爵當·賞免.

【해석】

[법률적용의 전제 확인과 판결]

•취조한 결과에 따른 범죄사실의 총괄: 獄史인 平은 성인남자인 種이 名籍에 등록되지 않은 것을 알면서도 숨겼습니다. 명확히 밝혀졌습니다. 판결안[131]: 獄史인 平은 耐해서 隷臣으로 삼고, 禁錮에 처하며 削爵에 의해 죄를 갚거나 사면을 받을 수 없다.[132]

---

129) 屬은 官屬을 의미하는 것일 가능성이 있고, 사료에는 군사적인 종속관계를 의미하는 경우가 많다(池田雄一, 앞의 책, 95쪽).

130) 五大夫: 漢代의 20등급작에서 五大夫는 9급에 위치. 『二年律令』 305簡, "自五大夫以下, 比地爲伍, 以辨□爲信, 居處相察, 出入相司. 有爲盜賊及亡者, 輒謁吏·典."와 『二年律令』 307簡 "隷臣妾·城旦舂·鬼薪白粲家室居民里中者, 以亡論之"의 사료에 의해, 五大夫이상, 五大夫 以下-庶人, 隷臣妾·城旦舂·鬼薪白粲 등의 관노비가 거주지를 달리하고 있었음이 확인되고 있다

131) 當: '史當'·'吏當'과 같다(池田雄一, 앞의 책, 95쪽).

132) 『漢書』·「惠帝紀」, 85쪽, "爵五大夫·吏六百石以上, 及宦皇帝而知名者, 有罪當盜械者, 皆頌系. 上造以上·及內外公孫耳孫有罪當刑, 及當爲城旦舂者, 皆耐爲鬼薪白粲. 民年七十以上, 若不滿十歲有罪當刑者, 皆完之."; 『奏讞書』 案例18,

【원문】65簡, 66簡, 67簡

【원문】令曰: 諸無名數者, 皆令自占書名數. 令到縣道官盈卅日, 不自占書名數, 皆耐爲隸臣妾, 錮, 勿令以爵·賞免. 舍匿者與同罪. 以此當平.

【해석】

[법률적용의 전제 확인과 판결]

•근거가 되는 令: 모든 名籍에 등록되지 않은 자는 모두 스스로 호적에 등록하도록 한다. 縣이나 道官에 이르러 30일이 지나도 스스로 호적에 등록하지 않으면 모두 耐해서 隸臣妾으로 삼고, 禁錮에 처하며 爵으로써 죄를 갚거나 사면을 받을 수 없도록 한다. 숨긴 자도 같은 죄.[133] 이것으로써 獄史인 平을 판결한다.

【원문】67簡

南郡守強·守丞吉·卒史建舍治.

【해석】

[郡에서의 재판담당관리]

"篡遂縱囚, 死罪囚, 黥爲城旦, 上造以上耐爲鬼薪";『睡虎地秦簡』·「秦律雜抄」, "有爲故秦人出, 削籍, 上造以上爲鬼薪, 公士以下刑爲城旦." 이상의 사료를 통하여 有爵者의 가장 큰 刑罰減免의 특혜는, 上造 이상의 爵을 가진 자가 肉刑을 면제받고 城旦舂의 처벌을 鬼薪白粲으로 대신하는 것이라 할 수 있다.

133) 『二年律令』 167簡, "匿罪人, 死罪, 黥爲城旦舂, 它各與同罪. 其所匿未去而告之, 除. 諸舍匿罪人, 罪人自出, 若先自告, 罪減, 亦減舍匿者罪."

南郡의 守인 強과 임시 丞인 吉, 卒史인 建이[134] 재판을 처리하다.

【원문】68簡

八年四月甲辰朔乙巳, 南郡守強敢言之, 上奏七牒, 謁以聞, 種縣論, 敢言之.

【해석】

[郡에서의 讞]

漢高祖 8년(B.C.199년) 4월 2일 南郡의 守인 強이 감히 진술합니다. 간독 7매를 상주하오니 판결에 대하여 판단을 내려주시기 바랍니다. 성인남자인 種에 관해서는 縣이 이미 논하였습니다.[135] 감히 말씀드리니 [살펴주시기 바랍니다.]

---

134) 舍治: '舍'는 '釋'과 통한다. 『呂氏春秋』·「上德」, "太子不肯自釋"의 高誘注에 "釋, 理也"가 있고, 이는 처리하다는 의미(池田雄一, 앞의 책, 95쪽).

135) 種縣論: 앞서의 案例에서는 모두 '它縣論'으로 되어 있고 그에 대한 해석으로 "다른 안건에 관해서는 縣이 이미 논하였습니다."로 하였다. 種縣論는 池田雄一의 견해(池田雄一, 앞의 책, 97쪽)와 앞서의 해석에 따라 "種에 관해서는 縣이 이미 논하였습니다."로 하였다.

案例15

【원문】69簡, 70簡, 71簡

•七年八月己未江陵忠言: 醴陽令恢, 盜縣官米二百六十三石八斗. 恢秩六百石, 爵左庶長. 恢曰:誠令從史石盜醴陽已鄉縣官米二百六十三石八斗, 令舍人士五(伍)興・義與石賣, 得金六斤三兩・錢萬五千五十, 罪, 它如書. 興・義言皆如恢.

【해석】

[縣丞에 의한 彈劾의 내용]

漢高祖 7년(기원전 200년) 8월 12일, 江陵縣 [縣丞인] 忠의 진술[136]: 醴陽縣의 縣令인 恢가 官有의 米 263石8斗를 훔쳤습니다. 縣令인 恢의 봉록은 600石,[137] 작위는 左庶長입니다.[138] 縣令인 恢의 진술: 진실로 從史인[139] 石으로 하여금 醴陽縣 已鄉의 官有米 263石8斗를 훔치게 하였고, 舍人인 士伍인 興과 義,

---

136) 忠의 原文은 丞이었는데, 蔡萬進은 이를 忠으로 수정하였다(蔡萬進, 『張家山漢簡《奏讞書》硏究』 廣西師範大學出版社, 2006, 19쪽).

137) 長吏는 秩이 600石 이상인 비교적 지위가 높은 官人을 일컫기도 하고, 縣令의 보좌관으로서 秩이 200-400石에 해당하는 縣丞이나 縣尉를 가리키기도 한다. 前者의 경우 『漢書』 권5, 「景帝本紀」에 "吏六百石以上, 皆長吏也."라고 하였고, 顔師古는 張晏의 설을 인용하여 "長, 大也. 六百石位大夫."라고 注를 달았다. 後者의 경우 『漢書』・「百官公卿表」에 "[縣]皆有丞、尉, 秩四百石至二百石, 是爲長吏.〈師古曰 : 吏, 理也. 主理其縣內也.〉 百石以下有斗食・佐史之秩, 是爲少吏."라고 하여, 縣吏 중에서 秩의 규모에 따라 長吏와 少吏를 구분하고 있다.

138) 左庶長: 漢代의 20등급작에서 五大夫는 10급에 위치.

139) 從史: 從吏(『二年律令與奏讞書』, 353쪽); 『漢書』・「匡衡傳」, 3346쪽, "衡遣從史之僮, 收取所還田租穀千餘石入衡家."; 顔師古注, "從史者, 但只隨官僚, 不主文書"

石에게 팔도록 하여 황금6斤3兩과 1만5천5십전을 취득하였습니다. 유죄입니다. 다른 것은 문시의 내용과 같습니다. 士伍인 興과 義의 모든 진술은 縣命인 恢의 진술과 같습니다.

【원문】 71簡

問: 恢盜臧(贓)過六百六十錢. 石亡不訊, 它如辤(辭).

【해석】

[사실 여부를 질문을 통해 조사함]

•심리의 확인: 縣命인 恢는 도둑질해서 숨긴 것이 660전을 초과하였습니다.[140] 從史인 石은 도망하였기 때문에 심문하지 못하였습니다. 다른 것은 이전에 진술한 것과 사실 여부를 질문을 통해 조사한 것과 같습니다.

【원문】 71簡, 72簡

鞫: 恢, 吏, 盜過六百六十錢, 審."

【해석】

[법률적용의 전제 확인]

취조한 결과에 따른 범죄사실의 총괄: 縣命인 恢는 官吏이고, 도둑질한 것이 660전을 초과하였습니다. 명확히 밝혀졌습니다.

---

140) 660錢: 『睡虎地秦簡』·「法律問答」, "不盈五人, 盜過六百六十錢, 黥臬(劓)以爲城旦; 不盈六百六十到二百卄錢, 黥爲城旦; 不盈二百卄以下到一錢, 罨(遷)之. 求盜比此." 『睡虎地秦簡』·「法律問答」, "可(何)如爲"大誤"? 人戶·馬牛及者(諸)貨材(財)直(値)過六百六十錢爲"大誤", 其它爲小."

【원문】 72簡, 73簡

當: 恢當黥爲城旦, 毋得以爵減・免・贖. 律: 盜臧(贓)直(值)過六百六十錢, 黥爲城旦; 令: 吏盜, 當刑者刑. 毋得以爵減・免・贖. 以此當恢.

【해석】

[最終判決]

판결안: 縣令인 恢는 黥해서 城旦으로 한다. 削爵에 의해 減・免・贖 할 수 없다. 관련 근거가 되는 律: 도둑질해서 숨겨둔 것의 가치가 660전을 넘으면 黥하여 城旦에 처한다. 관련 근거가 되는 令: 吏가 도둑질하여 肉刑에 해당하는 자는 肉刑에 처한다.[141] 削爵에 의해 減・免・贖 할 수 없다. 이것으로 恢를 판결합니다.

【원문】 74簡

恢居酈邑建成里, 屬南郡守. 南郡守強・守丞吉・卒史建舍治.

【해석】

[郡에서의 裁判擔當者]

恢는 酈邑 建成里에 살고,[142] [醴陽縣의 縣令으로] 南郡 郡守의

141) "令: 吏盜, 當刑者刑. 毋得以爵減・免・贖. 以此當恢.": 이 문장은 '令: 吏盜'로 읽기보다는 '令吏盜'로 읽어야할 듯하다. 왜냐하면 '以此當恢' 앞의 문장이 앞서 열거한 '律'에 해당하기 때문이다(陳偉, 「《二年律令》・《奏讞書》校讀」, 『簡帛』 제1집, 2006, 348쪽).

142) 酈邑: 秦始皇 16년에 설치되었고, 지금의 陝西省 臨潼縣의 東北 쪽에 위치(整理小組). 『史記』・「高祖紀」, "更名酈邑曰新豐"

管轄에 속합니다. 南郡 郡守인 強・임시 부장관인 吉[143]・卒史인 建舍가 재판을 담당하였습니다.

143) 守丞: 丞의 대리직.

案例16

【원문】 75簡, 76簡

•淮陽守行縣掾新郪獄, 七月乙酉新郪信爰書: 求盜甲告曰: 從獄史武備盜賊, 武以六月壬午出行公梁亭, 至今不來, 不智(知)在所, 求弗得, 公梁亭校長丙坐以頌繫, 毋繫牒, 弗窮訊.

【해석】

[郡守에 의한 覆獄의 진행[144]]

•淮陽[145]의 郡守가 縣掾으로 하여금 新郪縣의[146] 獄事를 처리하게 함.[147]

漢高祖 6년(기원전 201년) 7월 2일 新郪縣令 信의 爰書[148]: 求盜 甲의 고소와 그 진술: "獄史 武를 따라 도적을 대비하고 있었는데, 武는 6월 壬午日에 公梁亭으로 갔는데, 지금까지 돌아

144) 覆獄: 復獄. 再治獄. 『里耶秦簡』이나 『嶽麓秦簡』에는 '更治'라는 용어로 나타난다(金鍾希, 「秦漢初覆審運營和奏讞制度」, 『簡牘與戰國秦漢歷史: 中國簡帛學國際論壇2016』 香港中文大學歷史系, 539쪽). 案例16과 案例18은 未解決의 案件을 전면 재심사한 사례에 해당한다.

145) 淮陽: 郡名이다. 整理小組는 全祖望 『漢書地理志稽疑』의 기재에 근거해 漢高祖 6년에 淮陽郡이 설치되었으며, 이후 高祖 11년에 復國된 것으로 주석하였다. 『二年律令與奏讞書』에서는 全祖望이 근거한 사료가 불분명하고, 郡이 설치되기 이전 淮陽郡 지역은 韓信의 楚國에 속하였으며, 韓信의 체포 이후 楚國 중 淮北지역은 이미 漢의 직할영토가 되었다가, 高祖 11년 劉友가 淮陽王으로 봉해지면서 다시 諸侯國으로 복원된 것으로 보았다.

146) 新郪: 『二年律令與奏讞書』에서는 이 지역을 지금의 安徽省 太和縣 서북쪽으로 비정하였다.

147) 行縣掾: 池田雄一은 "縣掾"을 "縣의 屬吏"로 보고, "行縣掾新郪獄"을 "縣令, 獄史에게 獄을 行하게 하다"라는 뜻으로 해석하였다(池田雄一, 앞의 책, 107쪽).

148) 爰書: 죄수의 죄를 다스린 供辭기록.

오지 않고 있는데, 어디에 있는지 알 수 없고, 찾아도 찾을 수 없습니다." 이에 公梁亭의 校長 丙이 여기에 연루되어 구류되어 있지만 형구를 채우지 않고 있으며,[149] 체포 문서도 없고, 철저히 심문하지도 않았습니다.[150]

【원문】77簡, 78簡

七月甲辰淮陽守偃刻(劾)曰: 武出備盜賊而不反(返), 其從(蹤)迹類或殺之, 獄告出入廿日弗窮訊, 吏莫追求, 坐以繫者毋繫牒, 疑有姦詐, 其謙(廉)求捕其賊, 復(覆)其姦詐及智(知)縱不捕賊者, 必盡得, 以法論.

【해석】

[郡守에 의한 覆獄의 진행]

7월 21일 淮陽郡守 偃의 탄핵과 그 진술: 獄史 武는 출동해서 도적에 대비해야 했는데, 돌아오지 않았고, 그 상황으로 보아 누군가가 그를 죽인 듯하다. 재판을 위해 고발이 이뤄진 지 약 20일이 지났는데도[151] 철저히 신문하지 않고, 吏는 사건의

---

149) 頌繫: 頌은 '容'과 通함. 즉 비록 구속하더라도 桎·梏 등의 형구를 채우지 않는 것. 『漢書』·「刑法志」, 1106쪽, "復下詔曰:「高年老長, 人所尊敬也; 鰥寡不屬逮者, 人所哀憐也. 其著令: 年八十以上, 八歲以下, 及孕者未乳, 師·朱儒當鞠繫者, 頌繫之."

150) 당시 淮陽郡 新郪縣의 獄史였던 武는 盜賊을 방비하기 위해 公梁亭으로 出行하였는데, 이는 亭 校長이 "備盜賊"의 사안에 대해 縣 獄史에 협조하고 있었음을 짐작하게 해준다. 또한 武가 살해된 후 현장에서 범인을 체포한 公梁亭의 校長인 丙이 사건에 縣令이 개입된 것을 알고 즉시 범인을 풀어주었는데, 이는 亭이 縣의 강한 통제 아래 있었음을 짐작하게 하는 자료이다. 만약 亭이 郡都尉에 직속해 있었다면 이런 일은 쉽게 일어나지 못했을 것이다(오준석, 앞의 글, 69쪽).

151) 出入廿日: 池田雄一은 出入을 上下의 의미로 보고 約20日로 해석(池田雄一,

진상을 파헤치지도 않았으며, 이에 연루하여 체포된 자에 대해서도 체포 문서도 없으니, 아마도 여기에는 奸詐가 있는지 의심스럽다. 수사를 진행해서 그 犯人을 찾아 체포하는데,[152] 도리어 奸詐가 있거나 및 알면서도 놓아 주어 적을 체포하지 않는 자는 반드시 모두 잡아 법으로 논해야 한다.

【원문】78簡, 79簡, 80簡, 81簡

•復(覆)之: 武出時, 與髳長蒼▨. 蒼曰: 故爲新鄋信舍人, 信謂蒼: 武不善, 殺去之. 蒼卽與求盜大夫布・舍人簪褭餘共賊殺武于校長丙部中. 丙與發弩贅荷(苛)捕蒼, 蒼曰爲信殺, 卽縱蒼, 它如劾.

【해석】

[再審理]

覆審[153]: 獄史인 武가 나갈 때 髳長[154] 蒼과 ▨. 蒼이 말하기를: 예전에 新鄋縣令 信의 舍人이었는데, 信이 蒼에게 이르기를 : "獄史 武가 不善하니 그를 죽여 없애라"고 하였습니다. 蒼은

앞의 책, 108쪽).

152) 謙: 이 謙에 대해 整理小組는 "廉"으로 표시하고『漢書』・「何武傳」의 「廉은 察이다」라는 주석을 인용하였다.

153) 覆審: 재심문.

154) 髳長: 주석본에서는 髳를 모두 이민족의 지명으로 보고 있다. 整理小組는 髳를 羌의 地名이라고 하였으며, 池田雄一은 髳가 巴蜀에 있었다고 하는 주석을 인용하였다. 한편 池田雄一은 髳長을 이민족의 수장으로 보는 견해에 난색을 표하면서도 새로운 설을 제시하지는 않았다. 본문의 "髳長" 석독이 바른 것이라면, 蒼이 獄史 武와 함께 公梁亭으로 간 것으로 보아 도적 대비와 관계된 職名의 일종으로 생각할 수도 있다.『說文解字注』, 髟部 '髳' 字下, "漢令有髳長"

즉시 求盜인 大夫 布·舍人인 簪裊 餘와 함께 武를 校長 丙의 部中에서 賊殺하였습니다.[155] 丙은 發弩 贅와 함께 즉시 蒼을 체포하였으나,[156] 蒼은 信을 위해 (武를) 살해하였다고 하였으므로, 즉시 蒼을 놓아주었습니다. 다른 것은 劾과 같습니다.[157]

155) 賊殺: 賊殺: 고의로 살해하는 것. 중대한 이유 없이 인신을 侵犯하는 행위. 즉 특별한 이유도 없이 칼이나 杖으로 사람을 살해하거나 상해를 입히는 것. 『左傳』 '文公18年': "毁則爲賊" 李悝의 『法經』에 『賊律』을 설치함. 秦漢에는 '賊死', '賊傷'등의 죄명이 있는데, 『睡虎地秦簡』·『封診式』에는 賊死爰書가 나온다. 『唐律』은 北齊律에서 賊, 盜를 병합하여 『賊盜律』이라 칭하고 있다. '賊'은 고대에는 오로지 賊害를 가리키는데 그 가운데 殺人을 賊害의 가장 엄중한 사례로 간주한다. 『二年律令』의 21簡은 湖南張家界古人堤簡牘의 賊律 목록 第四欄의 '賊殺人' '鬪殺以刃' '人殺戱'과 일치한다(湖南省文物考古研究所·中國文物研究所, 「湖南張家界古人堤簡牘釋文與簡注」, 『中國歷史文物』03-2, 2003, 79쪽 및 水間大輔, 「湖南張家界古人堤遺址出土漢簡に見える漢律の賊律·盜律について」, 『長江流域文化研究所年報』2, 2003, 193-209쪽).

156) 荷: 整理小組는 荷를 "苛"와 통한다고 하고 "詰問"이라고 주석하였다. 池田雄一은 荷를 "搦"과 통한다고 하고 "포박하다"의 의미로 해석하였다(池田雄一, 앞의 책, 109쪽).

157) 簡文은 漢高祖 6년(B.C.201), 즉 楚漢전쟁이 마무리된 후 얼마 지나지 않은 시기, 원래 楚地에 속했던 淮陽郡 新郪縣에서 벌어진 사건의 재판 과정을 기록한 奏讞문서이다. 이 사건에서 縣廷의 屬吏인 '獄史 武'는 도적에 대한 경비 활동을 위해 公梁亭으로 출행했다가 縣令의 사주를 받은 '擧長 蒼'에게 피살당한다. 이 사건이 일어난 公梁亭의 위치는 알 수 없지만 사건이 일어난 장소를 '部中'이라고 표현한 것으로 보아 公梁亭이 관할하던 구역 내 임야지역이었을 것으로 생각할 수 있다. 武를 살해한 擧長 蒼은 武와 함께 출행하였으며, 도적에 대한 경비 활동을 위한 출행이었던 만큼 충분한 무장을 갖추고 있었을 것으로 생각된다. 즉 獄史와 擧長이 縣內 각 지역을 다니면서 치안유지 활동을 한 것은 당시의 일반적인 상황이었고 '獄史 武'를 죽일 기회만 노리던 縣令의 입장에서는 이러한 상황을 활용했던 것이다. 따라서 당시의 縣廷은 縣內의 치안유지 활동을 위해 獄史와 擧長을 함께 파견하였고 파견된 곳에서 이들 관리들은 해당 亭部를 관할하던 校長과 함께 치안유지 임무를 수행하였음을 알 수 있다(오준석, 앞의 글, 72쪽).

【원문】82簡, 83簡, 84簡

•信曰: 五月中天旱不雨, 令民[䨲], 武主趣都中. 信行離鄉, 使舍人小簪裹[適]守舍. 武發[適][䨲], 信來不說, 以謂武, 武据(倨)不[趍](跪), 其應對有(又)不善, 信怒, 扼劍驀(罵)詈, 欲前就武, 武去. 居十餘日, 信舍人萊告信曰: 武欲言信丞相・大(太)守. 信恐其告信, 信卽與蒼謀, 令賊殺武, 以此不窮治甲之它(詑). 它如蒼.

【해석】

[再審理]

信이 말하기를: 5월 중에 날이 가물어 비가 오지 않아 백성들로 하여금 기우제를 지내게 하였는데,[158] 武가 그 都中을[159] 독촉하는 것을 주관하였습니다. 信은 離鄉으로 가면서 舍人 小簪裹 [適]로 하여금 舍를 지키게 하였는데, 武는 [適]를 기우제에 징발하였으므로, 信은 돌아와 기쁘지 않았습니다. 이로써 武에게 이르니, 武는 거만하여 꿇어앉지 않았고 그 응대 또한 不善하였습니다. 信은 노하여 검을 잡고 그를 욕하며, 武의 앞으로 가고자 하였지만 武는 가버렸습니다. 10여일이 지난 후,

---

158) [䨲] : 整理小組는 『說文』을 근거로 "여름에 赤帝에게 祭樂하여, 단비를 기원하는 것"의 의미인 "雩"라고 하였다. 池田雄一도 이 해석을 따랐지만, 獄史인 武가 기우제인 [䨲]를 주최한 것으로 설명하였다. 하지만 武가 주관한 것은 "趣都中", 즉 기우제를 지내기 위해 사람들을 독촉하는 것이었으므로, 獄史가 기우제를 주관했다고 생각할 수는 없다.

159) 都中: 池田雄一은 都中을 "都鄉"으로 해석하고 뒤에 나오는 "離鄉"과 대응관계에 있는 것으로 해석했다. 李學勤은 都를 縣邑이라고 하였다(「《奏讞書》解說(上)」. 이같이 都를 縣邑으로 본다면 '都中'은 "독촉하다"의 의미로 생각되는 '趣'의 대상을 가리키게 되므로, '都中'은 "縣邑에 사는 사람들"로 생각할 수 있다.

信의 舍人 萊가 信에게 말하기를: “武가 信을 丞相·太守에게 고발하려 한다”고 했습니다. 信은 그가 信을 고소할까 두려워 즉시 蒼과 모의하여 武를 적살하도록 하였는데, 이 때문에 甲이 고한 안건을 철저히 治理하지 않은 것입니다.[160] 다른 것은 蒼이 말한 것과 같습니다.

【원문】86簡, 87簡

丙·贅曰: 備盜賊, 蒼以其殺武告丙, 丙與贅共捕得蒼, 蒼言爲信殺, 誠, 卽縱之, 罪. 它如蒼. 詰丙·贅·信: 信長吏, 臨一縣, 上所信恃, 不謹奉法以治, 至令蒼賊殺武; 及丙·贅備盜賊, 捕蒼, 蒼雖曰爲信, 信非得擅殺人, 而縱蒼, 皆何解? 丙等皆曰: 罪, 毋解. ● [適]言如信, 布死, 餘亡不得.

【해석】

[再審理]

丙·贅의 진술: 도적을 대비하고 있는데 蒼이 武를 죽이고 丙에게 고하니 丙은 贅와 함께 창을 체포하였는데, 蒼이 말하기를 信을 위해 죽였다고 하니, 사실이었으므로, 즉시 그를 놓

---

160) 它: 整理小組는 它를 詑로 기록하고 이는 「訑」·「忚」 자 등과 통하며, 『廣雅』·「釋詁」 二를 인용해 “忚”를 “欺”로 주석하였다. 池田雄一은 “甲之它”를 “甲을 포함한 甲 이외의 사람”이라고 해석하였고, 적외선본에서는 它를 “它事, 餘事”라고 해석하여 “甲이 고소한 관련사건”이라고 해석하였다. 문맥상으로 ‘甲之它’는 ‘不窮治’의 대상이 되는 사건을 말하므로, 적외선본의 해석이 타당한 것으로 보인다. ‘不窮治’에 대하여 끝까지 죄를 추궁하는 것을 ‘窮治’라 한다. 『漢書』·「食貨志下」, 1160쪽, “於是見知之法生, 而廢格沮誹窮治之獄用矣.”

아주었는데, 유죄입니다. 다른 것은 蒼이 말한 것과 같습니다. 丙·贅·信을 詰하기를, 信은 長吏로서[161] 一縣의 위에 서도록 의뢰받은 자인데도[162] 법을 받들어 힘써 다스리지 않고, 蒼으로 하여금 武를 賊殺하게 하는 데에 이르렀다. 또한 丙과 贅는 도적을 대비하다가 蒼을 체포하였는데, 蒼이 비록 信을 위해 서였다고 말했지만 信이 마음대로 사람을 죽일 수 있는 것은 아닌데, 蒼을 놓아주었으니 어떻게 해명할 것인가? 丙 등이 모두 말하기를, "죄를 지었으니 해명할 것이 없습니다."라고 하였다. [遒]가 말한 것은 信과 같고, 布는 죽었고, 餘는 도망하여 잡지 못했다.

【원문】88簡, 89簡, 90簡

診問蒼·信·丙·贅, 皆關內侯. 信, 諸侯子, 居雒陽楊里, 故右庶長, 以堅守滎陽, 賜爵爲廣武君, 秩六百石. 蒼, 壯平君, 居新鄋都隱[陵]里; 贅, 威昌君, 居故市里; 丙, 五大夫, [居]廣德里, 皆故楚爵, 屬漢以比士, 非諸侯子. 布·餘及它當坐者, 縣論. 它如辭.

【해석】

[再審理]

診問: 蒼·信·丙·贅는 모두 關內侯였다.[163] 信은 諸侯子로

---

161) 長吏: 주 137) 참조.

162) 信恃: 池田雄一은 整理小組의 "臨一縣上所. 信恃"의 표점을 고쳐 "臨一縣上所信恃"로 하고, 여기 나오는 "信"이 인명이 아니라 "信恃"가 "의뢰하다"의 뜻을 가진 하나의 숙어라고 하였으며(池田雄一, 앞의 책, 110쪽).『二年律令與奏讞書』또한 이 표점에 따랐다.

서[164] 雒陽 楊里에 거주하였는데, 예전에는 右庶長이었는데, 滎陽을 견고히 지켜 爵을 받아 廣武君이 되었고, 秩은 600석이다. 蒼은 壯平君으로 新郪 都陵里에 거하였다. 贅는 威昌君으로 故市里에 거하였다. 丙은 五大夫로 廣德里에 거하였다. 이는 모두 옛날 楚의 작으로, 漢에 속하여서는 士에 비견되며, 모두 諸侯子가 아니다. 布·餘 및 다른 자들로 마땅히 연루시켜야 할 자는 縣에서 논죄하였다. 다른 것은 辭와 같다.

---

163) 關內侯: 秦 20等爵制의 제19급 爵에 해당하는 高爵이다. 縣令, 孳長을 비롯해 亭의 校長, 發弩 등이 이런 高爵을 가지고 있었던 특수한 상황에 대해 본문에서는 "皆古楚爵, 屬漢以比士"라는 말로 설명하고 있다. 하지만 뒤이어 나오는 89簡에서 丙의 爵을 五大夫(9급작)로 기록하고 있고, 92簡에는 信, 蒼, 丙, 贅 4명의 爵을 모두 "大庶長"(18급작)이라고 기록하고 있다. 이러한 혼란에 대해 朱紹侯는 "서로 다른 시기 4인의 爵의 변화"라는 말로 설명하고 있다. 먼저 이 4명은 滎陽을 수비한 공으로 인해 楚爵制의 君爵과 五大夫爵을 획득하였다. 이후 劉邦이 楚爵을 秦爵으로 변경하는 과정에서 이 4인은 大庶長 작위를 수여받았다. 마지막으로 劉邦의 漢 5년 5월 詔書에서 "故大夫以上賜爵各一級"이라고 한 조치에 의해 모두 關內侯가 되었다(朱紹侯, 「《奏讞書》新郪新案例爵制釋疑」, 『史學月刊』 2003년 제12기, 117쪽; 『二年律令與奏讞書』, 358쪽).

164) 諸侯子: 諸侯子에 대한 전통적인 해석은 "제후국의 사람" 또는 "제후 각국 왕족의 종실인친"으로 보는 것이다. 여기에 대해 李開元은 "諸侯子"라는 말이 西漢 초년에만 등장하는 것에 주목하고 "戶籍이 諸侯王國에 있는 사람"이라고 해석하였다(『二年律令與奏讞書』, 357쪽). 『漢書』, 권1하 「高帝紀」, 54쪽, "諸侯子在關中者, 復之十二歲, 其歸者半之."

【원문】 90簡, 91簡, 92簡

● 鞫之 : 蒼賊殺人, 信與謀, 丙・贅捕蒼而縱之, 審. 敢言之. 新郪信・髳長蒼謀賊殺獄史武, 校長丙・贅捕蒼而縱之, 爵皆大庶長.

【해석】

[법률적용의 전제 확인]

•취조한 결과에 따른 범죄사실의 총괄: 蒼은 사람을 賊殺하였고, 信은 그와 모의하였고, 丙・贅는 蒼을 체포하고도 놓아준 것이 명확히 밝혀졌습니다. 감히 이것을 말합니다. 新郪縣令 信・髳長 蒼은 獄史 武를 賊殺할 것을 모의하였고, 校長 丙・贅는 蒼을 체포하고도 놓아주었는데 이들의 爵은 모두 大庶長이다.165)

【원문】 93簡, 94簡, 95簡, 96簡, 97簡, 98簡

律: 賊殺人, 棄市. •以此當蒼. 律 : 謀賊殺人, 與賊同法. •以此當信. 律: 縱囚, 與同罪. ● 以此當丙・贅. 當之: 信・蒼・丙・贅皆當棄市, 繫. 新郪甲・丞乙・獄史丙治. 爲奉〈奏〉當十五牒上謁, 請謁報, 敢言之.

【해석】

[법률적용의 전제 확인과 판결]

律: 賊殺人은 棄市이다. 여기에 蒼이 해당된다.

律: 賊殺人을 모의한 자는 賊과 같은 법으로 처리한다. 이 율

---

165) 大庶長: 18級爵.

로써 信을 판결한다.

律: 죄수를 놓아주는 것은 同罪로 한다. 이 율로써 丙·贅를 판결한다.

최종판결: 信·蒼·丙·贅는 모두 棄市에 처벌하고, 구속한다.

新郪縣令 甲·丞 乙·獄史 丙이 治理하였다.[166)]

이를 15첩으로 만들어 위에 아뢰니 살펴보시기 바랍니다. 감히 이것을 말합니다.[167)]

---

166) "新郪甲·丞乙·獄史丙治": 縣令·縣丞·獄史가 함께 안건을 처리하고 안건에 문제가 발생 시에 縣令·縣丞·獄史가 함께 책임을 지는 것을 알 수 있다(金鍾希, 「秦漢初覆審運營和奏讞制度」, 『簡牘與戰國秦漢歷史: 中國簡帛學國際論壇2016』 香港中文大學歷史系, 536쪽).

167) 覆獄의 결과 '棄市', 즉 死刑에 해당하므로 覆獄을 진행한 新郪縣에서 즉시 처결할 수 없고, 판결결과를 郡守에게 보고하고, 후에 都吏의 재심사를 거쳐야 한다. 때문에 그 처리안건의 책임자의 이름과 함께 상관규정을 함께 첨부하여 上部에 보고하고 죄인의 최후의 처결을 기다리는 절차라 할 수 있다(金鍾希, 앞의 글, 555쪽).

案例17

【원문】 99簡

四月丙辰，黥城旦講气(乞)鞫，曰：故樂人，不與士五(伍)毛謀盜牛，雍以講爲與毛謀，論黥講爲城旦.

【해석】

[覆獄의 신청]

秦王政 2년(기원전 246년) 4월 11일,[168] 黥城旦 講의 [廷尉府에] 재심 청구.[169] [黥城旦 講]의 진술: 저은 본래 樂人으로 士伍 毛

168) 四月丙辰: 李學勤(李學勤, 「《奏讞書》解說下」, 『文物』1995-3)은 秦始皇 2年으로, 彭浩(彭浩, 「談《奏讞書》中秦代和東周時期的案例」, 『文物』1995-3)는 秦2世 胡亥2年으로 견해가 다르다. 이에 대하여 高恒(高恒, 「《奏讞書》注釋」, 『秦漢簡牘中法制文書輯考』, 社會科學文獻出版社, 2008)은 秦王政 元年 4월 11일로 본다. 池田雄一 또한 秦王政 元年 4월 11일로 본다(池田雄一, 『漢代を遡る奏瀔(讞)—中國古代の裁判記錄—』, 汲古書院, 2015, 38쪽). 整理小組는 秦始皇 2年, 즉 秦王 政2년으로 보고 있다. 본고에서는 李學勤과 整理小組의 견해에 따른다.

169) 乞鞫: 피고인이 재심을 청구하는 것. 秦·漢시기에는 죄인의 가속들이 再審을 청구할 수 있도록 허락하였지만 魏에서는 二年徒刑 이상에 대해서는 乞鞫을 허락하지 않았다. 唐에서는 魏의 제도를 계승하여 徒 以上으로 판결된 죄인에 대하여 "唯止告示罪名, 不須問其服否".이라 하여 乞鞫을 허락하지 않았다. 『二年律令』 114簡~117簡("罪人獄已決, 自以罪不當欲气(乞)鞫者, 許之. 气(乞)鞫不審, 駕(加)罪一等; 其欲復气(乞)鞫, 當刑者, 刑乃聽之. 死罪不得自气(乞)鞫, 其父·母·兄·姊·弟·夫·妻·子欲爲气(乞)鞫, 許之. 其不審, 黥爲城旦舂. 年未盈十歲爲气(乞)鞫, 勿聽. 獄已決盈一歲, 不得气(乞)鞫. 气(乞)鞫者各辭在所縣道, 縣道官令·長·丞謹聽, 書其气(乞)鞫, 上獄屬所二千石官, 二千石官令都吏覆之. 都吏所覆治, 廷及郡各移旁近郡, 御史·丞相所覆治移廷.")에 따르면, 죄인의 재판이 종결되었으나, 스스로 형벌이 부당하다고 하여 다시 재심을 원하는 경우 이를 허가하는 것으로 나타나 있고, 더욱 재심 요구가 정확하지 않으면 죄 1등을 더하되, 죄인이 또다시 재심을 요구하였을 때도 死罪를 제외하고, 再審要求를 들어주는 것으로 규정되어 있다. 또한 『奏讞書』에는 실제 재심을 진행하여 원심을 수정한 사례도 나타난다. 심지어 死罪의 경우에도 그 父·母·兄·姊·弟·夫·妻·子가 재심을

와 盜牛를 共謀하지 않았는데, 雍縣의 縣廷에서 제(講)가 毛와 共謀하였다고 하여 저를 黥爲城旦의 刑으로 판결하였습니다.

【원문】99簡, 100簡

覆視其故獄.

元年十二月癸亥, 亭慶以書言雍廷, 曰: 毛買(賣)牛一, 質, 疑盜, 謁論.

【해석】

[覆獄]

이미 結審한 재판(原審)을 조사하여 再審.

秦王政元年(기원전 246년) 12월 16일 雍縣의 亭吏인 慶이 문서로 雍縣의 縣廷에 진술: 毛가 소 한마리를 팔았습니다. 조사해 보니[170] 도둑질한 것이 아닌가 의심스럽습니다. 재판을 요청합니다.[171]

청구하려고 한다면 들어주는 것으로 규정되어 있는데, 심지어 10살만 넘으면 재심을 청구할 수 있는 것으로 되어 있다.

170) 質: 整理小組는 質을 問으로 해석하고 『二年律令與奏讞書』는 평가하다로 해석. 본고에서는, 평가하다. 또는 조사하다로 해석.

171) 이 기록을 통하여 亭에서 縣廷에 문서를 올려 亭에서 체포한 도둑으로 의심되는 피의자에 대한 수사를 요청한 것이다. 이를 통해 亭에서 도둑으로 의심되는 피의자를 체포하게 되면, 縣廷에서 피의자에 대한 심리를 진행하여 범죄여부를 확정했음을 알 수 있다(오준석, 앞의 글, 47쪽).

【원문】100簡

[再審問: 毛와 牝의 진술]

毛曰: 盜士五(伍)牝牛, 毋它人與謀.

牝曰: 不亡牛.

毛의 진술: 士伍인 牝의 牛를 도둑질하였는데, 다른 사람과 공모하지는 않았습니다.

牝의 진술: 소를 잃어버린 일이 없습니다.

【원문】100簡, 101簡, 102簡, 103簡

毛改曰: 迺已嘉平可五日, 與樂人講盜士五(伍)和牛, 牽之講室, 講父士五(伍)處見.

處曰: 守枡(汧)邑南門, 已嘉平不識日, 晦夜半時, 毛牽黑牝牛來, 卽復牽去. 不智(知)它.

和曰: 縱黑牝牛南門外, 迺嘉平時視, 今求弗得.

以毛所盜牛獻和, 和識, 曰: 和牛也.

講曰: 踐更咸陽, 以十一月行, 不與毛盜牛.

【해석】

[再審問: 毛·講·處·和의 진술]

毛의 변경된 진술: 嘉平이[172] 약 5일 지난 뒤에[173] 樂人[174] 講

172) 嘉平: 조상이나 백신에게 제사를 지내는 臘日(整理小組). 『史記』·「秦始皇本紀」, "三十一年十二月更名臘曰嘉平"

173) 迺已嘉平可五日: 嘉平이 지난 후 약 5日(『二年律令與奏讞書』). 迺는 至.

174) 樂人: 음악을 생업으로 하는 자.

과 士伍인 和의 牛를 도둑질하였습니다. 牛를 講의 집으로 끌고 갔을 때, 講의 父인 士伍 處가 보았습니다.

處의 진술: 나는 汧邑의[175] 南門을 지키고 있었는데, 嘉平이 지난 某日, 어두운 夜半에[176] 털이 검은 암소 한마리를 끌고 왔다가 곧 바로 다시 어딘가로 끌고 갔습니다. 다른 것은 알지 못합니다.

和의 진술: 검은 암소를 南門外에서 방목을 하였으며, 嘉平 때까지는 확인하였는데, 지금은 알 수 없습니다.

毛가 훔친 바의 소를 和에게 주었는데, 和는 그것을 확인하여 진술: 和의 牛입니다.

講의 진술: 咸陽에서 요역을 하고 있었는데,[177] 11월에는 咸陽에 가서 毛와 함께 牛를 훔칠 수는 없었습니다.

【원문】104簡, 105簡

毛改曰: 十月中與謀曰: 南門外有縱牛, 其一黑牝, 類擾易捕也. 到十一月復謀, 即識捕而縱. 講且踐更, 講謂毛勉獨捕牛, 買(賣), 分講錢.

---

175) 枅(汧)邑: 지금의 陝西省 隴縣 東南 쪽에 위치(整理小組).

176) 夜半: 밤 12시 전후의 시각의 명칭(池田雄一, 앞의 책, 42쪽).

177) 踐更: 如淳의 주에 更에는 세 등급이 있으니 卒更·踐更·過更이라고 하였다. 1달에 한 번 병사를 바꾸는 것을 졸경이라고 하고, 가난한 자가 돈을 받고 대신 병사로 근무하는 것을 천경이라고 한다. 관에 300전을 납부하여 관에서 직접 병사를 지급할 경우를 과경이라고 한다. 『漢書』 권7, 「昭帝紀」, "如淳曰 : 更有三品, 有卒更, 有踐更, 有過更. 古者正卒無常人, 皆當迭爲之, 一月一更, 是謂卒更也. 貧者欲得顧更錢者, 次直者出錢顧之, 月二千, 是謂踐更也. 天下人皆直戍邊三日, 亦名爲更, 律所謂繇戍也. 雖丞相子亦在戍邊之調. 不可人人自行三日戍, 又行者當自戍三日, 不可往便還, 因便住一歲一更. 諸不行者, 出錢三百入官, 官以給戍者, 是謂過更也. 律說, 卒踐更者, 居也, 居更縣中五月乃更也."

到十二月已嘉平, 毛獨捕, 牽買(賣)雍而得. 它始〈如〉前.

【해석】

[再審問: 毛의 진술 수정]

毛의 진술 변경: 10月中에 謀와 공모하였는데 謀가 진술하기를, "南門의 밖에서 방목한 소가 있습니다. 그 중에서 한 마리 검은 암소는 온순해서 잡기 쉽습니다."라 하였습니다. 11월 중 또 공모하였는데, 소를 잡고자 하는 것을 알자마자 풀어주었습니다. 講이 요역을 하게 되자, 講이 毛에게 이르기를, "毛가 혼자서 소를 잡아서 팔게 되면, 나에게도 소를 판매한 금액을 나누어 주십시오."라 하였습니다. 12월에 이르러 嘉平이 끝나고, 毛가 홀로 牛를 잡아서 끌고 가서 雍현에서 팔다가 잡혔습니다." 다른 것은 전의 진술과 같았다.[178]

【원문】105簡, 106簡

•詰訊毛于詰〈講〉, 詰〈講〉改辤(辭)如毛, 其鞫曰: 講與毛謀盜牛, 審. 二月癸亥, 丞昭・史敢・

銚・賜論, 黥講爲城旦.

【해석】

[縣廷에서의 재심 판결안]

•講에 힐문하면서 [점점 진술을 바꾸는] 毛를 힐문하였는데, 講을 힐문하자 講도 공술을 바꾸어 毛의 진술과 같아지게 되

178) 它如前; 조서를 꾸밀 때 기록한 것으로 본인의 발언은 아니다.

었습니다. 취조한 결과의 진술: 講과 毛는 공모해서 소를 훔친 것이 명확히 밝혀졌습니다. [雍縣에서의 판결]: 2월 17일 縣丞인 昭・令史인[179] 敢・銚・賜는 講을 黥爲城旦으로 논처합니다.

179) 令史: 『睡虎地秦簡』 封珍式의 여러 조문에 따르면 사건이나 고발을 접수한 縣廷에서는 令史를 파견해 피의자의 압송, 피의자 및 주변인에 대한 심문, 사건의 기초적인 수사를 진행하고 있다(『睡虎地秦簡』・「封珍式」 爭牛, 告臣, 告子, 賊死, 經死, 穴盜, 出子 爰書) 또한 『二年律令』에 따르면, 향부색부・리와 함께 호적을 조사하는 업무를 담당하고 있다(『二年律令』 328簡, "恒以八月令鄕部嗇夫、吏、令史相襍案戶籍, 副臧(藏)其廷"). 秦代의 縣에는 官嗇夫가 담당하는 '官'과 令史가 담당하는 '縣廷'으로 분리되어 있었다(仲山茂, 「秦漢時代の「官」と「曹」 一縣の部局組織一」, 『東洋學報』82-4, 2001, 35-39쪽). 『里耶秦簡』"遷陵吏志"木牘(7-67+9-631)에 따르면(『里耶秦簡博物館藏秦簡』, 中西書局, 2016, 163-164쪽), 遷陵縣 103명의 官吏 編制 중에 관좌가 53명, 官嗇夫가 10명, 校長이 6명인 것으로 나오고 있는데, 28명이 令史인 것으로 나타나고 있다이것은 西漢末의 東海郡 縣邑侯國에서 斗食令史가 2-6명으로 구성된 것과 큰 차이를 보이고 있다(鄒水杰, 「簡牘所見秦代縣廷令史與諸曹關係考」, 『簡帛研究』2016, 134-135쪽). 秦代 遷陵縣에서는 많은 曹가 설치되어 있었고, 令史는 각각의 '曹'에 따라 그 직무를 담당하고 曹 내부에서 고정된 일을 담당하고 있었다(鄒水杰, 앞의 글, 135쪽). 현정에서는 '某曹' 혹은 '主某'로 나뉘어 專門文書를 처리하였고, '官'의 文書往來를 감독하였고, 官의 計簿籍錄을 살피고, 혹은 長吏의 吏員 관리를 도와주기도 하였다. 각관에 대응하는 영사는 상대적으로 고정적이어서 "某曹令史(예를 들면, 戶曹令史)"라고 부르기도 하였는데, 이에 대하여 특정한 관에 대응하지 않고 모류의 구체사무문서를 주관하는 경우에는 "主某令史(예를 들면, 主徒令史)"라 불리었다. 어떤 令史가 예를 들어 治獄의 일을 돕는 일을 할 경우에는 '獄史'로 칭해지기도 하였다(鄒水杰, 앞의 글, 145쪽). 이 '獄史'는 각관에 대응하는 "某曹令史", 즉 "獄曹令史". 즉 당시의 '獄史'는 縣廷의 屬吏로 범죄사건의 수사를 담당했으며 縣의 재판 과정에 참여했던 '獄曹令史'이었다. 斗食과 함께 병렬된 것으로(『漢官舊儀』・『漢官六種』中華書局, 1990, 권上, 37쪽, "書令史斗食缺, 試書佐高第補.") 보아 그 지위는 小吏였다고 보인다. 『史記』・「項羽本紀」, 298쪽, "陳嬰者, 故東陽令史, 居縣中, 素信謹, 稱爲長者."; 『北堂書鈔』(欽定四庫全書)・「刑法部下」'杖刑'6, 148쪽,"丁邯字叔春, 選邯爲郎, 託疾不就, 詔問實病否耶, 對曰, 實不病, 恥以孝廉, 爲令史職耳. 世祖怒曰, 虎賁減頭杖之數十."; 『南史』・「蕭琛傳」, 505-506쪽, "郎有杖, 起自後漢, 爾時郎官位卑, 親主文案, 與令史不異, 是以古人多恥爲此職."

【원문】106簡, 107簡, 108簡, 109簡

今講曰: 踐十一月更外樂, 月不盡一日下總咸陽, 不見毛. 史銚初訊謂講, 講與毛盜牛, 講謂不也, 銚卽磔治(笞)講北(背), 可餘伐. 居數日, 復謂講盜牛狀何如? 講謂實不盜牛, 銚有(又)磔講地, 以水責(漬)講北(背). 毛坐講旁, 銚謂毛, 毛與講盜牛狀何如? 毛曰: 以十月中見講, 與謀盜牛. 講謂不見毛, 弗與謀. 銚曰: 毛言而是, 講和弗□. 講恐復治(笞), 卽自誣曰: 與毛謀盜牛, 如毛言. 其請(情)講不與毛謀盜牛.

【해석】

[廷尉府에서의 審理: 講의 供述]

현재 [廷尉府의 재판에서] 講의 진술: "저는 11月의 踐更을 外樂이라는 관서에서 행하고,[180] 월말[181] 하루 전(10월 29일)에 咸陽으로 가는 更卒로 소집되어서[182] 毛를 보지 못하였습니다. 令史인 銚가 처음 심문 시에 講에게 이르기를, "네가 毛와 함께 소를 훔쳤는가?"라고 하였습니다. 저는 "훔친 적이 없습니다."라고 하였습니다. 그러자 令史인 銚는 저(講)의 [몸을] 펼쳐서[183] 등을 몇 차례 笞打하였고,[184] 며칠이 지나서 다시 [令史

180) 外樂: 整理小組는 樂人을 주관하는 奉常의 屬官으로 추정한다. 『二年律令』에 대한 京都大注釋에서는 『秦封泥集』에 「外樂」·「左樂丞印」이 있음을 지적하고 있다(冨谷至 編, 『江陵張家山二四七號墓出土漢律令の硏究(譯注篇)』 朋友書店, 2006, 287쪽). 『二年律令』 450簡: "公車司馬·大(太)倉治粟·大(太)倉中廄·未央廄, 外樂, 池陽·長陵·濮陽, 秩各八百石, 有丞·尉者半之, 司空·田·鄕部二百石."

181) 盡日: 月末.

182) 整理小組: 總은 集合.

183) 磔: 磔은 사형제도의 일종으로 이해되지만, 여기서 講을 살해한 것이 아니므로 안사고의 "磔은 시체를 펼치는 것을 이른다."라는 정의와 『廣雅』의

인 銚는] 저(講)에게 이르기를, "어떻게 해서 소를 훔친 것인가?"라고 하였습니다. 저(講)는 "정말로 牛를 훔치지 않았습니다."라고 하자 令史인 銚가 다시 저(講)를 地에서 펼치고, 물을 저의 등에 뿌렸습니다. [이때] 毛는 저의 곁에 앉았는데, 令史인 銚가 毛에게 이르기를, "너는 講과 공모하여 어떻게 해서 소를 훔친 것인가?"라 하였습니다. 毛가 이르기를, "10월 중에 講을 만나 공모하여 소를 훔쳤습니다."라 하였습니다. 제(講)가 이르기를, "毛를 만나지 않았고, 毛와 공모하지 않았습니다."라 하였습니다. 令史인 銚가 말하기를, "毛가 말한 것이 옳다"라 하였습니다. 저(講)는 긍정하고 [말하지] 않았습니다. 저(講)는 다시 笞打될까 두려워 스스로 죄상을 속여서 진술하기를,[185)]"毛와 소를 훔칠 것을 공모하였습니다. 毛의 진술과 같습니다."라고 하였습니다. 그러나 정말로 저(講)는 毛와 소를 훔칠 것을 공모하지 않았습니다.

【원문】 109簡, 110簡, 111簡

診講北(背), 治(笞)紖(朋)大如指者十三所, 小紖(朋)瘢相質五(伍)也,

"磔은 펼치는 것이다."라는 정의에 가운데 '펼친다'는 의미에 주목하여 講의 몸을 묶고 펼쳐서 등을 笞打한 것을 뜻하는 것으로 이해된다. 『漢書』·「景帝紀」, 145-146쪽, "中二年改磔曰棄市. 注、應劭曰, 先此諸死刑皆磔於市, 今改曰棄市, 自非妖逆不復磔也. 師古曰, 磔, 謂張其尸也, 棄市, 殺之於市也."; 『廣雅』"磔, 張也."

184) 銚即磔治(笞)講北(背), 可餘伐: 『釋文修正本』은 이 부분을 "銚即磔治(笞)講北(背)可十餘"로 하였고 ,池田雄一은 『釋文修正本』에 따라 "등을 十數回 편타하였고……"로 해석하고 있다(池田雄一, 앞의 책, 53쪽).

185) 誣: 죄상을 조작하여 타인을 해롭게 하는 것.

道肩下到要(腰), 稠不可數.

毛曰: "十一月不盡可三日, 與講盜牛, 識捕而復縱之." 它如【故】獄.

•講曰: "十月不盡八日爲走馬魁都庸(傭), 與偕之咸陽. 入十一月一日來, 卽踐更." 它如前.

【해석】

[廷尉府에서의 審理: 毛와 講의 供述]

講의 등을 검진하니, 笞打로 인한 상흔 중 크기가 손가락만한 것이 13군데에 달하며 작은 상흔이[186] '×'형태의[187] 것이 종횡으로 중첩되었는데,[188] 어깨에서 허리에 이어져[189] 조밀해서 그 상처의 수를 헤아릴 수 없다.

毛의 진술: 대략 11월 말에서[190] 3일 전에(11월 27일) 講과 소를 훔쳤다고 했는데, 잡은 것이 알려져 다시 풀어주었습니다. 다른 것은 原審의 공술과 같습니다.[191]

•講의 진술: 10월 말에서 8일 전에(10월 22일) 走馬인[192] 魁都

---

186) 相質: 상흔의 형태.

187) 五: 상처의 흔적이 '×'형태인 것(池田雄一, 앞의 책, 46쪽의 주 32)). 池田雄一은 五의 예서체가 '×'에 가깝다고 지적하고 있다.

188) 朋: 瘢(상흔).

189) 整理小組: 道는 由.

190) 盡日을 末日로 해석한다.

191) 它如【故】獄: 整理小組가 【故】가 빠졌음을 지적.

192) 走馬는 秦의 爵名으로 公士-上造에 이은 3급 簪裊에 해당한다. 朱漢民・陳松長主編, 『嶽麓書院秦簡(貳)』, 上海辭書出版社, 2011, 「數」122簡, 95~96쪽, "大夫・不更・走馬・上造・公士, 共除米一石, 今以爵衰分之, 各得幾何?"; 王勇・唐俐, 「"走马"为秦爵小考」, 『湖南大學學報(社會科學版)』2010-4; 飯島和俊, 「秦漢時代の軍制—張家山漢簡「奏讞書」に散見する「走士」と「走馬」を手がかりとして—」, 『中央大学アジア史研究』24, 2000 등 참고.

에 雇傭이 되어 다른 사람과 함께 咸陽에 갔습니다. 11월 1일에 [함양에 도착하였고], 踐更을 하였습니다.[193] 다른 것은 전의 진술과 같습니다.

【원문】 112簡, 113簡, 114簡, 115簡

毛改曰: 誠獨盜牛. 初得時, 史騰訊, 毛(譺)謂盜犯牛, 騰曰: 誰與盜? 毛謂獨也, 騰曰非請(情), 卽笞毛北(背), 可六伐. 居八九日, 謂毛: 犯不亡牛, 安亡牛? 毛改言請(情), 曰: 盜和牛, 騰曰: 誰與盜? 毛謂獨也. 騰曰毛不能獨盜, 卽磔治(笞)毛北(背)殿(臀)股, 不審伐數, 血下汙池〈地〉. 毛不能支治(笞)疾痛, 卽誣指講. 講道咸陽來. 史銚謂毛: 毛盜牛時, 講在咸陽, 安道與毛盜牛? 治(笞)毛北(背)不審伐數. 不與講謀, 它如故獄.

【해석】

[廷尉府에서의 審理—毛의 供述]

毛의 진술 변경: 진실로 혼자서 소를 훔쳤습니다. 처음 체포되었을 때에[194] 令史인 騰이 심문하였는데, 제(毛)가 "犯의 牛를

---

193) 소를 훔쳐서 체포된 자가 取調 시에 樂人인 講이 共犯이라고 供述하였다. 그러나 실은 이것은 誣告이었다. 樂人인 講의 주장에 의하면, 사건 발생 시의 11월에 그는 咸陽에 踐更하였다. 더욱 10월 22일부터 그는 走馬 魁都의 傭人으로써 일하였다. 따라서 그는 소를 훔치는 일에 참여할 시간이 없었다. 여기서 樂人인 講은 非番시에 傭人으로 활동하였다는 점이 주목된다. 外樂이라는 중앙관서에서 일하는 樂人이 人夫로 일하고 있다는 점을 보면, 踐更 방식으로 취업하였던 관리는 非番일 때는 일반서민으로 일하고 그것으로 생계를 꾸려갔다는 것을 알 수 있다(廣瀨薰雄, 「張家山漢簡『二年律令』史律研究」, 『秦漢律令研究』, 汲古書院, 2010, 309쪽).

194) 初得時: 原釋文은 "初得□時"

훔쳤습니다."라고 말하는 것을 듣고, 令史인 騰이 말하기를, "누구와 함께 훔쳤는가?"라 하였습니다. 제가 진술하기를, "단독으로 했습니다."라 하였습니다. 令史인 騰이 말하기를, "사실이 아니다."라 하였습니다. 그리고 즉시 저의 등을 6회 태타하였습니다.[195] 8~9일 지나서, 저에게 말하기를, "犯은 소를 잃어버리지 않았는데, 어찌 소를 잃어버렸다고 하느냐?"라 하였습니다. 제가 다시 사실을 바꾸어 진술하기를, "和의 牛를 도둑질하였습니다."라 하였습니다. 令史인 騰이 말하기를, "누구와 함께 훔쳤는가?"라 하였습니다. 제가 진술하기를, "단독으로 했습니다."라 하였습니다. 令史인 騰이 말하기를, "너는 혼자 훔칠 수 없다」라 하였습니다. 즉시 저의 몸을 펼쳐서 저의 등, 볼기, 정강이를 수없이 笞打하여 피가 흘러내려 땅을 더럽힐 정도였습니다. 저는 笞打의 고통을 견디지 못하고, 거짓으로 講을 지명하였습니다. 講이 咸陽에서 왔습니다. 令史인 銚가 저에게 이르기를, "네가 소를 훔칠 때에, 講은 咸陽에 있었는데, 어떻게 너와 공모하여 소를 훔쳤다고 말할 수 있느냐?"라 하였습니다. 이에 저의 등을 무수히 笞打하였습니다. 그러나 저는 講과는 [盜牛를] 공모하지 않았습니다."라 하였습니다. 다른 것은 原審의 증언대로입니다.

【원문】115簡, 116簡

和曰: 毛所盜牛雅擾易捕. 它如故獄.

---

195) 伐: 擊.

•處曰: "講踐更咸陽, 毛獨牽牛來, 卽復牽去. 它如[故]獄.
魁都從軍, 不訊, 其妻租言如講.

【해석】

[廷尉府에서의 審理—관계자의 증언]
和의 진술: 毛가 훔친 바의 소는 본래 온순해서 잡기 쉽습니다.[196] 다른 것은 原審의 증언대로입니다.
•[講의 父인]處의 진술: 講은 咸陽에서 요역을 했는데, 毛가 홀로 소를 끌고 왔다 곧 다시 끌고 갔습니다. 다른 것은 原審의 증언대로입니다.
魁와 都는 從軍해서, 심문하지 않았습니다. 그 妻인 租의 진술은 講의 공술과 같습니다.

【원문】116簡, 117簡, 118簡

•詰毛: 毛笱(苟)不與講盜牛, 覆者訊毛, 毛何故不蚤(早)言請(情)?
毛曰: 覆者初訊毛, 毛欲言請(情), 恐不如前言, 卽復治(笞), 此以不蚤(早)言請(情).
•詰毛: 毛笱(苟)不與講盜, 何故言曰與謀盜?
毛曰: 不能支疾痛, 卽誣講, 以彼治(笞), 罪也.

【해석】

[廷尉府에서의 審理—毛에 대한 심문과 毛의 供述]
•毛에 대한 힐문: 毛는 진실로 講과 소를 훔칠 것을 공모하지

196) 雅: 素. 본래. 犅擾: 길들여서 순해진 것.

않았다면, 재심을 담당하는 관리가 毛를 심문할 때에, 毛는 어찌하여 곧바로 진실을 말하지 않았었는가?

毛의 진술: "재심을 담당하는 관리가 毛를 처음 심문할 때에 毛는 진실을 말하고자 했는데, 원심의 조서의 공술과 똑같지 않으면 또 笞打를 받지 않을까 두려워서 일찍 진실을 말하지 못하였습니다.

•毛에 대한 힐문: 毛는 진실로 講과 盜하지 않았는데, 왜 盜를 共謀하였습니다라고 했는가?

毛의 진술: 笞打의 고통을 견딜 수 없어서 거짓으로 講에게 죄를 씌어 그가 笞打를 당하게 하였습니다. 죄를 지었습니다.

【원문】118簡, 119簡, 120簡

診毛北(背), 笞紖(朋)瘢相質五(伍)也, 道肩下到要(腰), 稠不可數, 其殿(臀)瘢大如指四所, 其兩股瘢大如指.

騰曰: 以毛[謾], 笞. 它如毛.

銚曰: 不智(知)毛誣講, 與丞昭・史敢・賜論盜牛之罪, 問如講.

昭・敢・賜言如銚, 問如辤(辭).

【해석】

[廷尉府에서의 審理—관계자의 증언]

毛의 등의 상처를 검진하였는데, 笞打로 상흔이 'x' 형태의 것이 종횡으로 중첩되었는데, 어깨에서 허리에 이어져 그 주밀함을 헤아릴 수 없고, 그 볼기상의 瘢痕으로 커다란 손가락만한 것이 4개이고, 양 정강이 상의 瘢痕도 큰 것은 손가락만합니다.

令史인 騰의 진술: 毛가 속였기 때문에 그를 笞打하였던 것입니다. 다른 것은 毛의 공술과 같습니다.

雍縣의 令史인 銚의 공술: 毛가 講을 모함한 것을 몰랐습니다. 縣丞인 昭·令史인 敢·賜가 함께 講을 소를 훔친 罪로 量刑하였습니다. 힐문한 결과는[197] 講의 진술과 같았습니다.

縣丞인 昭·令史인 敢·賜도 令史인 銚의 공술과 같았습니다. 힐문한 결과는 이전에 진술한 것과 사실 여부를 질문을 통해 조사한 것과 같습니다.

【원문】120簡, 121簡

•鞫之: 講不與毛謀盜牛, 吏笞諒(掠)毛, 毛不能支疾痛, 而誣講. 昭·銚·敢·賜論失之, 皆審.

【해석】

[법률적용의 전제 확인]

•취조한 결과에 따른 범죄사실의 총괄: "講은 毛와 소를 훔치는 것을 共謀하지 않았고, 官吏가 毛를 笞掠하고 毛는 그 고통을 견디지 못하고, 거짓으로 講을 무고하였다. 縣丞인 昭·令史 銚·敢·賜의 量刑은 잘못되었다. 모든 것이 명확히 밝혀졌다."라 하였다.

---

197) 問: 池田雄一(池田雄一, 「江陵張家山漢簡『奏讞書』について」·『堀敏一先生古稀記念論集 中國古代の國家と民衆』56, 1995)은 "피고에 의한 供述의 총괄"이라 하고, 宮宅潔(宮宅潔, 「秦漢時代の裁判制度—張家山漢簡《奏讞書》より見た—」·『史林』, 82-2, 1998)은 "양형으로 재판을 진행하고자할 때에 밝혀지게 된 사실관계의 총괄"이라 하고 있다.

【원문】 121簡, 122簡, 123簡

•二年十月癸酉朔戊寅, 廷尉兼謂汧嗇夫: "雍城旦講气(乞)鞫曰: '故樂人, 居汧(畦)中, 不盜牛, 雍以講爲盜, 論黥爲城旦, 不當.」覆之, 講不盜牛. 講毄(繫)子縣, 其除講以爲隱官, 令自常(尙), 畀其於於. 妻子已賣者, 縣官爲贖. 它收已賣, 以賈(價)畀之. 及除坐者貲, 貲已人環(還)之."

騰書雍.

【해석】

[廷尉의 최종 판결]

•秦王政 2년(기원전 246년) 10월 6일에, 廷尉인 兼이 汧邑의 嗇夫에게[198] [최종 판결한] 판결내용을 통지[199]: 雍縣의 城旦 講이 재심을 청구하여 말하기를, 「본인은 본래 樂人으로, 汧縣의 畦里에 살았는데, 소를 훔치지 않았습니다. 雍縣의 縣廷이 講이 소를 훔쳤다고 판결하여, 黥爲城旦으로 量刑하는 것은 不當합니다.」라고 하였다. 이 안건을 재심한 바, 講은 소를 훔치지 않았다. 講은 현재 그대의 縣에 구류되어있다.[200] 講을 석방해서 隱官으로 하고,[201] 그의 신분을 회복해주고,[202] 於地로 돌

198) 汧嗇夫: 汧邑令.

199) 二千石官의 都吏가 再審查하여 판결한 案件은 먼저 피고자의 所在地 縣에 하달하고(案例17의 경우에는 汧縣), 해당 현으로 하여금 관련문서를 覆獄 진행 중인 현(雍縣)에 전해준다. 汧縣과 雍縣은 모두 京師地區(內史區)에 속하며 廷尉의 管轄에 해당한다(金鍾希, 앞의 글, 548쪽).

200) 子는 타인에 대한 존칭. 子縣은 貴縣.

201) 隱官: 肉刑을 받고 免罪된 자. 隱官은 『二年律令』 124簡, "庶人以上:司寇、隸臣妾無城旦舂、鬼薪白粲罪以上, 而吏故爲不直及失刑之, 皆以爲隱官"의 사례에

려보내라.[203] 妻·子로 이미 팔린 경우는, 관부에서 속면하라. 기타 몰수한 것을 이미 팔았다면, 같은 가격으로 상환해 주어라. 연좌해서 벌금형을 받게 된 자의 죄를 면제해주고, 재산이 이미 몰수되어 있는 관계자에게는 본래대로 재화를 반환해주어라.

본 판결문서는 雍縣의 縣廷에 초록해서 전달한다.

서 보듯이 형벌을 잘못 부과하여 육형을 받은 자로 비록 누명을 벗어나 해방된다고 하더라도 이미 신체가 불완전하기 때문에 庶人(죄수가 해방되면 서인이 됨)이 되지 못하고 '隱官'이 된다.

202) 自常: 高恒은 그의 常人身分을 회복하는 것으로 해석하였다(高恒, 앞의 책, 381쪽). 이에 대하여 池田雄一은 이전처럼 생활할 수 있게 하는 것으로 해석하였다(池田雄一, 『漢代を遡る奏讞(讞)—中國古代の裁判記錄—』, 汲古書院, 2015, 57쪽). 朴健柱는 노역형에서 벗어나 자유로운 일상생활을 하도록 한 것으로 이해하고 있다(朴健柱, 앞의 책, 344쪽). 學習院大學漢簡研究會에서는 "보통의 상태로 해서(學習院大學漢簡研究會, 「秦代盜牛·逃亡事件—江陵張家山漢簡『奏讞書』を讀む—」·『學習院史學』38, 2000, 141쪽)"로 해석하고 있다.

203) 於는 整理小組의 견해에 따르면 지금의 河南省 淅川縣 西峽의 東. 『二年律令與奏讞書』에서는 '於於'를 '于于'로 보고 있지만, 본문의 번역은 整理小組의 견해에 따랐다.

案例18

【원문】 124簡

•南郡卒史蓋廬・摯・朔, 叚(假)卒史瞗復攸庫等獄簿.

【해석】

[郡吏인 郡卒史에 의한 覆獄]

•南郡의[204] 卒史인[205] 蓋廬・摯・朔[206]・임시 郡卒史인 瞗가 攸縣[207]의 縣令인 庫等의 獄을 다시 再審하는 文書.[208]

【원문】 125簡, 126簡, 127簡, 128簡

[覆獄의 진행]

御史書以廿七年二月壬辰到南郡守府, 即下, 甲午到蓋廬等治所, 其壬寅摯益從治, 上治它獄.

---

204) 南郡: 秦昭襄王 29년(기원전 280년)에 白起가 楚를 공격하여 郢을 취하고 설치. 이 案例 18에서는 攸縣(湖南省)・蒼梧縣(廣西省)이 남군에 속하였으며 당시의 南郡은 湖南省・廣西省・湖北省에 걸친 광범위한 영역을 관할하고 있었다(池田雄一, 앞의 책, 68쪽).

205) 卒史: 秦漢 官署名의 屬吏로 地位는 書佐에 비해 조금 높다. 秩은 1百石. 于振波는 郡縣의 屬吏 중에 秩이 비교적 높은 것으로 보고 있다(于振波, 「秦律令中的"新黔首"與"新地理"」, 『中國史研究』2009년 제3기, 77쪽). 西漢郡國에서는 每郡마다 처음에는 卒史10人을 두었는데, 후에는 200인으로 증가하였다. 『史記』・「蕭相國世家」, 2014쪽, "郡卒史書佐各十人"; 『漢書』・「兒寬傳」, 2628쪽의 주, "卒史秩百石"

206) 朔: 整理小組는 '田'으로 석독했는데, 『二年律令與奏讞書』에서는 '朔'으로 석독했다. 『二年律令與奏讞書』에서는 摯와 朔 2인을 가리킨다고 보았다.

207) 攸縣: 현재 湖南省 攸縣 동북쪽이다(整理小組). 『漢書』・「地理志」 권28下, 1639쪽, "長沙國, 秦郡, 高帝五年爲國, 莽曰填蠻, 屬荊州.…… 攸 …… ."

208) 復: 覆審.

•四月辛卯䳒有論去. 五月庚午朔益從治, 蓋廬有資(貲)去. 八月庚子朔論去. 盡廿八年九月甲午已. 凡四百六十九日. 朔病六十二日, 行道六十日, 乘恒馬及船行五千一百卌六里, 衛(率)之, 日行八十五里, 畸(奇)卌六里不衛(率). 除弦(元)・伏不治, 它獄四百卌九日, 定治十八日.

【해석】

御史의 재심문서가[209] 秦始皇 27년(기원전 220년) 2월 17일, 南郡[210] 郡守府에 도착했고, 즉시 하달하여 2월 19일, [재심을 담당하는] 南郡의 卒史인 蓋廬 等의 치소에 도착하였으며, 2월 27일, 摯가 추가로[211] 재판에 참가했는데, 아직 다른 옥사를 治理하고 있었다.

•4월 17일, 卒史인 䳒는 죄를 지어 그만두었다. 5월 27일, 朔이 추가로 치옥에 참여했고,[212] 蓋廬는 벌금형에 처해져 그만두었다. 8월 18일에는 朔이 죄를 지어 사직하였다. 秦始皇 28년 10월 23일에 이르러 取調가 끝났다.[213] [소요된 날짜가] 모

---

209) 御史: 中央의 二千石官인 御史大夫.

210) 南郡: 秦昭襄王29년(기원전 280년)에 白起가 楚를 공격해 郢을 점령하고 南郡을 설치하였다.

211) 益: 『二年律令與奏讞書』에서는 증가하다(더한다)는 뜻으로 인명은 아니라고 보고 있다. 그러나 池田雄一은 人名으로 보고 있다(池田雄一, 앞의 책, 78쪽). 본고는 『二年律令與奏讞書』의 견해에 따른다.

212) 朔: 인명. 원래 석문에서는 '朔' 뒤에 '・'가 있었다. 앞의 '摯益從事'를 근거로 '朔益從治'로 석독했다(『二年律令與奏讞書』).

213) 秦始皇 28년 9월은 丁酉朔인데, 甲午日이 없다. '九月'은 歲首인 10월의 오류라고 생각된다. (진시황 28년) 10월은 壬申朔이며, 甲午日은 23일이다. 이렇게 본다면 전체 판결 시간은 8개월 정도이다(李學勤, 「〈奏讞書〉解說(下)」,

두 469일이다.[214] 朔이 병에 걸린 것이 62일, [남군부에서부터 재심의 재판이 행해진 현지(攸縣)까지의] 行道에 필요한 소요 기간이 60일, 역전의 마차와[215] 배를 타고 5,146리를 갔는데, 그것을(행도 거리를 행도 일수) 나누면 1일 평균해서 85리를 갔으며, 나머지인 46리는 [1일 미만의 거리이기 때문에] 나누어지지 않는다. 元日과 伏日에[216] 재판을 하지 않는 것과 다른 재판에 종사한 449일을 빼면, 실제로 재판을 진행한 것은 18일이었다.

【원문】129簡, 130簡, 131簡, 132簡, 133簡

•御史下書別居它笥.

•今復之: 庫曰: 初視事, 蒼梧守竈・尉徒唯謂庫: 利鄕反, 新黔首往殹(擊), 去北當捕治者多, 皆未得, 其事甚害難, 恐爲敗. 庫視獄留,

---

『文物』 1995年 3期); 彭浩: 본 案例에 기록된 일자에는 '卄七年二月壬辰'・'四月辛卯'・'五月庚午'・'八月庚子'와 '卄八年九月甲午'가 있다. 추산결과 앞의 4개 일자는 진시황 27년(기원전 220년)에 속하며, 나머지 1개 일자('卄八年九月甲午')는 진시황 28년(기원전 219년)에 속한다. 이 해 9월은 丁酉朔으로 간문에 기록된 '九月甲午'와 일치하지 않는다. '卄八年 八月甲午'의 오류이다(彭浩, 「談〈奏讞書〉中秦代和東周時期的案例」, 『文物』 1995年 3期).

214) 整理小組: 진시황 27년 2월 甲午부터 진시황 28년 後9월 甲午까지는 총 601일인데, 朔이 병을 앓았던 것(62일)과 行道(60일) 기간 122일을 빼면 479일이 된다. 간문에 기록된 일자와 10일 차이가 난다.

215) 恒馬: 整理小組는 '恒'을 '騰'으로 보아 『說文』('傳也.')에 근거해 傳馬로 이해. 『二年律令與奏讞書』에서는 常馬로 보았다. 池田雄一은 恒馬의 '恒'이 恒常의 의미를 가지며 공적인 여행수단으로 배와 아울러 항상 사용되었으며, 육운을 위한 역전의 마차를 의미한다(池田雄一, 앞의 책, 71쪽의 주(17)). 결과적으로 整理小組와 池田雄一의 견해가 일치한다.

216) 整理小組: 元은 元日, 즉 초하루. 伏은 伏日.

以問獄史氏, 氏曰: 蒼梧縣反者, 御史恒令南郡復. 義等戰死, 新黔首恐, 操其叚(假)兵匿山中, 誘召稍來, 皆摇(搖)恐, 畏其大不安, 有(又)須南郡復者卽來捕. 義等將吏卒毄(擊)反盜, 弗先候視, 爲驚敗, 義等罪也. 上書言財(裁)新黔首罪. 它如書. 竈・徒唯曰: 敎謂庫新黔首當捕者不得, 勉力善(繕)備, 弗謂害難恐爲敗. 唯謂庫久矣, 忘弗識. 它如庫.

【해석】

[南郡에서의 覆獄]

•어사가 하달한 문서는 별도로 다른 문서 상자에 보관하였습니다.

•지금 이 안건을 再審합니다.[217] 攸縣의 縣令인 庫의 진술: 처음에 [攸縣의 縣令으로] 안건을 심의하는데, 蒼梧縣의[218] 縣令인 竈와 縣尉인 徒唯가 庫에게 이르기를 "利鄕에서 반란이 일어나자 新黔首가 가서 토벌하고자 하였는데, 패주해서 도망갔습니다.[219] 마땅히 체포해 다스려야 할 자가 많은데도 모두

---

217) 復: 覆. 再審의 의미(池田雄一, 앞의 책, 69쪽).

218) 整理小組는 蒼梧를 縣名으로 보았지만, 『里耶秦簡』에는 郡名으로 나온다(陳偉, 「秦蒼梧・洞庭二郡芻論」, 『歷史研究』, 2003年 5期). 『里耶秦簡』 J1:16:5簡, "廿七年二月丙子朔庚寅, 洞庭守禮謂縣嗇夫・卒史嘉・叚(假)卒史穀・屬尉: 令曰: '傳送委輸, 必先悉行城旦舂・隸臣妾・居貲贖責(債), 急事不可留, 乃興(徭).' 今洞庭兵輸內史及巴・南郡・蒼梧, 輸甲兵當傳者多, 節傳之, 必先悉行乘城卒・隸臣妾・城旦舂・鬼薪白粲・居貲贖責(債)・司寇・隱官・踐更縣者."; 『里耶秦簡』 J1:16:6簡, "廿七年二月丙子朔庚寅, 洞庭守礼謂县啬夫・卒史嘉・叚(假)卒史穀・屬尉, 令曰: 傳送委輸, 必先悉行城旦舂・隶臣妾・居貲・贖責(債), 急事不可留, 乃興傜. 今洞庭兵输内史, 及巴・南郡・蒼梧輸甲兵, 當傳者多節,……言名史泰守府. 嘉・穀・尉在所县上書, 嘉・穀・尉令人日夜端行. 它如律令."에서 蒼梧와 巴郡・南郡이 병렬하고 있다.

잡지 못했습니다. 사태가 매우 위태롭고 어려워졌으니 대처해서 실패를 할까 두렵습니다."라고 하였습니다. 攸縣의 縣令인 庫는 獄에 계류된 사람들을 시찰하면서, 攸縣의 獄史인 氏에게 물었습니다. 攸縣의 獄史인 氏의 진술: 蒼梧縣의 反亂者에 대해서는 御史 인 恒이 南郡에서 再審하라고 했습니다. [반란군 토벌을 이끌었던] 義 등이 전사하자 新黔首는 두려워서 대여한 병기를 가지고[220] 산 속으로 숨었는데, 회유하고 불러들여 조금씩 돌아왔습니다. 모두 동요하고 두려워했는데, 크게 불안한 상태입니다. 南郡의 再審 담당 관리를 기다려[221] 즉시 잡아들이기로 했습니다. 義 등은 吏卒을 이끌고 反盜를 공격하고자 했는데, 먼저 정찰을 하지 않아[222] 놀라서 패하였습니다. 義 등의 죄입니다. 上書하여 新黔首의 죄를 다스릴 것을[223] 아뢴 것입니다. 다른 것은 문서의 내용과 같습니다. 蒼梧縣의 임시장관인 竈와 縣尉인 徒唯의 진술: 庫에게 이르기를, "新黔首로서 마땅히 체포해야 할 자를 잡지 못했습니다. 최선을 다해서 대비해야한다고 했지, 일이 위태롭고 어려워 낭패가 될까

219) 北: 敗走.

220) 假兵: 整理小組는 관부로부터 빌린 병기라고 보았다. 『二年律令與奏讞書』에서는 대체용으로 빌린 병기를 가리킨다고 보았다.

221) 須: 기다리다.

222) 候視: 살펴보다. 정탐하다.

223) 裁: 治理한다는 의미로 이해하는 경우(整理小組: 『戰國策』·「秦策」의 "大王裁其罪" 注에는 "裁, 制也.")와 사면한다는 의미로 이해하는 경우(庫의 上書는 황제에게 新黔首가 패주하여 싸우지 않은 죄만 사면할 것을 요구하고 있다(張建國, 「關於張家山漢簡〈奏讞書〉的幾點硏究及其他」, 『法學雜誌』 1996年 5期).)가 있다.

걱정이라고는 하지 않았습니다. 단지 庫에게 말한 것이 오래 되어 잊어버려 알지 못했던 것입니다. 다른 것은 庫의 진술과 같습니다."라고 하였다.

【원문】134簡, 135簡, 136簡, 137簡, 138簡, 139簡

•氏曰: 刻(劾)下, 與脩(攸)守媱·丞魁治, 令史䮍與義發新黔首往, 候視反盜多, 益發與戰, 義死. 脩(攸)有(又)益發新黔首往毄(擊)破. 凡三輩, 䮍并主籍. 其二輩戰北當捕名籍·副并居一笥中, 䮍亡, 不得, 未有以別智(知)當捕者. 及屯卒備敬(警), 卒已罷去移徙, 遝(逮)之皆未來. 好畤辟䮍有鞫. 氏以爲南郡且來復治. 庫問, 氏以告庫, 不智(知)庫上書. 它如庫. 媱·魁言如氏.

【해석】

[再審의 진행1: 氏의 진술]

•攸縣의 獄史인 氏의 진술: 탄핵이 하달되어 攸縣의 縣令인 媱와 縣丞인 魁가 함께 재판을 진행하였습니다. 令史인 䮍와 義는 新黔首를 징발해서 갔는데, 정찰해 보니 反盜가 많아서 신검수를 더 징발해 모두 함께 싸우다가 義가 죽었습니다. 攸縣에서는 또한 신검수를 더 징발해 反盜를 격파하였습니다. 모두세 차례 출병하였는데,[224] 䮍는 아울러 병졸 파견 名籍을 관장했습니다. 두 차례 전투에서 패주해 마땅히 체포해야 할

224) 輩: 整理小組는 『蒼詰編』에 "比也."를 근거로 '次數'로 이해. 『二年律令與奏讞書』는 輩를 度나 次로 보고 있다. 『史記』·「白起王翦列傳」에 "王翦旣至關, 使使還請善田者五輩.", 司馬貞의 『索隱』에 "謂使者五度請也."라고 했다. 三輩는 간문에서 '發'·'益發'·'又益發'이라고 했다.

자의 名籍과 副本은 하나의 상자에 같이 들어있었는데, 㲃가 도망하여 붙잡지 못해 체포해야할 자를[225] 식별할 수 없었습니다. 또한 屯卒은 경비하다가[226] 결국 이미 해산되어 주거를 이동해서 그들을 소환하고자 해도 모두 오지 않았습니다. 好時縣에서 㲃를 재판해서 취조를 끝냈습니다. 氏는 南郡에서 장차 재심담당관리가 다시 조사할 것이라고 생각했습니다. 庳가 물어봐서 氏가 庳에게 보고했습니다만, 庳가 상서한 것은 몰랐습니다. 다른 것은 庳의 진술과 같습니다.

媱와 魁의 진술도 氏와 같습니다.

【원문】 139簡, 139簡, 140簡, 141簡, 142簡, 143簡, 144簡, 145簡

•詰氏: 氏告庳曰: 義等戰死, 新黔首恐, 操其叚(假)兵匿山中, 誘召稍來, 皆榣(搖)恐畏其大不安, 有須南郡復者卽來捕. 吏訊氏, 氏曰: 㲃主新黔首籍三輩, 戰北皆并居一笥中, 未有以別智(知)當捕者, 遝(逮)㲃未來未捕. 前後不同, 皆何解? 氏曰: 新黔首戰北當捕者, 與後

---

225) 遝: 整理小組는 '逮'와 통한다고 보았다. 宮宅潔은 "심문을 받아야 하는 자가 심문 기구 관할 구역 안에 있지 않을 경우 해당 기관을 통해 본인을 소환한다고 하면서, 토벌군을 이끈 㲃와 종군한 士卒이 攸縣에서 소환당하는 것("攸遝㲃未來")을 예로 들었다. '遝'은 '逮'라고 보았다(宮宅潔, 「秦漢時代の審判制度 — 張家山漢簡〈奏讞書〉より見た — 」, 『史林』 81卷 3號, 1998)" 『二年律令與奏讞書』는 '遝', '捕'는 차이가 있다고 보았다. 즉 관할구역 내에서 연루된 사람을 수색해서 체포하는 것을 '捕'라고 하고, 관할 구역 밖의 사람을 소환하여 심문하는 것을 '遝'이라고 하였다.

226) 備敬(警): 『睡虎地秦簡』·「編年紀」 "十九年(228), □□□□南郡備敬(警)" 윤재석은 '備敬(警)'을 "경계체제를 강화하다"라고 해석하고 있다(수호지진묘죽간정리소조 엮음, 윤재석옮김, 『수호지진묘죽간 역주』, 소명출판, 2010, 55쪽).

所發新黔首籍并，未有以別智(知). 駐主，遝(逮)未來，獄留須駐. 庫爲攸令，失聞庫別異，不與它令等. 義死，黔首當坐者多，皆榣(搖)恐吏罪之，有(又)別離居山谷中，民心畏惡. 恐弗能盡偕捕，而令爲敗，幸南郡來復治. 庫視事掾獄，問氏，氏即以告庫，恐其怒，以自解于庫，實須駐來別籍，以偕捕之，請(情)也. 毋它解.

【해석】

[再審의 진행2: 氏에 대한 詰問과 氏의 진술]

•攸縣의 獄史인 氏에 대한 詰問: 氏는 庫에게 고하여 이르기를, "義 등이 죽자 新黔首는 두려워하며 대여한 병기를 가지고 산속으로 숨어 들어갔는데, 회유하여 불러들여 조금씩 돌아왔습니다. 모두 동요하고 두려워하며 매우 불안한 상태였는데, 南郡의 再審擔當官吏가 오기를 기다려 그가 오자마자 잡아들이기로 했습니다."라고 하였다. 吏가 氏를 訊問하자 氏가 진술하기를, "駐는 新黔首의 명적을 관장하였고 세 번 출격하였는데, 싸우다가 패주한 자의 명적도 문서 상자에 같이 들어있어서, 체포해야 할 자를 식별하지 못했습니다. 駐를 체포하고자 했지만, 오지 않아서 체포하지 않았습니다."라고 하였다. 앞뒤의 [진술 내용이] 다르니 이 모두를 어떻게 해명할 것인가? 라고 하니, 氏가 이르기를, "新黔首로서 싸우다가 패주하여 체포해야 할 자와 나중에 징발된 바의 신검수의 명적은 함께 있어서, 식별하지 못했습니다. 駐는 책임자인데, 소환하고자 했으나 오지 않아 사건의 심리가 진행되지 않고 駐를 기다리고 있습니다. 庫가 攸縣의 현령이 되자 [다른 부서의 업무보고의] 聽聞을 빠트리고, 매우 특이해서 다른 현령의 견해와 달랐습

니다. 義는 죽었고 黔首 중에서 죄에 연루될 자가 많았는데, 모두 동요하며 吏가 그들을 처벌할 것을 두려워했습니다. 뿔뿔이 흩어져 山谷에 머물고 있고, 민심은 두려울 정도로 험악합니다. 모두 다 잡아들일 수 없어 현령이 낭패를 당할게 될까 두려웠는데, 다행히 南郡에서 와서 再審하였습니다. 庫가 안건을 심의하고 獄事를 관장하면서 氏에게 묻자, 氏는 庫에게 보고하게 되었는데, 그가 화낼까 두려워 스스로 庫에게 해명했습니다. 실은 駐가 와서 명적을 구분하기를 기다렸다가 이로써 모두 체포하려 한 것이 정황입니다."라고 했습니다. 그 밖에 해명할 사항은 없습니다.

【원문】 146簡, 147簡, 148簡

•詰庫: 毄(擊)反群盜, 儋乏不鬪, 論之有法. 庫挌(格)掾獄, 見罪人, 不以法論之, 而上書言獨財(裁)新黔首罪, 是庫欲繹(釋)縱罪人也. 何解? 庫曰: 聞等上論奪爵令戍, 今新黔首實不安輯, 上書以聞, 欲陛下幸詔庫以撫定之, 不敢擇(釋)縱罪人. 毋它解.

【해석】

[再審의 진행3: 庫에 대한 詰問과 庫의 진술]

•攸縣의 縣令이었던 庫에 대한 詰問: 반란을 일으킨 群盜를 토벌하고자 했는데, 두려워서 도망가서[227] 싸우지 않았다면, 그

227) 儋: 憺은 두려워하다는 의미이다(『二年律令與奏讞書』). 『漢書』·「李廣傳」의 "是以名聲暴於夷貉, 威稜儋乎隣國"에서 顔師古는 蘇林의 注를 인용해 "陳留人語恐言儋之."라고 했다. 乏은 도망가다라는 의미이다. 예를 들어 "乏留律"은 '乏徭'와 '稽留'에 관한 법률 규정인데, '乏徭'란 정해진 徭役에 복역하지

것을 논처하는 것은 법에 규정이 있다. 庫는 옥사를 다스리고 관장하면서[228] 죄인의 존재를 확인하고도 법에 의거해 논처하지 않았으며, 상서하여 혼자서 新黔首의 죄를 制裁하였다고 하였다. 이는 庫가 고의로 죄인을 풀어 주고자 한 것이다. 어떻게 해명할 것인가.

庫의 진술: 죄를 물어야할 新黔首에 대하여 판결을 내려서 奪爵하고, 戍邊役으로 하고자 한다고 하더라도,[229] 지금 新黔首는 정말로 불안한 상태입니다.[230] 상서해서 이 상태를 폐하께 아뢰어 폐하께서 다행이 저(庫)에게 詔書를 내려주시면 그것으로써 新黔首를 진무하고자 한 것이었지 감히 죄인들을 풀어 주려고 한 것은 아닙니다. 다른 것은 해명할 사항은 없습니다.

【원문】149簡, 150簡

•詰庫: 等雖論奪爵令或〈戍〉, 而毋法令, 人臣當謹奏〈奉〉法以治. 今庫繹(釋)法而上書言獨財(裁)新黔首罪, 是庫欲繹(釋)縱罪人明矣. 吏

않고 도망가는 것을 말한다. 『睡虎地秦墓竹簡』·「徭律」, "御中發徵, 乏弗行, 貲二甲 ; 失期三日到五日, 誶 ; 六日到旬, 貲一盾 ; 過旬貲一甲." 또는 군대의 징집, 출동 및 군용자원의 조달 등에 지장이 생기는 것을 '乏軍之興'이라 한다. 『尚書正義』 권20, 「費誓」第30, 566쪽, "汝則有乏軍興之死刑. 正義曰, 興軍征伐而有乏少, 謂之乏軍興."

228) 捁: 整理小組: 『後漢書』·「鍾離意傳」의 注("執拘也.")를 근거로 구속한다는 의미로 보았다; 『二年律令與奏讞書』: '視事'에 상당하는 것으로 보아 '略'으로 해석했다. 略의 의미는 『廣雅』·「釋詁」("略, 治也.")를 근거해 '治'로 보았다.

229) 聞等上論奪爵令戍에서 특히 '聞等'은 해석하기 어려운데, 필자는 池田雄一의 해석에 따랐다(池田雄一, 앞의 책, 76쪽의 주(51)과 83쪽의 해석).

230) 輯: 整理小組은 『漢書』·「孔融傳」의 注에 근거해 '和也.'라고 했다.

以論庳, 庳何以解之? 庳曰: 毋以解之, 罪.

【해석】

[再審의 진행4: 庳에 대한 詰問과 庳의 진술]

•庳에 대한 詰問: 모두가 비록 죄인들을 奪爵시키고 戍邊役으로 처벌한다고 해도 이것의 근거가 되는 법령이 없다. 人臣은 마땅히 삼가 법을 준수해서 취조해야 한다. 현재 庳는 법을 무시하고 더욱 상서해서 홀로 독단적으로 新黔首를 制裁한다고 보고했으니 이는 庳가 죄인들을 풀어주려고 한 것이 분명하다. 남군의 재심담당관리는 이로써 庳를 논죄하고자 한다. 庳는 어떻게 해명할 것인가."

庳의 진술: 해명할 것이 없습니다. 유죄입니다.

【원문】151簡, 152簡, 153簡, 154簡, 155簡

•問: 南郡復吏到攸, 攸遝(逮)駐未來, 未有新黔首當捕者名籍. 駐來會建〈逮〉, 曰: 義死, 自以有罪, 棄籍去亡, 得熟視氏所言籍居一笥中者, 不署前後發, 毋章, 求不可智(知). 南郡復吏乃以智(知)巧令脩(攸)誘召取(聚)城中, 譖(潛)訊傳先後以別, 捕毄(擊)戰北者. 獄留盈卒歲, 不具斷, 蒼梧守已劾論, □嬬・魁各□, 氏一甲, 駐及吏卒不救援義等去北者頗不具, 別奏. 它如辤(辭).

【해석】

[사실 여부를 질문을 통해 조사함]

•심리의 확인: 南郡의 再審擔當官吏가 攸縣에 도착했는데, 攸縣에서 소환한 [명적을 관리하고 있던] 駐가 오지 않아서 아직

新黔首 중 체포해야 할 자의 名籍은 없었습니다. 㕧가 소환장에 응해서 돌아와서 말하기를[231], "義가 죽자 스스로 죄가 있다고 생각해 명적을 버리고 도망갔습니다."라고 하였습니다. 체포하여 氏가 말한 명적을 자세히 살펴보니, 한 상자 안에 [1-3차 징발한 신검수의 명적이] 함께 들어 있었는데,[232] 개봉한 전후 순서가 표기되어 있지 않아서, 그것을 구분할 방법이 없고, [명적을] 찾았어도 [1-3차 징발한 신검수의 명적을] 알 수 없었습니다. 南郡의 再審擔當官吏가 이에 교묘히 꾀를 내어 攸縣으로 하여금 신검수를 성안으로 불러 모으게 하고,[233] 몰래 징발의 先後를 물어[234] 식별해[235] 패주한 자들을 붙잡았습니다. 獄事가 1년이 되었음에도 판결을 끝내지 못했습니다. 蒼梧縣의 임시장관은 이미 탄핵되어 논처되었고, □嬬와 魁는 각각□, 氏는 1甲으로 논처했지만, 㕧와 吏卒이 義 等을 구원하지 않고 패주한 것은 판결을 갖추지 못해 따로 상주한 것

231) 建: 整理小組는 『漢書』·「酈陽傳」을 근거로 이를 '立議'라고 보았다(『漢書』·「酈陽傳」, "謂立議."). 이에 대하여 『二年律令與奏讞書』는 王念孫이 『漢書』·「谷水傳」("反除白罪, 建治正吏")에서 말한 것을 근거로 '逮'로 보았다.

232) 得: 會逮한 일을 가리킨다(『二年律令與奏讞書』).

233) 誘召: 속여서 불러들이는 것.

234) 譖(원래 석문에서는 '謁'이라고 했음)은 『二年律令與奏讞書』에서는 '潛'으로 읽어, '비밀리에'를 뜻한다고 보았다. 또한 『二年律令與奏讞書』에서는 『漢書』·「高帝紀」上에 "蕭荷發關中老弱未傅者悉詣軍"의 師古注("傅, 著也, 言著名籍, 給公家徭役也.")를 근거로 傅의 이르고 늦음과 徵發의 선후가 대응한다고 보았다.

235) 高恒은 성안으로 불러 모은 후 징발당한 순서를 물어봐서 몇 번째 참전했는지 판단했다는 의미로 보았다(高恒, 『秦漢簡牘中法制文書輯考』, 社會科學文獻出版社, 389쪽).

입니다. 다른 사항은 진술과 같습니다.
문서를 개봉하고 서명합니다.

【원문】 155簡, 156簡, 157簡

•鞫之: 義等將吏卒新黔首毄(擊)反盜, 反盜殺義等, 吏・新黔首皆弗救援, 去北. 當遝(逮)䟣, 傳詣脩(攸), 須來以別黔首當捕者. 當捕者多別離相去遠, 其事難, 未有以捕章捕論. 庫上書言獨財(裁)新黔首罪, 欲縱勿論, 得, 審.

【해석】

[법률적용의 전제 확인]
•취조한 결과에 따른 범죄사실의 총괄: 義 等은 吏와 卒인 新黔首를 거느리고 反盜를 토벌하고자 하였는데, 反盜가 義 等을 살해하자 吏와 新黔首는 모두 구원하지 않고 도망쳤습니다. 마땅히 䟣를 소환하여 攸縣으로 連行하고, [䟣가] 오기를 기다렸다가 新黔首 중 체포해야 할 자를 식별해야 했습니다. 체포해야 할 자가 대부분 뿔뿔이 흩어져 멀리 도망가 있어 사정이 어려워지자 捕律의 율령조문으로써[236] 論處하지 않았습니다. 庫는 상서하여 자기 혼자서 新黔首의 죄를 裁斷하겠다고 아뢰고, 新黔首를 풀어주고 논죄하지 않으려 했습니다. 체포해서 명확히 밝혀졌습니다.

236) 整理小組: 捕章은 捕律을 가리킨다.

【원문】 157簡, 158簡, 159簡

•令: 所取荊新地多群盜, 吏所興與群盜遇, 去北, 以儋乏不鬪律論. 律: 儋乏不鬪, 斬. 篡遂縱囚, 死罪囚, 黥爲城旦, 上造以上耐爲鬼薪, 以此當庫.

【해석】

[적용해야할 율령의 근거제시]

•令: 획득한 荊의 新地에는 群盜가 많은데, 관리가 징발한 신검수가 군도를 만나자 도망쳤으니 "두려워 도망가서 싸우지 않은 행위에 대한 律"에 의거해 논처한다. 律: 두려워 도망가서 싸우지 않으면 斬에 처한다. 법령을 어기고 마음대로[237] 罪囚와 死罪囚를 풀어주었다면[238] 黥하여 城旦에 처한다. 上造 이상은 耐하여 鬼薪에 처한다.[239] 이로써 庫의 죄를 판결한다.

---

237) 篡遂에 대해서는 整理小組는 도로에서 약탈한다는 뜻으로 해석하였고, 高恒은 『漢書』「濟川王傳」의 師古注("逆取曰簒.")를 근거로 "불법으로 약탈하다"는 의미로 해석하였는데(高恒, 앞의 책, 386쪽), 戴世君은 법령을 어기고 마음대로 독단한다는 뜻으로 보는 견해(戴世君, 「"自尙"·"篡遂"義解」, 簡帛網 2008年 3月 22日(http://www.bsm.org.cn/show_article.php?id=807)를 제출하였다. 『二年律令』 107簡, "告, 告之不審, 鞫之不直, 故縱弗刑, 若論而失之, 及守將奴婢而亡之, 篡遂縱之, 及諸律令中日同法"

238) 縱囚: 죄수를 풀어준다; 『睡虎地秦簡』·「法律答問」, "當論而端弗論, 及傷其獄, 端令不致, 論出之, 是謂縱囚."

239) 上造以上耐爲鬼薪: 上造이상의 유작자와 그 처, 및 일정 범위내의 종실성원이 肉刑·城旦刑에 상당하는 죄를 범하였을 때는 耐鬼薪白粲刑에 해당된다. 『漢書』·「惠帝紀」, "上造以上及內外公孫耳孫有罪當刑及當爲城旦舂者, 皆耐爲鬼薪白粲"; 『睡虎地秦簡』·「法律答問」, "臣邦眞戎君長, 爵當上造以上, 有罪當贖者, 其爲群盜, 令贖鬼薪鋈足"; 『二年律令』 82簡, 上造·上造妻以上, 及內公孫·外公孫·內公耳玄孫有罪, 其當刑及當爲城旦舂者, 耐以爲鬼薪白粲.

【원문】159簡, 160簡, 161簡

•當之: 庳當耐爲鬼薪. •庳毄(繫).

訊者七人, 其一人毄(繫), 六人不毄(繫). 不存皆不訊.

【해석】

[南郡의 판결]

•판결선고: 庳는 耐하여 鬼薪에 처한다. •庳는 이미 구속되어 있다.

심문받은 자 7인(竈, 徒唯, 氏, 庳, 嬐, 魁, 䟼) 중 1인(庳)은 구속하고, 6인은 구속하지 않는다. 그 밖의 자는 모두 심문하지 않는다.

案例19[240)]

【원문】162簡, 163簡

●異時衛〈衛〉法曰: 爲君・夫人治食不謹, 罪死.

今宰人大夫説進炙君, 炙中有髮長三寸; 夫人養婢媚進食夫人, 飯中有蔡長半寸, 君及夫人皆怒, 劾.

【해석】

[관련율령과 告劾의 내용[241)]]

옛날[242)] 衛法에[243)] 말하기를, "國君과 夫人을 위하여 식사를 주

240) 整理小組: 이 안례에 해당하는 故事는 『韓非子・內儲說下』에 실린 晉文公시기의 "宰人上炙而髮繞之"의 다음 사료의 내용과 유사하다. 「文公之時, 宰臣上炙而髮繞之, 文公召宰人而譙之曰, 女欲寡人之哽邪, 奚爲以髮繞炙, 宰人頓首再拜, 請曰, 臣有死罪三, 援礪砥刀, 利猶干將也, 切肉, 肉斷而髮不斷, 臣之罪一也, 援木而貫臠, 而不見髮, 臣之罪二也, 奉熾爐, 炭火盡赤紅, 而炙熟而髮不燒, 臣之罪三也. 堂下得微有疾臣者乎, 公曰, 善, 乃召其堂下而譙之, 果然, 乃誅之.」, 「一曰, 晉平公觴客 少庶子進炙, 而髮繞之, 平公趣殺炮人, 毋有反令, 炮人呼天曰 嗟乎 臣有三罪. 死而不自知乎, 平公曰 何謂也 對曰 臣刀之利風靡, 骨斷而髮不斷, 是臣之一死也, 桑炭炙之, 肉紅白而髮不焦, 是臣之二死也, 炙熟, 又重睫而視之, 髮繞炙而目不見, 是臣之三死也. 意者堂下其有翳憎臣者乎 殺臣不亦蚤乎.」 이 내용은 매우 예리한 칼로 切肉하거나 桑炭의 사용과 머리카락이 혼입된 것과의 모순을 이야기하는 등 안례 19의 내용과 유사하다. 다른 것은 『韓非子』에는 「飯中有蔡」에 관한 부분이 없으며 宰人(炮人)이 자신의 冤罪를 免하기 위하여 宰人 스스로 사건의 원인에 대하여 규명하고 있다는 점이다.

241) 소송을 제기하는 告劾의 내용이 명시되어 있는데, 告劾의 당사자인 衛郡과 夫人, 治獄의 담당자인 史猷의 등장, 그리고 판결내용이 서술되어 있다. 이후 판결이 난 후 일단 治獄이 종결되는데, 소송을 제기한 衛郡의 이의제기로 인하여 再審이 행해진다.

242) 異時: 『漢書』・「食貨志」 "異時算軺賈人之緡錢皆有差", 顔師古注'異時, 言往時也', 『史記』・「平準書」 索隱 '異時猶昔時也'

243) 『春秋左氏傳』에는 중원일대의 法典의 사례가 나오고 있는데, 대표적으로는 鄭의 刑鼎, 晉의 刑鐵鼎, 鄭의 竹刑이 중시되고 있다. 이것은 대부분 기원

관하는데[244] 不勤하면 그 罪는 死刑에 해당한다."라고 하였다. 지금, 宰人인 大夫 說이 불에 구운 고기를[245] 衛君에게 진상하였다. 고기 속에 길이 3촌의 머리카락이 들어있었다. 夫人의[246] 음식을 담당하는 養婢인[247] 媚가 음식을 夫人에게 진상하였다. 요리 속에 길이 半寸의 부서진 작은 지푸라기가[248] 들어 있었다. 君과 夫人이 모두 노하여 大夫 說과 養婢인 媚를 탄핵하라고 하였다.[249]

【원문】163簡

史猷(猷)治, 曰: 說毋罪, 媚當賜衣.

君曰: 問史猷治獄非是.

【해석】

[판결내용과 國君의 疑義提起]

史猷가[250] 재판을 행하여 말하기를, "說은 罪가 없습니다. 媚

전 7~6세기 후반에 집중된 것으로 당시의 兵農分離에서 兵農一致로, 勞動地代에서 現物地代로, 采邑制가 縣制로의 변화 등 시대의 전환기에 등장하고 있다(池田雄一, 『中國古代の律令と社會』, 汲古書院, 2008, 51-53쪽).

244) 整理小組: 宰人은 식사를 담당하는 직관이다(『史記』·「晉世家」, "宰人上胙獻公"; 『韓非子·』·「內儲說上」, '宰人上食'). 이 案例에서 宰人은 國君의 요리 담당관리.

245) 整理小組: 炙는 『說文解字』에 '炮肉也'라고 하였다.

246) 夫人: 諸侯의 正妻.

247) 整理小組: 養은 '使也(『廣雅』·「釋詁」)'; 『史記』·「儒林列傳」 索隱, "養, 造食"; 『睡虎地秦簡』·「金布律」, "都官有秩吏及離官嗇夫 養各一人, 其佐 史與共養"

248) 整理小組: 『說文解字』 '蔡, 草也'; 池田雄一은 草의 『說文解字』 段玉裁의 注(艸生之亂散)와 ,『玉篇』(蔡, 草芥)를 인용하여 작은 지푸라기로 해석하였다.

249) 劾: 죄인을 추궁하여 처벌하는 것(斷獄). 주 57) 참조.

에게는 마땅히 衣를 賜與해야 합니다." 라고 하였다.

君이 말하기를, "史猷가 治獄한 是非의 근거를 淸問하겠다."라고 하였다.

【원문】163簡, 164簡, 165簡, 166簡

史猷曰: 臣謹案說所以切肉刀新段(鍛)甚利, 其組□豎(堅). 夫以利刀切肥牛肉枹(庖)組上, 筋腏盡斬, 炙膞大不過寸, 而髮長三寸獨不斬, 不類切肉者之罪. 臣有(又)診炙肉具, 桑炭甚美, 鐵盧(爐)甚磬. 夫以桑炭之磬鋏□而肉頗焦, 髮長三寸獨不焦, 有(又)不類炙者之罪.

【해석】

[審理와 檢證[251] 1]

史猷의 진술: 臣이 신중하게 살펴보니, 說이 고기를 자르는데 사용된 刀는 새로이 불에 달구어 두드려서 단단하게 한 것이라서[252] 매우 날카로웠고, 도마가 □ 견고하였습니다.[253] 무

---

250) 史猷: 臧知非의 견해에 의하면, 史猷는 즉 史魚. 『論語』·「衛靈公篇」 15, "子曰: "直哉史魚! 邦有道, 如矢; 邦無道, 如矢."에 나오는 史猷에 대한 평가와 『奏讞書』의 위의 내용과 기본적으로 일치한다고 보고 있다(臧知非, 「張家山漢簡『奏讞書』所見秦漢主奴關係試析」, 『秦文化論叢』12, 2005, 562쪽). 실제 春秋時期의 실제 文書의 事例라기보다는 古人에 假托하여 案例를 설명하는 것으로 이해된다.

251) 春秋時代 治獄의 과정은 소송을 받아들여서 治獄이 시작되고, 담당하는 자의 審理가 成文化된 法을 기초로 하여 행해지며, 사실관계를 구명하고 판결에 이르고 있다. 판결에 불복한다면 再審도 가능하며 이는 기본적으로 秦漢시대의 치옥과정과 유사한 점이다. 그러나 여기서 再審이 初審과 동일한 치옥 담당자에 의해 행해진다는 것에 차이가 보인다(池田雄一, 위의 책, 72쪽).

252) 整理小組는 '磨'로 추정하고 鍛으로 읽었다. 『二年律令與奏讞書』에서는 鍛을

릇 예리한 칼로 肥牛의 肉을 도마 위에서 썬다면, 고기의 살과[254] 힘줄이[255] 모두 잘려집니다. 구운 고기 덩어리도 큰 것은 1寸을 넘지 않습니다. 그런데 머리카락의 길이가 3寸인 것만이 잘리지 않았습니다. [이 점에서 판단해볼 때 머리카락이 들어갔다고 해도] 고기를 썬 자의 죄에 해당하지 않습니다. 臣이 또 고기를 굽는 도구(炙肉具)를 조사하니, 桑炭은 아주 훌륭하고[256], 鐵爐도 단단했습니다.[257] 무릇 [화력이 강한] 桑炭을 사용하는데, 단단한 銕으로써,[258] □ 고기를 구워서 고기는 잘 구워졌는데, 3촌 길이의 머리카락만이 타지 않았다면, 또한 이것은 고기를 구운 자의 죄에 해당하지 않습니다.

打造로 해석하였다.

253) 『二年律令與奏讞書』: “其組□豎(堅)”로 석독하였는데 이는 석문수정본에서 ‘置’라고 석독한 부분을 俎와 유사하다고 보아서 수정한 것이었다. 또한 네 번째 字를 豎로 석독하였으나, 堅의 착오라고 보았다. 池田雄一은 『釋文修正本』의 석독에 따라 해석하여 “도마(俎)위에 세워두었다(池田雄一, 『漢代を遡る奏瀛(讞)—中國古代の裁判記錄—』, 汲古書院, 2015, 98쪽).”라고 하였는데, 『二年律令與奏讞書』에 따르면 “도마가 □ 견고하였습니다.”가 된다.

254) 『二年律令與奏讞書』는 膐을 고기 덩어리(『說文』“切肉也”, 『廣雅』·「釋器」, “膐, 膜也”). 整理小組는 『廣雅』·「釋器」에 의거하여 膐를 ‘肉’으로 해석하고 있다.

255) 『二年律令與奏讞書』는 『說文解字』, “膐, 肉表革裏也”, 『廣雅』·「釋器」, “膐, 膜也”를 인용하여 비교적 칼로 切斷하기 어려운 부분을 가리킨다고 하였다.

256) 『詩經』·「白華」‘樵彼桑薪’ 朱集傳 “桑薪, 薪之善者”

257) 整理小組: 磬은 『說文』의 “堅也”로 해석하였다.

258) 池田雄一은 『說問解字』를 인용하여(銕, 可以持冶器鑄鎔者也), 고기를 찔러서 굽기 위해 사용되는 쇠꼬챙이 정도로 이해하였다(池田雄一, 앞의 책, 94쪽의 주(27)).

【원문】166簡, 167簡

臣有(又)診夫人食室, 塗(㙵)(塈)甚謹, 張帷幕甚具, 食室中毋蔡, 而□毋道入.

【해석】

[審理와 檢證2]

臣이 또 夫人이 식사를 하는 食室을 조사하니 천정내부의 회칠이 잘 되어 있고[259] 帷幕이 걸린 것도 잘 갖추어져 있었습니다.[260] 食室안에는 [飯속에 떨어져 들어갈] 작은 지푸라기(蔡)가 없었습니다. 또한 외부로부터 바람에 의해서 들어올 수도 없었습니다.[261]

【원문】167簡, 168簡, 169簡, 170簡

臣有(又)診視媚臥莞席, 敝而經絕, 其莞淬(碎), 媚衣褏(袖)有敝而絮出, 淬(碎)莞席麗其絮, 長半寸者六枚. 夫以㣍〈衛〉夫人有一婢, 衣褩(敝)衣, 使臥席, 臥席淬(碎)者麗衣, 以爲夫人炊, 而欲蔡毋入飯中, 不可得已. 臣操褩(敝)席麗媚衣絮者, 願與飯中蔡比之. •此以下

---

259) 池田雄一은 『說文』 段玉裁注(以草蓋屋曰茨, 塗塈茨者, 涂其茨之下也, 故必卬涂)를 인용하였다. 또한 『睡虎地秦簡』·「爲吏之道」, "屚(漏)屋涂氵塈 (塈)"를 인용하고 있다(池田雄一, 앞의 책, 94쪽, 주(29)). 즉 여기에서의 '涂氵塈는'는 "회색진흙을 가옥에 바르다."라는 의미이다. 또한 장식의 의미도 있다(『漢書』·「禮樂志」 蘇林注 '塈, 飾也').

260) 池田雄一은 『周禮』(幕人鄭注 '在旁曰帷, 在上曰幕, 幕或在地, 展陳于上, 帷幕皆以布爲之, 四合象宮室')을 인용하여 室의 四面을 장막으로 치는 것으로 보았다(池田雄一, 앞의 책, 98쪽, 해석 참조).

261) □: 『釋文修正本』은 '風'으로 보았다. 道는 ~로 부터의 의미.

□八月(?).

君出飯中蔡比之, 同已.

【해석】

[審理와 檢證3]

臣이 또 媚의 藺草로 만든 자리를[262] 조사하여 보니 해지고 [莞席을 엮은] 줄도[263] 끊어져 있고, 藺草로 만든 莞席도 부서져 있었습니다. 媚가 입은 의복은 해져서 솜이 밖으로 노출된 부분이 있었습니다. 부서진 莞席의 [부스러기가] 그 솜에 달라붙어 있었는데, 길이가 半寸인 것이 여섯 가닥이었습니다. 무릇, 衛君의 夫人에게 婢 1인이 있는데 해진 옷을 입고 자리에 눕게 하였고, [이 婢는] 누운 자리의 부서진 부스러기가 옷에 달라붙은 채로 夫人을 위해 밥을 지었습니다. 작은 지푸라기가 밥 속에 들어가지 않도록 할 수는 없습니다. 臣은 媚의 옷의 솜에 붙어있는 해진 자리의 지푸라기를 가지고 있습니다. 밥 안에 든 지푸라기와 비교해 보시기를 바랍니다.

國君이 밥 안의 지푸라기를 꺼내어서 비교해 보았는데 똑같았다.

【원문】170簡, 171簡, 172簡, 173簡

史猶(猷)曰: 炙中髮, 臣度之, 君今旦必疎(梳)而炙至於前, 炙火氣□人而暑, 君令人扇, 而髮故能蜚(飛)入炙中. 君曰: 今旦寡人方疎(梳)扇而炙來然(燃). 且與子復診之. 君 (俯)視席端, 有隨(鬌)髮長二寸以

---

262) 莞: 藺草.

263) 整理小組: 經을 莞席을 엮는 줄로 보았다.

上到尺者六枚. 君復置炙前, 令人道後扇, 髮蜚(飛)入炙中者二枚. 君曰: 善(哉)! 亟出說而賜媚新衣, 如史猶(猷)當.

【해석】

[총괄 및 판결의 확정]

史猷가 말하기를, "구운 고기 안의 머리카락은 臣이 그것을 추측해 보건대, 國君께서는 오늘 아침 틀림없이 머리를 빗는데[264] 구운 고기가 올려졌습니다. 구운 고기의 火氣가 올라와 더워져서[265] 國君께서는 다른 사람에게 부채를 부치게 하셨습니다. 머리카락은 그런 까닭에 구운 고기 위로 휘날려 들어갈 수 있습니다."라고 하였다. 國君의 진술: "오늘 아침 寡人은 바야흐로 머리를 빗고 부채질을 하는데 구운 고기가 왔다. 또한 그대(史猷)와 함께 다시 조사해보도록 하자. 國君이 고개를 숙여서 자리의 끝을 살펴보니 떨어진[266] 머리카락의 길이가 2寸 이상에서 1尺에 이르는 것이 여섯 가닥이 있었다. 國君은 다시 구운 고기를 자신의 앞에 두고 사람들에게 뒤에서 부채질을 하게 하였다. 머리카락이 구운 고기 안으로 휘날려 들어간 것이 두 가닥 있었다.

國君의 진술: 과연 옳다. 신속하게 說을 獄에서 석방하고, 媚에게는 새 옷을 사여하도록 하라. 史猷의 판결과 같이 한다.

---

264) 同墓에서 출토된 遣策 12號簡에 '疏比(梳篦)'가 있다(『二年律令與奏讞書』).

265) 整理小組는 暑를 '熱'로 해석. 『二年律令與奏讞書』에서는 人이 入일 수도 있다고 보았다.

266) 隨(髻): 整理小組는 『廣雅』·「釋詁」의 '落也'를 인용하였고, 『二年律令與奏讞書』에서는 '墮'로 읽어도 역시 통한다고 하였다.

案例20

【원문】174簡, 175簡

•異時魯法: 盜一錢到廿, 罰金一兩; 過廿到百, 罰金二兩; 過百到二百, 爲白徒; 過二百到千, 完爲倡. 有(又)曰: 諸以縣官事詑其上者, 以白徒法論之. 有白徒罪二者, 駕(加)其罪一等. 白徒者, 當今隸臣妾. 倡, 當城旦.

【해석】

[관련율령]

옛날 魯國의 법률 규정[267]: "1錢에서 20錢까지 훔치면 罰金1兩, 20錢에서 100錢까지는 罰金2兩, 100錢에서 200錢까지는 白徒로[268] 삼는다, 200錢에서 1000錢에 이르면 完爲倡한다[269] 또한

---

267) 異時魯法: 案例19의 '異時魯法'과 案例20의 '異時魯法'은 春秋始期의 法을 언급한 것으로 실제 이 시기의 법률이라고 이해하기는 어렵다. 그것은 이 시기는 화폐경제보다는 물물교환이 중요한 시기였고, 결코 '錢'이나 '罰金一兩'과 같은 용어가 사용된 시기가 아니었고, 또한 勞役刑徒에 대한 언급도 거의 漢律과 유사하기 때문이다. 또 여기에서 언급되고 있는 '縣官', '上功牒'과 같은 용어도 춘추시대에 나타나는 용어가 아니라 戰國中期 이후에 나타나는 용어이기 때문이다. 아마도 漢初의 法律에 比해서 인용된 故事일 것이다. 이에 대하여는 張忠煒, 「讀《奏讞書》"春秋案例"三題」, 『中國古代法律文獻硏究』 제3집, 中國政法大學出版社, 2007, 236-244쪽을 參照.

268) 白徒: 魯國의 刑徒名.

269) 倡: 魯國의 형도명. 池田雄一은 加藤常賢의 『漢字の起源』에 따라 倡은 꼽추로 王公의 옆에 있는 唱자와 통하여 樂人의 뜻도 된다고 한다. 한편 『晏子春秋』에는 倡이 讒人, 諛人과 함께 열거되고 있는데 이로써 결코 높은 위치가 아닐 것이라고 하며, 『漢書』의 내용으로 보아 한대에도 역시 사회적으로 경시되는 존재로 추정하고 있다(池田雄一, 『中國古代の律令と社會』, 汲古書院, 2008, 62쪽).

말하길, "무릇 縣官의 일로써 그 윗사람을 속이는[270] 경우는 白徒法으로 그를 논죄한다. 白徒罪가 2개인 자는 죄 1등급을 더한다."고 하였다. 白徒는 지금[271]의 隸臣妾, 倡은 城旦에 해당한다.

【원문】175簡, 176簡, 177簡

今佐丁盜粟一斗, 直(值)三錢, 柳下季爲魯君治之, 論完丁爲倡, 奏魯君. 君曰: 盜一錢到廿錢罰金一兩, 今佐丁盜一斗粟, 直(值)三錢, 完爲倡, 不已重虖(乎).

【해석】

[판결내용과 國君의 疑義提起]

지금 佐인[272] 丁이 粟 1斗를 훔쳤는데, 가격은 3錢이다. 柳下

※ 절도금액에 따른 처벌규정(任仲爀, 「秦漢律의 벌금형」, 『中國古中世史研究』 15, 2006, 7쪽.)

魯法		秦律		二年律令	
贓價	형벌	贓價	형벌	贓價	형벌
		661錢 이상	黥城旦舂	661錢 이상	黥城旦舂
1000-201錢	完倡	660 미만-220錢	完城旦舂	660 미만-220전	完城旦舂
		없음	(鬼薪白粲)	없음	(鬼薪白粲)
200-101錢	白徒	220 미만-110錢	耐隸臣妾	220전 미만-110전	耐隸臣妾
		없음	(司寇)	없음	(司寇)
100-21錢	罰金二兩	(110전미만-22전)	(貲二甲)	110전 미만-22전	罰金四兩
20-1錢	罰金一兩	(22전미만-1전)	(貲一盾)	22전 미만-1전	罰金一兩

270) 訑: 整理小組는 『廣雅』·「釋詁」의 '欺也'를 인용하고 있다.

271) 案例20에는 '今'자가 두 번 나오는데, 앞의 '今'은 후대 사람에 의해 삽입된 것으로, 뒤의 '今'은 사건발생시점을 가리키는 것으로 이해한다(池田雄一, 앞의 책, 58쪽).

季가[273] 魯君을 위해 이 안건의 재판을 행하여, 丁을 完爲倡으로 논죄하고 魯君에게 上奏하였다. 魯君의 진술: 법률 규정에는 1錢에서 20錢에까지 훔치면 罰金 1兩이라고 하는데, 지금 佐인 丁은 粟 1斗를 훔쳐 3錢에 해당하는데, 完爲倡으로 판결한 것은 너무 무겁지 않은가?

【원문】177簡, 178簡, 179簡

柳下季曰: 吏初捕丁來, 冠鉥(鷸)冠 臣案其上功牒, 署能治禮, 濡(濡)(儒)服. 夫濡(儒)者君子之節也, 禮者君子學也, 盜者小人之心也. 今丁有宵(小)人心, 盜君子節, 有(又)盜君子學以上功, 再詑其上, 有白徒罪二, 此以完爲倡.

君曰: 當戋(哉).

【해석】

[총괄 및 판결의 확정]

柳下季의 진술: 吏가 처음 丁을 잡아왔을 때, 머리에 鷸冠을[274] 쓰고 있었습니다. 臣이 그의 上功牒을[275] 조사하니, '能

272) 佐: 副官의 의미(池田雄一, 『漢代を遡る奏潚(讞)—中國古代の裁判記錄—』, 汲古書院, 2015, 101쪽, 주 (13)).

273) 柳下季: 整理小組는 魯 大夫 展禽으로 보고 있다. 柳下에 봉해졌으며, 字는 季, 諡은 惠이기 때문에 柳下惠라고도 불린다. 『左傳』 僖公 26年(기원전 634년)·文公 2年(기원전 625년)에 보이며, 『論語』·「微子」에 등장한다. 『論語』·「微子」에 의하면 柳下季는 士師로써 魯國의 법을 담당하는 관리로 보인다.

274) 『二年律令與奏讞書』에서는 『獨斷』에 보이는 術士冠, 『莊子』의 圜冠은 鷸冠과 비슷하며, 魯國 儒者가 쓴 冠이라고 보고 있다.

275) 上功牒: 整理小組는 功勞를 보고하는 문서로 보았다; 高恒은 功은 勞績을 가

治禮, 儒服'이라고 기록되어 있었습니다.[276] 대저 儒는 군자의 節이요, 禮는 군자의 學이며, 절도는 소인의 마음입니다. 지금 丁은 소인의 마음을 가지고 군자의 節을 훔치고 또 군자의 學을 훔쳤으니, 上功으로써 재차 윗사람을 속인 것입니다. 白徒의 죄가 두 개로써 完爲倡으로 판결하였습니다.

魯君의 진술: 판결이 참으로 타당하다.

리키며 功牒은 勞績을 기재한 문서 혹은 履歷表로 보았다(高恒, 앞의 책, 395쪽); 池田雄一은 '牒'은 문서를 기록하는 簿札 혹은 공문서를 말하며 上功牒은 上申된 功課表라고 해석하였다(池田雄一, 앞의 책, 109쪽의 주 (19)).

276) 署能治禮, 濡(儒)服: 儒服에 대해서 李學勤은 『莊子』 天地…皮弁鷸冠, 搢笏紳修을 儒服이라고 하였다(李學勤, 「《奏讞書》解說(下)」, 41쪽). 한편, 高恒은 '能治禮'라고 쓰여 있고, 儒服을 입고 있다고 해석한(高恒, 앞의 책, 395쪽). 반면, 池田雄一은 '能治禮, 儒服'으로 기록되어 있다고 해석하였다(池田雄一, 『中國古代の律令と社會』, 57쪽).

案例21

【원문】 180簡, 181簡, 182簡, 183簡

故律曰: 死□以男爲後. 毋男以父母, 毋父母以妻, 毋妻以子女爲後. 律曰: 諸有縣官事, 而父母若妻死者, 歸寧卅日; 大父母・同産十五日. 敖(傲)悍, 完爲城旦舂, 鐵額其足, 輸巴縣鹽. 教人不孝, 次不孝之律. 不孝者棄市. 棄市之次, 黥爲城旦舂. 當黥公士・公士妻以上, 完之. 奸者, 耐爲隸臣妾. 捕奸者必案之校上.

【해석】

[관련율령]

본래의 법률 규정[277]: [남편이] 사망하면[278] 아들을 그 後로[279]

---

277) 故律曰: 高恒은 "原有法律規定"이라고 해석하였다(高恒, 앞의 책, 398쪽). 整理小組는 故律을 이전의 법률로 해석하였다. 彭浩 역시 '故律'은 前代의 법률조문, '律'은 현행 조문을 가리킨다고 해석하였다. 특히 말미의 '捕奸者必案之校上'은 『睡虎地秦簡』의 '捕校上來詣之'라는(『睡虎地秦簡』 「封診式」, "奸爰書: 某里士五(伍)甲詣男子乙・女子丙, 告曰: "乙・丙相與奸, 自晝見某所, 捕校上來詣之.") 표현과 동일하기 때문에 兩者가 동일 연대의 것이고, 따라서 이 안건은 秦代의 것이라고 주장하였다(彭浩, 「談〈奏讞書〉中秦代和東周時期的案例」, 『文物』, 1995-3, 44쪽). 이에 반해서 張建國은 뒤에 등장하는 廷尉 등의 논의에서 "皆曰: 律, 死置後之次, 妻次父母…"로 되어 있고, 여기에서의 '律'은 당연히 현행 율령을 가리킨다고 하면서 '故律曰'이나 '律曰'이나 모두 현행 법률조문을 가리키는 것이며, '故'字는 앞내용과 이어져, '因此', '因而' 정도로 해석해야 한다고 주장하면서, 앞부분은 抄錄者가 원래 있던 앞부분을 불필요하다고 생각하여 抄錄하지 않았을 것이라고 추측하였다(張建國, 「關于張家山漢簡《奏讞書》的幾點研究及其他」. 『帝國時代的中國法』, 法律出版社, 1999, 287-288쪽). 宮宅潔에 따르면 이 안례는 19・20案例와 마찬가지로 처벌의 전제가 되는 법률이 열거된 후 '今~'으로 사건의 경과가 기록된 형식이라 하고 있다(宮宅潔, 「秦漢時代の裁判制度 ―張家山漢簡〈奏讞書〉より見た」, 『史林』 81-2, 1998, 38쪽).

278) 死□: 整理小組는 □를 '夫'字로 추측. 『二年律令與奏讞書』에서는 '而'字도 가

삼는다. 아들이 없으면 父母[를 後로 삼고], 父母가 없으면 처를 [後로 삼고], 처가 없으면 딸을 後로 한다.[280] [현행] 律의 기술: 국가의 공무 중 父母나 妻가[281] 死亡하면 30일간의 휴가를 준다. 大父母와 兄弟姉妹의 경우에는 15일의 휴가를 준다.[282] 傲悍한 경우[283] 完爲城旦舂에 처하고, 그 다리에 족쇄를 차게 하고,[284] 巴郡 縣의 鹽을 수송하도록 한다. 남이 불효

능하다고 지적하였다. 내용상으로 보아서는 夫가 타당한듯하다.

279) 後: 戶主繼承者. 이에 대하여는 尹在碩, 「睡虎地秦簡和張家山漢簡反映的秦漢時期后子制和家系繼承」, 『中國歷史文物』2003-1을 참조.

280) 『二年律令』 389-380簡, "死毋子男代户, 令父若母, 毋父母令寡, 毋寡令女, 毋女令孫, 毋孫令耳孫, 毋耳孫令大父母, 毋大父母令同産子代户. 同産子代户, 必同居數."

281) 若: 整理小組는 '或'으로 해석하였다.

282) 案例에 인용된 율문의 歸寧 요건에 비해 『二年律令』에서는 그 '歸寧'의 요건이 子·大父母之同産까지 확대되어 있다. 게다가 『張家山漢簡』·「奏讞書」에는 적지 않게 秦 시기의 案例가 포함되어 있다. 이 때문에 필자는 上記 『奏讞書』에서 인용한 案例의 내용이 시기적으로 秦代의 관리의 歸寧에 관한 규정이라고 생각한다. 陳松長 主編, 『嶽麓書院藏秦簡(肆)』(上海: 上海辭書出版社, 2015), 278-279簡, "• □律曰: 冗募羣戍卒及居貲贖責(債)戍者及冗佐史·均人史, 皆二歲壹歸, 取衣用, 居家卅, 其□□□以歸寧, 居室卅日外往來, 初行, 日八十里, 之署, 日行七十里. 當歸取衣用, 貧, 毋(無)以歸者, 貸日, 令庸以逋."; 『二年律令』 377簡, "父母及妻不幸死者已葬卅日, 子·同産産·大父母·大父母之同産十五日之官."

283) 敖(傲)悍: '悍'이란 표현은 일반적으로 노비가 주인에 대해, 처가 남편에 대해, 아랫사람이 윗사람에 대해 무례하고 행동이 粗野할 때 사용된다(高恒, 『秦漢簡牘中法制文書輯考』, 社會科學文獻出版社, 2008, 396쪽, 注7 참조). 池田雄一은 주종관계에서 주인에게 반항적이거나 부부관계에서 남편에게 순종하지 않는 경우, 服喪해야할 사람이 복상을 하지 않는 경우 등의 사례를 거론하고 있다(池田雄一, 『漢代を遡る奏瀐(讞)—中國古代の裁判記錄—』, 汲古書院, 2015, 118쪽, 주 (9)).

284) 整理小組는 『說文』의 "鬄, 絆足."을 인용하여 '鐵鬄其足'은 철로 된 족쇄를 차는 것으로 해석하였다.

하도록 교사하면, 不孝之律에 다음가는 죄로 처벌한다. 不孝者는 棄市에 처한다. 棄市의 다음 형벌은 黥爲城旦舂이다.[285] 公士와 公士의 妻 이상의 신분이 黥刑에 해당하는 죄를 경우 이를 完한다.[286] 간통한 자는 耐爲隸臣妾으로 처벌한다.[287] 간통한 자를 체포할 때는 반드시 현장에서 입건해서 상부에 압송하여 심문한다.[288]

【원문】183簡, 184簡

今杜瀘女子甲夫公士丁疾死, 喪棺在堂上, 未葬, 與丁母素夜喪, 環

285) 『二年律令』36-37簡, "敎人不孝, 黥爲城旦舂"

286) 『二年律令』83簡, "公士・公士妻及□□行年七十以上, 若年不盈十七歲, 有罪當刑者, 皆完之."

287) 『二年律令』에는 "奴가 주인・주인의 모친・주인의 처・자식을 娶하여 妻로 삼거나, 간통한 경우 棄市에 처하고, 여자는 耐하고 隸妾으로 삼는다. 그것이 강간인 경우 강간당한 쪽은 죄를 주지 않는다."라 하여 간통과 관련하여 "여자는 耐하고 隸妾으로 삼는다."는 규정이 나온다(『二年律令』 190簡, "奴取(娶)主・主之母及主妻・子以爲妻, 若與奸, 棄市, 而耐其女子以爲隸妾. 其強與奸, 除所強."; 『二年律令』 192簡, "諸與人妻和奸, 及其所與皆完爲城旦舂. 其吏也, 以強奸論之.").

288) 整理小組는 '捕校上'의 '校'를 『說文』, '木囚也'를 근거로 죄수에게 씌우는 木械로 해석하였다. 이에 대해 張建國은 '校上'은 남녀간의 불법적인 관계 안건에만 사용되는 법률명사로 해석. 즉 '校上'은 법률적으로 남녀쌍방을 반드시 관부에 압송하고, 공술함으로써 범죄사실을 확인한다는 의미로 해석하였다(張建國, 「關於漢簡〈奏讞書〉的幾點研究及其它」, 『國學研究』 4, 北京大學出版社, 1997, 543-544쪽). 이에 반해 池田雄一은 '校'를 '交'로 풀어, '校上'은 사건 발생 현장을 가리킨다고 해석하였다(池田雄一, 『中國古代の律令と社會』, 汲古書院, 2008, 337쪽). 단순히 목계를 씌워 압송한다는 의미로 해석하면, 본 案例 아래의 "吏捕之弗得校上, 何論? 㱿等曰: 不當論."에 대한 해석이 어려워 질 수 있다(朴健柱, 앞의 책, 363쪽). 따라서 張建國의 견해에 따라야 좀더 분명한 해석이 가능해 보인다.

棺而哭. 甲與男子丙偕之棺後內中和奸. 明旦, 素告甲吏, 吏捕得甲, 疑甲罪.

【해석】

[告訴內容과 疑罪]

지금 杜縣[289] 瀘里의 여자 甲의 남편인 公士 丁이 질병으로 죽었는데, 상중 棺은 [正室인] 堂內에 안치하고, 아직 매장은 하지 않았다. 丁의 母親인 素와[290] 함께 밤새워 喪을 지내면서 棺을 돌며 哭禮를 하였는데, 여자 甲과 男子 丙이 함께 棺이 안치된 堂 뒤의 側室에서[291] 和奸하였다. 다음날 아침, [丁의 母인] 素가 甲을 [杜縣의] 官吏에게 고발하니, 官吏가 甲을 체포하였다. 甲을 어떻게 논죄해야 할지 의문이다.

【원문】184簡, 185簡, 186簡, 187簡

廷尉轂・正始・監弘・廷史武等卅人議當之, 皆曰: 律, 死置後之次, 妻次父母; 妻死歸寧, 與父母同法. 以律置後之次人事計之, 夫異尊於妻, 妻事夫, 及服其喪資, 當次父母如律, 妻之爲後次夫父母, 夫父母死, 未葬, 奸喪旁者, 當不孝, 不孝棄市; 不孝之次, 當黥爲城旦舂; 敖(傲)悍, 完之.

---

289) 杜: 整理小組는 漢代 京兆尹의 屬縣인 杜縣(현 西安 東南)으로 해석.

290) 素: 일반적으로 人名으로 해석하고 있으나, 안건에 등장하는 다른 인명은 모두 甲・丙・丁으로 대체되어 있다. 池田雄一은 人名일수 있으나 '素服'을 가리킬 가능성 제기하고 있다(池田雄一, 『中國古代の律令と社會』, 汲古書院, 2008, 338쪽).

291) 內: 整理小組는 內를 침실(臥室)로 해석하였다.

【해석】

[廷尉府에서의 심리]

廷尉인 㝅·廷尉正인 始·廷尉監인 弘[292]·廷史인[293] 武 등 30인이 이 사건에 대해 심의하였다. 모두의 진술: 律에 夫가 죽고 나서 後를 두는 순서는, 妻는 父母 다음이다. 처가 죽으면 [夫에게 주어지는] 휴가로 주어지는 기간이 부모와 같다. 律로써 後를 두는 순서를 일상생활에서의 서열에 비추어 생각하면,[294] 夫는 妻에 비해 특별히 존귀하며,[295] 妻는 夫를 섬겨야 하며, 夫의 喪에 服해야 하며, 律과 같이 부모의 다음이어야 한다.[296] 妻가 後가 되는 것은 夫의 父母 다음이며, 夫의 父母

---

292) 正始·監弘: 李學勤과 整理小組는 '正'을 避諱하지 않았다고 지적하면서 이를 漢初의 案例로 이해하였다. 그러나 彭浩는 "捕奸者必案之校上"이 『睡虎地秦簡』·「封珍式」, "乙·丙相與奸, 自晝見某所, 捕校上來詣之."의 내용과 유사한 점, 이 案이 발생한 杜縣이 西漢에서는 尙林苑으로 개설되고 있다는 점 등을 근거로 이 案例의 연대를 秦代로 보고 있다(彭浩, 「談〈奏讞書〉中秦代和東周時期的案例」, 『文物』, 1995-3, 43쪽). 『二年律令與奏讞書』에서는 奏讞書 22개 案例의 배열순서가 중간에 삽입된 두 개의 春秋故事(19·20)를 제외하면 모두 시간의 역순임을 지적하면서, 彭浩의 說에 따라 안례17을 秦2世시기로 본다면, 안례18은 秦王政27년, 안례22는 秦王政6년인데, 이로 추론해보면 이 안례는 秦王政27년에서 6년 사이에 해당한다고 추측하였다.

293) 廷史: 廷尉의 屬吏. 郡의 屬吏인 卒史와 함께 二千石官의 都吏에 속하는 동시에 覆吏로 縣·道에 파견되어 治獄과 똑같은 방식으로 覆獄을 진행하고, 심사한 案件을 二千石官인 郡守와 廷尉에게 보고한다(金鍾希, 앞의 글, 547-549쪽).

294) 池田雄一은 人事를 人의 서열로 해석하고 있다(池田雄一, 『漢代を遡る奏瀛(讞)—中國古代の裁判記錄—』, 汲古書院, 2015, 122쪽, 주(28)).

295) 異: 整理小組는 '殊'(특별히, 매우)의 뜻으로 해석하였다.

296) 及服其喪資, 當次父母如律: 整理小組는 '資'를 뒤에 붙여 구독(及服其喪, 資當次父母如律)하고 『小爾雅·廣言』, "取也."로 해석하였다. 池田雄一은 '資'는

가 사망하여 아직 매장하지 않았는데 관 옆에서 通姦하면 不孝에 해당한다.[297] 不孝는 棄市에 해당한다. 不孝의 다음 가는 죄는 黥爲城旦舂에 해당한다. 傲悍의 죄는 完刑으로 한다.

【원문】187簡, 188簡

當之, 妻尊夫, 當次父母, 而甲夫死不悲哀, 與男子和奸喪旁, 致次不孝・驁(傲)悍之律二章. 捕者雖弗案校上, 甲當完爲舂, 告杜論甲.

【해석】

[廷尉府의 판결]

判決: 妻가 夫를 받드는 것은 부모를 받드는 것에 다음에 해당한다. 그런데 甲은 夫가 사망하였으나 슬퍼하지 아니하고 다른 남자와 운구 옆에서 和奸을 하였으니 [이는] 不孝와 傲悍의 두 律에 해당한다. 비록 범행현장에서 입건해서 상부에 압송하여 심문한 것이 아니지만, 甲은 마땅히 完해서 舂에 처해야 한다. 杜縣에 告하여 甲의 죄를 논하게 하라.

'齊'와 통하며, 喪服으로 해석하였다(池田雄一, 『中國古代の律令と社會』, 汲古書院, 2008, 338쪽). 『二年律令與奏讞書』에서는 '資'를 앞구절에 붙이고, '次'로 해석하고, '부근', '곁'의 뜻으로, 治喪之所를 가리킨다고 하였다.

297) 夫父母: 整理小組는 '夫・父母'로 구독하였으나, 張建國은 '夫父母'는 '夫의 父母'를 가리킨다고 지적하였다(張建國, 앞의 글, 542쪽). '夫父母'는 '夫의 父母'로 해석하는 것이 타당할 듯하다. 무엇보다 이 案例 바로 아래에 "不孝는 棄市에 해당한다. 不孝의 다음 가는 죄는 黥爲城旦舂에 해당한다."는 律의 규정이 제시되고 또 바로 아래에 "甲은 마땅히 完해서 舂에 처해야 한다"라고 되어 있으므로 甲은 不孝가 아닌 不孝의 다음 가는 죄로 처벌되었음을 알 수 있다. 만약 '夫父母'는 '夫와 父母'로 해석하면 不孝로 棄市에 처해야 한다.

【원문】 189簡, 190簡, 191簡, 192簡, 193簡, 194簡, 195簡, 196簡

• 今廷史申繇(徭)使而後來, 非廷尉當, 議曰: 當非是. 律曰: 不孝棄市. 有生父而弗食三日, 吏且何以論子? 廷尉㲉等曰: 當棄市. 有(又)曰: 有死父, 不祠其冢三日, 子當何論? 廷尉㲉等曰: 不當論. 有子不聽生父教, 誰與不聽死父教罪重? 㲉等曰: 不聽死父教毋罪. 有(又)曰: 夫生而自嫁, 罪誰與夫死而自嫁罪重? 廷尉㲉等曰: 夫生而自嫁, 及取(娶)者, 皆黥爲城旦舂. 夫死而妻自嫁, 取(娶)者毋罪. 有(又)曰: 欺生夫, 誰與欺死夫罪重? 㲉等曰: 欺死夫, 毋論. 有(又)曰: 夫爲吏居官, 妻居家, 日與它男子奸, 吏捕之弗得校上, 何論? 㲉等曰: 不當論. 曰: 廷尉・史議皆以欺死父罪輕於侵欺生父, 侵生夫罪重於侵欺死夫, 今甲夫死□□□夫, 與男子奸棺喪旁, 捕者弗案校上, 獨完爲舂, 不亦重虖(乎)?
㲉等曰: 誠失之.

【해석】

[廷尉府에서의 再審理]
지금 廷史 申이 공무출장을 마치고[298] [이 사건의 판결이 끝난] 후에 돌아와 廷尉의 판결이 잘못되었다고 주장하였다. [廷史 申의] 論議: [廷尉의] 판결은 옳지 않습니다. 律에 '不孝는 棄

298) 繇(徭)使: 池田雄一은 공무출장으로 해석하였다(池田雄一, 池田雄一, 『漢代を遡る奏瀫(讞)一中國古代の裁判記錄一』, 汲古書院, 2015, 123쪽, 주(38)). 『二年律令』, 411-413쪽, "發傳送, 縣官車牛不足, 令大夫以下有訾(貲)者, 以訾(貲)共出車牛; 及益, 令其毋訾(貲)者與共出牛食, 約載具. 吏及宦皇帝者不與給傳送事. 委輸傳送重車· 重負日行五十里, 空車七十里, 徒行八十里. 免老・小未傅者・女子及諸有除者, 縣道勿敢繇(徭)使"

市한다.'라 하였습니다. 살아계신 父에게 3일간 식사를 주지 않은 경우가 있다면, 그 자를 어떻게 논죄할 것입니까? 廷尉 穀 등의 대답: 마땅히 棄市에 처한다. [廷史 申의] 질문: 父가 돌아가셨는데, 봉분에 3일간 제사하지 않으면 자식은 어떻게 그 죄를 논합니까? 廷尉 穀 등의 진술: 죄를 논하지 않는다. [廷史 申의] 질문: 자식이 살아계신 父의 가르침을 듣지 않는 경우와 돌아가신 父의 [생전의] 가르침을 듣지 않는 경우와 비교하여 어느 쪽의 죄가 더 무겁습니까?[299] 穀 등의 대답: 돌아가신 父의 [생전의] 가르침을 듣지 않는 것은 죄를 논하지 않는다. [廷史 申의] 질문: 남편이 살아 있는데, 처가 스스로 개가한 죄와 남편이 죽어서 개가한 죄는 어느 쪽이 더 무겁습니까? 廷尉 穀 등의 대답: 남편이 살아있는 경우, 스스로 [다른 사람에게] 시집가는 자와 그녀를 취한 남자는 모두 黥하여 城旦舂으로 한다. 남편이 사망한 경우 스스로 시집가는 처와 그녀를 취한 남자는 모두 죄를 논하지 않는다. [廷史 申이] 질문: 살아있는 남편을 기만하는 것과 죽은 남편을 기만하는 것은 어느 쪽의 죄가 더 무겁습니까? 穀 등의 대답: 죽은 남편을 기만하는 것은 논죄하지 않는다. [廷史 申이] 질문: 남편이 官吏가 되어 官舍에서 거처하고 아내는 家에서 거처하던 중 어느 날 다른 남자와 간통하여 官吏가 체포하였으나 범행 현장에서 체포하지 못하고, 상부에 압송하여 심문하지 못하였

299) 罪誰與: 蔡萬進은 '罪'는 衍文이라 하였다(蔡萬進, 「〈奏讞書〉釋文補正擧隅」, 『張家山漢簡〈奏讞書〉研究』, 廣西師範大學出版社, 2006, 26쪽).

다면, 어떻게 論處합니까?[300] 瞉 등이 대답: 論處하지 않는다. [廷史 申의] 진술: 廷尉와 廷史가 모두 말하길, 죽은 아비를 기만하는 것은 살아있는 아비를 기만하는 것보다 죄가 가볍고, 살아있는 남편을 기만하는 죄는 죽은 남편을 기만하는 죄보다 무겁다고 하였습니다. 지금 甲의 남편이 죽어 [喪을 지내면서 남편을 기만하여?]……,[301] 남자가 棺 옆에서 간통하였으나, 현장에서 잡지도 못하고 심문하지도 않았는데 오히려 '完爲舂'으로 처한다고 하니, 또한 지나치게 무거운 처벌이 아니겠습니까? 瞉 등의 대답: 진실로 판결이 잘못되었다.

---

300) "吏捕之弗得校上": 원래의 판본은 "吏捕之弗得, □之"이었다. 蔡萬進은 앞서의 案例의 사례에 따라 "吏捕之弗得校上"으로 추정하였다(蔡萬進, 「〈奏讞書〉釋文補正擧隅」, 『張家山漢簡〈奏讞書〉研究』, 廣西師範大學出版社, 2006, 26쪽). 『二年律令與奏讞書』에서는 이를 따랐다.

301) 今甲夫死□□□夫: 整理小組는 7자를 잔결처리하였으나, 張建國은 앞서의 "而甲夫死, 不悲哀"에 착안하여 '今甲夫死不悲哀'로 補釋하였고(張建國, 「關於漢簡〈奏讞書〉的幾點研究及其它」, 『國學研究』 4, 北京大學出版社, 1997, 542-543쪽), 蔡萬進은 이를 따랐다(蔡萬進, 앞의 글, 27쪽). 『二年律令與奏讞書』에서는 '今甲夫死□□□夫'하였고, 제6자는 '喪', 제7자는 '欺'로 추측된다고 하였다.

案例22[302)]

【원문】197簡, 198簡, 199簡

• 六月癸卯, 典贏告曰: 不智(知)何人刺女子婢㝡里中, 奪錢, 不智(知)之所. 卽令獄史順・去疢・忠文・□固追求賊. 婢曰: 但(撣)錢千二百, 操簦, 道市歸. 到巷中, 或道後類塹(暫)軵婢, 僨, 有頃乃起, 錢已亡, 不智(知)何人・之所. 其軵婢疾, 類男子. 謼(呼)盜, 女子齔出, 謂婢北(背)有笄刀, 乃自智(知)傷.

【해석】

[案件의 내용]

•秦王 政 6년(기원전 241년) 6월 27일에 [咸陽縣 㝡里의][303)] 里典인[304)] 贏의 告訴[305)]: 누군지 모르는 어떤 자가 女子인 婢[306)]

---

302) 飯島和俊은 秦王 政 4년에는 대규모 蝗蟲 피해와 5개국연합국의 침공이 있었던 시기로, 이로 인한 경제적 타격을 입은 바 있다고 하였다. 軍役(走士)을 마친 병사들은 鄕里사회에 복귀하였으나 '貧窮毋作業' 상황이 다수 출현했을 것이며, 이로 인한 범죄 발생이 바로 이 안례에 반영되어 있다고 지적하였다(飯島和俊, 「市に集まる人々 -張家山漢簡〈奏讞書〉案例二三をめぐって」, 中央大學人文科學研究所 編, 『アジア史における法と国家』, 中央大學出版部, 2000, 91쪽).

303) 咸陽縣 最里: 뒤의 문장에 '咸陽丞'이 나오는 것에서 '咸陽縣'으로 추정함.

304) 典: 秦漢時期에 里政을 주관하는 小吏. 整理小組는 里典을 가리키며, 원래는 里正인데, '正'字를 避諱한 것이라고 해석하였다. 高恒 역시 整理小組의 견해와 동일(高恒, 앞의 책, 401쪽). 이에 대해 張金光은 秦統一以前에도 里典(혹은 田典)이라고 불렀으며, 始皇帝시기까지 '正'字를 避諱한 적 없다고 하였다. 典은 主란 뜻이다(張金光, 「秦鄕官制度及鄕・亭・里關係」, 『歷史硏究』, 1997-6, 33쪽).

305) 典贏告曰: 피해자인 여자 婢가 아니라 里典이 告를 행하고 있다. 피해자 자신이 告를 행할 수 없는 경우 里典・校長・求盜 등이 告를 행한다(池田雄一, 『漢代を遡る奏讞(讞)—中國古代の裁判記錄—』, 汲古書院, 2015, 139-140쪽, 주 (3)).

를 㝡里에서 칼로 찌르고 錢을 탈취해 도주했는데 어디로 갔는지 알 수 없습니다. 즉각 獄史인 順·去疢·忠文에게 명령하여 도적을 □固하여 추적하도록 하였습니다. 婢의 진술: 1,200錢을 지니고 우산을[307] 들고[308] 시장에 갔다가 돌아오는 길이었는데,[309] 마을에 이르렀을 때[310] 누군가가 뒤를 따르다가 갑자기 저를 습격하였고,[311] [저는] 길에서 쓰러졌습니다. 한참 있다가 일어나보니 돈은 이미 없어졌고, 범인이 누구인지, 어디로 갔는지도 알 수 없었습니다.[312] 신속하게 저를 습격하여 쓰러트린 점에서 볼 때, 남자인 듯합니다.[313] 제가 '도둑이야!' 하고 소리를 지르니, 여자인 齔이 나와서 저의 등에 칼이 꽂혀 있다고[314] 말해주어서 이에 비로소 자신이 상처 입은 것을 알게 되었습니다.

---

306) 婢: 여기에서 婢는 奴婢의 婢가 아니라 人名.

307) 簦: 『史記集解』, "笠有柄者謂之簦."라 해석하고 있다. 즉 손잡이가 긴 우산.

308) 撣: 『說文』에서는 "提持也."로 풀이하였다. 갖다. 휴대한다는 의미.

309) 道市: 市는 시장. 道는 ~에서의 의미.

310) 巷中: '里中', '里門의 內', 또는 '里中의 道'(池田雄一, 앞의 책, 141쪽, 주(10)).

311) 或道後類塹(暫)軵婢: 李學勤은 '暫'을 『廣雅』·「釋詁」, "猝也."로, 軵는 拊(『戰國策』·「衛策」 注, "擊也")로 해석하여 갑자기 타격한 것으로 해석하였다(李學勤, 「〈奏讞書〉解說(下)」, 『文物』 1995-3, 39쪽). 整理小組는 '或'은 有人(누군가)로, 軵는 '推(밀다)'(『淮南子』·「覽冥」 注)로 해석하였다.

312) 之所: 整理小組는 '所去的地方'(간 곳)으로 해석하였다.

313) 類: 닮다. 유사하다. 같다.

314) 笄: 整理小組는 '簪'으로 해석하고 여기에서는 '插入'을 의미한다고 하였다.

【원문】199簡, 200簡, 201簡, 202簡, 203簡

訊婢: 人從後, 何故弗顧? 曰: 操簦, 簦鳴匈匈然, 不聞聲, 弗顧. 訊婢: 起市中, 誰逢見? 曰: 雖有逢見, 弗能智(知). 訊婢: 黨有與爭鬪·相惌(怨), 及商販·葆(保)庸·里人·智(知)識·弟兄貧窮, 疑盜傷婢者. 曰: 毋有. 視刀, 鐵環, 長九寸. 婢僨所有尺半荊券一枚, 其齒類賈人券. 婢曰: 毋此券. 訊問女子噲, 曰: 病臥內中, 不見出入者.

【해석】

[심문과 수사1]

婢에 대한 심문: 사람이 뒤에서 따라왔는데, 왜 뒤돌아보지 않았는가? [婢의] 진술: 우산을 들고 있었는데, 우산에 거세게 비 떨어지는 소리가 시끄러워[315] 소리를 듣지 못하여 돌아보지 못하였습니다. 婢에 대한 심문: 시장에 가서[316] 누구를 만났는가? [婢의] 진술: 비록 [누군가를]만나 보기는 하였으나 [누구였는지] 모르겠습니다. 婢에 대한 심문: 동료들 가운데[317] 서로 싸웠거나 원한을 맺었거나, 商販·保庸[318]·里人·知人[319]·친

315) 匈匈: 『漢書』·「高帝紀」 注, "喧擾之意"

316) 起: 가다(池田雄一, 앞의 책, 141쪽, 주(15)).

317) 整理小組는 黨을 里黨으로 해석하였으나 『二年律令與奏讞書』에는 뒤에 '里人'이 있어, '黨'은 아마도 朋黨·同夥(동료·패거리)를 가리키는 듯하다고 하였다.

318) 葆(保)庸: 『史記』·「刺客列傳」, 2536~2537쪽; 『漢書』·「欒布傳」, 1980쪽; 『周書』·「顏之儀附樂運傳」, 721쪽 등에 보인다. 漢代의 사료에 나타나는 保傭의 사례는 漢시기에 이미 대토지소유의 확대와 고용노동과 인신매매과정을 거친 소농의 몰락으로 군현민과 노비사이에 새로운 예속신분이 발생하였을 가능성을 제시하여 준다. 『史記』·「司馬相如列傳」 集解의 方言에서는 "保庸謂之甬, 奴婢賤稱也"라 하고 있다. 『史記』 集解의 方言에 의하면 保傭은 노비와 같은 賤民이었다는 해석이 된다(林炳德, 「魏晉南北朝의 良賤

척[320] 중 貧窮한 자 가운데서 너(婢)를 절도하고 상해를 입혔을 것으로 의심되는 자는 없는가? [婢의] 진술: 없습니다. 칼을 살펴보니 [머리 부분은] 철제의 環形이었고,[321] 길이가 9촌이었다. 婢가 넘어져 있던 부근에 尺半[322] 크기의 莿券 1매가 떨어져 있었는데,[323] 그 齒類의 형태로 보아 상인이 사용하는 符券과 유사하였다. 婢의 진술: [저는 본래] 이 符券을 가지고 있지 않았습니다. 女子 噲에 대한 심문과 女子 噲의 진술: 와병중이어서 방안에 누어있었기 때문에 출입자를 보지 못하였습니다.

【원문】 203簡, 204簡, 205簡, 206簡, 207簡, 208簡, 209簡, 210簡

順等求弗得, 令獄史舉闒代. 舉闒以婢債所券謙(廉)視賈市者, 類繒中券也. 今令販繒者𪎰視, 日: 券齒百一十尺, 尺百八十錢, 錢千九百八十, 類繒中券. 訊𪎰等, 日: 毋此券. 譊求其左, 弗得. 舉闒求, 毋

制」, 『歷史學報』142집, 1994, 참조).

319) 智(知)識: 整理小組는 '相識'(알고 지내던 사람)으로 해석하였다. 整理小組와 『二年律令與奏讞書』에서는 이 구절을 "黨有與爭鬬·相悫(怨), 及商販·葆(保)庸·里人·智(知)識·弟兄貧窮, 疑盜傷婢者."로 구독하였다.

320) 弟兄: 池田雄一은 친척으로 해석하고 있다(池田雄一, 앞의 책, 142쪽, 주(22)).

321) 鐵環: 整理小組는 青銅短刀 首部의 고리로 해석하였다.

322) 尺半: 0.5尺 혹은 1.5尺(池田雄一, 앞의 책, 142쪽, 주(25)).

323) 莿卷: 飯島和俊은 莿=蒴일 가능성을 제기하면서, 卷에 새겨진 '齒'에 의해 가격과 수량이 정해진다고 하였다. 이를 左·右卷으로 분리하여 판매자와 구매자가 각각 소지하였다가 조합에 의해 매매가 이루어진다고 하였다(飯島和俊, 「市に集まる人々 一張家山漢簡〈奏讞書〉案例二三をめぐって」, 中央大學人文科學研究所 編, 『アジア史における法と国家』, 中央大學出版部, 2000, 63쪽 및 93쪽의 注11 참조).

徵物以得之, 卽收訊人豎子, 及賈市者舍人・人臣僕・僕隸臣・貴大人臣不敬愿, 它縣人來流庸(傭), 疑為盜賊者, 偏視其為謂卽(節)薄・出入所以為衣食者, 謙(廉)問其居處之狀, 弗得. 擧闒有(又)將司寇裘等▨收置□□□□而 從 之□不□□□□□□▨▨視行□不□, 歙(飲)食靡大, 疑為盜賊者, 弗得. 擧閭求偏(徧), 悉弗得.

【해석】

[심문과 수사2]

獄史인 順 等은 범인을 잡지 못하여 獄史인 擧闒로 교체하였다. 擧闒는 婢가 넘어진 곳에 떨어져있던 符券을[324] 시장 상인에게 보여주어 조사해보니,[325] '繒中券'과[326] 유사하다는 것이 판명되었다. 이번에는 비단장수인 數에게 보이니, 말하길, "符券의 齒는 百으로 되어 있고, 견포의 길이는 11尺이고, 1尺은 180錢이므로, 1980錢짜리의 '繒中券'과 유사합니다."[327]라고 하였다. 數 등에 대한 심문과 답변: 이 符券을 가지고 있던 적이 없습니다. 이 符券의 左券을 찾아보았으나[328] 찾지 못하였

324) 『周禮正義』・「秋官司寇」, '士師'注, 2791쪽, "市買爲券, 書以別之, 各得其一, 訟則案券以正之."

325) 謙(廉): 整理小組는 '廉'으로 고석하고, 『漢書』 「何武傳」 注, "察也."에 따라 조사하다로 해석하였다.

326) 繒中券: 絹을 판매하는 상인의 券을 의미한다.

327) 券齒百一十尺, 尺百八十錢, 錢千九百八十: 閻曉君은 '券齒百'이 居延漢簡 등에 하나의 단어처럼 등장한다는 것을 지적하면서 左右券의 가운데에 '百'자를 새겨(齒=刻), 양 券을 맞추어야 '百'자가 완전한 자로 되게끔 위조방지 한 것이 '券齒百'이라 하였다. '券齒百, 一十尺, 尺百八十錢, 錢千九百八十'이며 '一十尺'은 '十一尺'의 잘못이라고 추측하였다(閻曉君, 『出土文獻與古代司法檢驗史研究』, 文物出版社, 2005, 308쪽). 池田雄一의 견해도 이와 같다(池田雄一, 앞의 책, 144쪽, 주(36)(37)).

다. 獄史인 擧闖가 증거물을[329] 찾지 못하자, 곧 僮僕과[330] 商人의 舍人・人臣僕・僕隸臣[331]・貴大人의 臣[332] 가운데 품행이 바르지 못한 사람[333]과 다른 縣에서 온 流庸者들[334] 가운데 도적으로 의심되는 자들을 불러다가 심문하고, 생활이 빈궁하여 市에 출입함으로써 의식을 해결하는 자들을 자세히 살피고,[335] 거주 상황을 물어보았으나 (단서를) 찾지는 못하였다.

---

328) 讂求其左: 整理小組는 讂은 『廣雅』・「釋詁」, "求也."라 되어 있고, 左는 左券을 가리킨다고 하였다. 券은 左右로 나뉘어져 있고, 쌍방이 각각 하나의 券을 갖는다.

329) 徵: 整理小組는 證으로 해석하였으나, 『二年律令與奏讞書』에서는 '如'字로 읽었다. 徵은 안건을 해결할 수 있는 무언가를 가리킨다고 하였다.

330) 人豎子: 整理小組는 『國語』・「楚語」 注, "豎, 未冠者也."의 내용을 인용하여 '未冠者'로 해석하였다. 池田雄一은 下役・僮僕으로 보고 있다(池田雄一, 앞의 책, 145쪽, 주(42)). 박건주는 어린 머슴으로 번역하고 있다(박건주, 앞의 책, 370쪽).

331) 人臣僕, 僕隸臣 : 『睡虎地秦簡』 整理小組는 人臣을 私家의 奴婢정도로 해석하고 있다(『睡虎地秦簡』・「法律答問」, "人臣甲謀遣人妾乙盜主牛, 買(賣), 把錢偕邦亡, 出徼, 得, 論各可(何)殹(也)? 當城旦黥之, 各畀主." 注, "人臣, 私家之奴婢"). 僕 역시 빈출한다. 飯島和俊은 兩者 모두 隸臣妾 신분에 해당하며, 僕隸臣은 人臣僕에 대응되는 관부의 노비로 보고 있다(飯島和俊, 앞의 글, 78-79쪽).

332) 貴大人臣: 유력자의 從僕.

333) 不敬愿: 整理小組는 愿을 悳(德)으로 해석하였으나, 『二年律令與奏讞書』는 그 상부가 「二年律令」 447簡 '九原'의 '原'과 같으므로 '愿'으로 보아야한다고 하였다. 『說文』에 愿은 "謹也."이라 하였다.
즉 품행이 바르지 못한 사람.

334) 流庸: 『漢書』・「昭帝紀」, 顔注에 의하면, 流庸은 고향을 떠나 타인을 위해 용작을 하는 사람이라고 되어 있다(『漢書』・「昭帝紀」, 顔注, "流庸, 謂去其本鄕而行爲人庸作."). 整理小組는 '流'를 '乘'으로 보고, 乘庸은 다른 사람의 傭役이라하였는데, '流'를 '乘'으로 보아야할 이유가 없는 것같다.

335) 偏視其為謂即(節)薄・出入所以為衣食者 : 整理小組는 "偏視其為謂, 即薄(簿)出入所、以為衣食者"로 구독하고, '爲謂'는 '言行', '簿'는 登記로 해석하였다. 이에 반해 『二年律令與奏讞書』는 『呂氏春秋』・「論人」, "嗜欲易足, 取養節薄, 不可得

擧闖는 또 司寇인 裘 등을 데리고, …□□□□□□□□而 從之□不□□□□□▨▨視行□不□…,[336] 음식을 많이 사먹어 도적으로 의심되는 자를 조사해 보았으나 범인을 잡지 못하였다. 擧闖가 두루 조사하여 범인을 잡으려하였으나 결국 잡지 못하였다.

【원문】210簡, 211簡, 212簡

□□□□偏(?)□□用(?)隸妾每等晨昧里, 訮(研)詗謙(廉)問不日作市販・貧急窮困・出入不節, 疑爲盜賊者, 公卒瘛等偏(徧)令人微隨視爲謂・出入・居處狀, 數日, 乃收訊. 其士五(伍)武曰: 將陽亡而不盜傷人.

【해석】

[심문과 수사3]

□□□□偏(?)□□用(?)… 隸妾 每 등이 하루 동안,[337] 종일 장사를 하지 않고, 경제적으로 크게 빈궁하여 어려움에 처해 있으며, 시도 때도 없이 출입하여 도적으로 의심되는 자인 公

也."을 근거로 '節薄'은 儉約의 뜻으로, 爲謂節薄는 生活儉薄을 의미한다고 하였다.

336) 將司寇裘等…▨收置□□□□而 從 之□不□□□□□▨▨視行□不□: 整理小組는 將을 率領으로 해석하였다. 飯島和俊은 마지막 다섯 글자를 '視行作不勉'으로 추측하였다(飯島和俊, 앞의 글, 66쪽).

337) 晨昧里: 整理小組는 『說文』, "昧爽, 旦明也."를 인용하고, '里'는 '理'로 읽어야 한다고 하였다. 반면 飯島和俊은 아침부터 저녁까지라는 '一日中'으로 해석하였다. 의 견해도 飯島和俊처럼 주야, 즉 1일 중으로 해석하고 있다(池田雄一, 앞의 책, 147쪽, 주(56)).

卒 瘛 등을 좇아서 정찰하고,[338] 사람을 시켜 언행·출입·거처를 몰래 추적하여 살펴보도록 하였다.[339] 수일 후에 [士伍인 武를] 잡아들여 심문하였다. 그 士伍인 武의 진술[340]: 도망가기는 하였으나[341] 도둑질하거나 사람을 상해한 일은 없습니다.

【원문】 212簡, 213簡, 214簡, 215簡, 216簡, 217簡, 218簡, 219簡, 220簡

其一人公士孔, 起室之市, 落莫(漠)行正旗下, 有頃卽歸, 明有(又)然. 衣故布帶, 黑帶, 帶有佩(佩)處而毋佩(佩)也. 瞻視應對㝡(最)奇, 不與它人等. 孔曰: 爲走士, 未嘗佩(佩)鞞刀·盜傷人, 毋坐也. 擧闖疑孔盜傷婢, 卽讂問黔首: 有受孔衣器·錢財, 弗詣吏, 有罪. 走馬僕詣白革鞞·係絹, 曰: 公士孔以此鞞予僕, 不智(知)安取. 孔曰: 未嘗予僕鞞, 不智(知)云故. 擧闖以婢北(背)刀入僕所詣鞞中, 祇. 診視婢刀,

338) 訮(研)詗: 整理小組는 '研'은 思慮로, '詗'은 求로 해석하였다. 이에 대해 池田雄一은 '研'은 追求로 '詗'은 偵察로 해석하였다(池田雄一, 앞의 책, 147쪽, 주(58)).

339) 疑爲盜賊者, 公卒瘛等徧(徧)令人微䣖遀視爲謂·出入·居處狀: 池田雄一은 이 부분을 "疑爲盜賊者公卒瘛等, 徧(徧)令人微䣖遀視爲謂·出入·居處狀"으로 읽고 있다(池田雄一, 앞의 책, 133쪽). 필자는 이 부분 池田雄一의 견해에 따랐다.

340) 乃收訊. 其士五(伍)武曰: 整理小組는 "乃收訊其士五(伍)武, 曰"로 읽었는데, 『二年律令與奏讞書』는 "乃收訊. 其士五(伍)武曰"로 읽었다. 池田雄一은 整理小組의 견해를 따르고 있다(池田雄一, 앞의 책, 133쪽, 137쪽).

341) 將陽亡: 본래 수행해야 할 役으로부터 도망치는 것을 일컫는다. 『睡虎地秦簡』「封診式」, '亡自出', "鄕某爰書: 男子甲自詣, 辭曰: '士五(伍), 居某里, 以迺二月不識日去亡, 毋(無)它坐, 今來自出.' ·問之□名事定, 以二月丙子將陽亡, 三月中逋築宮廿日, 四年三月丁未籍一亡五月十日, 毋(無)它坐, 莫覆問. 以甲獻典乙相診, 今令乙將之詣論, 敢言之."

刀環啗旁㦰(殘), 㦰(殘)傳鞞者處獨靑有錢, 類刀故鞞也. 詰訊僕·孔, 改曰: 得鞞予僕, 前忘, 卽曰弗予. 孔妻女曰: 孔雅佩(佩)刀, 今弗佩(佩), 不智(知)存所. 詰訊女·孔, 孔曰: 買鞞刀不智(知)何人所, 佩(佩)之市, 人盜紬刀, 卽以鞞予僕. 前曰得鞞及未嘗佩(佩), 謾. 詰孔: 何故以空鞞予僕, 謾曰弗予? 雅佩鞞刀, 有(又)曰未嘗? 孔毋解.

【해석】

[심문과 수사4]

[용의자 중] 한사람인 公士인 孔은 집을 나가서 市에 가서는[342] 적막한 표정으로[343] 市亭 아래에 머무르다가[344] 곧바로 돌아왔으며 다음날도[345] 똑같은 행동을 하였다. [公士인 孔의] 옷에는 원래부터 띠가 있었는데,[346] 黑帶였고, 띠에는 佩劍의 흔적이 남아있었는데,[347] 그러나 칼은 보이지 않았다. 시선을[348] 살펴보니 매우 수상하고 다른 사람들과 달랐다. 孔의

---

342) 起: 가다.

343) 落莫(漠)行正旗下: 整理小組는 落莫을 '落暮'로 해석하였고, 旗는 市內의 旗亭으로 해석하였다. 『二年律令與奏讞書』에서는 落莫을 落漠로 보고, 빗물이 떨어지는 모양으로 해석하였다. 이에 대하여 池田雄一은 적막한 모양으로 해석하였다(池田雄一, 앞의 책, 148쪽, 주(61)).

344) 旗亭: 市亭에 세워진 旗(池田雄一, 앞의 책, 149쪽, 주(62)).

345) 明: 明日. 다음날.

346) 布: 整理小組는 '有'로 해석하였으나, 『二年律令與奏讞書』에서는 布로 보고, 施設(두다)의 의미라 하였다. 이 부분에 대한 해석은 朴健柱씨의 견해에 따랐다(朴健柱, 앞의 책, 371쪽).

347) 佩(佩)處: 池田雄一은 띠에 남아 있는 대검의 흔적으로 해석하였다(池田雄一, 앞의 책, 149쪽, 주(66)).

348) 瞻視: 바라보다. 池田雄一은 『論語』·「堯曰」, "君子正其衣冠, 尊其瞻視, 儼然人望而畏之, 斯不亦威而不猛乎"의 사례를 인용하고 있다(池田雄一, 앞의 책,

진술: 나는 走士였기 때문에,[349] 칼집과 칼을 차고[350] 도둑질하거나 상해를 한 적이 없었습니다. 죄가 없습니다. 擧關은 孔이 婢로부터 훔치고 상해를 입힌 것으로 의심하여 즉시 黔首에게 조사를 求하여, "孔의 衣器와 錢財를 받았는데도 吏에게 가져오지 않으면 罪로 다스린다."라고 하였다. 走馬[351] 僕이 흰가죽 칼집에 [칼집을 묶는 비단] 끈을[352] 가져와서 말하였다. "公士 孔이 이 칼집을 저(僕)에게 주었는데 어떻게 얻은 것인지 모르겠습니다."라고 하였다. 孔의 진술: 僕에게 칼집을 준 적이 없습니다. [그렇게] 말하는 까닭을 모르겠습니다. 擧閻가 婢의 등을 [찌른] 칼을 僕이 가져온 칼집에 넣어보니 들어맞았다.[353] 婢[를 찌른] 칼을 자세히 조사해보니, 刀環의 칼집

149쪽, 주(67)). 整理小組는 瞻을 『說文』, "臨視也."을 인용하였으나, 『二年律令與奏讞書』에서는 『東觀漢紀』 「東平憲王蒼傳」, "今以光烈皇后假髻帛巾各一·衣一篋遺王, 可時瞻視, 以慰〈凱風〉寒泉之思."에 근거하여 瞻視를 觀看·顧盼의 의미로 해석하였다. 『二年律令與奏讞書』의 해석과 池田雄一의 해석은 동일하다.

349) 走士: 秦漢代 封泥중에는 '走士', '走士丞印(周曉陸·路東之 編, 『秦封泥集』, 三秦出版社, 2000)', '齊走士丞(孫慰祖 主編, 『古封泥集成』, 上海書店出版社, 1994)' 등이 발견되었다.

350) 鞞刀: 整理小組는 鞞를 鞘(칼집)로 해석하여, 鞞刀는 有鞞之刀(칼집이 있는 칼)로 해석하였다.

351) 走馬는 진의 爵名으로 公士-上造에 이은 3급 簪裊에 해당한다. 朱漢民·陳松長主編, 『嶽麓書院秦簡(貳)』, 上海辭書出版社, 2011, 「數」122簡, 95~96쪽, "大夫·不更·走馬·上造·公士, 共除米一石, 今以爵衰分之, 各得幾何?"; 王勇·唐俐, 「"走马"为秦爵小考」, 『湖南大學學報(社會科學版)』2010-4 등 참고.

352) 係絹: 整理小組는 係를 『說文』, "絜束也"를 인용하여, '縛束'(묶는다)로 해석하였다. 『二年律令與奏讞書』에서는 絹이 아마도 칼집을 묶는 絹을 가리키며, 칼집을 허리에 차는데 사용했을 것이라고 추측하였다.

353) 祇: 딱 맞는다.

에 들어가는 부분 가장자리가 殘破되어 있었고,[354] 그 殘破된 칼집자리에 부착된 곳만[355] 유독 푸른색의 흔적이 남아있었는데,[356] 칼이 본래 칼집에 들어 있었던 것 같았다.

僕과 孔의 대질심문과 [孔의] 진술변경: 칼집을 얻어 僕에게 주었는데, 前에는 깜빡 잊어버리는 바람에 주지 않았다고 말한 것입니다. 孔의 妻인 女의 진술: 孔이 평소에 항상[357] 칼을 차고 다녔었는데, 지금은 차고 있지 않으니 어디에 둔건지 모르겠습니다. 女와 孔의 대질심문과 孔의 진술: 칼집과 칼을 누군지 어디에 사는지 모르는 사람에게서 사서는 [허리띠에] 차고 市에 갔다가, 어떤 이가 옆구리에 차고 있는 칼을[358] 훔쳐가서 즉시 僕에게 칼집을 주었습니다. 앞에서 칼집을 얻고 칼을 차고 다니지 않았다는 진술은 거짓말이었습니다. 孔에 대한 심문: 왜 빈 칼집을 僕에게 주었었는데, 거짓으로 주지 않았다고 하였는가? 평소 항상 칼집과 칼을 차고 다녔으면서도

---

354) 環噲旁殘(殘): 整理小組는 噲를 '缺'로 읽어야 하며, 刀環내 들어간(凹) 부분을 가리킨다고 하였다. 또한 殘을 '殘'으로 구독하였다. 반면 『二年律令與奏讞書』에서는 噲를 '會'로 읽고, 刀環交合處로 해석하였다.

355) 傅: 부착하다.

356) 錢: 整理小組는 '殘'으로 구독하였으나, 『二年律令與奏讞書』에서는 '後'으로 읽고, 『說文』의 "迹也."의 뜻에 따랐다. 鞞는 흰색 피혁으로 만든 것인데, 刀環의 접합부분에 푸른색이 나타나자 '有錢(後)'이라고 한 것이라 하였다.

357) 雅: 늘. 항상(池田雄一, 앞의 책, 151쪽, 주 (84)). 高恒은 『史記』·「高祖本紀」, "雍齒雅不欲屬沛公."의 용례를 들어 '평소'의 의미라 하였다(高恒, 앞의 책, 403쪽, 주9).

358) 紬刀: 整理小組는 '紬'를 '拑'으로 해석하였다. '拑', 『說文』: "脅持也", 『二年律令與奏讞書』에서는 『文選』·「高唐賦」 注, "紬, 引也."와 『釋名』·「釋彩帛」, "紬, 抽也."를 근거로 '紬'를 '引' 혹은 '抽'로 해석하였다. 池田雄一은 整理小組의 견해에 따라 紬刀를 옆구리 부분의 띠에 부착하는 刀로 해석하였다.

또 그런 적이 없다고 하였는가? 孔이 해명하지 못하였다.

【원문】221簡, 222簡, 223簡, 224簡, 225簡, 226簡

卽急訊, 磔, 恐猲欲笞, 改曰: 貧急毋作業, 恒游旗下, 數見賈人券, 言雅欲剽(剽)盜, 詳(佯)為券, 操, 視可盜, 盜置券其旁, 令吏求賈市者, 毋言孔. 見一女子操簦但(撣)錢, 其時吏悉令黔首之田救螽, 邑中少人, 孔自以爲利, 足刺殺女子奪錢. 卽從到巷中, 左右瞻毋人, 以刀刺奪錢去走. 前匿弗言, 罪. 問: 如辝(辭). 臧(贓)千二百錢, 已論, 孔完爲城旦. 孔端爲券, 賊刺人, 盜奪錢, 置券其旁, 令吏勿智(知), 未嘗有. 黔首畏害之, 出入不敢, 若思(斯)甚大害也. 順等求弗得, 乃令舉閬代, 毋徵物, 舉閬以智訮(研)詗求得. 其所以得者甚微巧, 卑(俾)令盜賊不敢發.

【해석】

[심문과 범인·범죄의 확정]

곧바로[359] 매우 심하게 심문하고, 지면에 몸을 펼치고, [아프게] 鞭打할 듯 협박하였다.[360] [孔의] 供述變更: 매우 곤궁한데다 하는 일이 없고, 항상 市亭의 旗 주변에 놀다가 자주 商人

359) 急: 整理小組는 '就'로 해석하였다. 蔡萬進은 圖版에서 '貧急窮困'(210~212簡), '貧急毋作業'(220~221幹)의 '急'字와 완전 일치함을 들어 '急'으로 考釋하였다(蔡萬進, 「〈奏讞書〉釋文補正舉隅」, 『張家山漢簡〈奏讞書〉研究』, 廣西師範大學出版社, 2006, 29쪽).

360) 恐猲: 위력으로 남을 협박하는 것 또는 즉 위협하는 도중에 악한 말을 하는 것. 『漢書』 권15, 「王子侯表 上」, 440쪽, "元狩四年, 侯戚嗣, 五年, 元鼎三年, 坐縛家吏恐猲受賕, 棄市.(師古曰: '猲謂以威力脅人也. 賕, 枉法以財相謝. 猲音呼葛反. 賕音求.')"; 『晉書』·「刑法志」, 929쪽, "將中有惡言爲恐猲."

의 符券을 보게 되어 늘 훔치고자 해서[361] 符券을 미리 위조하고, 그것을 가지고 있다가 훔칠 기회를 엿보았는데, 범행 후 그 符券을 그 옆에 놓아두면 [수사하는] 官吏는 商人을 심문하게 되고, 상인들이 저를 증언하지[362] 못할 것이라 생각하였습니다. 때마침 제가 한 여자가 우산을 들고 돈을 지니고 가는 것을 보았는데, 그 때는 官吏는 모든 黔首들을 田에 나가도록 소집하여 메뚜기를[363] 잡으라고 명령하였기에 邑중에 사람이 거의 없었기 때문에, 저는 빨리 가서 여자를 찔러 살해하고 돈을 빼앗기에 적합하다고 생각하였습니다.[364] 곧바로 巷까지 따라갔는데 *左右*를 둘러보아도 아무도 없음을 보고, 칼로 찌르고 돈을 빼앗아 달아났습니다. 前에는 감추고 말하지 않았습니다. 죄를 지었습니다. 심문한 결과는 진술한 것과 같았다. 은닉한 것이 1,200錢. 이미 論決하여[365] 孔은 完하여 城旦刑에[366] 처하였다.

---

361) 蓟(鬻): 整理小組는 鬻로 해석하였다.

362) 言: 商人의 證言.

363) 螽: 『說文』, "蝗也."

364) 孔自以爲利, 足刺殺女子奪錢: 池田雄一은 이 부분을 "孔自以爲利足刺殺女子奪錢"으로 있다(池田雄一, 앞의 책, 152쪽, 주(93)). 利足: 빠른 발, 빨리 걷는 걸음

365) 論: 原 釋文은 '亥'로 보고 '核'으로 읽고, 整理小組도 '核'으로 읽었다. '核'은 자세히 조사하다는 의미. 『二年律令與奏讞書』에서는 '論'으로 읽고 있는데, 池田雄一은 整理小組의 견해에 따라 '核'으로 해석하고 있다(池田雄一, 앞의 책, 152쪽, 주(95)).

366) 孔完為城旦: 秦漢律에서 절도액 660錢 이상은 黥爲城旦舂인데, 孔이 公士이므로 完爲城旦이 된다. 이 판결에는 傷人에 대한 형벌은 포함되어 있지 않다. 『二年律令』 22簡, "謀賊殺・傷人, 未殺, 黥爲城旦舂."; 『二年律令』 25簡, "賊傷人, 及自賊傷以避事者, 皆黥爲城旦舂."; 『二年律令』 26簡, "謀賊殺・傷人, 與賊同法."

孔은 故意로[367] 符券을 僞造하고, 故意로 사람을 찌르고, 金錢을 강탈하고, 符券을 살상한 사람의 옆에 놓아두어 官吏로 하여금 알지 못하도록 하였으니, 이는 前代未聞의 사건이다. 黔首가 두려움에 빠져 외출을 할 수 없으니, 이 같은 사건은 그 해가 심히 크다. 獄史인 順 등이 범인을 찾으려 했으나 잡지 못하자 擧閵가 대신하여 수사를 하도록 하였는데, 증거물이 없었음에도 擧閵이 지적인 수사를 행하여 범인을 체포하였다. 범인을 체포한 것은 매우 수완이 뛰어난 것이어서 도적으로 하여금 감히 벗어나지 못하도록 하였다.[368]

【원문】227簡, 228簡

六年八月丙子朔壬辰, 咸陽丞穀禮敢言之. 令曰: 獄史能得微難獄, 上. 今獄史擧閵得微難獄, 爲奏廿二牒, 擧閭毋害, 謙(廉)絜(潔)敦慤(慤), 守吏也, 平端. 謁以補卒史, 勸它吏, 敢言之.

【해석】

[獄史인 擧閵에 대한 표창]

秦王 政 6년(기원전 241년) 8월 17일에 咸陽縣의 縣丞인 穀禮가 삼가 아룁니다. 근거가 되는 令: 獄史가 어려운 獄事를 능히 해결한 경우, 上府에 보고하라.[369] 현재 獄史인 擧閵는 어

---

367) 端: 整理小組는 '故意'로 해석.

368) 卑(俾)令盜賊不敢發: 池田雄一은 이 부분의 해석을 "도적의 재발을 막는데도 공헌하였다."라고 하였다(池田雄一, 앞의 책, 160쪽). 이 부분에 대한 해석은 朴健柱씨의 견해에 따랐다(朴健柱, 앞의 책, 374쪽).

369) "令曰: 獄史能得微難獄, 上": 高恒은 『漢書』·「郭解傳」 顔注, "微, 伺問之也.",

려운 獄事를 해결하였음을 22牒의[370] 문서로 상주합니다. 擧闖은 능력이 아주 뛰어나고,[371] 淸廉敦實하며[372] 吏職을 수행하면서 公平無私합니다.[373] 卒史로[374] 昇格시켜 다른 吏의 모범이 規範이 되도록 하였으면 합니다. 감히 말씀드립니다.

『史記』·「循吏傳」, "公以臣能聽微決疑, 故使爲理".의 사료를 근거로 微는 偵察. 難은 追究, 偵破로 해석하고 있다(高恒, 앞의 책, 404쪽, 주②). 池田雄一은 "令에는 獄史能得微難獄하면 보고하라"라고 해석하고, 이 안례는 상급기관의 판결을 바라는 일반적인 안례와 다르다고 지적하였다. 다만 '令曰: 獄史能得微難獄, 上'에서 '上'(보고)하라 했기에 讞의 범주에 들어갈 가능성이 있으며, 여기에서 令은 치옥의 촉진을 위한 報獎적 성격이 있다고 하였다(池田雄一, 『中國古代の律令と社會』, 汲古書院, 2008, 321-322쪽). 宮宅潔은 案例22는 관리에 대한 추천장에 사건의 경과기록이 부기된 형식을 취한다고 하였다(宮宅潔, 「秦漢時代の裁判制度 ―張家山漢簡〈奏讞書〉より見た」, 『史林』 81-2, 1998).

370) 廿二牒: 整理小組는 上奏 시에 사용했던 簡의 數라고 하였다.

371) 毋害: 무해자라는 것은 어떤 사람의 능력이 아주 뛰어나서 그 사람보다 더 나는 사람이 없다는 뜻과 같다(『史記』·「蕭相國世家」 注, 2013쪽, "集解漢書音義曰: 「文無害, 有文無所枉害也. 律有無害都吏, 如今言公平吏. 一曰, 無害者如言『無比』, 陳留閒語也.」)". 『史記』·「蕭相國世家」 注, 2013쪽, "律有無害都吏"; 無害都吏: 한나라 관직이름. 督郵의 별칭, 법을 공정하게 집행하는 관리로 '公平吏'와 같다. 于振波는 관리가 직분에 충실하고, 공무처리에 능숙하여, 착오가 없음을 의미한다고 하였다(于振波, 『秦漢法律與社會』, 新星出版社, 2004, 302쪽).

372) 謙絜敦慤 : 『睡虎地秦簡』에는 '廉潔敦慤'으로 되어 있다(『睡虎地秦簡』·「語書」, "又廉潔敦慤而好佐上"). '慤'은 '勤'이다(『漢書』·「刑法志」 注, "勤也.").

373) 平端: 『二年律令與奏讞書』에서는 '守'는 '職守', 平端은 '平正', '端正'이라고 하였다.

374) 卒史: 주 205) 참조.

제3장

『張家山漢墓竹簡 · 二年律令』「賊律」·「盜律」·「具律」

1. 「賊律」[375]

375) 본고의 원문은, 張家山二四七號漢墓竹簡整理小組, 『張家山漢墓竹簡[二四七號墓]』(文物出版社, 2001); 張家山二四七號漢墓竹簡整理小組, 『張家山漢墓竹簡〔二四七號墓〕(釋文修訂本)』(文物出版社, 2006); 彭浩·陳偉·工藤元男 主編, 『二年律令與奏讞書 —張家山二四七號漢墓出土法律文獻釋讀』(上海古籍出版社, 2007)를 기준으로 하는데, 본문의 인용 시에는 張家山二四七號漢墓竹簡整理小組, 『張家山漢墓竹簡[二四七號墓]』(文物出版社, 2001)은 整理小組, 張家山二四七號漢墓竹簡整理小組, 『張家山漢墓竹簡 〔二四七號墓〕(釋文修訂本)』(文物出版社, 2006)은 『釋文修訂本』, 彭浩 · 陳偉 · 工藤元男 主編, 『二年律令與奏讞書—張家山二四七號漢墓出土法律文獻釋讀』(上海古籍出版社, 2007)은 『二年律令與奏讞書』로 略稱하도록 하겠다. 본문은 원칙적으로 『二年律令與奏讞書』를 기준으로 인용하도록 하겠다. 역주에 참고하는 자료로는, ①三國時代出土文字資料の研究」班, 「江陵張家山漢墓出土 『二年律令』譯注稿」その(一)」『東方學報』 76 (京都大學人文科學研究所, 2004); ②早稻田大學簡帛研究會, 「張家山漢墓竹簡二四七號漢墓竹簡譯注—二年律令賊律譯注—」, 『長江流域文化研究所年報』 創刊號, 2002; ③ 早稻田大學簡帛研究會, 「張家山漢墓竹簡二四七號漢墓竹簡譯注(二)—二年律令譯注(二)—」, 『長江流域文化研究所年報』2, 2003; ④專修大學『二年律令』研究會, 「張家山漢簡『二年律令』譯注(一) —賊律—」, 『專修史學』35 (2003); ⑤專修大學 『二年律令』研究會, 「張家山漢簡『二年律令』譯注(二)—盜律—」, 『專修史學』36 (2004); ⑮專修大學『二年律令』研究會, 「張家山漢簡『二年律令』譯注(一)-具律-」 『專修史學』37 (2005) 등의 연구성과를 참조하였다. 이 가운데, 三國時代出土文字資料の研究」班, 「江陵張家山漢墓出土 『二年律令』譯注稿」その(一)」『東方學報』 76 (京都大學人文科學研究所, 2004)는 冨

【원문】

以城邑亭障反, 降諸侯, 及守乘城亭障, 諸侯人來攻盜, 不堅守而棄去之, 若降之, 及謀反者, 皆要(腰)斬. 其父母・妻子・同産, 無少長皆棄市. 其坐謀反者, 能偏(徧)捕, 若先告吏, 皆除坐者罪.

【해석】

城邑이나[376] 亭障을[377] 거점으로 해서 반란을 일으키고, 諸侯에게[378] 투항한 자와 城・亭障에서 방비를 맡았는데[379], 제후

谷至 編, 『江陵張家山二四七號墓出土漢律令の研究(譯注篇)』 朋友書店, 2006에 포함되어 있으므로 이를 기준으로 인용하도록 하겠다. 이하 京都大學人文科學研究所의 주석은 京都大注釋, 專修大學 『二年律令』研究會의 주석은 專修大注釋으로 略稱한다.

376) 京都大注釋: 城邑은 성과 읍을 의미한다. 城邑은 주로 內地에 설치되고, 亭障은 邊塞에 설치된다. 대체로 城邑은 亭障에 비해 규모가 크다.

377) 障: 군이 주둔하는 요새. 障은 鄣과 통한다. 도판에 의하면 鄣으로 되어 있다. '鄣'은 邊塞에 設置된 小城의 意味로 볼 수 있는데, 內部는 守・候・尉・卒 등이 配置되어 있고 賊의 來侵을 監視하는 望樓와 烽火를 올릴 수 있는 施設이 設置되어 있었다. 관련 사료로는, "帝之時, 縱民得鑄錢冶鐵煮鹽, 吳王擅鄣海澤, 鄧通專西山, 山東奸猾咸聚吳國, 秦雍漢蜀因鄧氏, 吳鄧錢布天下, 故有鑄錢之禁(王貞珢 注譯, 『鹽鐵論譯注』(吉林文史出版社 1995) 권1, 「錯幣」, 39쪽"; "☐甲渠鄣候漢彊告尉謂士吏安主候長充等☐"(額濟納漢簡: 99ES17SH1:36)"; "捕律: 亡入匈奴外蠻夷守棄亭鄣逢燧者不堅守降之及從塞徼外來絳而賊殺之皆要斬妻子耐爲司寇作如(敦煌漢簡釋文: 釋MC.983)"; "望見虜一人以上入塞燔一責新擧二蓬夜二苣火見十人以上在塞外燔擧如一人□□望見虜五百人以上若功亭鄣燔一責新擧三蓬夜三苣火不滿二千人以上燔擧如五百人同品虜守亭鄣燔擧晝擧亭上蓬夜擧離合火次亭遂和燔擧如品(敦煌漢簡釋文: 釋TH.2257)" 등이 있다. 『敦煌漢簡』의 「捕律」은 『二年律令』에서는 「賊律」에 나타나는데, 그것은 律令規定의 시대적 차이에 기인한 것이라 할 수 있다(朱紅林, 『張家山漢簡《二年律令》集釋』, 2005).

378) 諸侯: 整理小組는 漢初에 分封된 諸侯國. "降諸侯", "諸侯人來攻", "不堅守而棄去之若降之"는 漢初의 중앙정부와 제후국과의 관계가 매우 긴장된 것이었음을 보여준다. 『二年律令』에는 이와 같은 긴장관계를 보여주는 사례가 나타난다. "捕從諸侯來爲閒者一人, 拜爵一級, 有(又)購二萬錢"(『二年律令』・

국의 사람들이 와서 공격하거나 약탈을 행할 때[380], 견고하게 지키지 않고 城·亭障을 버리고 달아나거나[381] 혹은[382] 투항한 자[383] 및 모반한 자는[384] 모두 腰斬에 처한다. 그 父母·妻子

「捕律」, 151簡; 『二年律令』·「津關令」에는 경사소재의 관중의 출입에 대하여 入傳(傳을 제출)하도록 하고, (출입자의) 里·나이·키·얼굴생김새·옷차림 등의 외관 및 (津關 출입자의) 馬의 標識物을 關의 舍人이 기록하고, 津關에서는 신중히 이를 검열한 후에 출입하도록 하도록 하고 있다. "諸出入津關者, 詣入傳□□吏(?)里·□·長·物·色□瑕見外者, 及馬職(識)物關舍人占者, 津關謹閱, 出入之. 縣官馬勿職(識)物(『二年律令』·津關令 498簡) 漢初의 중앙정부와 제후국과의 적대적인 관계는 『奏讞書』에도 잘 나타나있다. 漢初 漢中央政府와 諸侯國과의 관계는 적대국과의 관계였다. 漢初에는 "關中-關外郡"의 대립과 함께 "漢-諸侯王國"의 이분적인 관념도 존재하였다(崔珍烈, 「漢初 內史의 기능과 성격 —張家山漢簡 『二年律令』의 분석을 중심으로—」, 2004). 諸侯를 일반적으로는 漢初 分封한 諸侯國으로 이해하지만, 曹旅寧은 여기에서의 諸侯를 匈奴나 南越로 본다(曹旅寧, 「說張家山漢簡《賊律》中的'諸侯'」, 2005).

379) 乘: 城에 올라가서 지키는 것.

380) 攻盜: 諸侯國의 侵略, 掠奪.

381) 不堅守而棄去之若降之: 長孫無忌等撰 『唐律疏議』(北京 : 中華書局, 1993), 권16, '擅興', "諸主將守城, 爲賊所攻, 不固守而棄去, 及守備不設, 爲賊所掩覆者, 斬."

382) 同産: 同父同母, 혹은 同父異母 所生의 형제. "太后同産…."(『漢書』·「元后傳」) 注引張宴曰; "同父則爲同産, 不必同母也. 上言唯鳳·崇同母也"; "毆兄·姊及親父母之同産, 耐爲隷臣妾. 其奊詢詈之, 贖黥"(『二年律令·賊律』41簡). 『居延漢簡』에는 "男同産", "女同産"이 나온다. "…徐宗年五十, 妻妻, 宅一區直三千, 妻, 妻一人, 子男一人, 田五十畝直三千, 男子一人, 子男二人, 男同産二人, 用牛二直五千, 子女二人, 女同産二人, 男同産二人, 女同産二人"(『居延漢簡釋文合校』 433: 24.1B). 한편, "同母異父相與奸, 可(何)論? 棄市(睡虎地秦墓竹簡整理小組, 『睡虎地秦墓竹簡』 (文物出版社, 1978), 225쪽. 이하 『秦簡』으로 略稱함)"의 『秦簡』 사례에서 同産에는 同父同母, 혹은 同父異母 所生의 형제만이 아니라 同母異父도 포함되었을 것이라는 견해도 제기되었다(朱紅林, 『張家山漢簡《二年律令》集釋』, 2005).

383) 若: 整理所組는 若은 '或'의 의미로 해석. 朱紅林도 若은 '或'의 의미로 해석하고 있다(朱紅林, 『張家山漢簡《二年律令》集釋』, 2005); 『漢書』 권2 「惠帝紀」, 85쪽, "民年七十以上若不滿十歲有罪當刑者"(顔師古注; "若, 預及之言也.)";

· 同産은 年齡에 관계없이[385] 모두 棄市에 처한다. 謀反의 죄에 연좌된 자가 모반자 중 상당수를 체포하거나[386] 혹은 먼저 관리에게 고발한다면[387] 연좌된 자의[388] 죄를 모두 면죄한다.

【원문】

☐來誘及爲閒者, 磔. 亡之☐

【해석】

…제후국에서 건너와 한인을 회유하거나 및 첩자 행위를 한[389] 자는 磔에[390] 처한다.[391] 亡之……[392]

---

384) 謀反: 唐律에서는 천자에게 危害를 가하고자 謀하는 「謀反」과 現王朝로부터 이탈하고자 謀하는 「謀叛」으로 구별하고 있지만 漢에서는 엄밀하게 구분되지 않았다. 위에 나오는 내용은 「謀叛」에 가깝다. 자기스스로 내지는 공격을 받아서 제후국의 세력에 항복하거나 혹은 임무를 완수하지 못하고 도망한 경우, 기타 이러저러한 모반은 모두 大逆不道罪에 상당하고 본인은 腰斬, 연좌되는 자에게는 棄市가 과해진다. 『唐律疏議』, 第248條 ; 賊盜 1, '謀反大逆', "諸謀反及大逆者, 皆斬, 父子年十六以上皆絞, 十五以下及母女妻妾 子妻妾亦同, 祖孫兄弟姉妹若部曲, 資財田宅沒官, 男夫年八十及篤疾婦人年六十及廢疾者免 餘條婦人應緣坐者, 準此, 伯叔父兄弟之子皆流三千里, 不限籍之同異."

385) 無少長: 형벌이 연령에 관계없이 적용된다는 의미.

386) 京都大注釋: 偏捕는 범인 중 상당수를 체포하는 것.

387) 先告: 先自告. 『漢書』 권44, 「衡山王劉賜傳」 14, 2156쪽, "聞律先自告除其罪"에서 "先自告, 除其罪(먼저 스스로 고하는 것에 대해서는, 그 죄를 면제한다"가 나오는데, 先自告는 自告를 엄밀하게 표현한 것; 『睡虎地秦墓竹簡』·「法律答問」, "夫有罪, 妻先告, 不收. 妻媵臣妾·衣器當收不當? 不當收."

388) 坐: 連坐.

389) 京都大注釋: 爲閒은 스파이 행위를 하다라는 의미. 『張家山漢墓竹簡』·「奏讞(讞)書」, 案例三, "律所以禁從諸侯來誘者, 令它國毋得取(娶)它國人也. 闌雖不故來, 而實誘漢民之齊國, 卽從諸侯來誘也"

390) 『漢書』 권5, 「景帝紀」, 145쪽, "中元二年, 改磔曰棄市, 勿復磔"라는 내용이 있고, 이에 대한 應劭의 注는 '先此諸死刑皆磔於市, 今改曰棄市, 自非妖逆不

復磔也'라고 되어 있다. 『二年律令』에서 磔이나 梟首에 관한 기록으로는, "子賊殺傷父母, 奴婢賊殺傷主·主父母妻子, 皆梟其首市"(34簡), "女子當磔若要(腰)斬者, 棄市"(88簡), "劫人, 謀劫人求錢財, 雖未得若未劫, 皆磔之"(69簡)이 있다. 腰斬이나 棄市는 사형의 집행의 방법에 의한 명칭이라 할 수 있고 위의 磔이나 梟首는 시체 처리 방식에 의한 명칭으로 각각 분류할 수 있다(冨谷至, 「統一秦の刑罰—秦の刑罰—」, 『秦漢刑罰制度の研究』, 同朋舍, 1998, 79-80쪽). 秦代의 死刑制度로는 '戮刑', '磔刑', '棄市', '定殺', '生埋', '賜死', '梟首', '腰斬' 등이 있다. 이 가운데 『二年律令』에 나오는 梟首는 遺體의 처리에 기초해 명명한 것으로 棄市의 한 방법으로 제시된 것이라 할 수 있고 결코 腰斬과 棄市라 하는 正刑 사이에 존재하는 또 하나의 정식의 死刑制度라 이해할 수는 없을 것 같다. 梟首는 특히 遺體의 처리만을 강조한 것으로 『二年律令』에서 棄市나 腰斬처럼 별도로 독립된 정식의 사형제도라고 보기는 어려울 것 같다. 磔도 遺體의 처리방식에 기초한 이름이긴 하지만, "女子當磔若要(腰)斬者, 棄市"(88簡)의 사례에서 磔과 腰斬을 경감하여 棄市로 해준다는 내용에서 판단할 때 磔은 棄市에 비해 重한 형벌이라 할 수 있다. 磔은 腰斬과 棄市와 함께 法定 刑名이라고 보인다.

391) 漢의 백성을 제후국으로 끌어들인 행위 및 제후국으로의 도망행위에 대한 규정(唐의 擅興律에 유사한 규정이 있다(『唐律疏議』 第232條 擅興 9 '征討告賊消息', "諸密有征討, 而告賊消息者, 斬. 妻子流二千里. 其非征討, 而作間諜, 若化外人來爲間諜, 或傳書信與化內人, 并受及知情容止者, 並絞").

392) 亡之: 『奏讞書』의 案例 중 "南亡之諸侯", "以亡之諸侯論"이 나온다. 이 사례를 참작할 때 「亡之」의 뒤에 「諸侯」가 생략되었을 가능성이 있다(冨谷至 編, 앞의 책, 4쪽). 秦漢 以來 편호제민에 대한 통제와 착취는 국가 정치의 핵심을 이루고 있었다. 당시 농민이 거주지를 이탈하는 것은 범죄였다. 秦代의 인구통제는 매우 엄격하여 검수가 出境 시에는 모두 官府의 허가를 받아야 했고, 다른 군현인이 內史郡을 마음대로 출입할 수 없었고, 내사군 또한 외래인을 머물게 할 수 없었다. 이를 위반하면 처벌을 받았는데, 당사자만이 아니라 伍人도 함께 징계를 받아야 했다. 거주지를 이탈한 농민을 체포하고 이에 대한 처벌을 규정한 것이 「亡律」인데, 『睡虎地秦簡』에는 「亡律」이 보이지 않는다. 다만, 『睡虎地秦簡』의 「法律答問」과 「封珍式」 중에는 이와 관련이 있는 내용이 나오고 있다. 지금까지는 『二年律令』에 「亡律」이 나오므로 『二年律令』의 「亡律」과 『睡虎地秦簡』의 내용을 비교하여 秦의 「亡律」을 고찰할 수 있었다. 1993년에 公刊된 장가산한간의 『奏讞書』에는 16개의 안례 중에 도망과 관련된 것이 전체의 25% 정도를 차지하고 있었을 정도로 큰 비중을 차지하고 있었는데, 『嶽麓書院藏秦簡(肆)』의 율령 가운데서 「亡律」이 차지하는 비중은 전체 283枚의 律 가운데 105매를 차지할 정도로 높다. 이것은 도망에 대한 엄금에도 불구하고 秦末에 이르

【원문】

賊燔城・官府及縣官積冣(聚), 棄市. 賊燔寺舍・民室屋廬舍・積冣(聚), 黥爲城旦舂. 其失火延燔之, 罰金四兩, 責所燔. 鄕部・官嗇夫・吏主者弗得, 罰金各二兩.

【해석】

성곽・관부 및 縣官의 저장 곡물에 고의로 방화한 자는[393] 棄市에[394] 처한다. 관리의 宿舍・민간의 가옥・小屋의 저장 곡물

러 사회 혼란의 증가와 도망의 증가라는 실제 현실을 반영한 것으로 이해된다. 도망의 주체는 黔首만이 아니라 노비와 형도 등이 포함되며 도망인을 은닉하거나 고용하면 처벌을 받고, 도망인을 고발하면 포상을 받고, 自出의 경우 減刑을 받는 내용 등으로 구성되어 있다.

393) 賊燔: '賊'은 秦律・漢律의 법률용어이고, 그 경우 일반적으로 '賊'은 악의에 의한 일방적 가해를 의미한다(冨谷至, 「二年律令に見える法律用語―その(1)」, 2004, 242쪽). 따라서 賊燔은 고의로 불을 지르는 것을 의미한다. '賊燔'에 대한 對義語로는 부주의 혹은 과실에 의한 화재, 즉 '失火'가 있다. "賊燔人廬舍積聚, 盜贓五匹以上, 棄市. 卽官府積聚盜, 亦當與同"(『晋書』刑法志). 縣官; 縣에 속하는 관부의 총칭(早稻田大學簡帛研究會, 2002). 이에 대하여 專修大注釋에서는 "縣官謂天子也. 所以謂國家爲縣官者, 夏官王畿內縣卽國都也. 王者官天下, 告曰縣官也.(『史記』・「絳侯周勃世家」 索隱)를 근거로 국가로 해석하고 있다.

394) 棄市: 棄市에 관하여는 『二年律令』에 "…其父母・妻子・同産, 無少長皆棄(2簡)"; "僞寫徹侯印, 棄市(10簡)"; "有挾毒矢若謹(堇)毒, …皆棄市(『二年律令』, 18簡)"; "賊殺人, 鬪以殺人, 棄市(『二年律令』, 21簡)"; "子牧殺父母, 毆詈泰父母・父母叚(假)大母・主母・後母, 及父母告子不孝, 皆棄市(『二年律令』, 35簡)"라 하여 모반죄 이외의 일반적인 살인과 같은 중죄에 대한 처벌에 적용되고 있다. 대체로 棄市刑은 모반죄를 제외하고 한 단계 낮은 범죄로 일반인에 대한 살인, 불효, 심각한 사회혼란조장에 대한 처벌을 그 내용으로 하고 있다. 그 가운데 2簡은 앞서의 腰斬刑의 사료에 연결되어 있는 것으로 다시 붙여보면 "…及謀反者, 皆要(腰)斬. 其父母・妻子・同産, 無少長皆棄市(…謀反者는 모두 腰斬에 처하고, 그 부모・처자・형제는 나이를 묻지 않고 모두 棄市刑에 처한다)"로 되어 있다. 이것은 『漢書』景帝紀에 있는 三國・魏의 如淳 주에 있는 "律, 大逆不道, 父母妻子同産皆棄市"(漢書』권 5, 「景帝紀」,

에 방화한 자는[395] 黥해서 城旦舂으로 한다.[396] 失火에 의해서 이를 延燒한 자인 경우에는 罰金4兩이며, 불탄 것을 賠償하도록 한다. 鄕部·官嗇夫·담당관리가[397] 체포해야 할 자를 체포하지 못하면 벌금 각각 二兩으로 한다.[398]

146쪽)의 내용과 일치한다. 『睡虎地秦簡』·「法律答問」 에서도 "士五(伍)甲毋(無)子, 其弟子以爲後, 與同居, 而擅殺之, 當棄市"라 하여 死罪의 正刑으로 腰斬刑과 棄市가 나타난다. 이를테면 『二年律令』에는 간통죄가 棄市로 처벌되고 있는 점도 주목된다. "奴取(娶)主, 主之母及主妻·子以爲妻, 若與奸, 棄市(『二年律令』, 190簡)"; "同産相與奸, 若取(娶)以爲妻, 及所取(娶)皆棄市(『二年律令』, 191簡)."『睡虎地秦簡』에도 비슷한 내용으로 "同母異父相與奸, 可(何)論? 棄市"라 하여 異父兄弟의 간통을 棄市로 처벌하는 내용이 나온다. 棄市에 대해서는 『漢書』 권19하 「百官公卿表」, 776쪽 ; 『禮記注疏』 권11, 「王制」에 "刑人於市, 與衆棄之."라고 하였듯이, 罪人을 市中에서 처형한 후 그 屍身을 아무도 돌보지 않고 내버려두게 하는 것을 말한다. 顔師古도 "市에서 처형하기 때문에 棄市라는 명칭이 붙여진 것이고 市에서 刑人을 취하여 무리와 함께 버리는 것이다"라 해석하고 있다("棄市, 殺之於市也. 謂之棄市者, 取刑人於市, 與衆棄之也"(『漢書』권 5, 「景帝紀」, 146쪽). 棄市는 글자 그대로 "市에 棄絕한다"라는 의미이다. "梟其首市"는 腰斬이 아닌 棄市에 해당하지만 棄市 가운데서도 특히 重한 범죄를 '梟其首市'함으로써 棄市의 목적인 一般豫防威嚇을 극대화하고자 하는 것으로 이해된다. 다만 棄市는 市에서의 공개처형만이 아니라 집행에 이르기까지의 모든 과정을 공개한다는 것을 의미한다(冨谷至, 『秦漢刑罰制度の研究』, 78쪽).

395) 賊燔寺舍: 整理小組는 燔寺舍로 처리하였지만 京都大注釋을 비롯하여 中·日의 주석서에서는 도판을 근거로 모두 燔寺舍에 위에 賊이 있음을 지적하고 있다.

396) "賊燔城·官府及縣官積冣(聚), 棄市. 賊燔寺舍·民室屋廬舍·積冣(聚), 黥爲城旦舂"은 『古人堤漢簡』의 목록에 의하면, 第6欄의 「賊燔燒宮」에 해당한다. 이에 대하여 "其失火延燔之, 罰金四兩, 責"은 第6欄의 「失火」에 해당한다(水間大輔, 「湖南張家界古人堤遺址出土漢簡に見える漢律の賊律·盜律について」, 2003).

397) 鄕部: 鄕의 관할구역.

398) 京都大注釋: 저장한 곡물에 방화한 경우 내지는 과실로 이를 태운 경우의 규정이다. 방화의 경우는 태운 재화의 다과에 관계없이 형이 결정된다. 과실의 경우는 경미한 벌금형이 과해지며 거기에 손해를 배상하도록 하고

【원문】

船人渡人而流殺人, 耐之, 船嗇夫・吏主者贖耐. 其殺馬牛及傷人, 船人贖耐, 船嗇夫・吏贖䙴(遷)・其敗亡粟米它物, 出其半, 以半負船人. 舳艫負二, 徒負一; 其可紐毄(繫)而亡之, 盡負之, 舳艫亦負二, 徒負一; 罰船嗇夫・吏金各四兩. 流殺傷人, 殺馬牛, 有(又)亡粟米它物者, 不負.

【해석】

船員이 乘客을 태워 건너고 있을 때, 이를 溺死하게 하면 耐刑으로 하고 船嗇夫·담당관리는 贖耐에[399] 처한다. 馬牛를 익사

있다. 睡虎地秦簡에도 失火에 관한 규정이 있으며 여기서도 벌금형으로 처리되고 있다. 공관, 즉 공용으로 居하는 경우는 備品의 배상책임도 면해진다(京都大注釋, 5쪽). 『二年律令』 4簡과 5簡은 앞서의 3簡과 비교하여 簡의 配置圖를 보면 크게 동떨어져있고 앞의 내용과 내용상으로 크게 차이가 난다. 또한 『古人堤漢簡』의 목록의 순서와도 크게 다르므로 다른 곳으로 배치해 볼 필요가 있다고 생각한다.

399) 贖耐: 『岳麓書院藏秦簡(貳)』에 의해 秦代의 貲1甲은 1,344錢, 貲1盾=384錢, 1馬甲 1,920錢, 1兩 576錢인 것이 밝혀졌다. 『岳麓書院藏秦簡(貳)』에 의해 貲는 甲·盾에 의해, 贖은 馬甲을 단위로 하는 것이 처음 알려지게 된 것은 획기적이다. 이에 의해 秦에서 이미 벌금형과 속형이 명확히 분리되어 있음이 처음으로 확인이 되었기 때문이다. 貲나 贖에 대한 기준가와 환산액이 밝혀지면서 秦律의 법체계 내에는 罰金이라는 발상은 없었으며, 罰金刑의 직접적인 유래를 秦律 밖에서 찾아야 한다는 藤田高夫의 견해나 貲罰과 罰金刑은 별개의 계통이라고 하여 그 연속성을 부정한 冨谷至의 所說도 설득력을 잃게 되었다. 즉 漢律의 罰金刑과 贖刑은 秦代의 罰金刑과 贖刑을 계승하면서 이에 대한 합리적인 조정이 있었던 것이 명확해졌다(林炳德, 「秦에서 漢으로의 罰金刑과 贖刑의 변화와 그 성격」, 『東洋史學研究』134, 2016, 116쪽). 『二年律令』, 129-130簡, "贖死罪贖城旦舂, 贖城旦舂罪贖斬, 贖斬罪贖黥, 贖黥罪贖耐, 耐罪 ☐金四兩罪罰金二兩, 罰金二兩罪罰金一兩. 令丞, 令史或偏先自得之, 相除."; 『二年律令』, 119簡, "贖死, 金二斤八兩. 贖城旦舂・鬼薪白粲, 金一斤八兩. 贖斬・府(腐), 金一斤四兩. 贖劓・黥, 金一斤. 贖耐, 金十二兩. 贖䙴(遷), 金八兩."; 朱漢民・陳松長 主編, 『岳麓書院藏秦簡(貳)』(上海

시키거나 승객을 상하게 한 경우 선원은 贖耐에 처하고 船嗇夫·담당관리는 贖遷에 처한다.[400] 그 粟米나 기타의 것을 못쓰게 하거나 없어지게 할 경우, 그 半分은 支出한 것으로 처리하고, 반분은 船員에게 부담시킨다. 舳나 艫의 선원과 다른 선원의 부담비는 2대 1로 한다. 紐로 묶어두어야 할 것을 亡失했으면 전액을 부담시키고 이것도 선장의[401] 선원과 다른 선원의 부담비는 2대 1로 한다.[402] 船嗇夫・담당관리에게는 각

辭書出版社, 2011), 0957號簡, "貲一甲 直錢千三百卌四, 直金二兩一垂. 一盾直金二垂. 贖耐, 馬甲四 錢七千六百八十"

<u>秦漢의 罰金刑과 贖刑의 換算額의 비교</u>(林炳德, 「秦에서 漢으로의 罰金刑과 贖刑의 변화와 그 성격」, 『東洋史學硏究』134, 2016.)

罰金刑・贖刑	漢律		秦律	
贖死	2斤8兩(40兩)	25,000錢	12馬甲	23,040錢
贖城旦舂・贖鬼薪白粲	1斤8兩(24량)	15,000錢	7馬甲(추정)	13,440錢(추정)
贖斬・贖腐	1斤4兩(20량)	12,500錢	6馬甲(추정)	11,520錢(추정)
贖劓・贖黥	1斤(16량)	10,000錢	5馬甲(추정)	9,600錢(추정)
贖耐	12兩	7,500錢	4馬甲	7,680錢
贖遷	8兩	5,000錢	3馬甲(추정)	5,760錢(추정)
罰金刑	4兩	2,500錢	貲2甲	2,688錢
	2兩	1,250錢	貲1甲	1,344錢
	1兩	625錢	貲2盾	768錢
			貲1盾	384錢

400) 贖遷: 漢의 贖遷이 8兩, 5,000錢이라면, 秦의 경우 3馬甲 5,760錢일 가능성이 높다. 그렇다면 贖刑의 최소 단위인 贖遷에서는 漢이 더 높아졌음을 알 수 있다. 반면에 贖刑의 最重刑인 贖死는 기록이 나오므로 확실한 비교가 가능한데, 漢의 경우 2斤8兩 25,500錢인데, 秦은 12馬甲 23,040錢으로 되어 있다. 그러나 漢의 贖死 2斤8兩, 즉 40兩을 秦의 金1兩 576錢으로 계산하면 23,040錢, 즉 秦은 12馬甲과 동일하다. 秦의 金1兩 576錢을 漢의 贖刑에 적용하여 계산하면 秦의 贖刑과 큰 차이가 없어진다. 그래서 필자는 漢의 罰金刑과 贖刑은 秦의 貲1盾과 貲2盾의 평균가격에서 시작하여 秦의 贖死 12馬甲에 맞춘 것이며 그 중간의 罰金刑과 贖刑은 秦의 罰金刑과 贖刑의 近似値에 가까운 금액에 가까운 '兩'으로 배열한 것이라 생각한다(林炳德, 「秦에서 漢으로의 罰金刑과 贖刑의 변화와 그 성격」, 『東洋史學硏究』134, 2016, 121-122쪽).

각 罰金四兩을 부과한다. 사람을 익사하게 하거나 부상을 입게 하던가, 馬牛를 익사시키거나 하는 사건이 발생한 상태에서 또다시 粟米나 기타의 것이 亡失되었어도 이에 대한 책임은 부담시키지 않는다.[403)]

『二年律令』의 贖刑과 贖錢額(林炳德, 「『張家山漢簡』「二年律令」의 刑罰制度(1)」, 2002)		
種類	贖刑額(金)	贖刑額(錢)
贖死	2斤8兩	25,000
贖城旦舂	1斤8兩	15,000
贖鬼薪白粲	1斤8兩	15,000
贖斬	1斤4兩	12,500
贖腐	1斤4兩	12,500
贖劓	1斤	10,000
贖黥	1斤	10,000
贖耐	12兩	7,500
贖遷	8兩	5,000

401) 舳艫: 선두와 선미의 의미인데, 여기서는 船長. 『說文解字注』 舟部 '舳'字에서 漢律을 인용하여 "船方長爲舳艫"라 함. 즉 舳艫는 船方長. 船方長의 方은 舫의 通假字로 '方長'은 곧 '舫長'이다. 따라서 船方長은 船長을 의미한다(早稻田大學簡帛硏究會, 「張家山漢墓竹簡二四七號漢墓竹簡譯注(二)—二年律令譯注(二)—」 『長江流域文化硏究所年報』2, 2003); 『漢書』·「武帝紀」, "舳艫千里" 注引李斐曰; "舳, 船後持柁處; 艫, 船前頭刺櫂處也."

402) 負: "傳馬死二匹負一匹直萬五千長丞掾嗇夫負二佐負一▨(懸泉簡Ⅰ DXT0205②: 008 粹14).

403) 선박항해 중의 사고에 관한 규정으로 사람이나 馬牛를 살상한 경우는 선원에게 耐刑贖刑이 과해지고 감독책임을 가진 관리는 선원보다도 죄가 일등 감해진다. 積荷物을 亡失한 경우는 그 변제가 선원에게 청구되고 감독책임을 가진 관리에게는 벌금이 과해진다. 다만 耐刑贖刑이 과해진 경우에는 積荷物의 변제가 청구되지 않는다(「三國時代出土文字資料の硏究」班, 京都大學人文科學硏究所, 2004). 이 조항은 『古人堤漢簡』의 第29簡 第六欄의 '船人□人'에 해당한다. 簡의 配置圖를 보면, 8簡 뒤의 9簡이 8簡과 매우 동떨어져 있다. 簡이 동떨어져 있을 뿐만 1簡~3簡까지는 모반죄와 관련된 斬刑과 간첩죄에 관련된 磔刑 등 매우 심각한 내용으로 되어 있는데, 6簡~8簡까지의 내용은, 선원이 乘客, 馬牛 등을 태울 때나 짐을 운반할 때의 諸規定과 處罰에 관한 내용이다. 罰金刑과 贖刑으로 처벌하는 비교적 가벼운 내용이라 할 수 있다. 그러다가 9簡에서는 "僞寫皇帝信璽·皇帝行璽, 要(腰)斬以勻(徇)(皇帝信璽·皇帝

【원문】

僞寫皇帝信壐(璽)·皇帝行壐(璽), 要(腰)斬以匀(徇).

【해석】

皇帝信璽·皇帝行璽를[404] 위조한 경우는[405] 腰斬으로 하여[406]

行璽를 위조한 경우는 腰斬해서 본보기로 징계하도록 하라)"라는 내용으로 되어 있다. 따라서 『二年律令』·「賊律」 4簡-8簡을 제외하고 1簡-3簡과 9簡을 연결해서 보면 그 비중이 비슷한 내용으로 되어 있음을 알 수 있다. 따라서 『古人堤簡牘』 第29簡 第六欄의 「船人□人」에 해당하는 『二年律令』·「賊律」의 "船人渡人而流殺人, 耐之, 船嗇夫·吏主者贖耐…"(第6~8簡)은 『古人堤簡牘』의 簡의 目錄과 순서가 크게 다르고, 『二年律令』·「賊律」의 簡의 配置圖에서 前後한 簡과 비교해서 볼 때 너무나 동떨어져 있다는 점, 前後한 簡牘과 문맥의 내용과 현격한 차이를 보여주고 있다는 점에서 簡의 配置를 재고해볼 필요가 있다고 생각한다.

404) 皇帝行璽·皇帝信璽: "皇帝六璽, ……文에 말한다. 옥새에는 皇帝行璽, 皇帝之璽, 皇帝信璽, 天子行璽, 天子之璽, 天子信璽, 모두 여섯 종류가 있다. 皇帝行璽는 무릇 제후왕 이하를 임명할 때 사용하는 옥새, 제후왕에게 書를 賜한다. 信璽는 군대를 동원하고 대신을 부를 때 사용한다. 天子行璽는 외국의 군장에 관한 일을 하고, 천자귀신을 삼길 때에는 天子信璽를 사용한다.

405) 이 조항은 『古人堤簡牘』 第29簡의 "賊律曰僞寫皇帝信璽·皇帝行璽, 要斬, 以□" 와 일치한다(湖南省文物考古研究所 · 中國文物研究所, 「湖南張家界古人堤遺址與出土簡牘概述」, 『中國歷史文物』 2003年 2期, 76쪽). 『晋書』·「刑法志」에 「賊律有盜章之文」이 있어서 이를 통해서도 이 條文이 漢代에는 「賊律」에 수록되어 있음을 알 수 있다. 唐律에는 詐僞一 "諸僞造皇帝八寶者, 斬. 太皇太后·皇太后·皇后·皇太子寶者, 絞. 皇太子妃寶, 流三千里.(僞造不錄所用, 但造卽坐)…"로 규정되어 있다. 唐律에는 「僞造」와 「僞寫」와의 차이가 구별되고 있지만 漢代에는 皇帝의 璽의 僞造도 僞寫였던 것 같다. 한편 『二年律令』 諸侯 以下의 印의 僞造에 관한 규정도 나온다(『二年律令』 10簡, "僞寫徹侯印, 棄市. 小官人, 完爲城旦舂☑"). 이 규정에 따르면, 徹侯의 印을 위조한 자는 棄市에 처한다. 小官의 印의 경우라면 完하여 城旦舂으로 처하는 것으로 되어 있다.皇帝의 璽의 僞造에 관한 규정이다. 『晋書』·「刑法志」에 「賊律有盜章之文」이 있어서 이 條文이 漢代에는 賊律에 수록되어 있음을 알 수 있다. 唐律에는 詐僞一 "諸僞造皇帝八寶者, 斬. 太皇太后·皇太后·皇后·皇太子寶者, 絞. 皇太子妃寶, 流三千里(僞造不錄所用, 但造卽坐)…"로 규정되어 있다. 唐律에는 「僞造」와 「僞寫」와의 차이가 구별되고 있지만 漢代에는 皇

본보기로[407] 징계를 삼는다.

【원문】

僞寫徹侯印, 棄市. 小官人, 完爲城旦舂☐

【해석】

徹侯의[408] 印을 위조한 자는 棄市에 처한다. 小官의 印의[409]

帝의 璽의 僞造도 僞寫였던 것 같다(京都大注釋).

406) 腰斬: 대체로 棄市刑은 모반죄를 제외하고 한 단계 낮은 범죄로 일반인에 대한 살인, 불효, 심각한 사회혼란조장에 대한 처벌을 그 내용으로 하고 있다. 앞서의 1-2簡에서는 城邑의 亭障에서 반란을 일으키거나 반란을 막지 못하고 도망간 사람, 謀反者는 모두 腰斬에 처하고, 그 부모·처자·형제는 나이를 묻지 않고 모두 棄市刑에 처한다고 되어 있다. 이번 簡에는 皇帝信璽·皇帝行璽를 僞寫한 자를 腰斬에 처한다는 내용이다. 즉 대체로 腰斬刑은 謀反罪에 해당하는 범죄에 적용이 되었다 할 수 있다. 忠이 孝보다 重하고 君主가 父母보다 重하다는 일관된 중국봉건법률사상의 원칙을 여기에서 확인할 수 있다(張國華主編, 『中國法律思想史』, 法律出版社, 1981, 10쪽). 『二年律令』 시기에는 '矯制大害'의 제도가 확립된 것인지 불확실하지만, "僞寫皇帝信璽·皇帝行璽"는 논리적으로 살펴볼 때, 내용상 '矯制大害'에 해당한다. 皇帝의 玉璽는 皇權의 상징으로 "僞寫皇帝信璽·皇帝行璽"는 황제의 명의를 도용하는 것이므로 '大不敬'에 해당한다고 볼 수 있다.

407) 徇: 『漢書』·「高帝紀」, "二世使斬之以循", 師古曰: "徇, 行示也."

408) 徹侯: 20等級 爵의 최고의 작위. 『二年律令』에 나오는 徹侯에 대한 기록으로는, "呂宣王內孫·外孫·內耳孫玄孫, 諸侯王子·內孫·耳孫, 徹侯子·內孫有罪, 如上造·上造妻以上"(『二年律令』, 85簡). "宅之大方卅步, 徹侯受百五宅, 關內侯九十五宅, 大庶長九十宅, 駟車庶長八十八宅, 大上造八十六宅, 少上造八十四宅, 右更八十二宅, 中更八十宅, 左更七十八宅, 右庶長七十六宅, 左庶長七十四宅, 五大夫廿五宅, 公乘廿宅, 公大夫九宅, 官大夫七宅, 大夫五宅, 不更四宅, 簪裊三宅, 上造二宅, 公士一宅半宅, 公卒·士五(伍)·庶人各一宅, 司寇·隱官各半宅. 欲爲戶者, 許之"(『二年律令』, 314-316簡)이 있다.

409) 小官印: 百石 이하의 관리가 사용하는 半通印을 말한다. 『睡虎地秦簡』·「法律答問」, "都官有秩吏及離官嗇夫, 養各一人, 其佐·史與共養; 十人, 車牛一兩(輛), 見牛者一人. 都官之佐·史冗者, 十人, 養一人; 十五人, 車牛一兩(輛), 見牛者一人; 不盈十人者, 各與其官長共養·車牛, 都官佐·史不盈十五人者, 七人

경우라면 完하여 城旦舂으로 한다.[410)]

【원문】

撟(矯)制害者, 棄市. 不害, 罰金四兩.

【해석】

황제의 명령서를[411)] 僞造해서 危害가 있었던 경우는[412)] 棄市

以上鼠(予)車牛·僕, 不盈七人者, 三人以上鼠(予)養一人; 小官毋(無)嗇夫者, 以此鼠(予)僕·車牛. 豤生者, 食其母日粟一斗, 旬五日而止之, … 以叚(假)之"; "元年十一月壬辰朔甲午肩水關嗇夫光以小官印兼行候事敢言之"(『居延漢簡釋文合校』: 199.1A).

410) 諸侯 以下의 印의 僞造에 관한 규정. 唐律에는 詐僞二에 규정이 있다. 諸侯印의 위조에 대한 규정 뒤에 半通印의 위조가 이어지는 것은 印의 격식에 있어서 차가 지나쳐 자연스럽지 못하다. 혹 그 중간 과정을 생략한 것일 수도 있다(京都大注釋). '僞寫徹侯印'는 내용상 '矯制害'에 해당한다고 볼 수 있다. 官印은 권력의 상징으로 이를 통하여 '上行下達'의 문서행정을 수행하였다. 『睡虎地秦簡』·「法律答問」, "僑(矯)丞令, 可(何)也? 爲有秩僞寫其印爲大嗇夫. 盜封嗇夫可(何)論? 廷行事以僞寫印"

411) 制: "皇帝가 하달하는 명령서에는 4개가 있다. 그것은 策書, 制書, 詔書, 誡勅이다. 策書는 簡을 編한 것이다. 그 制, 길이는 2척, 짧은 것은 1척이다. 篆書, 연월일을 서두로 하고, 황제를 칭하고, 제후왕에게 명한다. 三公을 죄로써 면함에도 또 책서를 賜한다. 隷書, 1척의 木을 쓰고, 兩行. 이것만을 달리 한다(帝之下書有四. 一曰策書, 二曰制書, 三曰詔書, 四曰誡敕. 策書者, 編簡也, 其制長二尺, 短者半之, 篆書, 起年月日, 稱皇帝, 以命諸侯王. 三公以罪免亦賜策, 而以隸書, 用尺一木, 兩行, 唯此爲異"(胡廣『漢制度』, 蔡邕『獨斷』)).

412) 矯制; 矯制는 矯詔. 詔令에 假託해서 일을 하는 것을 말한다. 矯制의 입법취지는 신하가 황제의 명의를 빌려 사용하는 것을 막고 징계하기 위한 것이라 할 수 있다. 『二年律令』·「賊律」에서는 '矯制害', '矯制不害'로 구분하고 있지만, 沈家本의 『漢律摭遺』에서는 이를 세분하여 '矯制大害', '矯制害', '矯制不害'로 三等하고 있다(張伯元, 「『漢律摭遺』與 『二年律令』比勘記」, 『出土法律文獻研究』, 商務印書館, 2005). 이 규정은 皇帝에 假託한 경우의 처벌규정이다. "坐使酒泉矯制害, 當死, 贖罪, 免. 如淳注: 律, 矯詔大害, 要斬. 有矯詔害, 矯詔不害(『漢書』 景武昭宣元成功臣表)." 위의 『漢書』와 『二年律令』

에 처한다. 危害가 발생하지 않은 경우는 罰金四兩에 처한다.

【원문】

諸上書及有言也而謾, 完爲城旦舂. 其誤不審, 罰金四兩.

【해석】

무릇 上書나 上言을 함에 있어서 欺瞞을[413] 한 자는 完해서 城

을 근거로 살펴볼 때, 矯詔大害는 要斬, 矯詔害는 棄市, 矯詔不害는 罰金四兩에 해당한다(孫家洲, 「再論"矯制"──讀〈張家山漢墓竹簡〉劄記」, 『中國秦漢史研究會第九屆年會暨學術討論會論文』, 2002年 8月). 『二年律令』에는 "盜藏(贓)直(値)過六百六十錢, 黥爲城旦舂. 六百六十到二百廿錢, 完爲城旦舂. 不盈二百廿到百一十錢, 耐爲隸臣妾. 不(『二年律令』, 55簡)盈百一十到廿二錢, 罰金四兩. 不盈廿二錢到一錢罰金一兩(『二年律令』, 56簡)"이라 하여 '罰金四兩'의 위치를 확실히 알 수 있는 흥미 있는 내용이 나온다. 이에 따르면 '矯詔不害'는 22錢 이상 110 錢 미만의 액수에 해당하는 절도죄를 저질렀을 때의 처벌에 해당한다는 것을 알 수 있다. 唐律의 詐僞6의, "諸詐僞制書及增減者, 絞(口詐傳及口增減, 亦是)未施行者, 減一等.(…)其收捕謀叛以上, 不容先聞而矯制, 有功者, 奏制, 無功者, 流二千里.…"가 이와 유사하다. "矯制以天下"(『漢書』高五子傳) 師古注; "矯, 託也. 託天子之制詔也"; "矯制害·不害; 乃劾(竇)嬰矯先帝詔害, 罪當棄市"(『漢書』「灌夭傳」); "擅稱君命曰矯"(『呂氏春秋』·「悔過篇」高誘注); 『漢書』 권17, 「景武昭宣元成功臣表」, 660쪽, "正月甲申封, 一月, 坐使酒泉矯制害, 當死, 贖罪, 免.(如淳曰 : '律, 矯詔大害, 要斬. 有矯詔害, 矯詔不害.')"

413) 謾: 欺謾(欺瞞). 군주를 속이는 것. 『急就篇』 권4, '謾訑首匿愁勿聊'의 注, 308쪽, "首匿, 爲頭首而藏罪人也."; 『漢書』 권17, 「景武昭宣元成功臣表」, 647쪽, "五月壬辰封, 二年, 元狩二年, 坐爲上谷太守入戍卒財物, 上計謾, 免(師古曰 : '上財物之計簿而欺謾不實.')"; 『漢書』 권15, 「王子侯表 下」, 493쪽, "神爵元年四月癸巳封, 十一年, 甘露四年, 坐上書謾, 免, 復更封戶都侯, 建始三年又上書謾, 免."; 『漢書』 권83, 「朱博傳」, 3402쪽, "積受取一錢以上, 無得有所匿. 欺謾半言, 斷頭矣!"; 『漢書』 권60, 「杜欽傳」, 2679쪽, "宏前爲中丞時, 方進爲御史大夫, 擧掾隆可侍御史, 宏奏隆前奉使欺謾, 不宜執法近侍, 方進以此怨宏."; 『漢書』 권4, 「文帝紀」, 118쪽, "民或祝詛上, 以相約而後相謾,…"; "違忠欺上謂之謾"(『晉書』·「刑法志」 張斐注『律表』); "坐上書謾, 耐爲鬼薪."(『漢書』「王子侯表」).

旦春으로 한다. 잘못이 있거나[414] 부정확한 것을 말하면[415] 罰金四兩에[416] 처한다.[417]

---

414) 誤: 一種의 過失行爲(張家山漢簡硏讀班, 「張家山漢簡《二年律令》校讀記」『簡帛硏究』(廣西師範大學出版社) 2002·2003). 법령에는 故誤와 失誤가 있으니 '실오'는 조문 규정보다 가볍게 처벌한다(『後漢書』 권46, 「郭躬列傳」, 1544쪽, "法令有故、誤, ⋯."); 『論衡校釋』 권23, 「答佞」, 520-521쪽, "聖君原心省意, 故誅故貰誤. 故賊加增, 過誤減損, ⋯."; 『晉書』 권30, 「刑法志」, 929쪽, "其知而犯之, 謂之故, 不意誤犯, 謂之過失."

415) 不審: 보통 앞에 告가 덧붙여 '告不審'으로 나타난다. 부정확, 불확실하다는 의미. 『睡虎地秦簡』·「法律答問」, "甲告乙盜牛若賊傷人, 今乙不盜牛, 不傷人, 問甲可(何)論. 端爲, 爲誣人, 不端, 爲告不審"; 『睡虎地秦簡』·「法律答問」, "甲告乙盜牛, 今乙盜羊, 不盜牛, 問可(何)論? 爲告不審. 貲盾不直, 可(何)論? 貲盾"; 『睡虎地秦簡』·「法律答問」, "當貲盾, 沒錢五千而失之, 可(何)論? 當誶. 告人曰邦亡, 未出徼闌亡, 告不審, 論可(何)也? 爲告黥城旦不審"; 『睡虎地秦簡』·「法律答問」, "伍人相告, 且以辟罪, 不審, 以所辟罪罪之." 有(又)曰: "不能定罪人, 而告它人, 爲告不審." 今甲曰伍人乙賊殺人, 卽執乙, 問不殺人, 甲言不審, 當以告不審論, 且以所辟? 以所辟論當也"; 『睡虎地秦簡』·「法律答問」, "可(何)謂「州告」? 「州告」者, 告罪人, 其所告且不審, 有(又)以它事告之. 勿聽, 而論其不審."

416) 罰金四兩: 『二年律令』 56簡, "盜臧値過六百六十錢, 黥爲城旦舂. 六白六十到二百廿錢, 完爲城旦舂. 不盈二百廿到百一十錢, 耐爲隸臣妾. 不盈百一十錢到廿二錢, 罰金四兩. 不盈廿二錢到一錢罰金一兩."; 『二年律令』 93-94簡, "鞠(鞫)獄故縱·不直, 及診·報·辟故弗窮審者, 死罪, 斬左止(趾)爲城旦, 它各以其罪論之. 其當毄(繫)城旦舂, 作官府償日者, 罰歲金八兩; 不盈歲者, 罰金四兩."; 『漢書』 권50, 「張釋之傳」, 2311쪽, "蹕先至而犯者, 罰金四兩"; 『史記』 권102 「張釋之列傳」注, 2753쪽, "諸出入殿門公車司馬門, 乘軺傳者皆下, 不如令, 罰金四兩"; 『漢書』 권4 「文帝紀」 4, 110쪽, "漢律, 三人以上無故群飮酒, 罰金四兩"; 『二年律令』, 240簡, "入頃芻稾, 頃入芻三石, 上郡地惡, 頃入二石. 稾皆二石. 令各入其歲所有, 毋入陳, 不從令者罰黃金四兩. 收"; 『二年律令』, 248簡, "道有陷敗不可行者, 罰其嗇夫·吏主者黃金各二兩. □□□□□□及□土, 罰金二兩"의 사례에서 보듯이 罰金刑의 경우, '罰金四兩'이라고 표기되어 있는 경우가 있고 '罰黃金四兩'으로 표기되어 있는 경우도 있다. 특히 248簡의 경우 같은 條文 내에 '罰金二兩'과 '罰黃金二兩'이 나온다. '黃金'으로 납부하는 것과 '金'으로 납부하는 것이 구분되었던 것임을 알 수 있다. 이균명은 『二年律令』에서의 '金'은 黃金을 가리키는 것으로 先秦 시기의 '銅'으로 납부하는 것과 다르다고 하지만(李均明, 「张家山汉简所见刑罚等序及相关问题」, 2003), 金은 반드시 '黃金'만을 납부하라는 의미는 아니다(錢劍夫, 『秦漢貨幣史稿』, 湖北

【원문】

爲僞書者, 黥爲城旦舂.

【해석】

文書를 僞造한 경우는[418] 黥해서 城旦舂으로 한다.

人民, 1986). 한편, 『二年律令』, 427-428簡, "有罰·贖·債, 當入金, 欲以平價入錢, 及當受購、償而毋金, 及當出金、錢縣官而欲以除其罰·贖·債, 及爲人除者, 皆許之. 各以其二千石官治所縣十月金平價予錢, 爲除"의 내용에서 금값이 고정된 것이 아니고 유동적인 것이었음을 알 수 있다. 위의 사료 내용은 매년 10월 그 때의 시장가격을 기준으로 金을 銅錢으로 환산액을 결정하고 金을 銅錢으로 납부하였다는 사실을 보여주고 있다(彭浩, 2005). 한편, "矯制害者, 棄市. 不害, 罰金四兩."처럼 害와 不害의 차이로 '棄市'와 '罰金四兩'으로 극단적으로 量刑의 차가 벌어지는 경우가 『二年律令』에 종종 보인다. "盜鑄錢及佐者, 棄市. 同居不告, 贖耐. 正典、田典、伍人不告, 罰金四兩.…"(『二年律令』, 201簡); "賊燔城·官府及縣官積冣(聚), 棄市.…其失火延燔之, 罰金四兩"(『二年律令』, 4簡).

417) 京都大注釋: 上書·上言의 不實이나 誤脫에 관한 규정. 唐律에서는 職制二十六이 上書나 奏事에 잘못이 있었던 경우, 詐僞七이 사실이 아니었을 경우의 규정이다.

418) 僞書: 京都大注釋은 이를 '僞文書'로 해석하고 있다. 『睡虎地秦簡』·「法律答問」, "「發僞書, 弗智(知), 貲二甲.」 今咸陽發僞傳, 弗智(知), 即復封傳它縣, 它縣亦傳其縣次, 到關而得, 今當獨咸陽坐以貲, 且它縣當盡貲? 咸陽及它縣發弗智(知)者當皆貲"; 『張家山漢墓竹簡』·「奏讞(讞)書」'案例9'•蜀守讞(讞): 佐啟主徒. 令史冰私使城旦環爲家作, 告啟, 啟詐(詐)簿曰治官府, 疑罪. •廷報: 啟爲僞書也.; 『張家山漢墓竹簡』·「奏讞(讞)書」'案例10'•蜀守讞(讞): 采鐵長山私使城旦田·舂女爲𩟔, 令內作, 解書廷, 佐恬等詐簿爲徒養, 疑罪. •廷報: 恬爲僞書也.; 『張家山漢墓竹簡』·「奏讞(讞)書」'案例11'•蜀守讞(讞): 大夫犬乘私馬一匹, 毋傳, 謀令大夫武窬□上造熊馬傳, 箸(著)其馬職(識)物, 弗身更, 疑罪.•廷報: 犬與武共爲僞書也.; 『張家山漢墓竹簡』·「奏讞(讞)書」'案例12', "•河東守讞(讞): 郵人官大夫內留書八日, 詐(詐)更其徼(檄)書辟留, 疑罪. •廷報: 內當以爲僞書論."; 『唐律疏議』권25, 詐僞; "諸詐爲制書及增減者, 絞. … 其收捕謀叛以上, 不容先聞而矯制, 有功者, 奏制, 無功者, 流二千里"가 이와 유사하다.

【원문】

☐請詐(詐)增減券書, 及爲書故詐(詐)弗副, 其以避負償, 若受賞賜財物, 皆坐臧(贓)爲盜. 其以避論, 及所不當【得爲】, 以所避罪罪之. 所避毋罪名, 罪名不盈四兩, 及毋避也, 皆罰金四兩.

【해석】

…무릇 거짓으로 契約文書에 增減을 가하고, 文書를 작성할 때에 故意로 속여서 부본을 만들지 않고,[419] 그로써 負債를 갚지 않고 피하려 한다거나 혹은 賞賜나 財物을 받고자 하였을 경우는 모두 장물로 취급하여 盜로 한다.[420] 갚아야 할 것을 갚지 않은 것에 대한 논죄 및 (상사·재물 등을)부당하게 취득한 행위는[421] 避하고자 한 바의 罪로 처벌한다. 避하고자

419) 副: 기록하여 副本을 두다.

420) 京都大注釋: '券書'는 이 경우 符節이 아니고 계약문서를 가리킨다. 이러한 문서와 관련하여 부정이 일어나고 재물을 얻고자한 경우는 盜罪로 되고 무언가의 형벌을 피하고자 한 경우는 그 형의 형벌에 해당한다. 피하고자 한 형벌이 매우 경미하든가 부정하게 한 것이 무언가를 피하고자한 것이 아닌 경우는 모두 벌금이 부과된다. 官私文書의 僞造·行使에 관해 『唐律』에서는 詐僞8, "諸詐僞官文書及增減"이나 詐僞13, "諸詐爲官私文書及增減"이 있다. 모두 문서의 위조변조에 의해서 죄를 회피하든가 재물을 얻고자 한 경우를 상정하고 있다. 『睡虎地秦簡』·「法律答問」, "•可(何)謂「亡券而害」? •亡校券右爲害."; 『居延漢簡釋文合校』: 7.31, "□枓櫝參絜堅約刻書名縣爵里枓敦參辨券書其衣器所以收"; 居延漢簡釋文合校: 202.15, "☐□□□爲□□券書家財物一錢☐"

421) 所不當得爲: 마땅히 해서는 안 되는 일을 한 경우에 대한 처벌(程樹德著·임병덕역주, 『구조율고【二】九朝律考[二]』 세창출판사, 2014, 64-67쪽). 『唐律疏議』·「雜律」, "諸不應得爲而爲之者, 笞四十. 事理重者, 杖八十"; 『漢書』 권78, 「蕭望之傳」, 3277쪽, "首匿·見知縱·所不當得爲之屬, …, 其便明甚"; 『漢書』 권63, 「武五子傳」(昌邑王), 2767쪽, "臣敞前書言 :「昌邑哀王歌舞者張修等十人, 無子, 又非姬, 但良人, 無官名, 王薨當罷歸. 太傅豹等擅留, 以爲哀王

한 바의 刑名이 없거나, 혹은 刑名이 罰金四兩에 미치지 못하거나, 避하지 못했을 경우는 모두 罰金四兩에 해당한다.

【원문】

毁封, 以它完封印印之, 耐爲隸臣妾

【해석】

封泥를[422] 毁損하고[423], 다른 毁損되지 않은 印으로 封印한[424]

園中人, 所不當得爲, 請罷歸.」"; 『三國志』 권1, 『魏書』 「武帝紀」 注, 1-2쪽, 曹騰字季興, 少除黃門從官, 遷至中常侍・大長秋. 蜀郡太守因計吏修敬於騰, 益州刺史种暠於函谷關搜得其牋, 上太守, 並奏騰內臣外交, 所不當爲, 請免官治罪.

422) 封泥: 札의 일부에 凹을 새겨서 거기에 점토를 채워 넣어 도장을 찍는 부분(封泥匣, 印齒, 璽室)을 만든다. 封泥匣에는 끈을 통하게 하고, 또 거기에 채운 점토가 고정되기 위한 溝가 조각되어 있다. 문서 위에 檢을 부치고, 그것을 끈으로 묶은 다음 점토를 璽室에 채워서 印을 누른다. 檢面의 위에는 수신인의 주소나 송달방법을 기입해서 송부하는 것인데, 만약 송부 도중에 수신인의 이름과는 다른 자가 개봉하면, 도장을 가지고 있지 않은 이상 두 번의 봉합은 불가능하므로 문서의 기밀성을 유지할 수 있는 것이다.

423) 整理小組: 封은 文書 위의 封泥. 『二年律令』, 274簡, "諸行書而毁封者, 皆罰金一兩. 書以縣次傳, 及以郵行, 而封毁, □縣□劾印, 更封而署其送檄曰. 封毁, 更而某縣令若丞印封"; 『居延漢簡』E.P.C : 24, "▨一封張掖太守章 詣府•一封封破張尊爲旁封"; 『古人堤漢簡』의 賊律目錄에도 '毁封'條가 나온다.

424) 完封: "自永初以來, 將出不少, 覆軍有五, 動資巨億. 有旋車完封, 寫之權門,(注, 言覆軍之將, 旋師之日, 多載珍寶, 封印完全, 便入權門…)"(『漢書』蕭望之傳); 『二年律令』, 331-333簡, "民宅園戶籍・年歲籍・田比地籍・田命籍・田租籍, 謹副上縣廷, 皆以篋若匣匱盛, 緘閉, 以令若丞、官嗇夫印封, 獨別爲府, 封府戶; 卽有當治爲者, 令史・吏主者完封奏令若丞印, 嗇夫發, 卽襍治爲; 藏□已, 輒復緘閉封藏, 不從律者罰金各四兩"; 『二年律令』, 500-501簡, "□, 制詔相國·御史, 諸不幸死家在關外者, 關發索之, 不宜, 其令勿(索), 具爲令. 相國・御史請關外人宦爲吏若(徭)使, 有事關中, (不幸死), 縣道各(?)屬所官謹視收斂, 毋禁物, 以令若丞印封櫝槥, 以印章告關, 關完封出, 勿(索). 櫝槥中有禁物, 視收斂及封"

자는 耐해서 隷臣妾으로 한다.[425]

【원문】

□【□□】□而誤多少其實, 及誤脫字, 罰金一兩. 誤, 其事可行者, 勿論

【해석】

…잘못해서[426] 그 수량을 증감한 자[427] 및 문서에 誤脫字가 있는 경우는 罰金一兩에 처한다. 잘못했다 하더라도 案件이 시행 가능한 경우는 논죄하지 않는다.[428]

【원문】

有挾毒矢若謹(堇)毒・糶, 及和爲謹(堇)毒者, 皆棄市. 或命糶謂䑛毒. 詔所令縣官爲挾之, 不用此律

425) 封泥를 毁損해서 부정하게 그것을 바꾼 것에 대한 처벌규정이다.

426) 整理小組는 □□□로 보았는데, 『二年律令與奏讞書』에서는 □【□□】□로 수정하였다.

427) 整理小組: 實은 數量. 『睡虎地秦簡』・「效律」, "計脫實及出實多于律程, 及不當出而出之, 直(値)其賈(價), 不盈廿二錢, 除; 廿二錢以到六百六十錢, 貲官嗇夫一盾; 過六百六十錢以上, 貲官嗇夫一甲, 而復責其出也. 人戶·馬牛一以上爲大誤. 誤自重也, 減罪一等"

428) 京都大注釋: 『唐律』의 職制23, 26에 보이는 것처럼 官文書에 잘못이 있는 경우의 규정에 해당하는 것처럼 보이지만 前半部가 보이지 않기 때문에 불분명하다. 職制 二十六에도 "若誤可行, 非上書奏事者, 勿論."이라 하여 분명히 실수라고 알 수 있는 착오에 대해서는 죄를 묻지 않는 경우가 있었다. 專修大注釋: 이 부분에 대한 해석을 "잘못된 숫자・문장이라 해도 그대로 업무를 수행했던 담당자는 처벌하지 않는다."로 해석하고 있다.

【해석】

독화살이나 堇毒·糕를 소지하거나[429] 堇毒을 조합한 경우는 모두 棄市에 處한다. 혹은 糕를 '鼷毒'이라 부른다.[430] 詔에 의해서 명령을 받은 縣官이 이를 만들거나 소지한 경우는 이 律을 적용하지 않는다.[431]

【원문】

軍吏·緣邊縣道, 得和爲毒, 毒矢謹臧(藏). 節(即)追外蠻夷盜, 以假之, 事已輒收臧(藏). 匿及弗歸, 盈五日, 以律論.

【해석】

軍吏나 邊境의[432] 縣道에 부임한 官吏는 毒을 조합할 수 있지만 독화살은 엄정히 보관해야 한다.[433] 만약[434] 外蠻夷의 도

---

429) 挾: 整理小組는 『楚辭』·「天問」, "何馮弓挾矢" 注: "挾, 持也"를 인용하여 挾을 '持有'로 해석하였다. 程樹德은 「혜제본기」에 "4년(기원전 191)에 『협서율』을 폐지하였다."에서 注에서 應劭가 "挾은 감추어 보관한다[藏]는 뜻이다."라고 하였다(程樹德著·임병덕역주, 『구조율고【一】九朝律考[一]』 세창출판사, 2014, 113쪽). 『漢書』 권25 하 「郊祀志」, 1260쪽, "皆奸人惑衆, 挾左道."; 堇: 『國語』·「晋語」, "置堇於肉" [韋昭注: 堇, 鳥頭也.] 『漢書』·「惠帝紀」, "三月甲子…省法令妨吏民者, 除挾書律.[應劭曰, 挾, 藏也. 張晏曰, 秦律敢有挾書者族"]

430) 命謂鼷毒: 『史記』·「蘇秦列傳」 注 正義, "廣雅云, 奚, 毒附子也. 一歲爲烏啄, 三歲爲附子, 四歲爲烏頭, 五歲爲天雄"

431) 毒物의 不法所持나 密造에 관한 규정. 『唐律疏議』賊盜十五에는 "諸造畜蠱毒(謂造合成蠱, 堪以害人者)及敎令者, 絞…"로 되어 있고, 『唐律疏議』賊盜十八에는 "諸以毒藥藥人及賣者, 絞"로 되어 있다.

432) 軍吏·緣邊: 『漢書』·「王莽傳」 下, "莽下詔曰「詳考, 始建國二年胡虜猾夏以來, 諸軍吏及緣邊吏大夫以上爲姦利增產致富者, 收其家所有財產五分之四, 以助邊急」"

433) 謹: 『漢書』 권19하 「百官公卿表」, 776쪽, "元狩五年, 衛尉充國坐齋不謹棄市."; 『史記』 권7, 「項羽本紀」, 298쪽, "陳嬰者, 故東陽令史, 居縣中, 素信謹, 稱爲長

적을 추적한다면 이를 빌려주고 직무가 끝나면 곧바로 독화살을 회수하여 보관하도록 한다. 감추어 돌려주지 않고 5일이 지나면[435] 律에 의해서 論斷한다.[436]

者.";『漢書』 권23,「刑法志」, 1108쪽, "廷尉所不能決, 謹具爲奏, 傅所當比律令以聞.";『漢書』 권38,「高五王傳」, 1992쪽, "頃之, 諸呂有一人醉, 亡酒, 章追, 拔劍斬之, 而還報曰:「有亡酒一人, 臣謹行軍法斬之.」"

434) 節: 張家山二四七號漢墓竹簡整理小組,『張家山漢墓竹簡[二四七號墓]』(文物出版社, 2001) 및 整理小組는 節로 하고 卽과 통한다고 보았다. 즉 의미는 如果.『二年律令與奏讞書』에서는 '莭(卽)'으로 수정하였다. 의미는 동일.

435) "匿及弗歸, 盈五日: 京都大注釋은 이 부분에 대하여 "匿, 及弗歸盈五日"로 하고 있다. 이 부분의 구두점은 整理小組를 비롯한 王偉(「張家山漢簡《二年律令》釋文」, 2004) 등이 모두 "匿及弗歸, 盈五日"로 하고 있다.

436) 弗歸盈五日: 여기에서 숨기거나 5일이 지나도 반환하지 않으면 律에 의해서 論斷한다고 되어 있는데, 특히 5일이라고 날짜를 규정한 것과 관련 다음의『二年律令』·「津關令」, 494簡-495簡, "□·相國御史請緣關塞縣道群盜, 盜賊及亡人越關, 垣離(籬), 格塹, 封刊, 出入塞界, 吏卒追逐者得隨出入服迹窮追捕. 令將吏爲吏卒出入者名籍, 伍人閱具, 上籍副縣廷. 事已, 得道出入所. 出入盈五日不反(返), 伍人弗言將吏, 將吏弗劾, 皆以越塞令論之."의 내용이 주목된다. 이 내용은, 關塞에 沿해 있는 縣·道에서 群盜·盜賊 및 亡人이 關垣(墻)·籬落·塹·封刊을 넘어, 塞界를 출입할 경우, 吏卒로써 이를 추격하는 자는 群盜 등의 塞界 出入 흔적을 따라 끝까지 追捕할 수 있고, 將吏로 하여금 吏卒로써 群盜 등을 추격하여 塞界를 출입하는 자의 名籍을 만들게 함에, 伍人씩 1具로 계산하여 名籍을 작성하도록 하고, 名籍의 副本은 縣廷에 올리도록 하는데, 追捕의 일이 끝나면, 출입한 길을 통해 돌아오고, 吏卒이 塞界를 출입한지 5일이 지나도 돌아오지 않음에, 伍人이 이 사실을 將吏에게 보고하지 않고, 將吏가 이를 조사하지 않았을 경우, 모두 이들을 越塞令으로써 論斷한다는 규정이다. 여기에서 群盜 등을 추격하여 塞界를 출입한지 5일내에 들어오도록 규정되어 있음을 알 수 있다. 5일이 지나도 반환하지 않으면 律에 의해서 論斷한다는 위의 규정은 이와 관련이 있다고 생각한다. 변경의 관리에게 독물의 제조를 특별히 인정한 규정인 동시에 그 관리 방법에 대한 규정이라 할 수 있다.

【원문】

諸食脯肉, 脯肉毒殺・傷・病人者, 亟盡孰(熟)燔其餘. 其縣官脯肉也, 亦燔之. 當燔弗燔, 及吏主者, 皆坐脯肉臧(贓), 與盜同法.

【해석】

무릇 마른 고기를 먹고[437] 그 독에 의해 사람이 사망하거나 상하거나 병이 들거나 할 경우는 즉시 남은 고기를 모두 燒却한다. 縣官이 보관하고 있는 乾肉이라 하더라도 이를 燒却한다. 燒却해야함에도 이를 燒却하지 않은 경우, 담당 관리는 모두 부정하게 脯肉을 은닉한 죄로 간주해 盜와 同罪로[438] 한다.[439]

---

437) 整理小組: 脯肉은 乾肉. 여기서는 變質된 乾肉을 가리킨다(張家山漢簡硏讀班, 2002・2003).

438) 與盜同法: '法'이라는 말은 법령・규율・조문이라는 협의의 의미만이 아니라 법리・원리라는 광의의 의미로 해석해야 한다(冨谷至, 「二年律令に見える法律用語—その(1)」, 2004). 『二年律令』 49簡, "賊殺傷人畜産, 與盜同法. 畜産爲人牧而殺傷☐"; 『二年律令』, 57簡, "謀遣人盜, 若敎人可(何)盜所, 人卽以其言□□□□□及智(知)人盜與分, 皆與盜同法."; 『二年律令』, 74簡, "盜出財物于邊關徼, 及吏部主智(知)而出者, 皆與盜同法. 弗智(知), 罰金四兩. 使者所以出, 必有符致, 毋符致,"; 『二年律令』, 75簡, "吏智(知)而出之, 亦與盜同法"; 『二年律令』, 251簡, "諸馬牛到所, 皆毋敢穿穽, 穿穽及及置它機能害人、馬牛者, 雖未有殺傷也, 耐爲隸臣妾. 殺傷馬牛, 與盜同法"; 『二年律令』, 180簡, "奴有罪, 毋收其妻子爲奴婢者. 有告劾未遝死, 收之. 匿收, 與盜同法"; 『二年律令』, 261簡, "吏主者弗得, 罰金各二兩. 諸詐紿人以有取, 及有販賣貿買而詐紿人, 皆坐贓與盜同法"; 『睡虎地秦簡』・「法律答問」, "禾芻稾積廥, 有贏·不備而匿弗謁, 及者(諸)移贏以賞(償)不備, 群它物當負賞(償)而僞出之以彼(貝皮)賞(償), 皆與盜同法"; 『睡虎地秦簡』・「法律答問」, "律曰"與盜同法", 有(又)曰"與同罪", 此二物其同居·典·伍當坐之. 云"與同罪", 云"反其罪"者, 弗當坐. ●人奴妾盜其主之父母, 爲盜主, 且不爲? 同居者爲盜主, 不同居不爲盜主."

439) 京都大注釋: 독이 있는 乾肉의 투기를 명한 규정. 『二年律令』, 230簡, "…爲傳過員, 及私使人而敢爲食傳者, 皆坐食臧(贓)爲盜"; 『唐律疏議』賊盜十六에 "脯肉有毒, 曾經病人, 有餘者速焚之, 違者杖九十, 若故與人食并出賣, 令人病者, 徒一年, 以故致死者絞, 卽人自食致死者, 從過失殺人法(盜而食者, 不坐)"

【원문】

賊殺人, 鬪而殺人, 棄市. 其過失及戲而殺人, 贖死. 傷人, 除.

【해석】

타인을 賊殺하거나[440] 다투다 살해하면[441] 棄市에 처한다. 過失[442] 및 遊戱로[443] 사람을 죽음에 이르게 한 때는 贖死에 처한다.[444] 傷害는 죄를 면제한다.

---

440) 賊殺: 고의로 살해하는 것. 중대한 이유 없이 인신을 侵犯하는 행위. 즉 특별한 이유도 없이 칼이나 杖으로 사람을 살해하거나 상해를 입히는 것. 『左傳』 '文公18年': "毁則爲賊" 李悝의 『法經』에 『賊律』을 설치함. 秦漢에는 '賊死', '賊傷'등의 죄명이 있는데, 『睡虎地秦簡』·『封診式』에는 賊死爰書가 나온다. 『唐律』은 北齊律에서 賊, 盜를 병합하여 『賊盜律』이라 칭하고 있다. '賊'은 고대에는 오로지 賊害를 가리키는데 그 가운데 殺人을 賊害의 가장 엄중한 사례로 간주한다. 『二年律令』의 21簡은 湖南張家界古人堤簡牘의 賊律 목록 第四欄의 '賊殺人' '鬪殺以刃' '人殺戱'과 일치한다(湖南省文物考古研究所·中國文物研究所, 「湖南張家界古人堤簡牘釋文與簡注」, 『中國歷史文物』03-2, 2003, 79쪽 및 水間大輔, 「湖南張家界古人堤遺址出土漢簡に見える漢律の賊律·盜律について」, 『長江流域文化研究所年報』2, 2003, 193-209쪽).

441) 鬪: 鬪는 鬪毆로 鬪毆는 晋律에는 「鬪訟律」에 들어간다. 『唐律』에는 '鬪訟'편이 있는데 鬪毆에 대한 정의를, "謂以手足擊人者", "以他物毆人者", "兵刃斫射人", "鬪故殺用兵刃" 등의 조목으로 분류하고 있다. 『晋書』·「刑法志」, "兩訟相趣, 謂之鬪. 兩和相害, 謂之戱, 無變斬擊, 謂之賊."

442) 過失: 『晋書』·「刑法志」, "其知而犯之, 謂之故. 不意誤犯, 謂之過失"; 『二年律令』에 나오는 '過失'과 후대 형법상의 '過失'과는 동일한 의미로 사용된다.

443) 戱殺: 『唐律』·「鬪訟」, "諸戱殺傷人者, 減鬪殺傷二等"; 『晋書』·「刑法志」, "兩和相害謂之戱"; 즉 다투지 않고 和解한 쌍방이 서로 傷害를 입힌 것을 '戱'라 한다.

444) 贖·贖死: ①秦律·漢律에서는 작위를 반납하는 것으로 贖도 가능했다. 사례: 『睡虎地秦簡』·「秦律十八種」, "欲歸爵二級以免親父母爲隸臣妾者一人, 及隸臣斬首爲公士, 謁歸公士而免故妻隸妾一人者, 許之, 免以爲庶人. 工隸臣斬首及人爲斬首以免者, 皆令爲工. 其不完者, 以爲隱官工. 軍爵"; 『張家山漢簡』·『奏讞書』, 案例15, "•七年八月己未, 江陵丞, 言: "醴陽令恢, 盜縣官米二百六十三石八斗. 恢秩六百石, 爵左庶長. □□□□從史石, 盜醴陽已鄕縣官米二百六十三石八斗. 令舍人士五(伍)興·義與石賣, 得金六斤三兩·錢萬五千五十. 罪." 它如書. 興·義皆言, 如恢.問恢: "盜臧(贓)過六百六十錢." 石亡不訊. 它如辤(辭).

【원문】

謀賊殺傷人, 未殺, 黥爲城旦舂.

【해석】

賊殺을 꾀하였으나 타인에게 傷害를 입혔을 뿐[445], 殺害에는 이르지 않은 경우에는[446] 黥城旦舂에 처한다.

鞫: "恢, 吏, 盜過六百六十錢. 審." 當: "恢, 當黥爲城旦. 毋得以爵減免贖. 律: '盜臧(贓)直(値)過六百六十錢, 黥爲城旦.' 令: '吏盜, 當刑者刑. 毋得以爵減免贖.' 以此當恢."② 秦의 贖刑에 換刑的 要素가 있었다. 사례: 『睡虎地秦簡』·「法律答問」, "女子當磔若要(腰)斬者, 棄市. 當斬爲城旦者黥爲舂, 當贖斬者贖黥, 當耐者贖耐."; 『睡虎地秦簡』·「法律答問」, "臣邦眞戎君長, 爵當上造以上, 有罪當贖者, 其爲群盜, 令贖鬼薪鋈足; 其有府(腐)罪, 【贖】宮."; 『二年律令』, 88簡-89簡, "女子當磔若要(腰)斬者, 棄市. 當斬爲城旦者黥爲舂, 當贖斬者贖黥, 當耐者贖耐."; 『二年律令』, 119簡, "贖死, 金二斤八兩. … 贖斬·府(腐), 金一斤四兩. …贖罨(遷), 金八兩. 有罪當府(腐)者, 移內官, 內官府(腐)之." 秦漢律에 보이는 贖刑에는, ①換刑에서 유래하였지만 換刑의 요소는 사라지고 그 자체로 正刑인 贖刑으로 『秦簡』과 『二年律令』에 나오는 贖死·贖城旦舂~贖耐·贖遷의 대부분이 이에 해당한다. ② 換刑이면서 正刑인 경우의 贖刑, ③ 換刑으로서의 贖刑 등 이 3가지 形態가 있었다(林炳德, 「秦에서 漢으로의 罰金刑과 贖刑의 변화와 그 성격」, 『東洋史學硏究』134, 2016, 128쪽).

445) 謀: 모의하다. 『晉書』「刑法志」에서 인용한 張飛『律表』: "二人對議謂之謀." 『唐律』에서도 『晉律』과 마찬가지로 "衆이라고 한 것은 3인 이상이며, 謀라고 한 것은 2인 이상이다." (『唐律疏議』名例五十五; "諸稱日者, 以百刻. 計功庸者, 從朝至暮.(役庸多者, 雖不滿日, 皆併時率之.) 稱年者, 以三百六十日. 稱人年者, 以籍爲定. 稱衆者, 三人以上. 稱謀者, 二人以上. (謀狀彰明, 雖一人同二人之法.)")라 하여 같은 정의를 내리고 있다. 『二年律令』의 22簡은 『湖南張家界古人堤簡牘』의 賊律 목록 第四欄의 「謀殺人而殺」에 해당한다. 『魏書』 권111, 「刑罰志」, 2882쪽, "案賊律云：謀殺人而發覺者流, 從者五歲刑；已傷及殺而還蘇者死, 從者流；已殺者斬, 從而加功者死, 不加者流."

446) 未殺: 『唐律疏議』·「名例」 6 '惡逆'; "毆謂毆擊, 謀謂謀計. 自伯叔以下, 卽據殺訖, 若謀而未殺, 自當不睦之條毆는 때리는 것을 말한다. 謀는 꾀하고 계획하는 것을 말한다. 伯叔父母 이하는 곧 살해한 것에 의거한다. 꾀하였으나 살해하지 않은 경우에는 당연히 不睦罪를 적용한다.)"라 하여 「謀而未殺」에 대한 규정이 나오고, 『漢書』에도 비슷한 사례가 나온다. 『漢書』 권18, 「外戚恩澤侯表」, 684쪽, "元狩元年, 坐謀殺人, 未殺, 免."

【원문】

賊殺人, 及與謀者, 皆棄市. 未殺, 黥爲城旦舂.

【해석】

他人을 고의로 죽이거나[447] 그 모의에 참여한 자는 모두 棄市에 처한다.[448] 살해에 이르지 않았으면 黥城旦舂에 처한다.[449]

【원문】

鬪傷人, 而以傷辜二旬中死, 爲殺人.

【해석】

다투다가 他人에게 傷害를 입히고,[450] 傷害가 원인이 되어 20

---

447) 賊殺人: 고의로 사람을 죽이는 것. 『睡虎地秦簡』·「法律答問」, "求盜追捕罪人, 罪人挌(格)殺求盜, 問殺人者爲賊殺人, 且斲(鬪)殺? 斲(鬪)殺人, 廷行事爲賊." 즉 『睡虎地秦簡』에는 賊殺人과 鬪殺人이 구분되어 있다. 『二年律令』도 마찬가지로 賊殺人과 鬪殺人이 구분되어 있다. 『唐律』의 '鬪故殺人條'의 鬪故殺人은 鬪殺人과 故殺人을 의미하며 故殺人은 바로 賊殺人에 해당한다. 즉 『唐律』의 鬪故殺人은 秦漢律을 그대로 계승한 것임을 알 수 있다(朱紅林, 『張家山漢簡《二年律令》集釋』 社會科學文獻出版社, 2005, 29쪽). 『唐律疏議』·「鬪訟」5, "諸鬪毆殺人者, 絞. 以刃及故殺人者, 斬. 雖因鬪, 而用兵刃殺者, 與故殺同(爲人以兵刃逼己, 因用兵刃拒而傷殺者, 依鬪法. 餘條用兵刃, 準此.)不因鬪, 故毆傷人者, 加鬪毆傷罪一等. 雖因鬪, 但絶時而殺傷者, 從故殺傷法."

448) 賊殺人, 及與謀者: 『漢書』 권83, 「薛宣傳」, 3395-3396쪽. "律曰鬪以刃傷人, 完爲城旦. 其賊加罪一等, 與謀者同罪."; 『張家山漢墓竹簡』·「奏瀐(讞)書」 案例16, "律, 謀賊殺人, 與賊同法…."

449) 京都大注釋: 賊殺에 관한 규정으로 다른 조와 중복되지만, 여기서는 與謀者에 대한 규정이 보이며 首犯과 同罪로 되어 있다.

450) 鬪傷人: 『唐律疏議』·「鬪訟」1, "諸鬪毆人者, 笞四十. 謂以手足擊人者. 傷及以他物毆人者, 杖六十. 見血爲傷. 非手足者, 其餘皆爲他物, 卽兵不用刃亦是. 傷及拔髮方寸以上, 杖八十. 若血從耳目出及內損吐血者, 各加二等."
傷辜: 辜는 「故」로 原因이라는 의미.

일 이내에 사망하면[451] 살인으로 간주한다.

【원문】

賊傷人, 及自賊傷以避事者, 皆黥爲城旦舂.

【해석】

他人을 고의로 상해하거나 스스로 자신을 상해함으로써 관부의 일을[452] 피하고자 한 경우는[453] 모두 黥城旦舂에 처한다.

---

451) 傷辜二旬中死: "傷辜二旬中死"는 『唐律』의 「保辜」에 해당한다. 「保辜」는 毆打하여 傷害한 행위 뒤에 일정한 기간을 경과하는 것인데, 만일 구타하여 傷害한 것이 原因이 되어 죽게 되었다면 殺人罪를 적용한다. 이렇게 일정 기간을 두는 것을 「保辜」라고 한다. 『明律』에도 같은 규정이 있는데 '大明律集解附例'의 纂註에 의하면 "「保」는 養이고 「辜」는 罪이다. 무릇 사람을 상해하였다면 官司는 그 傷害의 輕重에 따라 期限을 세우고 毆打한 사람을 責命하여 의사의 치료를 받게 한다. 「限」은 滿期日로 그것을 물어 본 후에 罪를 判定한다. 그러므로 保辜라고 한다."라 되어 있다. 淸律은 "保는 養이다. 辜는 罪이다. 保辜란 사람을 구타하여 傷害하였는데 죽지 않았다면 담당 官司는 期限을 세우고 이로써 그를 保(護)해야 하는 것이다. 사람이 다친 것을 보호하는 것은 바르게 罪를 保(護)하는 것이다"라하고 있다. 「明律國字解」에는 "구타하여 이긴 사람을 구타당한 사람에게 대응하여 치료를 한다. 이것을 保辜라고 한다"고 되어 있다. 加害者로서 被害者를 치료시키는 것이지만, 치료가 목적이 아니고 '大明律集解附例'의 纂註와 같이 期限의 滿期日을 물어 본 후에 「罪를 判定한다」는 것이 律에서는 중요한 것이므로 保辜 期限 內에는 判定을 미룬다. 즉 保辜는 구타한 경우 刑罰을 결정하는데 필요한 기간이 되는 것이다. 『唐律疏議』·「鬪訟」6, "諸保辜者, 手足毆傷人限十日, 以他物毆傷人者二十日, 以刃及湯火傷人者三十日, 折跌支體及破骨者五十日(毆傷不相須. 餘條毆傷及殺傷, 各準此.) 限內死者, 各依殺人論 其在限外及雖在限內, 以他故死者, 各依本法毆傷法(他故, 謂別增餘患而死者.)"; 『居延新簡』EPS4T2：100, "二旬中死予者髡爲城旦舂及有"; 『張家山漢墓竹簡』·「奏讞(讞)書」 案例6, "漢中守, 讞(讞): 公大夫昌, 苔(笞)奴相如, 以辜死. 先自告. 相如故民. 當免作少府, 昌與相如約, 弗免. 已獄, 治, 不當爲昌錯告不孝. 疑罪.•廷報: "錯告. 當治."

452) 整理所組: 事는 役使.

【원문】

謀賊殺傷人, 與賊同法.

【해석】

고의로 사람을 살해하려고 하거나 상해하려고 모의하면[454] 賊과 같은 법으로 처리한다.[455]

【원문】

鬪而以釼及金鐵銳・錘・椎傷人, 皆完爲城旦舂. 其非用此物而眇人, 折枳(肢)・齒・指, 胅體, 斷決鼻・耳者, 耐. 其毋傷也, 下爵毆上

---

453) 避事: 『墨子』・「號令」 第70, “吏卒民死者. 輒其人. 與次司空葬之. 勿令得坐泣. 傷甚者令歸治. 病家善養. 予醫給藥. 賜酒日二升. 肉二斤. 令吏數行閭. 視病有瘳. 輒造事上. 詐爲自賊傷以闢事者.【畢云, 辟同避, 言詐爲廢疾以避事】族之.”; 『漢書』・「嚴助傳」, “其尤親幸者, 東方朔・枚皐・嚴助・吾丘壽王・司馬相如. 相如常稱疾避事.”; 『唐律』・「詐僞」 20, “諸詐疾病, 有所避者, 杖一百. 若故自傷殘者, 徒一年半. [有避無避等. 雖不足爲疾殘, 而臨時避事者, 皆是.] 其受雇倩, 爲人傷殘者, 與同罪, 以故致死者, 減鬪殺罪一等.【疏議曰, 詐疾病, 以避使役·求假之類, 杖一百. 若故自傷殘, 徒一年半. 但傷殘者, 有避無避, 得罪皆同. 卽無所避而故自傷, 不成殘疾以上者, 從不應爲重. 故注云有避無避等. 雖不足爲疾殘, 而臨時避事者, 皆是】”

454) 謀賊殺: 『張家山漢墓竹簡』・「奏讞(讞)書」 案例16, “律 : 謀賊殺人, 與賊同法.” 賊殺傷人: 『二年律令』, 140-141簡, “群盜殺傷人・賊殺傷人・强盜, 卽發縣道, 縣道亟爲發吏徒足以追捕之, 尉分將, 令兼將, 亟詣盜賊發及之所, 以窮追捕之, 毋敢□界而環(還). 吏將徒, 追求盜賊, 必伍之, 盜賊以短兵殺傷其將及伍人, 而弗能捕得, 皆戍邊二歲.”; 『二年律令』, 49簡, “賊殺傷人畜産, 與盜同法. 畜産爲人牧而殺傷☐”; 『唐律疏議』・「賊盜」 9, “諸謀殺人者, 徒三年, 已傷者, 絞, 已殺者, 斬. 從而加功者, 絞, 不加功者, 流三千里. 造意者, 雖不行仍爲首, (雇人殺者, 亦同.)” 『二年律令』의 ‘謀賊殺’은 『唐律』의 ‘謀殺’에 해당.

455) 與賊同法: ‘與賊同法’의 賊은 ‘賊律’이라는 구체적인 律名을 가리키는 것이 아니라 ‘賊’이라는 범주로 포괄되는 법리로 처단하라는 의미이다(冨谷至, 「二年律令に見える法律用語-その(1)」, 『東方學報』 76 2004, 226쪽). 『張家山漢墓竹簡』・「奏讞(讞)書」 案例16, “律 : 謀賊殺人, 與賊同法.”

爵, 罰金四兩. 毆同列以下, 罰金二兩; 其有痏痏及□, 罰金四兩.

【해석】

싸우는데 칼이나 금속제의 예리한 것, 錘, 木槌로 타인에게 傷害를 입혔을 때 모두 完城旦舂으로 처벌한다.[456] 이러한 물건을 사용하지 않고도 타인의 시력을 잃게 하거나[457] 혹은 사지·치아·손가락을 부러트리거나 뼈를 삐게 하거나 코·귀를 찢은 경우는 耐刑에 처한다.[458] 상처를 주지 않았다 하더라도 下位의 爵에 있는 자가 上級의 爵에 있는 자를 구타한 경우

---

456) 鬪而以釰及金鐵銳·錘·椎傷人: 『唐律疏議』·「鬪訟」3에는 싸우다가 병장기의 날로 사람을 쳤거나 쏘았는데 맞지 않은 경우에는 장형100대에 처한다고 되어 있는데, 병장기의 날은 활·화살·칼·창(矟)·창(矛)·작은 창(穳)으로 정의되어 있다. 또한 구타한 죄가 무겁다면 구타한 法에 따르는 것으로 되어 있다. 秦律에는 고의로 사람을 다치게 한 경우는 '黥爲城旦'으로 되어 있다. 『唐律疏議』·「鬪訟」3, "諸鬪以兵刃斫射人, 不著者, 杖一百 兵刃, (謂弓·箭·刀·矟·矛·穳之屬. 卽毆罪重者, 從毆法.) 「鈹·戟·矛有室者, 拔以鬪, 未有傷毆(也), 論比劍.」"; 『睡虎地秦簡』·「法律答問」, "鬪以箴(針)·鉥·錐, 若箴(針)·鉥·錐傷人, 各可(何)論? 鬪, 當貲二甲; 賊, 當黥爲城旦."; 『漢書』 권83, 「薛宣傳」, 3395쪽, "廷尉直以爲律曰 : 「鬥以刃傷人, 完爲城旦, 其賊加罪一等, 與謀者同罪.」"; 『居延漢簡釋文合校』: 2704: 合118.18, "戍卒東郡□里函何陽, 坐鬥以劍擊傷戍卒同郡縣絨里靳龜右脾一所, 地節三年八月辛卯械繫"

457) 其非用此物而眇人: 『唐律疏議』·「鬪訟」2에는, 싸우다가 사람을 구타한 것으로 인하여 그 치아를 부러뜨렸거나, 사람의 귀나 코의 구멍을 훼손시키거나 이지러뜨렸거나, 또는 사람의 입이나 눈을 훼손시켰거나 이지러뜨린 것 역시 같다고 되어 있다. "한쪽 눈을 다치게 하였다."는 정의는 눈을 때려 다치게 하여 시력에 손상을 입혀 이지러뜨렸지만 그래도 사물이 보이는 것을 말한다고 되어 있다. 『唐律疏議』·「鬪訟」2, "因鬪毆人而折其齒 或毁破及缺穴人耳鼻, 卽毁缺人口眼亦同, 眇一目, 謂毆眇其目, 虧損其明而猶見物者"

458) 이와 관련하여 『唐律疏議』·「鬪訟」1에는, 병장기를 사용하지 않고 싸우다가 사람을 구타한 자는 태형 40대에 처하고, 傷害하였거나 다른 물건(他物)으로 사람을 구타한 자는 장형60대에 처하는 것으로 되어 있다. 『唐律疏議』·「鬪訟」1, "諸鬪毆人者, 笞四十. (謂以手足擊人者.) 傷及以他物毆人者, 杖六十. (見血爲傷. 非手足者, 其餘皆爲他物, 卽兵不用刃亦是.)"

는 罰金四兩에 처한다. 같은 작위[459] 以下를 毆打한 경우는 罰金二兩에 처한다. 그 중에 타박상이 들거나 찢겨 상처가 나면[460] 罰金四兩에 처한다.[461]

【원문】

鬼薪白粲毆庶人以上, 黥以爲城旦舂. 城旦舂也, 黥之.

【해석】

鬼薪白粲이 庶人 以上을 毆打하면 黥하여 城旦舂으로 한다.[462] 城旦舂이면 黥刑에 처한다.

---

459) 毆同列以下: 整理小組는 毆同死〈列〉以下로 보았으나 『二年律令與奏讞書』 毆同列以下로 수정.

460) 疻痏: '疻'는 피부의 맞은 자국이 퍼렇게 부풀어 올라 생긴 멍이고, '痏'는 타박상 ; 『睡虎地秦簡』·「法律答問」, "或與人鬪, 夬(決)人脣, 論可(何)殹(也)? 比疻痏" ; 『說文解字注』(上海古籍出版社, 1981), 351쪽, "疻、毆傷也 ; 痏、病也."; 『急就篇』 권4, 311쪽, '疻痏保辜謕呼號'의 顔注, "毆人皮膚腫起者曰疻, 毆傷曰痏."; 『漢書』 권83, 「薛宣傳」, 3395쪽, "傳曰 : '遇人不以義而見疻者, 與痏人之罪鈞, 惡不直也.'"

461) 京都大注釋: 다툴 때 사용한 도구의 종류, 도구의 사용유무, 傷害의 정도, 작급과 신분의 차에 따른 처벌을 달리한다는 규정이라 하겠다.

462) 鬼薪白粲, 城旦舂; 秦漢時代의 勞役刑徒의 명칭. 秦律 이후 크게 논쟁이 된 것은 秦刑徒의 無期·有期說의 대립이었다. 이 논쟁의 발단이 된 것은 1977년에 高恒의 발표 이후였다. 高恒은 1977년 秦 刑徒 나아가 漢文帝刑制改革 이전까지 刑徒의 刑期가 존재하지 않았다는 견해, 즉 『睡虎地秦簡』 研究史에 있어서 가장 획기적인 新說을 발표하였다(高恒, 「秦律中'隷臣妾'問題的探討-兼批四人幇的法家'愛人民'的謬論」, 『文物』, 77-7, 1977). 이 논문은 후에 『秦漢法制論考』, 厦門大學出版社, 1994에 再錄되었다. 이 이후 秦刑徒無期說=官奴婢說은 張金光에 의해 보다 강화된다(張金光, 「關于秦刑徒的幾個問題」, 『中華文史論叢』, 85 - 1, 1985). 이 논문은 『秦制硏究』, 上海古籍出版社, 2004에서 재수록되었다. 이 분야의 학설을 요약하면, 中國에서는 無期刑說이 有期刑說보다 유력한 학설이었고, 日本의 경우에는 若江賢三(若江賢

【원문】

奴婢敺(毆)庶人以上, 黥頯, 畀主.

【해석】

奴婢가 庶人 以上을 구타하면[463] 광대뼈에 黥을 해서 주인에게 돌려준다.[464]

三, 「秦律における勞役刑の刑期再論(上)」, 『愛媛大學法文學部論集』25, 1992. 若江賢三, 「秦律における勞役刑の刑期再論(下)」, 『愛媛大學法文學部論集』27, 1994.)을 제외하고는 사실상 거의 모두 無期刑說, 즉 官奴婢說의 입장을 취하였다고 해도 과언이 아니다. 韓國의 경우에도 사실상 無期刑說이 대세였다고 해도 과언이 아니다(水間大輔, 「張家山漢簡'二年律令'による秦漢刑罰制度硏究の動向」, 『中國史學』14, 2004, 137쪽). 『二年律令』은 명백히 隸臣妾, 鬼薪白璨, 城旦舂이 무기형도, 즉 관노비였음을 확인시키고 있다(李成珪, 「秦·漢의 형벌체계의 再檢討-雲夢秦簡과 『二年律令』의 司寇를 중심으로-」 『東洋史學硏究』 85, 2003).

463) 奴婢의 庶人의 구타와 관련된 관련 唐律: 『唐律疏議』·「鬪訟」19, "諸部曲毆傷良人者, (官戶與部曲同) 加凡一等. (加者, 加入於死.,) 奴婢, 又加一等. 若奴婢毆良人折跌支體及瞎其一目者, 絞, 死者, 各斬."

464) 畀主: 주인에게 돌려주는 것. 唐律에서는 奴婢가 범죄시, 奴婢主의 의사와 관계없이 규정에 따라 罪의 輕重에 따라 처벌을 받는 것으로 되어 있는데, 『秦簡』과 『二年律令』에서는 肉刑을 가한 후 형도로써 복역하는 것이 아니라 원래의 소유주에게 돌려준다는 점에 있어서 큰 차이를 보이고 있다. 『睡虎地秦簡』·「法律答問」, "人臣甲謀遣人妾乙盜主牛, 買(賣), 把錢偕邦亡, 出徼, 得, 論各可(何)殹(也)? 當城旦黥之, 各畀主."; 『睡虎地秦簡』·「法律答問」, "人奴擅殺子, 城旦黥之, 畀主."; 『睡虎地秦簡』·「法律答問」, "人奴妾治(笞)子, 子以貼死, 黥顏頯, 畀主. 相與鬪, 交傷, 皆論不殹(也)? 交論."; 『二年律令』 107簡-109簡, "告, 告之不審, 鞫之不直, 故縱弗刑, 若論而失之, 及守將奴婢而亡之, 篡遂縱之, 及諸律令中曰同法·同罪, 其所與同當刑復城旦舂, 及曰黥之, 若鬼薪白粲當刑爲城旦舂, 及刑畀主之罪也, 皆如耐罪然. 其縱之而令亡城旦舂、鬼薪白粲也, 縱者黥爲城旦舂."; 『二年律令』 121簡-122簡, "城旦舂·鬼薪白粲有罪遷·耐以上而當刑復城旦舂, 及曰黥之若刑爲城旦舂, 及奴婢當刑畀主, 其證不言請(情)·誣人; 奴婢有刑城旦舂以下至遷·耐罪, 黥顏頯畀主, 其有贖罪以下及老小不當刑、刑盡者, 皆笞百."; 『二年律令』 159簡, "奴婢自訟不審, 斬奴左止, 黥婢顔頯, 畀其主."; 『二年律令』 135簡, "〼□頯畀主. 其自出殹(也), 若自歸主, 主親所智(知), 皆笞百."; 『二年律令』

【원문】

鬪毆變人, 耐爲隸臣妾. 懷子而敢與人爭鬪, 人雖毆變之, 罰爲人變者金四兩.

【해석】

다투다 구타해서 타인을 流産시킨[465] 때에는 耐해서 隸臣妾으로 한다.[466] 임신하고서도 굳이 억지로 타인과 더불어 다투었을 때는, 타인이 구타해서 유산되었다하더라도 流産한 자에게 罰金四兩을 부과한다.

160簡, "奴婢亡, 自歸主, 主親所智(知), 及主·主父母·子若同居求自得之, 其當論畀主, 或欲勿詣吏論者, 皆許之."

465) 整理小組: 變은 유산. 『睡虎地秦簡』·「封診式」, "出子 爰書: 某里士五(伍)妻甲告曰: 「甲懷子六月矣, 自晝與同里大女子丙鬪, 甲與丙相捽, 丙僨庰甲. 里人公士丁救, 別丙·甲. 甲到室即病復(腹)痛, 自宵子變出. 今甲裹把子來詣自告, 告丙.」即令令史某往執丙. 即診嬰兒男女·生髮及保之狀. 有(又)令隸妾數字者, 診甲前血出及癰狀. 有(又)訊甲室人甲到室居處及復(腹)痛子出狀."; 『說文解字注』, 女部 '姅'字에서 漢律을 인용, 626쪽, "見姅變不得侍祠"; 『史記』·「五宗世家」注, 2100쪽, "漢津云「見姅變, 不得侍祠」"

466) 임부의 傷害에 관한 규정. 唐律에도 유사한 규정이 보인다. 唐律에 낙태시킨 자는 도형 2년에 처하는 것으로 규정되어 있다. 『唐律疏議』·「鬪訟」3, "若刃傷(刃謂金鐵, 無大小之限, 堪以殺人者), 及折人肋, 眇其兩目, 墮人胎, 徒二年(墮胎者, 謂辜內子死, 乃坐. 若辜外死者, 從本毆傷論)." 『秦律』에서 『唐律』에 이르기까지 임신부를 낙태한 자에 대한 처벌은 단순한 구타에 비해 매우 무거운 형벌에 처했음을 알 수 있다. 『禮記』婚儀篇에서는 결혼의 의의를 "上以事宗廟, 下以繼後孫"라 평가할 정도로 中國古代의 女性에게 있어서 後嗣의 出産과 養育은 선택이 아닌 의무였다. 『二年律令』이 제정된 시기와 거의 비슷한 시기에 나온 "여자 나이 15세 以上, 30세까지 시집가지 않은 자는 5배의 人頭稅를 부과한다."(『漢書』·「惠帝紀」, 惠帝 6年條)라는 詔令은 出産이 가능한 나이에 시집가지 않은 여자를 죄인시하는 것을 구체적으로 보여준다. '耕戰體制' 하에서 중요한 것은 勞動力이었고, 노동력의 조직화가 바로 국력으로 평가받던 시대에 있어서 出産과 養育은 특히 커다란 의미를 지녔던 것이다.

【원문】

妻悍而夫毆笞之, 非以兵刃也, 雖傷之, 毋罪.

【해석】

처가 사나워서[467] 남편이 그에게 구타를 하였을 때,[468] 흉기를[469] 사용하지 않았다면 상처를 입혔다 하더라도 무죄로 한다.[470]

---

467) 妻悍: '悍'이란 표현은 일반적으로 노비가 주인에 대해, 처가 남편에 대해, 아랫사람이 윗사람에 대해 무례하고 행동이 粗野할 때 사용된다(高恒, 『秦漢簡牘中法制文書輯考』, 社會科學文獻出版社, 2008, 396쪽, 注7 참조); 池田雄一은 주종관계에서 주인에게 반항적이거나 부부관계에서 남편에게 순종하지 않는 경우, 服喪해야할 사람이 복상을 하지 않는 경우 등의 사례를 거론하고 있다(池田雄一, 『漢代を遡る奏瀧(讞)—中國古代の裁判記錄—』, 汲古書院, 2015, 118쪽, 주 (9)). 『睡虎地秦簡』·「法律答問」, "妻悍, 夫毆治之, 夬(決)其耳, 若折支(肢)指·胅體(體), 問夫可(何)論? 當耐."

468) 京都大注釋: 毆笞는 "毆 혹은 笞"로 해석하거나 혹은 笞를 治로 해석하여 "毆해서 혼내주다"로도 해석할 수 있다. 『二年律令』, 39簡, "父母毆笞子及奴婢, 子及奴婢以毆笞辜死, 令贖死."

469) 兵刃: 『唐律疏議』·「鬪訟」3, "諸鬪以兵刃斫射人, 不著者, 杖一百 (兵刃, 謂弓·箭·刀·矟·矛·矠之屬. 卽毆罪重者, 從毆法.)"

470) 妻에의 구타에 관한 규정. 『二年律令』에는 이처럼 夫에 대한 妻의 반항 및 흉기를 사용하지 않는다는 전제조건하에 妻에 대한 구타는 무죄로 되어 있다. 『雲夢秦簡』에는 妻의 상처의 정도에 의해서 耐刑에 처해지기도 한다. 한편, 唐律에는 妻에의 구타에 대한 처벌은 일반인에 대한 그것보다 二等減免되고 妾에 대한 구타는 妻에 대한 그것보다 더욱 二等減免되지만 무죄는 아니었다. 『韓非子』·「忠孝」, "臣順君, 子順父, 妻順夫, 三者順則天下治, 三者逆則天下亂. 此天下之常道也(신하가 군주에게 순종하고 자식이 아버지에게 순종하며 아내가 지아비에게 순종해서 삼자가 순종하면 천하가 다스려지며 삼자가 거역하면 천하가 혼란해진다. 이것이 천하의 상도이다)"에서 보듯이 법가사상은 부에 대한 처의 절대복종을 강조하는 사상이고, 법가사상에 기초한 진율의 규정도 이와 일치하고 있다. 『唐律疏議』·「鬪訟」24, "諸毆傷妻者, 減凡人二等. 死者, 以凡人論. 毆妾折傷以上, 減妻二等."; 『唐律疏議』·「鬪訟」24, "若妻毆傷殺妾, 與夫毆傷殺妻同."

【원문】

妻毆夫, 耐爲隸妾.

【해석】

妻가 夫를 毆打했다면 耐隸妾에 처한다.[471)]

【원문】

子賊殺傷父母, 奴婢賊殺傷主・主父母妻子, 皆梟其首市.

【해석】

子가 父母를 賊殺・賊傷한[472)] 때나 奴婢가 주인・주인의 父母 妻子를 賊殺・賊傷한[473)] 때는 모두 梟首에[474)] 처한다.[475)]

---

471) 妻가 夫를 毆打했을 때의 규정. 唐律에도 類似한 규정이 보이는데, 妻가 남편을 구타하였다면 도형1년에, 또한 구타하여 상처를 입힌 것이 심하다면 일반인끼리의 구타에 의한 傷害罪에 3등을 더하는 것으로 되어 있고, 죽였다면 斬首刑에 처하는 것으로 되어 있다.

472) 賊殺傷: 여기에서는 賊殺傷을 賊殺・賊傷으로 해석한다. 『二年律令』 132簡, "殺傷大父母・父母, 及奴婢殺傷主・主父母妻子, 自告者皆不得減. 告人不審, 所告者有它罪與告也罪等以上, 告者不爲不審."

473) 奴婢賊殺傷主: 『宋書』・「索虜傳」, "…諸犯死罪以下, 繫囚見徒, 一切原遣. 唯子殺父母, 孫殺祖父母, 諸殺兄, 妻殺夫, 奴殺主, 不從赦例."; 『唐律疏議』・「賊盜」 6, "諸部曲・奴婢謀殺主者, 皆斬. 謀殺主之期親及外祖父母者, 絞. 已傷者, 皆斬."

474) 罪人을 斬首한 후 그 머리를 높은 곳에 매달아 梟示하는 것을 말한다. 『史記』 권6, 「秦始皇本紀」, 227쪽에 "二十人皆梟首.〈集解 : 縣首於木上曰梟.〉"라고 하였다. 梟首는 『二年律令』에서는 이 條에서만 나타난다. 『奏讞書』에도 나타나지 않는다. 『漢書』・「陳湯傳」, 3028쪽의 注, "師古曰: 梟謂斬其首而縣之也."; 『漢書』・「高帝紀」, 45쪽, "梟故塞王欣頭櫟陽市"; 『漢書』・「薛宣傳」, 3398쪽, "况梟首於市."

475) 京都大注釋: 子가 父母에 대해, 奴婢가 主人에 대해서 殺傷한 경우의 규정. 梟首는 二年律令 중 이 條만 보인다. 唐律에는 子의 父母에 대한 살해는

【원문】

子牧殺父母, 毆詈泰父母・父母・叚(假)大母・主母・後母, 及父母告子不孝, 皆棄市. 其子有罪當城旦舂・鬼薪白粲以上, 及爲人奴婢者, 父母告不孝, 勿聽. 年七十以上告子不孝, 必三環之. 三環之各不同日而尙告, 乃聽之. 敎人不孝, 黥爲城旦舂.

【해석】

부모를 고의로 살해하고자 하거나[476] 祖父母・父母・假大母・主母・後母를 구타・욕설,[477] 및 부모가 자식을 불효자라고 고발한 때는 모두 棄市에 처한다.[478] 자식에게 城旦舂・鬼薪

十惡의 하나로 규정되어 있다. 『唐律疏議』・「賊盜」 7, "諸部曲・奴婢謀殺主者, 皆斬. 謀殺主之期親及外祖父母者, 絞. 已傷者, 皆斬."

476) 京都大注釋: 牧은 『二年律令』에는 이외의 「牧」 은 기본적으로 「家畜」의 의미로 사용되고 있다. 『睡虎地秦墓竹簡』・「法律答問」: "可(何)謂牧? 欲賊殺主, 未殺而得, 爲牧."; 『二年律令』, 38簡, "賊殺傷父母, 牧殺父母, 歐(毆)詈父母, 父母告子不孝, 其妻子爲收者, 皆錮, 令毋得以爵償, 免除及贖." 『二年律令』, 49簡, "賊殺傷人畜産, 與盜同法. 畜産爲人牧而殺傷☐"

477) 泰: '大'와 같이 읽는다. 泰父: 大父. 『漢書』・「鄭當時傳」: "然其知友皆大父行" 注: "大父는 祖父를 일컫는다." 大母: 祖母. 假大母: 庶祖母 또는 繼祖母. 『漢書』「衡山王傳」 "元朔四年中, 人有賊傷後假母者" 注: "繼母는 아버지의 妻妾이다." 主母: 원래 奴婢가 여자 主人을 칭하던 것으로 여기에서는 아마도 名義만 母子 관계가 있는 여자 주인을 가리키는 듯하다.

478) 京都大注釋: 前條에 이어서 尊屬殺人에 관한 규정. 이 경우의 처벌은 梟首가 아니고 棄市이다. 假大母를 비롯하여 主母, 後母 등 다양한「~母」가 보이지만 구체적인 것은 불분명하다. 내용은 本妻・後妻・妾에 관계없이 모두 棄市로 한다는 것인데, 『晋書』・「刑法志」에 "正殺繼母, 與親母同, 防繼假之隙也"(魏新律叙略)라 하여 魏律에는 生母를 살해하는 것과 繼母를 살해하는 것의 처벌이 똑같다고 명확히 규정되어 있다. 따라서 그 규정은 漢律에서 淵源하는 것이라고 보인다. 더욱 子를 不孝로서 고발하는 규정이 보이는데, 그것은 『睡虎地秦簡』・「封診式」의 내용과 공통된다. 그렇게 본다면 圖版에는 반정도 消失되었지만, 整理小組가 「七十以上」 으로 해석하고

白粲 以上에 상당하는 죄가 있을 때, 및 他人의 奴婢로 되어 있을 경우에는 부모가 자식을 불효자라고 고발해도 수리하지 않는다. 70세 以上의 자가[479] 자식을 不孝라고 해서 고발한 때는 반드시 고발을 3번 반려한다.[480] 3번을 반려했음에도 각각 다른 날에 와서 여전히 고발하면 비로소 수리한다. 他人에게 不孝를 教唆하면 黥城旦舂에 처한다.[481]

있는 부분은 「七十以下」로 해야할 것이다. 秦漢律에서는 不孝의 경우에도 노비에 대한 처벌과 같이 반드시 관청에 신고하고 관청에서 엄밀히 조사한 후에 처벌하는 것으로 되어 있었다. 『睡虎地秦簡』·「封診式」, "告子 爰書: 某里士五(伍)甲告曰: 「甲親子同里士五(伍)丙不孝, 謁殺, 敢告.」 卽令令史己往執. 令史己爰書: 與牢隷臣某執丙, 得某室. 丞某訊丙, 辭曰: "甲親子, 誠不孝甲所, 毋(無)它坐罪."; 『唐律疏議』·「名例」 6, "四曰惡逆, 謂毆及謀殺祖父母·父母, 殺伯叔之母·姑·兄姊·外祖父母·夫·夫之祖父母·父母."; 『唐律疏議』·「鬪訟」 28, "諸詈祖父母·父母者, 絞. 毆者, 斬. 過失殺者, 流三千里. 傷者, 徒三年. 若子孫違犯敎令, 而祖父母·父母毆殺者, 徒一年半. 以刃殺者, 徒二年. 故殺者, 各加一等. 卽嫡·繼·慈·養殺者, 又加一等. 過失殺者, 各勿論."; 『唐律疏議』·「名例」 6, "其嫡·繼·慈母, 若養者, 與親同."

479) 年七十以上 ~ 子不孝: 七十은 '='로 표기한다. 이 표기는 「算數書」에도 보인다. 年七十以上을 특권으로 하는 규정은, 『二年律令』, 83簡, "公士, 公士妻及□□行年七十以上, 若年不盈十七歲, 有罪當刑者, 皆完之"이 있다. 『睡虎地秦簡』에는 七十歲 이상의 특권규정이 보이지 않으며, 『二年律令』에는 爵에 의해서 사여되는 年齡이 다르고 免老 규정도 작에 따라 다르다. 『唐律』에서는 80세이상 10세이하를 법률적으로 우대하고 있다. 『唐律疏議』·「鬪訟」 51, "卽年八十以上, 十歲以下及篤疾者, 聽告謀反·逆·叛, 子孫不孝及同居之內爲人侵犯者, 餘並不得告. 官司受而爲理者, 各減所理罪三等."; 『唐律疏議』·「名例」 30, "八十以上·十歲以下及篤疾, 犯反·逆·殺人應死者, 上請."

480) 環: 還과 같이 읽는다. 『說文』: "돌아오다." 三環: 70세가 넘은 사람이 자기 자식을 不孝로 고발하면 반드시 세 번 거듭 고발하는지 본 후 사법 당국에서 처리한다. 비슷한 법률 규정이 『睡虎地秦簡』·「法律答問」, "免老告人以爲不孝, 謁殺, 當三環之不. 不當環, 亟執勿失."죽간해설자의 주석에는 "環, 讀爲原, 寬宥從輕. 古時判處死刑有'三宥'的程序, 見『周禮』·「司刺」, 『三國志』·「張魯傳」 有'犯法者, 三原然後乃行', 可參考"라 하고 있는데, '環'은 '還'으로 읽어야할 것이다.

【원문】

賊殺傷父母，牧殺父母，歐〈毆〉詈父母，父母告子不孝，其妻子爲收者，皆錮，令毋得以爵償・免除及贖

【해석】

부모를 賊殺・賊傷하거나, 부모를 賊殺하고자하거나, 부모를 구타・욕설하거나, 부모가 자식을 불효자로 고발해, 그 처자가 몰수된 경우에는[482], 모두 그 상태대로 붙잡아두고[483] 爵

---

481) 敎人不孝, 黥爲城旦舂: 『張家山漢墓竹簡』・「奏讞(讞)書」 案例20에서는, "敎人不孝, 次不孝之律. 不孝者棄市. 棄市之次, 黥爲城旦舂. 當黥公士・公士妻以上, 完之(敎人不孝는 次不孝의 律로 처벌함에, 不孝子는 棄市로 하고, 棄市 다음의 형벌(次不孝之罪)는 黥爲城旦舂이다. 公士와 公士의 妻이상의 신분이 黥에 해당할 경우 이를 完으로 한다)."로 되어 있다.

482) 죄를 범하여 연좌되어 관에 몰수된 妻子는 爵의 방출에 의한 刑罰 減免을 인정할 수 없다는 규정. '相坐法'이란 어떤 사람에게 罪가 있을 경우 그와 관련된 다른 사람까지 연좌하여 처벌하는 것을 말한다. 『淮南子』「泰族訓」에 "商鞅이 秦나라를 위하여 相坐法을 입안하니, 백성들이 한탄하였다."라고 하였고, 高誘의 注에는 "相坐法이란 一家에 罪가 있을 경우 三家가 그 일에 연좌된다."라고 하였다.(『淮南子』「泰族訓」, "商鞅爲秦立相坐之法, 而百姓怨矣. 〈高誘注：相坐之法, 一家有罪, 三家坐之.〉") 漢 文帝의 緣坐제도 개혁에는 모반죄의 연좌제도를 폐지하는 것뿐만 아니라 『二年律令』에 보이는 沒收제도를 폐지하는 것도 포함되어 있었다. 이러한 몰수제도의 폐지는 ① 자녀・배우자의 몰수라는 조치가 따르는지의 여부는 城旦舂과 隸臣妾을 가르는 가장 커다란 기준이었는데, 몰수제도의 폐지는 바로 이 기준이 사라졌다는 것을 의미한다. ② 몰수제도가 사라지면 몰수에 의한 관노비 공급이 감소하게 되므로 몰수제도의 폐지는 官有 노동력의 감소를 의미하며, 국가가 관유 노동력을 대폭 잃게 된다는 것을 의미한다(宮宅潔, 「有期勞役刑體系の形成 ―『二年律令』に見える漢初の勞役刑を手がかりにして―」, 『東方學報』78, 2006, 49-52쪽.). 唐律에는 모반 및 대역죄의 처자를 몰수하는 규정이 보인다. 『唐律疏議』・「賊盜」 1, "諸謀反及大逆者, 皆斬, 父子年十六以上皆絞, 十五以下及母女妻妾(子妻妾亦同), 祖孫兄弟姉妹若部曲, 資財田宅並沒官, 男夫年八十及篤疾婦人年六十及廢疾者並免(餘條婦人應緣坐者, 準此), 伯叔父兄弟之子皆流三千里, 不限籍之同異.";『唐律疏議』・「名例」 6, "惡逆

에 의해서 刑을 면제받거나 贖할 수 없다.[484]

【원문】

父母毆笞子及奴婢, 子及奴婢以毆笞辜死, 令贖死.

【해석】

父母가 子 및 奴婢를 毆打·笞打하여[485] 子 및 奴婢가 毆打·

(謂毆及謀殺祖父母, 父母, 殺伯叔父母, 姑, 兄姊, 外祖父母, 夫, 夫之祖父母, 父母)."; 『唐律疏議』·「鬪訟」 28, "諸詈祖父母·父母者, 絞, 毆者, 斬, 過失殺者, 流三千里, 傷者, 徒三年. 若子孫違犯教令, 而祖父母·父母毆殺者, 徒一年半, 以刃殺者, 徒二年, 故殺者, 各加一等. 卽嫡·繼·慈·養殺者, 又加一等. 過失殺者, 各勿論."

483) 錮: 신분을 고정하고 그 상태에서 변경을 허락하지 않는 것. 禁錮. 범죄로 인하여 본인 및 그의 자녀가 관리가 되거나 사회정치활동에 참여하는 것을 금지하는 것. 『張家山漢墓竹簡』·「奏讞(讞)書」 案例14, 鞫: "平智(知)種無名數, 舍匿之. 審. 當. 平當耐爲隸臣, 錮. 毋得以爵·當賞免. •令曰: '諸無名數者, 皆令自占書名數, 令到縣道官. 盈卅(三十)日, 不自占書名數, 皆耐爲隸臣妾, 錮. 勿令以爵·賞免. 舍匿者與同罪.' 以此當平."; 『後漢書』·「陳忠列傳」, 1556쪽, "又上除蠶室刑, 解臧吏三世禁錮, 狂易殺人, 得減重論. 母子兄弟相代死, 聽, 赦所代者. 事皆施行.";

484) 令毋得以爵償, 免除及贖: 爵에 의해서 상환·면제 및 贖할 수 없다는 내용. 『二年律令』 84簡에 남편을 살해하면, 夫爵으로써 論斷할 수 없다("□殺傷其夫, 不得以夫爵論.")는 규정이 나오고, 『張家山漢墓竹簡』·「奏讞(讞)書」 案例14에는, 五大夫인 獄史가 名數(戶籍)가 없는 남자를 1개월 은닉한 사건인데, 名數를 自占(호적을 자진 신고 등록)하지 않은 자를 집에 숨긴 자는 自占하지 않은 자와 동죄로 처벌한다는 규정에 따라 五大夫 獄史도 결국 耐爲隸臣으로 처벌되었다. 無名數者가 해당의 縣道官에 출두해서 「自占書名數」를 할 경우, 漢의 縣·道에 도착하여 30일 이내에 행하여야 하는데, 「自占書名數」를 30일 이내에 하지 않으면, '耐爲隸臣妾'에 錮되고, 爵으로도 면할 수 없다고 되어 있다.

485) 父母毆笞子: 『張家界古人堤漢簡』의 29簡 第五欄에 '父母毆笞子'의 항목이 보인다(水間大輔, 「湖南張家界古人堤遺址出土漢簡に見える漢律の賊律・盜律について」, 『長江流域文化研究所年報』2, 2003, 193-209쪽).

笞打로 인하여 사망하면[486], 贖死토록 한다.[487]

---

486) 辜는 '故'로 原因이라는 의미. 子 및 奴婢를 笞打하여 살해한 경우의 규정. 北魏律에는 祖父母·父母가 분노하여 兵刃으로 子孫을 살해하면 五歲刑, 毆殺하면 四歲刑에 처하고 있다. 『魏書』 권111, 「刑罰志」, 2886쪽, "祖父母·父母忿怒, 以兵刃殺子孫者五歲刑, 毆殺者四歲刑, 若心有愛憎而故殺者, 各加一等."

487) 『秦簡』의 公室告와 非公室告에서는, 『睡虎地秦簡』·「法律答問」, "公室告何也, 非公室告何也. 賊殺傷盜他人爲公室, 子盜父母, 父母擅殺刑髡子及奴妾, 不爲公室告."; 『睡虎地秦簡』·「法律答問」, "主擅殺刑髡其子·臣妾, 是爲非公室告."라 하여 마치 父·主가 子·臣妾을 마음대로 殺·刑·髡할 수 있다는 점과 설령 자식이나 노비가 부모 혹은 奴婢主를 官에 신고한다하더라도 非公室告로 처리하지 않는다는 사실을 보여주고 있는 것처럼 보인다. 마치 奴婢主나 父母가 奴婢나 子女를 擅殺할 수 있는 것처럼 되어 있지만, 전후 문맥을 자세히 살펴보면, 여기에는 조건이 있다는 것을 알 수 있다. 『二年律令』 133簡, "子告父母, 婦告威公, 奴婢告主, 主父母妻子, 勿聽而棄告者市(자식이 부모를 고발하거나, 며느리가 시부모를 고발하거나, 노비가 주인이나 주인의 부모처자를 고발하면 접수하지 않고, 告한 자를 棄市한다)."라 하는 내용이 나와 있는 것처럼 이 내용은 "子告父母", "奴婢告主"를 국가가 법률적으로 금지한 것으로 이해해야 할 것이다. 또한, "부모가 子 및 奴婢를 殺·刑·髡하는 것을 公室告라 하지 않는다."의 앞에는 子가 부모의 물건을 훔친 경우라는 단서가 붙어 있다. 예컨대, "子를 擅殺하면, 黥하여 城旦春으로 한다. 신생아가 장애자여서 살해한 경우는 죄를 묻지 않는다."의 사례도 장애아일 경우에 한해서 부모가 擅殺해도 된다는 의미가 된다(林炳德, 「中國古代의 奴婢와 刑徒」, 『忠北史學』3, 1990, 96쪽). 이와 관련하여 王彦輝는, 奴婢에 대한 殺·刑·髡에 대한 규정에서는 범죄의 유형을 公室犯罪(公罪)와 非公室告(家罪)로 구분하여 양자의 소송절차를 달리한 것, 즉 후자의 경우에 子·臣妾의 自訴權을 박탈한 것임을 지적하였다. 그 목적은 家長의 子·臣妾에 대한 절대권을 보장하고자 한 것이지 子·臣妾의 擅殺의 형사책임을 추궁하지 않겠다는 의미는 아니라는 것이다(王彦輝, 「從張家山漢簡看西漢時期私奴婢的社會地位」, 『東北師大學報』(哲學社會科學版) 03-2, 2003; 『秦漢史論叢』9집, 三秦出版社, 239쪽). "子를 擅殺하면, 黥하여 城旦春으로 한다."의 秦律의 규정에 나와 있는 것처럼 父의 子에 대한 擅殺은 黥城旦春으로 엄격히 처벌되었음을 알 수 있다. 이제까지 이 규정을 둘러싼 혼란은 王彦輝의 지적처럼 訴訟法과 刑事法을 구분하지 않은 데에 있다고 생각한다.『史記』·「田儋傳」에는, "田儋詳爲縛其奴, 從少年之廷, 欲謁殺奴"라 하여 田儋이 자신의 노예를 官府에 나아가 살해해줄 것을 요청하고 있다. 秦에서는 노비를 살해할 때에 반드시 관청에 허가를 받아야했다.

【원문】

婦賊傷・毆詈夫之泰父母・父母・主母・後母, 皆棄市.(40)

【해석】

부인이 남편의 祖父母・父母・主母・後母를 고의로 상해하거나 구타하거나 욕설하면 모두 棄市로 한다.[488]

【원문】

毆兄姊及親父母之同產, 耐爲隸臣妾. 其奊詢詈之, 贖黥.

【해석】

형이나 누이 및 친부모의 兄弟姉妹를 毆打한[489] 경우는 耐해서 隸臣妾으로 한다.[490] 욕하고 꾸짖었을 때는[491] 贖黥에 처한다.[492]

488) 며느리의 존속살인에 관한 규정. 며느리가 夫의 부모 등을 賊傷한 경우 梟首로 하지 않고(자식은 梟首) 棄市로 처벌한다. 唐律에는 毆打와 惡罵와의 사이에 처벌이 다르다. 『唐律疏議』・「鬪訟」29, "諸妻妾詈夫之祖父母・父母者, 徒三年(須舅姑告, 乃坐). 毆者, 絞, 傷者, 皆斬, 過失殺者, 徒三年, 傷者徒二年半."; 『唐律疏議』・「鬪訟」30, "諸妻妾毆・詈故夫之祖父母・父母者, 各減毆・詈舅姑二等, 折傷者, 加役流, 死者, 斬, 過失殺傷者, 依凡論. 其舊舅姑, 毆子孫舊妻妾, 折傷以上, 各減凡人三等, 死者, 絞, 過失殺者, 勿論."

489) 親父母; "賊律, 毆親父母及同産, 耐爲司寇·作如司寇. 其奊訽(詬)詈之, 罰金一斤"(敦煌懸泉置漢簡Ⅱ0115③ : 421) 이처럼 懸泉置漢簡에는 '親父母之同産'이 '親父母及同産'으로 되어 있는데, 친부모를 구타한 경우는 死罪이므로 그것은 '親父母之同産'의 오기일 것이다.

490) 晋律에는 兄姉에의 구타는 四歲刑으로 되어 있다. 『晉書』・「刑法志」, "歐兄姊加至五歲刑, 以明教化也."(『晉書』・「刑法志」 所引 「魏律序略」); 『唐律疏議』・「鬪訟」 27, '毆兄姉', "毆兄姊.(魏律毆兄姊加至五歲刑, 晉止四歲刑, 蓋仍漢律之舊.)"; 『太平御覽』六四二引晋律, "晋律曰…四歲刑(若··毆兄子之屬, 并四歲刑." 한편, 『唐律疏議』・「鬪訟」 27, "諸毆兄姉者, 徒二年半, 傷者, 徒三年, 折傷者, 流三千里, 刃傷及折支, 若瞎其一目者, 絞, 死者, 皆斬, 詈者, 杖一百. 伯叔父母・姑・外祖父母, 各加

【원문】

毆父偏妻父母・男子同産之妻・泰父母之同産, 及夫父母同産・夫之同産, 若毆妻之父母, 皆贖耐. 其奊訽詈之, 罰金四兩.

【해석】

父의 偏妻의[493] 父母, 兄弟의 妻, 祖父母의 兄弟姉妹를 구타하였을 때, 및 남편 부모의 兄弟姉妹, 남편의 兄弟姉妹를 毆打하였을 때, 혹은 妻의 부모를 毆打하였을 때는 모두 贖耐에 처한다. 욕하고 꾸짖었을 때는 罰金四兩에 처한다.[494]

一等. 卽過失殺傷者, 各減本殺傷罪二等."라 하여 『唐律』에는, 兄姉를 구타하였다면 도형2년반에 처하고, 상처를 입혔다면 도형3년에 처하는 것으로 되어 있다. 또 흉기로 상처를 입혔거나 팔다리를 부러뜨렸거나 또는 한쪽 눈을 실명하게 하였다면 絞首刑에 처하는 것으로 되어 있다.

491) 奊訽: 욕하고 꾸짖다.

492) 兄妹 및 親父母의 兄弟姉妹(伯叔父母)를 毆打하거나 侮辱을 가할 때의 처벌 규정.

493) 整理小組: 偏妻는 偏房. 京都大注釋: 偏妻는 『漢書』・「元后傳」에 보이는 傍妻, 즉 동거하지 않는 妻와 같은 의미를 지닌 것일 수도 있다. 정확한 의미는 알 수 없다. 『漢書』・「元后傳」 "禁有大志, 不修廉隅, 好酒色, 多取傍妻, 凡有四女八男."

494) 兄弟의 妻(唐律에는 小功), 從祖祖父姑(小功), 夫의 父母兄弟姉妹(大功·小功), 夫의 兄弟姉妹(小功), 妻의 父母(緦麻)등을 구타하거나 모욕을 가할 때의 규정. 『唐律疏議』・「鬪訟」 26에는, 緦麻親의 兄姉를 구타하였다면 장형100대, 小功親(의 兄姉)와 大功親(의 兄姉)는 각각 차례로 1등씩 더하고, 尊屬의 경우는 또 각각 1등을 더하는 것으로 되어 있다. 상처를 입힌 것이 심하다면 각각 일반인끼리의 구타에 의한 상해죄에 차례로 1등씩 더하는 것으로 되어 있다. 단, 兄의 妻·夫의 弟妹에 대해서는 무릇 兄의 妻를 구타하였거나 남편의 弟妹를 구타하였다면 각각 일반인을 구타한 죄에 1등을 더하는 것으로 규정되어 있다. 이 중 小功以上의 尊屬을 구타한 경우는 唐律에서는 十惡 중 '不睦'에 들어간다. 『唐律疏議』・「鬪訟」 27, "諸毆緦麻兄姉, 杖一百. 小功·大功, 各遞加一等. 尊屬者, 又各加一等. 傷重者, 各遞加凡鬪傷一等, 死者, 斬. 卽毆從父兄姉, 準凡鬪應流三千里者, 絞."; 『唐律疏議』・「鬪訟」

【원문】

☐母妻子者, 棄市. 其悍主而謁殺之, 亦棄市; 謁斬若刑, 爲斬・刑之. 其奊詬詈主・主父母妻☐☐☐者, 以賊論之.

【해석】

…母妻子를……하는 자는 棄市에 처한다. 주인에게 사납게 반항하여 관부에 신고하여 살해할 것을 원할 때도 棄市에 처한다.[495] 斬…혹은 刑을 원하면 斬左趾・斬右趾[496] 혹은 肉刑에 처한다. 주인・주인의 父母妻를 욕하고 꾸짖었을 때는,……[497]

31, "諸毆兄之妻及毆夫之弟妹, 各加凡人一等. 若妾犯者, 又加一等."; 『唐律疏議』・「鬪訟」 33, "諸妻毆詈夫之期親以下·緦麻以上尊長, 各減夫犯一等 (減罪輕者, 加凡鬪傷一等.) 妾犯者, 不減. 死者, 各斬."

495) 謁: 官에 申告하는 것. 『晋書』刑法志에는, 노비가 주인에게 반항하면 주인은 (10세 이하라도) 관부에 요청하여 사형에 처할 수 있다는 규정이 나온다(卽奴婢悍主, 主得謁殺之).

496) 斬: 斬左趾・斬右趾의 약칭.

497) 노비에 관한 규정인데, 모두 부분은 불명. 후단은 주인에게 반항적인 노비에 대해서 주인이 신청하면 사형 내지는 肉刑에 처하는 것을 허락한다. 『二年律令』에는, 조부모나 부모를 죽이거나 상처를 입히거나 奴婢가 주인이나 주인의 부모처자를 죽이거나 상처를 입혔다면 자수를 해도 모두 형벌을 감할 수 없는 것으로 되어 있고, 奴가 여주인이나 남자주인의 가족과 혼인하거나 간음하는 경우는 이를 엄금하고 있다. 奴와 奴의 女主人, 혹은 남자주인의 가족과의 혼인 및 간음은 엄격히 금지되는데, 父權家長制의 질서를 기본적으로 어지럽히는 행위이기 때문에 '棄市'라는 重刑으로 처리하고 있다. 秦律에서는, 그 처벌 규정이 毆主에 比하는 것으로 되어 있다. 노비와 주인 사이에 생긴 범죄는 子와 父 사이에 발생한 범죄에 준하고, 子의 父母에 대한 구타는 棄市로 되어 있으므로 이 경우도 棄市에 해당함을 알 수 있다. 주인이 정당한 이유를 열거하면 국가가 노비에게 死刑을 가하거나 혹은 신체훼손형을 가하는 것은 허용되지 않는다. 『二年律令』 39簡, "父母毆笞子及奴婢, 子及奴婢以毆笞辜死, 令贖死."; 『睡虎地秦簡』・「封診式」, "某里士五(伍)甲縛詣男子丙, 告曰: 「丙, 甲臣, 驕悍, 不田作, 不聽甲令, 謁賣公, 斬以爲城旦, 受賈錢.」" 訊丙, 辭曰: 「甲臣, 誠悍, 不聽甲. 甲

…한 者는 賊으로 論斷한다.[498]

【원문】

以縣官事毆若詈吏, 耐. 所毆詈有秩以上, 及吏以縣官事毆詈五大夫以上, 皆黥爲城旦舂. 長吏以縣官事詈少吏☐者, 亦得毋用此律

【해석】

공무로 인해[499] 관리를 구타 혹은 惡罵하면 耐에 처한다. 有秩以上을 毆打하거나 惡罵하거나 吏가 公務로써 五大夫 이상을[500] 욕하고 꾸짖었을 때는 모두 黥城旦舂에 처한다.[501] 長吏

未嘗身免丙. 丙無病也. 無他坐罪.」令令史某診丙, 不病. 令少內某, 佐某以市正價賈丙丞某前, …", "某里公士甲縛詣大女子丙, 告曰: 「某里五大夫乙家吏. 丙, 乙妾也. 乙使甲曰: "丙悍, 謁黥劓丙"」"; 『張家山漢墓竹簡』·「奏讞(讞)書」案例6, "•漢中守讞: 公大夫昌笞(笞)奴相如, 以辜死, 先自告. …… 已獄治不當爲昌錯告不孝, 疑罪. •廷報: 錯告, 當治." 『二年律令』, 132簡, "殺傷大父母·父母及奴婢殺傷主·主父母妻子, 自告者皆不得減."; 『二年律令』, 190簡, "奴取(娶)主, 主之母及主妻·子以爲妻, 若與奸, 棄市, 而耐其女子以爲隷妾. 其强與奸, 除所强."; 『睡虎地秦簡』·「法律答問」, "臣强與主奸, 可(何)論? 比毆主."

498) 京都大注釋: 整理小組는 45簡을 앞서의 44簡에 계속되는 것으로 보고 있지만 출토지점이 떨어져 있어 "□□□者, 以賊論之."의 위치는 불분명하다. 『二年律令』, 307簡, "隷臣妾, 城旦舂, 鬼薪白粲家室居民里中者, 以亡論之."; 『敦煌懸泉置漢簡』Ⅱ0112②: 8, "諸與人妻和奸, 及所與□爲通者, 皆完爲城旦舂, 其吏也以强奸論之"

499) 縣官事: 縣官事는 公務를 뜻한다. 官吏나 有爵者에 대한 혹은 관리 사이의 毆打·惡罵에 대한 처벌 규정이다. 맨 앞의 문장에는 주어가 빠져있지만 그것은 일반인에 의한 관리의 毆打·惡罵 등에 대한 규정일 것이다.

500) 有秩: 漢制 官秩 比百石 이상. 五大夫: 9급작. 吏: 少吏. 小吏.

501) 앞서 『二年律令』28簡에는, "상처를 주지 않았다 하더라도 下位의 爵에 있는 자가 上級의 爵에 있는 자를 구타한 경우는 罰金四兩에 처한다. 같은 작위 以下를 毆打한 경우는 罰金二兩에 처한다."(其毋傷也, 下爵毆上爵, 罰金四兩. 毆

가[502] 公務로 少吏를 惡罵하면,[503]……자는, 이 律을 적용하지 않는다.[504]

同死 〈列〉 以下, 罰金二兩. 其有痍痏及□, 罰金四兩.)라 하여 下位의 爵에 있는 자가 上級의 爵을 구타할 경우 같은 직급의 관리 간의 구타(罰金 二兩(『二年律令』, 27~28간)에 비하여 무겁게 처벌되고 있다. 여기에서는, 百石 以上의 관리에게 구타 등을 가한 경우, 더욱 관리가 五大夫 이상을 毆打·惡罵한 경우에는 더욱 중한 형벌이 부과되고 있음을 보여주고 있다. 『敦煌懸泉置漢簡』Ⅱ 0215①：76, "•諸吏宦官及此者同秩而敢詈之殿 · 宮廷中、至其上秩、若以縣官事毆詈五大夫以上或一歲吏比者、有將辨治. 若不督五大夫以上……"; 『唐律疏議』·「賊盜」 5, "諸謀殺制使若本屬府主刺史縣令, 及吏卒謀殺本部五品以上官長者, 流二千里, (工樂及公廨戶奴婢與吏卒同. 餘條準此.) 已傷者, 絞, 已殺者, 皆斬."; 『唐律疏議』·「鬪訟」 11, "諸毆制使·本屬府主·刺史·縣令及吏卒毆本部五品以上官長, 徒三年, 傷者, 流二千里, 折傷者, 絞 折傷, 謂折齒以上.若毆六品以下官長, 各減三等, 減罪輕者, 加凡鬪一等 死者, 斬. 詈者, 各減毆罪三等 須親者聞之, 乃成詈.卽毆佐職者, 徒一年, 傷重者, 加凡鬪傷一等, 死者, 斬."; 『唐律疏議』·「鬪訟」 12, "諸毆制使 · 本屬府主 · 刺史 · 縣令及吏卒毆本部五品以上官長, 徒三年, 傷者, 流二千里, 折傷者, 絞."

502) 長吏: 長吏는 秩이 600石 이상인 비교적 지위가 높은 官人을 일컫기도 하고, 縣令의 보좌관으로서 秩이 200-400石에 해당하는 縣丞이나 縣尉를 가리키기도 한다. 前者의 경우 『漢書』 권5, 「景帝本紀」에 "吏六百石以上, 皆長吏也."라고 하였고, 顔師古는 張晏의 설을 인용하여 "長, 大也. 六百石位大夫."라고 注를 달았다. 後者의 경우 『漢書』 권19상, 「百官公卿表」에 "[縣]皆有丞、尉, 秩四百石至二百石, 是爲長吏.〈師古曰：吏, 理也. 主理其縣內也.〉 百石以下有斗食 · 佐史之秩, 是爲少吏."라고 하여, 縣吏 중에서 秩의 규모에 따라 長吏와 少吏를 구분하고 있다.

503) 少吏: 『漢書』·「百官公卿表」, "縣令, 長, 皆秦官, 掌治其縣. 萬戶以上爲令, 秩千石至六百石. 減萬戶爲長, 秩五百石至三百石. 皆有丞 · 尉, 秩四百石至二百石, 是爲長吏. 百石以下有斗食 · 佐史之秩, 是爲少吏" 단, 여기에서는 『漢書』·「百官公卿表」에 상정된 고정된 명칭이 아니라 단순히 직위의 상하를 말하는 것이라고 보인다.

504) 整理小組는 이 簡을 前의 簡에 이어지는 것으로 보고 있지만 출토지점이 떨어져 있으므로 그 위치는 불분명하다.

【원문】

諸吏以縣官事笞城旦舂・鬼薪白粲, 以辜死, 令贖死.

【해석】

무릇 吏가 公務로써 城旦舂・鬼薪白粲을 笞하여 그로 인하여 사망하였을 때는 贖死한다.[505]

【원문】

賊殺傷人畜產, 與盜同法. 畜產爲人牧而殺傷☐

【해석】

他人의 畜產을 고의로 죽이거나 상처를 입히면[506] 盜와 같은 법을 적용한다. 畜產이 타인에게 길러져서…살상한…[507]

---

505) 『唐律疏議』・「斷獄」 15, "諸監臨之官因公事, 自以杖捶人致死及恐迫人致死者, 各從過失殺人法. 若以大杖及手足毆擊, 折傷以上, 減鬪殺傷罪二等"; 『唐律疏議』・「鬪訟」 38, "諸過失殺傷人者, 各依其狀, 以贖論."

506) 賊殺傷人畜牧: 『睡虎地秦簡』・「法律問答」, "甲小未盈六尺, 有馬一匹自牧之, 今馬爲人敗, 食人稼一石, 問當論不當? 不當論及賞(償)稼." 『唐律疏議』・「廏庫」 8, "賊律有賊伐樹木·殺傷人畜產及諸亡印"(『晋書』・「刑法志」) "諸故殺官私馬牛者, 徒一年半. 贓重及殺餘畜產, 若傷者, 計減價, 準盜論, 各償所減價, 價不減者, 笞三十. (見血踠跌即爲傷. 若傷重五日內致死者, 從殺罪)"

507) 京都大注釋: 말미가 끊겨져 '殺傷'의 목적어가 분명하지 않지만, 타인이 가축을 방목하여 이를 살상한 경우의 규정인가 혹은 그보다는 타인에게 방목되었던 가축이 무언가를 살상한 경우의 관리책임을 묻는 것인지 분명하지 않다. 唐律에는 가축의 관리를 소홀히 하여 그로 인하여 타인을 살상한 경우의 규정이 보인다. 『唐律疏議』・「廏庫」 12, "諸畜產及噬犬有觝蹹齧人, 而標幟羈絆不如法, 若狂犬不殺者, 笞四十, 以故殺傷人者, 以過失論. 若故放令殺傷人者, 減鬪殺傷一等."

【원문】

[犬]殺傷人畜産, 犬主賞(償)之, 它▨

【해석】

개가 他人의 畜産을 죽이거나 상하게 하면, 개 주인이 이를 償還하도록 한다.[508] 다른 것은…

【원문】

亡印, 罰金四兩. 而布告縣官, 毋聽亡印.

【해석】

印章을 亡失하면 罰金四兩에 처한다.[509] 官署에 布告해서 亡失한

---

508) 개가 他人의 畜産을 살상한 경우의 규정. 秦의 田律에는 禁苑에 들어와 축산을 추포하는 개를 살해하도록 하고 있다. 唐律에도 개가 스스로 타인의 축산을 죽이거나 다치게 한 경우 개주인은 그 감손된 가치를 배상하도록 하고 있다. 『張家界古人堤漢簡』의 29簡 第六欄에 '犬殺傷人'의 항목이 보인다. 『睡虎地秦簡』·「秦律十八種」, "百姓犬入禁苑中而不追獸及捕獸者, 勿敢殺; 其追獸及捕獸者, 殺之. 河(呵)禁所殺犬, 皆完入公; 其它禁苑殺者, 食其肉而入皮."; 『唐律疏議』·「廏」 11, "諸犬自殺傷他人畜産者, 犬主償其減價, 餘畜自相殺傷者, 償減價之半. 卽故放令殺傷他人畜産者, 各以故殺傷論."; 『疏勒河流域出土漢簡』: 480, "言律曰畜産相賊殺 參分償和令少仲出錢三千及死馬骨肉付循請平(林梅村·李均明, 『疏勒河流域出土漢簡』, 文物出版社, 1984)."

509) 印章의 亡失에 관한 규정. 亡印에 대한 벌칙 규정은 漢律에는 賊律에 속하지만 魏律에는 毁亡律에 속한다. 唐律에는 "諸棄毁符·節·印及門鑰者, 各準盜論, 亡失及誤毁者, 各減二等"(『唐律疏義』雜律四十九)라 하여 雜律에 속하고 있다. 沈家本은 賊律1과 賊律2에 『晋書』「刑法志」에 賊律로 언급한 '大逆無道, 欺謾, 詐僞, 踰封, 矯制, 賊伐樹木·殺傷人畜産, 諸亡印, 盜章, 儲峙不辦'의 10개 항목을 넣었고, 賊律3의 부분에서는 '賊이 해친다'는 정의에 부합하는 조항들을 수합하였다. 『晋書』·「刑法志」, "盜律有劫略·恐猲·和賣買人, 科有持質, 皆非盜事, 故分以爲劫略律. 賊律有欺謾·詐僞·踰封·矯制, 囚律有詐僞生死, 令丙有詐自復免, 事類衆多, 故分爲詐律. 賊律有賊伐樹木·殺傷人畜産及諸亡印, 金布律有毁傷亡失縣官財物, 故分爲毁亡律."; 『睡虎地秦簡』·「法律問答」,

印章을 수리하지 않도록 한다.

【원문】

亡書, 符卷, 入門衛木久, 搴(塞)門·城門之鑰(鑰), 罰金各二兩.

【해석】

文書[510]·符券, 門衛에 넣는[511] 木久, 塞門·城門의[512] 열쇠를 亡失하면 各各 罰金二兩에 처한다.[513]

"亡久書·符券·公璽·衡贏(累), 已坐以論, 後自得所亡, 論當除不當? 不當."; 『唐律疏義』·「雜律」 58, "諸亡失器物·符·印之類, 應坐者, 皆聽三十日求訪, 不得, 然後決罪. 若限內能自訪得及他人得者, 免其罪, 限後得者, 追減三等."

510) 書: 文書.

511) 符: 『說文』: "信. 漢에서는 6寸 길이의 대나무로 만들어 표면을 갈라 서로 맞추어 보았다." 符 2매1조의 형식, 표면에 문자를 기록하거나 측면에 角齒를 넣고 둘로 나누어 각각 소유, 필요할 경우 이를 맞춘다. 2매 1조로 된 부절(符節)이고, 표면에 문자를 기록하거나 간의 측면에 각치(刻齒)을 넣어 그것을 2개로 나누어 별도로 소유하고, 필요하면, 둘로 나눈 좌우 2개의 부절을 부합시키는데, 문자나 각치(刻齒)가 부합하면 신뢰할 수 있는 것으로 한다. 『續漢書』·「百官志」 2, "凡居宮中者, 皆有口籍於門之所屬. 宮名兩字, 爲鐵印文符, 案省符乃內之.[李賢注. 胡廣曰, 符用木, 長尺二寸, 鐵印以符之.]"; 『漢官解詁』, "…人未定, 又有籍, 皆復有符. 符用木, 長二寸, 以當所屬兩字爲鐵印, 亦太卿炙符, 當出入者, 案籍畢, 復齒符, 乃引內之也.

512) 京都大注釋: 木久의 '久'를 '記'로 읽고 있지만, 『漢官解詁』의 「亦太卿炙符」를 생각하면, 「木久」는 「木炙」, 즉 木製의 符節에 燒印한 것으로 해석된다. 또 이것은 唐律에 보이는 「木契」에 상당한다고 생각된다. 久는 "記"로 읽는다.

513) 文書나 符節類, 더욱 鍵을 亡失한 경우의 科罰規定. 『睡虎地秦簡』·「法律問答」에는 "亡久書, 符券, 公璽, 衡纍(累), 已坐以論, 後自得所亡, 論當除不當. 不當."라 하여 위의 규정과 유사한 조문이 존재하고 있음을 알 수 있다. 唐律에서는, 符節이나 鍵의 亡失에 대해서는 雜律 49에 나와 있고, 文書의 亡失에 대해서는 雜律 50에 각각 나와 있다. 이러한 기물을 망실한 자에 대해서는 일정기간 수색시간이 주어졌다. 무릇 器物·符·印 등을 망실하여 마땅히 처벌해야 할 자는 모두 30日동안 찾는 것을 허락하고, 찾아내지 못한 연후에 죄를 판결하고, 만약 기한 안에 자신이 찾아냈거나 타인

【원문】

盜書, 棄書官印以上, 耐(?).

【해석】

文書를 훔치거나[514] 文書나 官印 이상을[515] 버린 경우,[516] 耐에 처한다.

이 찾았다면 그 죄를 면제하고, 기한 뒤에 찾아냈다면 3등을 追減하는 것으로 되어 있다. 『唐律疏義』·「雜律」 58, "諸亡失器物·符·印之類, 應坐者, 皆聽三十日求訪, 不得, 然後決罪. 若限內能自訪得及他人得者, 免其罪, 限後得者, 追減三等."; 『唐律疏義』·「賊盜」 27, "諸盜宮殿門符發兵符傳符者, 流二千里, 使節及皇城京城門符, 徒三年, 餘符, 徒一年. 門鑰, 各減三等. 盜州鎭及倉廚廏庫關門等鑰, 杖一百. 縣戍等諸門鑰, 杖六十."

514) 盜書: 『睡虎地秦簡』·「法律問答」, "甲捕乙, 告盜書丞印以亡, 問亡二日, 它如甲, 已論耐乙, 問甲當購不當. 不當."

515) 한편, 『居延漢簡』에는, "閏月庚申肩水士吏橫以私印行候事下尉候長承書從事下 當用者如詔書 / 令史得(『居延漢簡釋文合校』10.31)"라 하여 肩水候官의 士吏인 橫이 私印으로 候의 업무를 대행하는 사례가 있다.

516) 문서를 盜하거나 혹은 버린 경우의 규정. 唐律에서는 문서의 盜竊에 대해 『唐律疏義』·「賊律」 26, "諸盜制書者, 徒二年. 官文書, 杖一百, 重害文書, 加一等, 紙券, 又加一等(무릇 制書를 훔친 자는 도형2년에 처한다. 官文書인 경우에는 장형100대에 처한다. 危害性이 중대한 문서인 경우에는 1등을 가중한다. 紙券인 경우는 또 1등을 가중한다.)"라 되어 있다.

【원문】

賊律.[517)]

【해석】

賊律

---

517) 賊律은 沈家本, 『歷代刑法考』(北京: 中華書局), 1985, 1413쪽에 의하면, 賊律1: 大逆無道(14) 謀反, 大逆, 誹謗妖言, 祝詛, 謗毁宗室, 造作圖讖, 惡逆, 不道, 非所宜言, 大不敬, 廢格沮誹, 左道, 媚道, 降敵, 賊律2: 欺謾(2) 詆欺, 謾 詐僞, 踰封, 矯制, 賊伐樹木, 殺傷人畜産, 諸亡印, 儲峙不辦, 盜章, 賊律3: 無尊上非聖人不孝道者斬首, 毆父母, 殺季父殺兄殺弟, 殺殺父之繼母, 搏姑, 毆兄姊, 殺妻, 撾妻, 殺子, 殺使者, 亨姬不道, 殺奴婢當告官, 敢蠱人及教令者棄市, 謀殺人/殺人, 賊殺人, 殺太傅中傅中尉謁者家丞, 殺下獄侍中, 殺一家二人, 殺十六人, 使人謀殺人, 使人殺人, 賊鬪殺人, 鬪以刃傷人, 疻痏, 罵坐, 罵主, 殺奴婢, 奴婢射傷人, 保辜, 狂易殺人, 輕侮, 仇怨相報, 誤, 過失殺人不坐死, 立子奸母見乃得殺之, 無故入人室宅廬舍・上人車船牽引・人欲犯法者其時格殺之無罪, 都城人衆走馬殺人으로 분류되어 있다. 沈家本은 賊律1과 賊律2에 『晋書』・「刑法志」에 賊律로 언급한 '大逆無道, 欺謾, 詐僞, 踰封, 矯制, 賊伐樹木・殺傷人畜産, 諸亡印, 盜章, 儲峙不辦'의 10개 항목을 넣었고, 賊律3의 부분에서는 '賊이 해친다'는 정의에 부합하는 조항들을 수합하였다. 『晋書』・「刑法志」, "是時承用秦漢舊律, 其文起自魏文侯師李悝. 悝撰次諸國法, 著法經. 以爲王者之政, 莫急於盜賊, 故其律始於盜賊. 盜賊須劾捕, 故著網捕二篇. 其輕狡・越城・博戲・借假不廉・淫侈・踰制以爲雜律一篇, 又以具律具其加減. 是故所著六篇而已, 然皆罪名之制也."; 『唐律疏義』・「篇目疏」, "疏議日, 賊盜律者, 魏文侯時, 里悝首制法經, 有盜法賊法, 以爲法之篇目. 自奏漢逮至後魏, 皆名賊律盜律. 北齊合爲賊盜律. 後周爲劫盜律, 復有賊叛律. 隋開皇合爲賊盜律, 至今不改. 前禁擅發兵馬, 此須防止賊盜, 故次擅興之下."; 『荀子』・「修身」, "竊貨日盜, 害良日賊"

2. 「盜律」

【원문】

盜律　　鄭(炊)書.

【해석】

盜律.[518]　　鄭(炊)이 書寫하다.[519]

518) 清末의 法制史家인 沈家本은 漢律의 「盜律」을 劫略, 恐猲, 和賣買人, 持質, 受所監, 受財枉法, 勃辱强賊, 還贓畀主, 賊傷 등의 항목으로 분류하고 있다(沈家本, 『歷代刑法考』 中華書局, 1985, 1393-1411쪽). 이에 대하여 程樹德은 漢律의 「盜律」로 劫略, 恐猲, 和賣買人, 受所監受財枉法, 勃辱强賊, 還贓畀主 등을 거론하고 있다(程樹德, 『九朝律考』 中華書局, 1963, 52-54쪽). 『唐律疏議』·「賊盜律目錄疏」, "疏議曰, 賊盜律者, 魏文侯時, 里悝首制法經, 有盜法賊法, 以爲法之篇目. 自秦漢逮至後魏, 皆名賊律盜律. 北齊合爲賊盜律. 後周爲劫盜律, 復有賊叛律. 隋開皇合爲賊盜律, 至今不改. 前禁擅發兵馬, 此須防止賊盜, 故次擅興之下(賊盜律이라는 것은 魏의 文侯 때 李悝가 처음으로 『法經』을 편찬함에 『盜法』·『賊法』이 있었는데, 이로써 법의 篇目이 되었다. 秦·漢에서 北魏(後魏)까지 모두 『賊律』·『盜律』로 명명하였다. 北齊에서는 합쳐서 『賊盜律』로 하였다. 後周에서는 『劫盜律』이라 하였는데 또한 『賊叛律』이 있었다. 隋의 開皇 때에 합쳐서 『賊盜律』이라 하고 唐에 이르기까지 바꾸지 않았다. 바로 앞 편(『擅興律』)에서는 군대를 함부로 출동하는 것을 금하였으므로, 여기에서는 모름지기 賊·盜를 방지하여야 한다. 그러므로 擅興律의 다음에 둔다)."; 『晉書』 권30, 「刑法志」, p.922, "是時承用秦漢舊律, 其文起自魏文侯師李悝. 悝撰次諸國法, 著法經. 以爲王者之政, 莫急於盜賊, 故其律始於盜賊. 盜賊須劾捕, 故著網捕二篇(이때는 秦나라와 漢나라의 옛 律을 계승하여 사용하였는데, 그 法文은 魏文侯의 스승인 李悝로부터 비롯되었다. 李悝는 각국의 법을 모으고 순서를 정하여 『法經』을 저술하였다. 그는 王된 자의 정치에서 盜와 賊보다 급한 것이 없다고 여겼기 때문에 그 법전도 「盜法」과 「賊法」에서 시작된다. 盜와 賊은 반드시 그 죄를 論劾하여 追捕해야 하므로 「網法(囚法)」과 「捕法」 2편을 저술하였다)."

519) 「盜律」이라 篇題를 기록한 簡임과 동시에 하단에 書寫人의 이름이라고 생각되는 人名이 보인다.『算數書』에도 서사인의 이름이라고 생각되는 署名 및 讎校者의 署名이 보인다.

【원문】

盜臧(贓)直(値)過六百六十錢, 黥爲城旦舂. 六白六十到二百卄錢, 完爲城旦舂. 不盈二百卄到百一十錢, 耐爲隸臣妾. 不盈百一十錢到卄二錢, 罰金四兩. 不盈卄二錢到一錢罰金一兩.

【해석】

도둑질하여 취한 재물의 가치가 六百六十錢을 넘으면 黥城旦舂에 처한다.[520] 六百六十錢에서 二百二十錢이면 完城旦舂에 처한다. 二百二十錢 미만에서 百一十錢이면 耐隸臣妾에 처한다. 百一十錢 미만에서 二十二錢이면 罰金四兩에 처한다. 二十二錢 미만에서 一錢까지는 罰金一兩에 처한다.[521]

【원문】

謀遣人盜, 若敎人可(何)盜所, 人卽以其言□□□□□及智(知)人盜與分, 皆與盜同法.

---

520) 『睡虎地秦簡』·「法律問答」, "士五(伍)甲盜, 以得時直(値)臧(贓), 臧(贓)直(値)百一十, 吏弗直(値), 獄鞫乃直(値)臧(贓), 臧(贓)直(値)過六百六十, 黥甲爲城旦, 問甲及吏可(何)論? 甲當耐爲隸臣, 吏爲失刑罪. 甲有罪, 吏智(知)而端重若輕之, 論可(何)殹(也)? 爲不直."; 『睡虎地秦簡』·「法律問答」, "•五人盜, 臧(贓)一錢以上, 斬左止, 有(又)黥以爲城旦; 不盈五人, 盜過六百六十錢, 黥劓以爲城旦; 不盈六百六十到二百卄錢, 黥爲城旦; 不盈二百卄以下到一錢, 遷之. 求盜比此."; 『張家山漢墓竹簡』·「奏讞(讞)書」 案例15, "吏, 盜過六百六十錢, 審. 當: 恢當黥爲城旦, 毋得以爵減免贖."

521) 『龍崗秦簡』, 40簡, "二百卄錢到百一十錢, 耐爲隸臣妾□☑"; 『龍崗秦簡』, 41簡, "貲二甲, 不盈卄二錢到一錢, 貲一盾, 不盈一錢□☑"(『龍崗秦簡』41簡); 『張家山漢墓竹簡』·「奏讞(讞)書」 案例19 "•異時魯法, 盜一錢盜卄, 罰金一兩. 過卄到百, 罰金二兩. 過百到二百, 爲白徒. 過二百到千, 完爲倡." 이러한 자료를 근거로 도표를 작성하면 다음과 같다(任仲爀, 「秦漢律의 罰金刑」, 『中國古中世史硏究』15, 2006).

【해석】

타인에게 도둑질을 시키고자 꾀하거나[522] 타인에게 도둑질할 장소를 지시해서 타인이 그 말대로……, 및 타인이 도둑질한 것을 알고도 이를 나눈 경우에는[523] 모두 盜와 같은 법으로 처리한다.[524]

절도금액에 따른 『秦律』과 『二年律令』의 형벌

魯法		秦律		二年律令	
贓價	형벌	贓價	형벌	贓價	형벌
		661전 이상	黥城旦舂	661전 이상	黥城旦舂
1000~201전	完倡(城旦)	660 미만~220전	完城旦舂	660 미만~220전	完城旦舂
		없음	鬼薪白粲	없음	鬼薪白粲
200~101전	白徒(隸臣妾)	220전 미만~110전	耐隸臣妾	220전 미만~110전	耐隸臣妾
		없음	司寇	없음	司寇
100~21전	罰金二兩	110전 미만~22전	貲二甲	110전 미만~22전	罰金四兩
20~1전	罰金一兩	22전 미만~1전	貲一盾	22전 미만~1전	罰金一兩

(음영부분은 자료에 없는 것을 표시한 것)

522) 謀遣人盜: '謀遣人盜'는 秦律 중에 '與盜同法'으로 처리. 『睡虎地秦簡』·「法律問答」, "甲謀遣乙盜, 一日, 乙且往盜, 未到, 得, 皆贖黥"; 『睡虎地秦簡』·「法律問答」, "人臣甲謀遣人妾乙盜主牛, 買(賣), 把錢偕邦亡, 出徼, 得, 論各可(何)殹(也)? 當城旦黥之, 各畀主."

523) 與分: 朱漢民·陳松長 主編, 『嶽麓書院藏秦簡(參)』(上海: 上海辭書出版社, 2013), 第一類 02, "「達等埱冢, 不與猩、敞謀, 【得】衣器告 ; 猩、敞受分, 臧(贓)過六百六十錢. 得. 猩當黥城旦, 敞耐鬼薪. 遝戊午赤攵(赦). 審.」"; 『睡虎地秦簡』·「法律問答」, "甲盜, 臧(贓)直(値)千錢, 乙智(知)其盜, 受分臧(贓)不盈一錢, 問乙可(何)論. 同論."

524) 京都大注釋: 盜罪에 상당하는 범죄행위 중 犯罪意志의 형성에 도움을 주면서 실행에는 가담하지 않은 경우에 관한 규정. 중간에 簡이 단절되었고, 전후는 직접은 연결되지 않는다. 따라서 앞의 행위도 「與盜同法」으로 되는 것인지는 분명하지 않다. 唐律에는 함께 훔친 경우에는 贓物을 합산[倂]해서 논죄하고, 주동자나 수종자가 범행 현장에 갔지만 자기 몫을 받지 않은 경우나, 자기 몫은 받았지만 가지 않은 경우는 각각 본래의 首犯·從犯을 구분하는 法에 따르는는 것으로 되어 있고, 함께 모의한 자가 자기 몫을 받았다면 주동자는 竊盜罪의 首犯으로 하고, 그 밖의 사람은 모

【원문】

謀偕盜而各有取也, 并直(値)其臧(贓)以論之.

【해석】

함께 도둑질 하는 것을 꾀해 각각 취한 몫이 있다면 그 장물의 가치를 모두 합한 것으로[525] 論斷한다.[526]

【원문】

盜盜[人], 臧(贓)[見]存者皆以畀其主.

【해석】

盜人에게서 도둑질을 하여[527] 얻은 장물로 남아 있는 것이 있

두 竊盜罪의 從犯으로 하되 만약 자기 몫을 받지 않았다면 주동자는 竊盜罪의 從犯으로 하는 것 으로 되어 있다. 『唐律疏義』·「賊盜」 50, "諸共盜者, 併贓論. 造意及從, 行而不受分, 卽受分而不行, 各依本首從法."; 『唐律疏義』·「賊盜」 51, "諸共謀强盜, 臨時不行, 而行者竊盜, 共謀者受分, 造意者爲竊盜首, 餘並爲竊盜從, 若不受分, 造意者爲竊盜從, 餘並笞五十."

525) 并直: 秦律에서도 前謀가 있었던 경우에는 贓을 합쳐서 論斷하는 것으로 되어 있다. 『睡虎地秦簡』·「法律問答」, "甲乙雅不相智(知), 甲往盜丙, 毚(才)到, 乙亦往盜丙, 與甲言, 卽各盜, 其臧(贓)直(値)各四百, 已去而偕得. 其前謀, 當并臧(贓)以論; 不謀, 各坐臧(贓)."

526) 여러 명이 미리 모의를 하고서 도둑질을 한 경우, 장물의 총액을 기준으로 刑을 과한다는 규정으로 전모가 있었던 경우에는 贓을 합쳐서 論斷하는 것으로 되어 있다. 『唐律疏義』·「賊盜」 50, "諸共盜者, 併贓論. 造意及從, 行而不受分, 卽受分而不行, 各依本首從法."; 『睡虎地秦簡』·「法律問答」, "其前謀, 當并臧(贓)以論. 不謀, 各坐臧(贓)."

527) 盜盜人: 盜人이 도둑질한 것을 다른 사람이 도둑질하는 것. 朱漢民·陳松長 主編, 앞의 책, 第一類 02: '癸瑣相移謀購', "「死辠(罪)購四萬三百廿(二十); 群盜盜殺人購八$_{016}$【萬六百卌(四十)錢. ......】□.」" 『睡虎地秦簡』·「法律問答」, "「盜盜人, 買(賣)所盜, 以買它物, 皆畀其主.」 今盜盜甲衣, 買(賣), 以買布衣而得, 當以衣及布畀不當? 當以布及其它所買畀甲, 衣不當."

으면, 모두 원래 소유자에게 반환한다.[528]

【원문】

受賕以枉法, 及行賕者, 皆坐其臧(贓)爲盜. 罪重於盜者, 以重者論之.

【해석】

뇌물을 받고 法을 왜곡하거나[529] 뇌물을 준 경우는 모두 그 재물을 장물로 판단하여 盜로 처리한다. 그 罪가 盜보다 重한 경우는 重한 쪽으로 이를 論斷한다.[530]

---

528) 이 조문은, 『晉書』·「刑法志」, 925쪽, "盜律有還贓畀主, ……."에 나오는 '還贓畀主'에 해당한다. '還贓畀主'라 함은 장물을 원래의 주인에게 돌려주는 것을 의미한다. 盜品이 더욱 누군가에 도둑질 당한 경우의 반환규정이 唐律에는 名例三十二의 注 및 疏議에 보인다. 『唐律疏義』·「名例」 32, '彼此俱罪之贓', "取與不和, 雖和, 與者無罪. 若乞索之贓, 竝還主."; '『唐律疏義』·「名例」 32, 以贓入罪', "諸以贓入罪, 正贓見在者, 還官." 『唐律』의 이 내용은 모두 「盜律」이 아닌 「名例律」에 속해 있다.

529) 受賕以枉法: 관리가 그 통할·감독 하에 있는 관리로부터 재물이나 음식, 기타 이익을 제공받거나 관리가 뇌물을 받고 청탁을 들어주는 것으로 해석하고, 이를 「盜律」로 분류하고 있다. '受所監'은 관리가 그 통할·감독 하에 있는 관리로부터 재물이나 음식, 기타 이익을 제공받는 것이고, '受財枉'은 관리가 뇌물을 받고 청탁을 들어주는 것을 각각 의미한다. 沈家本은 '受所監', '受財枉法'으로 분리하고 있고(沈家本, 앞의 책, 1404-1408쪽), 程樹德은 '受所監受財枉法'으로 이를 합쳐서 보고 있다(程樹德, 앞의 책, 53-54쪽), 『漢書』·「陳萬年傳」, "後竟徵入爲少府. ……受所監(如淳曰: '律, 主守而盜直十金, 棄市.')"; 『漢書』·「馮野王傳」, "入爲左馮翊. …… 野王部督郵掾祋祤趙都案驗, 得其主守盜十金罪, 收捕; 『漢書』·「王子侯表 上」, "元狩五年, 坐爲宗正聽請, 不具宗室, 削爲司寇 (師古曰: '受爲宗正, 人有私請求者, 受聽許之, 故於宗室之中事有不具, 而受獲罪.')" 『敦煌漢簡釋文』:2153:釋TH.1875, "行言者若許及受賕以枉法皆坐臧為盜沒入□□行言者本行職者也□☐"

530) 뇌물로써 법과 다르게 재판을 행하는 것 및 뇌물을 받은 것에 대한 처벌 규정.

【원문】

儌外人來入爲盜者, 要(腰)斬. 吏所興能捕若斬一人, 拜爵一級. 不欲拜爵及非吏所興, 購如律.

【해석】

境外의 사람들이 들어와서[531] 도둑질을 하면 腰斬에 처한다. 吏가 동원한 자가 1인을 체포하거나 斬殺하면 爵一級을 수여한다.[532] 爵의 授與를 희망하지 않거나[533] 吏가 동원한 자가 아니면 율에 따라[534] 상금을 내린다.[535]

---

531) 儌外: 『睡虎地秦簡』·「法律問答」, "人臣甲謀遣人妾乙盜主牛, 買(賣), 把錢偕邦亡, 出儌, 得, 論各可(何)殹(也)? 當城旦黥之, 各畀主."에서 秦簡整理小組는 儌를 '邊塞'으로 처리하고 있다. 『史記』·「司馬相如傳」, "諸邊關, 關益斥, 西至沫·若水, 南至牂柯爲儌; [索隱··張揖曰「儌, 塞也. 以木柵·水爲蠻夷界」], 通零關道, 橋孫水以通邛都."; 『史記』·「平準書」, "其明年, 天子始巡郡國.……. 於是上北出蕭關, 從數萬騎, 獵新秦中, 以勒邊兵而歸. 新秦中或千里無亭儌[集解如淳曰「儌, 亦卒求盜之屬也.」 晉灼曰 「儌, 塞也.」 瓚曰「既無亭候, 又不儌循, 無衛邊之備也.」] 於是誅北地太守以下, 而令民得畜牧邊縣, 官假馬母, 三歲而歸, 及息什一, 以除告緡, 用充入新秦中."; 『居延新簡』E.P.F 22 : 233, "有能生捕得反羌從儌外來爲間候動靜中國兵欲寇盜＝殺略人民吏增秩二等民與購錢五萬從奴它與購如比"

532) 捕若斬一人, 拜爵一級: 『韓非子』·「定法」 第43, "斬一首者爵一級, 欲爲官者爲五十石之官; 斬二首者爵二級, 欲爲官者爲百石之官."

533) 不欲拜爵: 『潛夫論』·「實邊」 第24, "又募運民, 耕邊入穀. 遠郡千斛, 近郡二千斛, 拜爵五大夫. 可不欲爵者, 使食倍賈於內郡."

534) 購如律: 『居延新簡』E.P.F 22 : 233, "…殺略人民吏增秩二等民與購錢五萬從奴它與購如比"; 『居延新簡』E.P.F 22 : 223, "奴與購如比"

535) 境外의 사람이 침입해 와서 활동하는 '盜'에게는 엄벌이 과해지고 이를 捕斬한 자에게는 爵이나 상금이 주어진다. 그 경우 관리에게 징발되어 수색에 참여한 자만이 拜爵의 대상이 된다. 반면, 실패로 끝났을 때는 처벌이 과해진다. 『嶽麓書院藏秦簡(參)』에는 구체적인 포상금 액수가 나온다. 朱漢民·陳松長 主編, 『嶽麓書院藏秦簡(參)』 (上海: 上海辭書出版社, 2013), 第一類 02: '癸瑣相移謀購', "「死辠(罪)購四萬三百廿(二十); 群盜盜殺人購八016【萬六百卌(四十)錢. ......】□(死罪를 적발하여 포획한 포상금은 사만삼백이십(전). 群

【원문】

盜五人以上相與功(攻)盜, 爲群盜.

【해석】

도둑질함에 있어서 五人 以上이 함께 습격을 해서 약탈을 하면, 群盜라 한다.536)

盜로 도적질하고 살인한 자를 적발하고 포획한 포상금은 팔〖만육백사십전......〗□.. 」)"; 『二年律令』, 140-143簡, "群盜殺傷人、賊殺傷人、强盜, 卽發縣道, 縣道亟爲發吏徒足以追捕之, 尉分將, 令兼將, 亟詣盜賊發及之所, 以窮追捕之, 毋敢□(140)界而環(還). 吏將徒, 追求盜賊, 必伍之, 盜賊以短兵殺傷其將及伍人, 而弗能捕得, 皆戍邊二歲. 三十日中能得其半以上, 盡除其罪;(141) 得不能半, 得者獨除; •死事者, 置後如律. 大痍臂臑股胻, 或誅斬, 除. 與盜賊遇而去北, 及力足以追逮捕之[而][官]□□□□□[逗](142)留畏耎弗敢就, 奪其將爵一絡〈級〉, 免之, 毋爵者戍邊二歲; [而][罰][其][所][將][吏][徒][以][卒][戍][邊][各][一][歲]. 興吏徒追盜賊, 已受令而逋, 以畏耎論之.(143)" 斬一人에게는 爵一級이 주어지는데, 爵을 희망하지 않는 자 등에게 상금이 주어지는 것에 대해서는 『二年律令』, 393簡, "諸當賜受爵, 而不當拜爵者, 級與萬錢."이 참고가 된다.

536) 盜五人以上: '群盜'에 대한 정의. 秦·漢律에 보이는 절도죄에 대한 처벌 규정은 매우 엄격한 것으로 나타나 있다. 특히 '群盜'는 5인이상이 도둑질하는 것을 의미하는데, 5인 이하가 도둑질하는 것과 비교하여 秦·漢律에서는 특히 엄벌에 처해졌다. '群盜'에 대한 정의가 『晋書』·「刑法志」의 張裴律注에는 "三人謂之群, 取非其物謂之盜"로 되어 있고, 唐律에는 "稱衆者, 三人以上(『唐律疏義』·「名例」 55)"로 각각 나타나 있다. 모두 3인을 기준으로 하고 있지만 秦·漢律에서는 5인이 기준이 되고 있다. 秦·漢律의 '群盜'에 대한 엄중 처벌규정은 『史記』·「減宣傳」에는 群盜가 일어났음에도 적발하지 않고 적발했으나 체포한 자가 일정한 수에 미치지 못할 경우에는 2천 석 이하에서 말단 관리까지 그 책임자는 모두 사형에 처한다는 '沈命法'으로 연결되고 있고, 『魏書』·「刑罰志」의 "群盜나 강도는 주범과 종범을 가리지 않고 모두 같은 죄이다(『魏書』 권111, 「刑罰志」, 2880-2883쪽)."라 하는 규정과도 그 맥락이 이어진다. 역대 왕조에서 '群盜'를 국가 치안 질서를 어지럽히는 가장 큰 범죄로 매우 중시하고 있었음을 알 수 있다. 『嶽麓書院藏秦簡(參)』에는, "死罪를 적발하여 포획한 포상금은 사만삼백이십(전). 群盜로 도적질하고 살인한 자를 적발하고 포획한 포상금은 팔〖만육백사십전......〗□.. 」"라 하여 일반살인죄를 적발·포

【원문】

智(知)人爲群盜而通飮食餽遺之, 與同罪. 弗智(知), 黥爲城旦舂. 其能自捕若斬之, 除其罪, 有(又)賞如捕斬. 群盜法(發), 弗能捕斬而告吏, 除其罪, 勿賞.

【해석】

타인이 群盜를 한 것을 알고서 음식을 제공하고[537] 먹였으면,[538] 같은 罪로 처리한다.[539] 알지 못했다면 黥城旦舂에 처

획하는 것보다 群盜로 도적질하고 살인한 자를 적발하고 포획하는 포상금이 2배에 해당한다는 내용이 나온다. 『睡虎地秦簡』·「法律答問」, "•五人盜, 臧(贓)一錢以上, 斬左止, 有(又)黥以爲城旦; 不盈五人, 盜過六百六十錢, 黥劓(劓)以爲城旦."; 二年律令』 63-64簡, "智(知)人爲群盜而通飮食餽遺之, 與同罪. 弗智(知), 黥爲城旦舂. 其能自捕若斬之, 除其罪, 有(又)賞如捕斬. 群盜法(發), 弗能捕斬而告吏, 除其罪, 勿賞"; 『二年律令』 65-66簡, "群盜及亡從群盜, 毆折人枳(肢), 胅體, 及令佊(跛)蹇, 若縛守將人而强盜之, 及投書縣(懸)人書, 恐猲人以求錢財, 盜殺傷人, 盜發冢(塚), 略賣人若已略未賣, 橋(矯)相以爲吏, 自以爲吏以盜, 皆磔."

537) 通飮食: 음식을 제공한다. 『漢書』·「酷吏傳」, '尹賞', "乃部戶曹掾史, 與鄕吏·亭長·里正·父老·伍人, 雜擧長安中輕薄少年惡子, 無市籍商販作務, 而鮮衣凶服被鎧扞持刀兵者, 悉籍記之, 得數百人. 賞一朝會長安吏, 車數百兩, 分行收捕, 皆劾以爲通行飮食群盜."; 『漢書』·「酷吏傳」, '咸宣', "乃使光祿大夫范昆·諸部都尉及故九卿張德等衣繡衣持節, 虎符發兵以興擊, 斬首大部或至萬餘級. 及以法誅通行飮食, 坐相連郡, 甚者數千人."; 『史記』·「酷吏列傳」, "…, 及以法誅通飮食, 坐連諸郡, 甚者數千人.";

538) 京都大注釋: 整理所組는 '餽遺'의 '遺'를 '饋'로 보고 있으나 『睡虎地秦簡』에 "餽遺亡鬼薪於外, 一以上, 論可(何)也. 無論"(『睡虎地秦簡』·「法律答問」)의 사례나 竹簡의 字體를 살펴볼 때, '遺'로 보아야 할 것이다.

539) 與同罪: '與同法'과 '與同罪'는 유사한 개념으로 '與同法'은 적용하여야 할 법률이 같다는 의미이고, '與同罪'는 적용하여야할 처벌이 같다는 의미이다(朱紅林, 『張家山漢簡《二年律令》集釋』 社會科學文獻出版社, 2005, 56쪽). 『唐律疏議』·「詐僞」 20, "諸詐疾病, 有所避者, 杖一百. 若故自傷殘者, 徒一年半. 其受雇倩, 爲人傷殘者, 與同罪, 以故致死者, 減鬪殺罪一等."; 『唐律疏議』·「名例」 53, "諸稱反坐及罪之·坐之·與同罪者, 止坐其罪"; 『二年律令』, 107簡-109簡,

한다. 자력으로 群盜를 체포하거나 참살했다면 그 죄를 면제하고 더욱 捕斬과 같이 상을 준다. 群盜를 發覺해서[540] 체포하거나 참살하지 못하고 吏에게 고발하면 그 사람의 죄를 면제하고 상은 賜與하지 않는다.[541]

【원문】

群盜及亡從群盜, 毆折人枳(肢), 眣體, 及令佊(跛)蹇(蹇), 若縛守將人而强盜之, 及投書・縣(懸)人書, 恐猲人以求錢財, 盜殺傷人, 盜發冢(塚), 略賣人若已略未賣, 橋(矯)相以爲吏, 自以爲吏以盜, 皆磔

【해석】

群盜 및 도망해서[542] 群盜를 따라간 자가 타인의 사지를 꺾거

"告, 告之不審, 鞫之不直, 故縱弗刑, 若論而失之, 及守將奴婢而亡之, 篡遂縱之, 及諸律令中曰同法・同罪, 其所與同當刑復城旦舂, 及曰黥之, 若鬼薪白粲當刑爲城旦舂, 及刑畀主之罪也, 皆如耐罪然. 其縱之而令亡城旦舂・鬼薪白粲也, 縱者黥爲城旦舂."; 『睡虎地秦簡』・「法律答問」, "律曰'與盜同法', 有(又)曰'與同罪', 此二物其同居·典·伍當坐之. 云'與同罪', 云'反其罪'者, 弗當坐. •人奴妾盜其主之父母, 爲盜主, 且不爲? 同居者爲盜主, 不同居不爲盜主."

540) 京都大注釋: 發은 발각・발생 정도로 해석할 수 있는데, 본 조문은 群盜라는 행위의 認知가 문제로 되는 것으로 '發覺'으로 번역.

541) 前條는 群盜 傍助에 관한 것, 본 條文은 群盜를 斬殺하지 않고 관리에게 고발한 경우의 처리에 관한 것으로 각각 다른 규정일 수 있다.

542) 亡: 秦漢 以來 편호제민에 대한 통제와 착취는 국가 정치의 핵심을 이루고 있었다. 당시 농민이 거주지를 이탈하는 것은 범죄였다. 秦代의 인구통제는 매우 엄격하여 검수가 出境 시에는 모두 官府의 허가를 받아야 했고, 다른 군현인이 內史郡을 마음대로 출입할 수 없었고, 내사군 또한 외래인을 머물게 할 수 없었다. 이를 위반하면 처벌을 받았는데, 당사자만이 아니라 伍人도 함께 징계를 받아야 했다. 거주지를 이탈한 농민을 체포하고 이에 대한 처벌을 규정한 것이 「亡律」인데, 『睡虎地秦簡』에는 「亡律」이 보이지 않는다. 다만, 『睡虎地秦簡』의 「法律答問」과 「封珍式」

나 脫臼하거나[543], 혹은 보행을 할 수 없는 불구로 만들거나[544], 사람을 묶고 연행해서[545] 强盜를 하거나[546], 투서하거

중에는 이와 관련이 있는 내용이 나오고 있다. 지금까지는 『二年律令』에 「亡律」이 나오므로 『二年律令』의 「亡律」과 『睡虎地秦簡』의 내용을 비교하여 秦의 「亡律」을 고찰할 수 있었다. 1993년에 公刊된 장가산한간의 『奏讞書』에는 16개의 안례 중에 도망과 관련된 것이 전체의 25% 정도를 차지하고 있었을 정도로 큰 비중을 차지하고 있었는데, 『嶽麓書院藏秦簡(肆)』의 율령 가운데서 「亡律」이 차지하는 비중은 전체 283枚의 律 가운데 105매를 차지할 정도로 높다. 이것은 도망에 대한 엄금에도 불구하고 秦末에 이르러 사회 혼란의 증가와 도망의 증가라는 실제 현실을 반영한 것으로 이해된다. 도망의 주체는 黔首만이 아니라 노비와 형도 등이 포함되며 도망인을 은닉하거나 고용하면 처벌을 받고, 도망인을 고발하면 포상을 받고, 自出의 경우 減刑을 받는 내용 등으로 구성되어 있다. 즉 기본적으로 『二年律令』의 「亡律」과 내용과 형식이 유사하다. 그러나 『嶽麓書院藏秦簡(肆)』에는 城旦舂·白粲·城旦司寇 3자가 逃亡을 가면 모두 黥爲城旦舂으로 처벌을 받는데, 『二年律令』에는 "城旦舂亡, 黥, 復城旦舂. 鬼薪白粲也, 皆笞百"으로 되어 있다. 鬼薪白粲이 도망가면 단지 笞百에 처하는 것은 城旦舂이 도망가면 黥城旦舂에 처하는 것보다 훨씬 가볍게 처벌한다고 할 수 있다. 이것은 秦律과 漢律의 미세한 차이를 보여주는 것이고 보다 합리적으로 발전하고 있음을 보여주는 사례라 할 수 있다.

543) 折人枳(肢), 肤體: 『二年律令』 28簡, "鬪而以釰及金鐵銳·錘·椎傷人, 皆完爲城旦舂. 其非用此物而眇人, 折枳(肢)·齒·指, 肤體, 斷決鼻·耳者, 耐. 其毋傷也, 下爵毆上爵, 罰金四兩. 毆同列以下, 罰金二兩; 其有疻痏及□, 罰金四兩."

544) 攱는 跛로 절름발이. 蹇은 跛의 의미.

545) 縛守將人: 縛人은 威勢나 힘으로 사람을 제압하여 포박하는 것. 縛守는 상대방이 도망가지 못하도록 하는 것을 말한다. 『唐律疏議』·「鬪訟」 8, "諸以威力制縛人者, 各以鬪毆論, 因而毆傷者, 各加鬪毆傷二等(무릇 威勢나 힘으로 사람을 제압하여 포박한 자는 각각 鬪毆로 논죄하고, (묶어서) 구타하거나 傷害한 자는 각각 鬪毆하거나 傷害한 죄에 2등을 더한다)."라 되어 있다. 『晋書』·「刑法志」, "律有事狀相似而罪名相涉者, 若加威勢下手取財爲强盜, 不自知亡爲縛守, 將中有惡言爲恐猲, 不以罪名呵爲呵人, 以罪名呵爲受賕, 劫召其財爲持質."

546) 强盜: 강제로 상대방의 재물이나 人身을 강탈하는 것. 즉 위협 혹은 힘으로써 그 재물을 취한 것을 말한다. 沈家本은 劫略을 强盜로 해석하고 있다. 沈家本은 劫略을 强盜로 해석하고 있다(沈家本, 앞의 책, 1400쪽). 『左

나, 다른 사람을 비방하는 글을 붙이거나[547], 타인을 恐喝해서[548] 錢財를 요구하거나, 도둑질하고 사람을 살상하거나, 묘

傳』 '襄公四年條'의 杜預注에는 '略'에 대하여 "不以道取爲略"라 하고 있고, 『唐律疏議』「名例」18에는 "略人者, 不和爲略"이라 하여 '略'이 흔히 劫掠, 掠奪을 의미로 사용되었음을 알 수 있다. 『唐律疏議』의 사례처럼 '略'이 '略人'의 용어로 사용되면, '略賣', 즉 "略人爲奴婢"와 같은 인신매매와 관련된 의미를 가지게 된다. 즉 劫略을 强盜로 한정해서 해석하면 상대방의 재물이나 人身을 강탈하는 것. 즉 위협 혹은 힘으로써 그 재물을 취한 것을 말하는데, 흉악한 범죄 행위에는 '유괴' 혹은 '겁탈'의 의미를 포함하게 된다. 더욱 『唐律疏議』에 강도와 관련된 규정은 「鬪訟」으로 분류되어 있고(『唐律疏議』·「鬪訟」 59 '强盜殺人'), 유괴에 관한 규정이 「賊盜」로 분류되어 있는 점을 감안하면 沈家本의 해석처럼 劫略을 强盜로 한정하기 보다는 程樹德의 견해처럼 '劫略'을 사람을 유괴하여 처벌받는 규정과 관련된 것으로 이해하는 것이 타당할 것 같다(程樹德, 『九朝律考』 中華書局, 1963, 52-54쪽). 魏에서는 폭력범죄와 관련된 것을 『劫略律』 내에 넣는다. 『唐律疏議』·「賊盜」 45, '略人略賣人', 369쪽, "諸略人略賣人 不和爲略. 十歲以下, 雖和, 亦同略法, 爲奴婢者, 絞, 爲部曲者, 流三千里, 爲妻妾子孫者, 徒三年. 因而殺傷人者, 同强盜法."; 『後漢書』·「陳忠列傳」, "疏、宜紀增舊科, 以防來事, 自今强盜爲上官若它郡縣所糺覺, 一發、部吏皆正法, 尉貶秩一等, 令長三月奉贖罪, 二發、尉免官, 令長貶秩一等；三發以上, 令長免官."

547) 投書, 縣(懸)人書: 匿名으로 書信을 보내 타인을 무고하는 행위를 말한다. 『後漢書』·「天文」 中, "明十二年(明帝永平四年)其十二月, 陵鄉侯梁松坐怨望懸飛書誹謗朝廷, 下獄死, 妻子家屬徙九眞."; 『論衡』·「恢國」 第 58 "隱彊侯傅懸書市里, 誹謗聖政. 今上海思(恩), 犯奪爵士."; 『晋書』·「刑法志」, "改投書棄市之科, 所以輕刑也。正篡囚棄市之罪, 斷凶强爲義之蹤也."; 『睡虎地秦簡』·「法律答問」, "「有投書, 勿發, 見輒燔之; 能捕者購臣妾二人, 毄(繫)投書者鞫審讞之.」 所謂者, 見書而投者不得, 燔書, 勿發; 投者【得】, 書不燔, 鞫審讞之之謂毆(也)"; 『唐律疏議』·「鬪訟」 50, "諸投匿名書告人罪者, 流二千里.(謂絕匿姓名及假人姓名以避己作者. 棄, 置, 懸之俱是.)"; 『二年律令』 118簡, "毋敢以投書者言毄(繫)治人. 不從律者, 以鞫獄故不直論."

548) 恐猲: 恐喝과 같다. 『晋書』 「刑法志」에서는 張裴의 律表를 인용하여 "위협하는 도중에 악한 말을 하는 것을 '恐猲'이라고 한다(『晉書』·「刑法志」 929쪽, "將中有惡言爲恐猲.")."라고 恐猲을 정의하고 있다. 『唐律疏議』에서는 恐猲을 정의하여 "공갈이라는 것은 남의 범행을 알면서 告訴한다고 하여 공갈로 재물을 취하는 것을 말한다(『唐律疏議』·「賊盜」 38, '恐喝取人財物', "恐喝者, 謂知人有犯, 欲相告訴, 恐喝以取財物者")."라 하고 있다. 顔

를 도굴하거나[549], 사람을 유괴해서 팔거나 이미 유괴했지만 아직 팔지 않았거나,[550] 거짓 관리 행세를 하거나, 吏를 자칭

師古의 주에 "猲은 위력으로 남을 협박하는 것이요, 賕는 법을 어기고 재물로써 서로 사례하는 것이다."라 정의하고 있다(『漢書』·「王子侯表 上」, 440쪽, "師古曰: '猲謂以威力脅人也. 賕, 枉法以財相謝. 猲音呼葛反. 賕音求.'"). 즉 威勢로 타인의 재물을 뜯어내는 것이나 타인의 약점을 이용하여 재물을 뜯어내는 경우는 모두 공갈에 해당한다. 威勢로 타인의 재물을 뜯어내는 것. 타인의 약점을 이용하여 재물을 뜯어내는 경우는 모두 공갈에 해당한다. 恐喝이란 용어는 『漢書』·「王子侯表上」 "師古曰: '猲謂以威力脅人也. 賕, 枉法以財相謝. 猲音呼葛反. 賕音求.'"; 『晉書』·「刑法志」, "盜律有劫略·恐猲·和賣買人, 科有持質, 皆非盜事, 故分以爲劫略律.";『晉書』·「刑法志」, "律有事狀相似而罪名相涉者, 若加威勢下手取財爲强盜, 不自知亡爲縛守, 將中有惡言爲恐猲, 不以罪名呵爲呵人, 以罪名呵爲受賕, 劫召其財爲持質."

549) 盜發冢: 『唐律疏議』·「賊盜」 30, "諸發冢者, 加役流. (發徹即坐. 招魂而葬, 亦是.) 已開棺槨者, 絞. 發而未徹者, 徒三年."; 『嶽麓書院藏秦簡(參)』·「爲獄等狀四種」, '猩、敞知盜分贓案', "(錄)江陵獄: 上造敞·士五(伍)猩智(知)人盜埱冢, 分臧(贓). 得. 敞當耐鬼薪, 猩黥城旦. 遝戊午(赦), 為庶人. 鞫審, 讞(讞)(朱漢民·陳松長 主編, 『嶽麓書院藏秦簡(參)』, 上海辭書出版社, 2011)."

550) 위의 내용은 유괴죄에 관한 규정으로 몸값이 미입수되거나 혹은 유괴 자체에 착수하지 않았어도 모의의 단계에서 이미 범죄를 구성하고, '略賣人'과 똑같이 磔刑이 부과되고 있다. 유괴죄에는 범인의 처자도 연좌된다. 유괴와 관련하여 東晋末의 「新制」 에는 家人도 棄市에 처해지는 것으로 나와 있다(『宋書』·「何尙之傳」, "義熙五年, 吳興武康縣民王延祖爲劫, 父睦以告官. 新制, 凡劫身斬刑, 家人棄市)." 『宋書』·「何承天傳」에는 元嘉七年頃의 기사로 同籍期親이 '補兵'에 처해지는 것이 나와 있다(吳興餘杭民薄道舉爲劫. 制同籍期親補兵). 『隋書』·「刑法志」에는 梁律로써 "劫身皆斬, 妻子補兵."이 나온다. 유괴로 列侯가 면관되거나 기시에 처해진 사례로는, 『漢書』·「高惠高后文功臣表」, "孝景五年, 侯何嗣, 二十三年, 元光五年, 坐略人妻, 棄市."; 『漢書』·「景武昭宣元成功臣表」, "侯夷吾嗣, 鴻嘉三年, 坐婢自贖爲民後略以爲婢, 免."의 사례가 있다. 秦漢律에서는 적어도 殺人, 群盜, 유괴에 대해서는 반드시 고발하도록 규정되어 있었을 뿐만 아니라 고발자에 대해서는 포상금을 지급하는 규정이 있었다. 『唐律』에서도 "유괴된 사람의 동거가족이 알고 있었으면서도 告하지 않았다면 모두 유괴범과 같은 죄에 처한다."고 하여 고발이 의무였다. 아울러 고발을 日數로 평가하고 있는데, 秦·漢律에서도 『唐律』과 같은 세분화된 日數가 정해져 있었는지는 불분명하지만, 앞서 『二年律令』에서 "1일이 안되어 스스로 그

해서 도둑질한다면 모두 磔刑에 처한다.

【원문】

智(知)人略賣人而與賈, 與同罪. 不當賣而和爲人賣, 賣者皆黥爲城旦舂. 買者智(知)其請(情), 與同罪.

【해석】

어떤 사람이 타인을 유괴해서 팔고 있는 것을 알면서도[551] 거래관계를 가지면[552] 같은 죄에 처한다. 부당한 인신매매를 중

일부를 체포하거나 곧 관리에게 통고하였을 때는 모두 면제한다."라고 하는 규정이 있는 점으로 보아 秦·漢律에서도 나름 고발의 시점과 관련된 정해진 日數가 있었던 것 같다.

551) 略賣人; 『魏書』·「刑罰志」에는 盜律로써 "略人·略賣人·和賣人爲奴婢者, 死"라 하는 규정이 나오는데, 이 규정과 『二年律令』의 내용은 거의 일치한다. 『魏書』·「刑罰志」에는 略人이 略賣人·和賣人과 함께 열거되어 있다. 즉 略人을 당시 성행했던 人身賣買의 일종으로 파악하고 있는 것이다; 『晉書』·「劉琨傳」 "鬻賣妻子"; 『魏書』·「高宗紀」, "有賣鬻男女者"; 『魏書』·「肅宗紀」, "或賣鬻男女以爲僕隸者"; 『宋書』,·「沈懷文傳」, "貧者賣妻兒"; 『魏書』,·「崔孝暐傳」, "民皆賣鬻兒女"; 『後漢書』,·「光武帝紀上」, "民有嫁妻賣子…"; 『魏書』·「薛虎子傳」, "質妻賣子"; 『南齊書』·「王敬則傳」, "乃有質賣妻兒"; 『資治通鑑』, 唐僖宗 乾符元年 正月條, "雇妻鬻子"; "『漢書』·「食貨志」, "漢興, 接秦之敝, 諸侯並起, 民失作業, 而大饑饉. 凡米石五千, 人相食, 死者過半. 高祖乃令民得賣子, 就食蜀漢."; 『唐律疏議』·「賊盜」 48 "諸知略和誘和同相賣及略和誘部曲奴婢而買之者, 各減賣者罪一等."; 『魏書』·「刑罰志」, "知人掠盜之物, 而故買者, 以隨從論"; 『唐律疏議』·「賊盜」 48, "諸知略和誘和同相賣及略和誘部曲奴婢而買之者, 各減賣者罪一等.知祖父母父母賣子孫及賣子孫之妾, 若己妾而買者, 各加賣者罪一等. (展轉知情而買, 各與初買者同. 雖買時不知, 買後知而不言者, 亦以知情論.)"; 『唐律疏議』,·「賊盜」 45, '略人略賣人', "諸略人略賣人 不和爲略. 十歲以下, 雖和, 亦同略法, 爲奴婢者, 絞, 爲部曲者, 流三千里, 爲妻妾子孫者, 徒三年. 因而殺傷人者, 同强盜法. 和誘者, 各減一等. 若和同相賣爲奴婢者, 皆流二千里, 賣未者, 減一等. 下條準此. 卽略和誘及和同相賣他人部曲者, 各減良人一等."

개한 경우 팔았던 자는 모두 黥城旦舂에 처한다. 산 자가 그 사정을 알았다면 같은 죄에 처한다.[553]

【원문】

劫人・謀劫人求錢財, 雖未得若未劫, 皆磔之. 完其妻子, 以爲城旦舂. 其妻子當坐者偏(徧)捕, 若告吏, 吏捕得之, 皆除坐者罪.

【해석】

타인을 유괴해서 錢財를 구하거나 그러한 것을 꾀하고자 했다면, 아직 錢財를 얻지 못했거나 혹은 아직 유괴하지 못했다 하더라도 모두 磔刑에 처한다. 그 처자를 完하여 성단용으로

552) 賈: 交易(整理小組注). 『睡虎地秦簡』・「法律答問」, "「客未布吏而與賈, 貲一甲.」 可(何)謂'布吏'? •詣符傳于吏是謂'布吏'."

553) 위의 내용을 보다 간략히 하면, 人身賣買에 간접적으로나마 부당하게 관여한 자도 '黥爲城旦舂'으로 처한다는 것이다. 좀 더 구체적으로 설명하자면, 인신의 略取・매매, 및 부당한 인신매매에 관여했던 자에의 科罰規定으로 人身을 약취해서 매매했으면 이에 관여했던 자도 같은 죄(磔刑)에 해당하고, 기타 부당한 매매에 관여하면 黥爲城旦舂에 처한다는 내용이다. 『漢書』・「食貨志」, "漢興, 接秦之敝, 諸侯並起, 民失作業, 而大饑饉. 凡米石五千, 人相食, 死者過半. 高祖乃令民得賣子, 就食蜀漢."의 사례는 시기적으로漢高祖 3년(기원전 200년) 6월의 일로 『二年律令』 이전에 해당하며 한시적인 조치이긴 하지만 人身賣買를 허용하고 있다는 점이 주목된다. 이 한시적 조치를 제외하고는 법률상 인신매매는 금지되어 있었기 때문에 良人이 인신매매를 거쳐 노비신분으로 전화하는 길은 적어도 법적으로는 금지되어 있었다(林炳德, 「魏晋南北朝의 良賤制」, 『歷史學報』142, 1994, 176쪽). 秦・漢交替期 이후 계속되었던 혼란이 여전했던 漢初에 인신매매는 매우 성행하였다. 그 人身賣買는 成人 男子 혹은 家長을 대상으로 한 것이 아니고 주로 妻・子를 대상으로 행해졌던 것이다. 즉 '强略人以爲妻'를 斬左趾城旦으로 처벌하는 규정, '略賣人'을 磔하는 규정의 이면에는 인신매매, 유괴를 통하여 妻로 삼거나 몰락한 良人이 자신의 妻를 人身賣買하는 실제 사회현상을 반영한 것이라고 생각된다.

처벌한다.[554] 그 처자 중에 연좌되어야할 자가 상당한 수를 체포하거나[555] 혹은 吏에게 告해서 吏가 체포할 수 있었다면, 모두 그 연좌된 죄를 면제한다.

【원문】

諸當坐劫人以論者, 其前有罪隸臣妾以上, 及奴婢, 毋坐爲民; 爲民者亦勿坐.

【해석】

무릇 타인을 유괴했던 죄에 연좌되어 論罪되어야 할 자가[556] 이전에 隸臣妾 이상의 죄를 범하였거나 노비였다면, 일반민의 유괴행위에는 연좌되지 않는다.[557] 일반민인 자도 예신첩 이상의 죄로 복역하거나 노비로 된 자의 유괴행위에 연좌되지 않는다.[558]

【원문】

相與謀劫人・劫人, 而能頗捕其與, 若告吏, 吏捕頗得之, 除告者罪,

554) 整理小組는 "完其妻子"을 "罪其妻子"로 하였는데, 『二年律令與奏讞書』에서는 "完其妻子"로 수정하였다.

555) 偏捕: 상당수의 자를 거의 체포하는 것.

556) 整理小組: 論은 論罪.

557) '毋坐爲民'의 의미가 불분명한데, 이 부분에 대한 해석은 專修大注釋에 따른다.

558) '爲民者亦勿坐'의 해석도 어려운데, '毋坐爲民'의 대칭적 의미로 보는 專修大注釋에 따랐다.

有(又)購錢人五萬. 所捕告得者多, 以人數購之, 而勿責其劫人所得臧(贓). 所告毋得者, 若不盡告其與, 皆不得除罪. 諸予劫人者錢財, 及爲人劫者, 同居智(知)弗告吏, 皆與劫人者同罪. 劫人者去, 未盈一日, 能自頗捕, 若偏(徧)告吏, 皆除.

【해석】

서로 함께[559] 유괴를 꾀하거나 유괴를 했어도 그 공범을 몇 명[560] 체포할 수 있었거나[561] 혹은 관리에게 알려서 관리가 몇 명을 구속하게 되었을 때는 告했던 자의 죄를 면제하고,[562] 또한 한사람 당 5만전을 상금으로 준다.[563] 체포하거나 告해서 체포된 사람이 많을 때는 그 인원수에 의해서 상금을 주며, 사람을 유괴해 얻은 장물에 대한 책임을 지워서는 안 된다.[564]

---

559) 與: 공동범죄. 『漢書』·「武五子傳」, "今陛下承明繼成, 委任公卿, 群臣連與成朋, 非毁宗室[師古曰··與謂黨與也]"

560) 頗: 少.

561) 能頗捕其與: 『二年律令』 206簡, "盜鑄錢及佐者, 智(知)人盜鑄錢, 爲買銅·炭, 及爲行其新錢, 若爲通之, 而能頗相捕, 若先自告·告其與, 吏捕, 頗得之, 除捕者罪."

562) 『唐律疏議』·「名例」 37, "諸犯罪共亡, 輕罪能捕重罪首. 及輕重等, 獲半以上首者, 皆除其罪(죄를 범하고 같이 도망하였다가, 가벼운 죄를 범한 자가 무거운 죄를 범한 자를 붙잡아 자수하거나, 그리고 죄의 輕重이 같은 도망 죄인의 半이상을 붙잡아 자수한 자는 모두 그 죄를 除免한다)."은 이와 관련되는 내용이다.

563) 有(又)購錢人五萬: 『嶽麓書院藏秦簡(參)』·「爲獄等狀四種」, 第一類 02: '癸瑣相移謀購', "「死皋(罪)購四萬三百卄(二十); 群盜盜殺人購八$_{016}$【萬六百卌(四十)錢. ......】□"; 『二年律令』 150-151簡, "捕從諸侯來爲閒者一人, 拜爵一級, 有(又)購二萬錢. 不當拜爵者, 級賜萬錢, 有(又)行其購. [數]人共捕罪人而當購賞, 欲相移者, 許之."; 『敦煌漢簡釋文』: 919: 釋MC. 792, "■右能捕興黨與粟次伯等一人購錢十萬知區處語吏 以其言捕得之購錢人五萬起從人三萬"

564) 勿責其劫人所得臧(贓); 『睡虎地秦簡』·「秦律十八種」, "叚(假)鐵器, 銷敝不勝而

告했어도 범인을 체포하지 못했거나 혹은 공범을 모두 통고하지 않았다면, 모두 죄를 면제받지 못한다. 무릇 유괴범에게 錢財를 제공하거나, 유괴된 사람의 동거가족이 알고 있었으면서도 告하지 않았다면 모두 유괴범과 같은 죄에 처한다.[565] 유괴범이 도망갔는데, 1일이 안되어 스스로 그 일부를 체포하거나 곧 관리에게 통고하였을 때는 모두 면제한다.[566]

【원문】

盜出財物于邊關徼, 及吏部主智(知)而出者, 皆與盜同法. 弗智(知), 罰金四兩. 使者所以出, 必有符致, 毋符致, 吏智(知)而出之, 亦與盜同法.

毁者, 爲用書, 受勿責."

565) 『唐律疏議』·「鬪訟」 59, "諸强盜及殺人賊發, 被害之家及同伍即告其主司. 若家人, 同伍單弱, 比伍爲告. 當告而不告, 一日杖六十. 主司不即言上, 一日杖八十, 三日杖一百. 官司不即檢校, 捕逐及有所推避者, 一日徒一年. 竊盜, 各減二等."

566) 京都大注釋: 유괴죄에 관련된 몇 가지 관련 규정. 전반은 유괴범이 패거리를 밀고한 경우에 대해서 규정한다. 유괴범 전원의 이름을 밀고하고, 그에 의해서 어느 정도 상당한 수의 범인을 체포했다면 밀고자는 죄가 면제되는데 그치지 않고, 범인에게 걸렸던 상금도 준다. 먼저 고하는 것에 의해서 죄가 면제되는 것은 다른 죄에 대해서도 보이지만, 상금까지 주어지는 것은 異例. 유괴범이 패거리를 밀고했던 사례는 『周書』·「柳慶傳」에 보이며 거기에는 밀고자의 죄의 면제가 반드시 통례는 아니었던 것으로 되어있다. 한편, 후반은 유괴범을 직접·간접으로 방조했던 케이스에 대해서 규정하고, 錢財를 제공한다거나, 동거자가 관에의 고발을 게을리 하였다면 같은 죄로 한다는 것. 『宋書』·「自序」에는 "民有盜發塚者, 罪所近村民, 與符伍遭劫不赴救同坐"라 하는 내용이 나오는데, 이를 통해 同伍에 있는 자가 유괴 저지에 협력하지 않으면 처벌받는 것을 알 수 있다.

【해석】

몰래 재물을 변경의 關所나 변경에서 반출하였을 때, 관할 담당 관리가[567] 그것을 알고도 반출하게 하였을 때는 모두 盜와 같은 법으로 처벌한다.[568] 알지 못하였을 때는 '罰金四兩'에 처한다. 使者가 월경하는 바, 반드시 符致가 필요하지만[569], 符致

567) 吏部主: "部主"는 곧 '監臨部主'를 말한다. '監臨部主'는 자신의 관할 하에 있는 자가 죄를 범하였는데도 그 감독을 맡고 있는 책임자나 상급관리로서 이를 故意로 방치할 경우 연좌하여 처벌하는 것을 말한다. 범인이 소속되어 있는 지역의 官府나 그 상급기관, 감찰 관원까지 연좌되었다. 『漢書』·「刑法志」, 顏師古 注, "所監臨部主有罪并連坐也."; 『漢書』·「刑法志」, "於是招進張湯·趙禹之屬, 條定法令, 作見知故縱·監臨部主之法,……"; 『二年律令』 76簡, "盜出黃金邊關徼, 吏·卒徒部主者智(知)而出及弗索, 與同罪. 弗智(知), 索不得, 戍邊二歲"; 『晉書』·「刑法志」, "漢承秦制, 蕭何定律, 除參夷連坐之罪, 增部主見知之條,…"

568) 盜出財物于邊關徼: 황금을 부정하게 반출하는 것에 관한 제 규정. 한대에 국외에 반출이 금지되어 있는 재물은 황금 외에 鑄錢·馬·弩 등이 있다. 『史記』·「佞幸列傳·鄧通傳」, "及文帝崩, 景帝立, 鄧通免, 家居. 居無何, 人有告鄧通盜出徼外鑄錢. 下吏驗問, 頗有之, 遂竟案, 盡沒入鄧通家, 尚負責數巨萬."; 『漢書』·「昭帝紀」 孟康注, "舊馬高五尺六寸齒未平, 弩十石以上, 皆不得出關.…"; 『唐律疏議』·「衛禁」 30, "諸越度緣邊關塞者, 徒二年. 共化外人私相交易, 若取與자, 一尺徒二年半, 三疋加一等, 十五匹加役流, 私與禁兵器者, 絞, 共爲婚姻者, 流二千里. 未入·未成者, 各減三等. 卽因使私有交易者, 準盜論."

569) 符致: 『說文解字注』 竹部 '符'字下, "符, 信也. 漢制以竹, 長六寸, 分而相合." 軍隊徵發 용도의 兵符 혹은 虎符는 주로 銅製인데, 兵符 이외의 일반적 符는 대부분 竹製로 제작되었다. 鄂君啓節은 청동으로 만든 竹節의 符인데, 繒·繻 등으로 만든 符도 있었다(『後漢書』·「郭丹傳」, "後從師長安, 買符入函谷關" 李賢注: "符卽繻也."). 符節은 용도에 따라 크게 세 종류로 나눌 수 있다. 첫째 제후국이나 都鄙를 지키는 자가 사용하는 節, 둘째 제후국의 使臣이 출사할 때 사용하는 節, 셋째, 門·關·道路를 통행할 때 사용하는 節이다. 제후국이나 都鄙를 지키는 자는 권한을 상징하는 증표로서 玉節 혹은 角節을 사용하고, 出使하는 使臣은 방문국의 성격에 따라 다른 형태로 주조한 節과 문자가 새겨진 竹箭을 보조로 소지한다. 門·關·道路를 통행할 때는 각각 符節과 旌節을 사용하되, 화물의 출입은 璽節을 사용한다. 이러한 각종 節은 외지로 나가 이동하는 자가 자신의 신분과 용무를

가 없는데, 吏가 그것을 알고도 보냈을 때는 역시 盜와 같은 법으로 처벌한다.[570]

증명하기 위한 神物에 해당하고, 竹簡이나 傳은 節을 보조하여 보다 구체적인 내역을 밝히는데 사용한다(宋眞, 「戰國時代 邊境의 출입자 관리와 符節」, 『中國古中世史硏究』27, 2012, 22쪽). 한대인들은 關을 통과할 때 符傳을 사용하였는데, 傳과 符는 동일한 유형이나 符에는 齒가 있고, 傳에는 齒가 없으며, 符에는 번호를 기입하였으나 傳에는 번호를 기입하지 않았으며, 符는 左右로 나누어 왼쪽 부분은 官에 두고 오른쪽 부분은 사용자가 지참하여 목적지에 도착했을 때 좌우를 맞추어(符合) 신분 등을 증명하도록 하였다(陳直, 『漢書新證』(天津人民出版社, 1979, 349-350쪽). 또한 符에는 官署에서 기입한 번호가 있을 뿐 人名은 없는데, 이는 符를 어떤 특정인이 전용한 것이 아니라 유관 기관이 출행자에게 임시로 발급하는 증명서로서 비밀을 유지하도록 하는 기능이 있었다(李均明, 「漢簡所見出入符·傳與出入名籍」, 『文史』 第19輯, 28쪽). 『睡虎地秦簡』·「秦律十八種」, "游士在, 亡符, 居縣貲一甲; 卒歲, 責之. •有爲故秦人出, 削籍, 上造以上爲鬼薪, 公士以下刑爲城旦. •游士律."에 의하면 游士의 縣 출입시에도 符의 발급이 의무화되었음을 알 수 있다. 符를 제작하거나 신분을 확인하는 두 기관(官府 혹은 津關)에 주무 관리를 배치하였다. 『居延漢簡釋文合校』65·7, "始元七年閏月甲辰, 居延與金關爲出入六寸符券, 齒百, 從第一至千, 左居官, 右移金關, 符合以從事."; 『史記』·「秦始皇本紀」 "始皇推終始五德之傳, 以爲周得火德, 秦代周德, 從所不勝. 方今水德之始, 改年始, 朝賀皆自十月朔. 衣服旄旌節旗皆上黑. 數以六爲紀, 符·法冠皆六寸, 而輿六尺, 六尺爲步, 乘六馬. 更名河曰德水, 以爲水德之始."; 『周禮』·「秋官」 '小行人', "達天下之六節, 山國用虎節, 土國用人節, 澤國用龍節, 皆以金爲之.道路用旌節, 門關用符節, 都鄙用管節, 皆以竹爲之." 鄭玄注曰:"有國者, 君道, 欲其守而不變, 故用金; 道路·門關·都鄙, 皆臣道, 欲其有自然之節, 故用竹."; 『漢書』·「王莽傳中」, "吏民出入, 持布錢以副符傳[師古曰:舊法, 行者持符傳, 卽不稽留. 今更令持布錢, 與符相副, 乃得過也], 不持者, 廚傳勿舍, 關津苛留." 한편, '致'는 통행증이란 의미인데, 통행증이란 의미로는 '傳'도 사용되고 있어서 '傳'과 '致'의 구분이 용이하지 않은데, 鷹取祐司씨에 의하면, '傳'은 왕복용인 것에 대하여 '致'는 片道用이었고, '致'는 통행증으로서도 기능하였지만, 人이나 馬 등의 戸籍登録이나 登記의 변경에 관한 문서라는 점이 본질이었다고 한다(鷹取祐司, 「漢代の人・物の移動と傳・致」, "東亜地域社会的情報交流與流通国際学術研討会"(2016韓国忠北大学校大学人文力量強化事業団主催).

570) 毋符致,…而出之: 통행증(符致) 없이 關門을 출입하거나 이를 방조할 경우의 행위를 처벌하는 내용. 『漢書』·「成帝紀」, "闌入尚方掖門. 注, 應劭曰:

【원문】

盜出黃金邊關徼, 吏卒徒部主者智(知)而出及弗索, 與同罪; 弗智(知), 索弗得, 戍邊二歲.

【해석】

몰래 황금을 변경의 關所나 변경에서 반출하는데 吏卒·徒의 관할 담당자가[571] 이를 알고도 반출시켜주고 수색하지 않았을 경우 같은 죄로 처벌한다. 이를 알지 못하거나 수색하였는데도 잡지 못했을 경우 戍邊 2년에 처한다.

【원문】

□□以財物私自假貣(貸), 貣(貸)人罰金二兩. 其錢金·布帛·粟米·馬牛殹, 與盜同法.

【해석】

(관부의 재물을) 사적으로 빌리거나[572] 타인에게 빌려준다면

無符籍妄入宮日闌."; (漢)賈誼著, 『新書』((明)程榮 纂輯, 『漢魏叢書』, 吉林大學出版社, 1992.)권1, 「等齊」, 471쪽; 『新書』, "天子宮門日司馬, 闌入者爲城旦, 殿門闌入者棄市."; 『史記』·「汲黯列傳」, 裴駰의 集解에 인용된 臣瓚日, "無符傳出入爲闌"; 『張家山漢墓竹簡』·「奏讞(讞)書」 案例3, "刻(劾)日: "臨菑(淄)獄史闌, 令女子南冠繳(縞)冠, 詳(佯)病臥車中, 襲大夫虞傳, 以闌出關. •今, 闌日: 南, 齊國族田氏, 徙處長安, 闌送行, 取(娶)爲妻, 與偕歸臨菑(淄), 未出關得, 它如刻(劾).…鞫: "闌送南, 取(娶)以爲妻, 與偕歸臨菑(淄), 未出關, 得, 審." 疑闌罪, 毄(繫), 它縣論, 敢潚(讞)之.…十年八月庚申朔癸亥, 大(太)僕不害行廷尉事, 謂胡嗇夫: 潚(讞)獄史闌, 潚(讞)固有審. 廷以聞, 闌當黥爲城旦, 它如律令."

571) 吏卒徒部主者: 京都大注釋은 이 부분을 "吏卒徒部主者"로 가운데 점이 없이 처리하였다. 이에 대하여 張家山漢簡研讀班은 "吏·卒徒部主者"로 하였고, 『釋文修訂本』은 "吏·卒·徒部主者"로 하였고, 『二年律令與奏讞書』는 "吏卒徒部主者"로 하여 京都大注釋을 따랐다.

罰金二兩에 처한다. 金錢·布帛·粟米·馬牛에 대해서는 이를 훔친 것과 같은 죄로 처벌한다.[573]

【원문】

諸有叚(假)於縣道官, 事已, 叚(假)當歸. 弗歸, 盈卄日, 以私自叚(假)律論. 其叚(假)別在它所, 有(又)物故毋道歸叚(假)者, 自言在所縣道官, 縣道官以書告叚(假)在所縣道官收之. 其不自言, 盈卄日, 亦以私自假律論. 其叚(假)已前入它官及在縣道官非

【해석】

무릇 縣道官에서 빌렸다면, 일이 끝나고[574], 그 빌린 것을 마땅히 반환하여야 한다. 반환하지 않은지 20일이 되면 '사사로

572) 京都大注釋: 私自라 함은, '사적으로 허가 없이' 등의 의미이다. 『唐律』에는 監臨官과 主守官이 官의 물품을 사사로이 스스로 빌렸거나 또는 다른 사람에게 빌려주었거나 그것을 빌린 경우에는 태형50대에 처하고, 10일이 경과하였다면 坐贓으로 논죄하되 2등을 감하는 것으로 되어 있다. 『唐律疏議』·「廏庫」 18, "諸監臨主守之官, 以官物私自借, 若借人及借之者, 笞五十, 過十日, 坐贓論減二等."; 『莊子』·「徐無鬼篇」, "所謂暖姝者, 學一先生之言, 則暖暖姝姝而私自說也, 自以爲足矣, 而未知未始有物也, 是以謂暖姝者也."; 『睡虎地秦簡』·「秦律十八種」, "「府中公金錢私貣用之, 與盜同法.」 •可(何)謂'府中'? •唯縣少內爲'府中', 其它不爲."; 『說文解字』6下, 貝部, "貣, 從人求物也"; 『居延新簡』E.P.F22 : 200"放又不以死駒付永, 永不當負駒, 放以縣官馬, 擅自假借, 坐藏爲盜, 請行法."

573) 京都大注釋: 재물을 사적으로 借貸한 경우의 科罰規定. 간의 앞부분이 잘려서 분명하지 않지만, 官物의 借貸가 문제로 되어있을 것이다. 秦에도 같은 규정이 있고, 唐律에는 유사한 규정이 있다. 廏庫 17에 관물의 부당한 消費借貸에 관한, 18에는 使用借貸에 관한 규정이 보인다.

574) 『睡虎地秦簡』·「秦律十八種」, "……其事已及免, 官輒收其叚(假), 弗亟收者有罪. •其叚(假)者死亡·有罪毋(無)責也, 吏代賞(償). 毋擅叚(假)公器, 者(諸)擅叚(假)公器者有罪, 毀傷公器及□者令賞(償)."

이 스스로 빌려준 죄'로 논단한다. 빌렸던 것이 다른 장소에 두고 죽게 되어 돌려줄 방도가 없을 때는[575] 스스로 소속[자신이 있는 장소]의 縣道官에게 알리고,[576] 縣道官이 서면으로 이를 빌려준 縣道官에게 전해서 회수하도록 한다. 스스로 그 것을 말하지 않은 것이 20일이 되면 이것도 또한 '사사로이 스스로 빌려준 죄'로 논단한다. 빌린 것이 이미 다른 官府나 소재 縣道官에 들어간 경우는 …….[577]

【원문】

諸盜□, 皆以罪(?)所平賈(價)直(値)論之.

【해석】

무릇 盜□는, 모두 평가했던 가격에 의해서 논죄한다.[578]

---

575) 物故: 死也. 여기서 道는 由의 의미.

576) 自言在所縣道官: 『二年律令』, 508簡, "御史以聞, 請許, 及諸乘私馬出, 馬當復入而死亡, 自言在縣官, 縣官診及獄訊審死亡, 皆津關, 制曰: 可."

577) 관에서 빌린 것을 반환해야할 시점부터 20일 이상 반환하지 않으면, '私自假律'로 論斷한다는 규정. 특히 사정이 있어서 자신이 직접 반환할 수 없는 경우, 어떠한 수속을 밟아야할 것인가에 대해서도 언급한다. 이 언급 부분에는 "빌린 것이 다른 장소에 있고"라는 조건이 붙고, 빌린 것을 소비하지 않은 것이 전제가 된다. 秦律에는 요역 중에 빌린 사람이 사망한 경우는 함께 일했던 徒나 舍人이 借貸物을 관리하게 된다(『睡虎地秦簡』·「秦律十八種」, "邦中之繇(傜)及公事官(館)舍, 其叚(假)公, 叚(假)而有死亡者, 亦令其徒·舍人任其叚(假), 如從興戍然."). 『唐律疏議』·「廄庫」 16에는, "諸假請官物, 事訖過十日不還者笞三十, 十日加一等, 罪止杖一百, 私服用者, 加一等(무릇 관의 물품을 청하여 빌려갔다가 일이 끝난 뒤 10일이 지나도록 반환하지 않는 자는 태형30대에 처한다. 10일마다 1등씩 가중하고, 그 죄의 최고형은 장형100대이다. 사사로이 사용한 자는 1등을 가중한다.)"라 하여 10일 이상부터 科罰의 대상이 되었다.

578) 京都大注釋: 탈자가 있어 의미가 분명하지 않지만, 장물액의 평가법에 대해서 규정했던 것 같다. 『唐律疏議』·「名例」 34에는 "무릇 贓物을 평가하는 것은, 모두 범행 장소의 당시 물가와 上品인 絹의 價格을 기준으로 한다. 功과 庸을 평가하는 것은, 1인당 1일을 絹3척으로 계산하며, 牛·馬·駝·騾·驢·車도 같다(諸平贓者, 皆據犯處當時物價及上絹估. 平功·庸者, 計一人一日爲絹三尺, 牛馬駝騾驢車亦同.)"라 하여 유체물의 가격평가 때에는 범행한 때와 범행 장소의 물가에 기초하는 것이 원칙이었다. 『管子』·「揆度」, "桓公問於管子曰, 「陰山之馬具駕者千乘. 馬之平賈萬也, 金之平賈萬也. 吾有伏金千斤, 爲此奈何?」"

3. 「具律」

【원문】 125簡

■具律

【해석】

■具律

【원문】 82簡

上造・上造妻以上, 及內公孫・外公孫・內公耳玄孫有罪, 其當刑及當爲城旦舂者, 耐以爲鬼薪白粲.

【해석】

上造나[579] 上造의 妻以上 및 內公孫・外公孫・內公耳玄孫이[580] 죄가 있어 肉刑에 해당하거나 城旦舂에 해당하면, 耐해서 鬼薪白粲으로 한다.[581]

---

579) 上造: 漢代의 20등급작에서 上造는 2급으로 『二年律令』의 '授田宅'규정에서는 2頃2宅을 지급받는 것으로 규정되어 있다. 『漢書』・「百官公卿表」, "爵 : 一級曰公士, 二上造(師古曰 : 「造, 成也. 言有成命於上也.), 三簪裊, 四不更, 五大夫, 六官大夫, 七公大夫, 八公乘, 九五大夫, 十左庶長, 十一右庶長, 十二左更, 十三中更, 十四右更, 十五少上造, 十六大上造, 十七駟車庶長, 十八大庶長, 十九關內侯, 二十徹侯. 皆秦制, 以賞功勞."

580) 京都大注釋: 內公孫・外公孫은 國家宗室 및 外戚之孫이다(『漢書』・「惠帝紀」 師古注, "內外公孫, 國家宗室及外戚之孫也"). 內公耳玄孫은, 『漢書』・「惠帝紀」 注에 따르면 耳孫・玄孫에는 諸說이 있어서 일치된 견해는 없지만, 李斐說에 따르면 종실의 曾孫(耳孫)과 그의 子(玄孫)이다.

581) 上造이상의 유작자와 그 처, 및 일정 범위내의 종실성원이 肉刑・城旦刑에 상당하는 죄를 범하였을 때, 耐鬼薪白粲刑에 해당되는 것을 규정하고 있다(京都大注釋). 똑같은 내용이 『漢書』・「惠帝紀」에 보이며 『睡虎地秦簡』・『奏

【원문】

公士・公士妻及□□行年七十以上, 若年不盈十七歲, 有罪當刑者, 皆完之.

【해석】

公士나 公士의 妻 및 □□연령이 70세 이상, 혹은 연령이 17세 미만인[582] 자가 죄를 범해서 肉刑에 해당하면, 모두 完으로 한다.[583]

讞書』에도 유사한 규정이 있다. 『漢書』・「惠帝紀」, "上造以上及內外公孫耳孫有罪當刑及當爲城旦舂者, 皆耐爲鬼薪白粲"; 『張家山漢墓竹簡』・「奏瀫(讞)書」 案例18, "篡遂縱囚, 死罪囚, 黥爲城旦, 上造以上耐爲鬼薪"; 『睡虎地秦簡』・「秦律雜抄」, "有爲故秦人出, 削籍, 上造以上爲鬼薪, 公士以下刑爲城旦." 요컨대 上造 이상의 爵을 가진 자는 肉刑을 면제받는 동시에 노역형도로써 노역에 종사할 때도 붉은 옷을 입지 않고 족쇄도 차지 않는 형벌감면의 특혜를 가졌던 것을 보여준다. 肉刑 및 勞役刑 최고형도인 城旦舂의 처벌을 받게 될 경우 上造 이상의 작을 가진 자는 예외 없이 肉刑 및 城旦舂의 처벌을 면제받고 있음이 일관되게 공통적으로 나타나는 것을 확인할 수 있고 公士의 경우에는 경우에 따라 肉刑을 면제받는 경우가 있음을 확인할 수 있다. 한편, 『二年律令』・「傅律」 에는 5급인 大夫 이상은 90세가 되면 매달 鬻米 1石씩을 제공받는 것으로 되어 있고 4급 不更은 91세, 簪裊 92세, 上造 93세, 公士 94세, 公卒과 士伍는 95세에 각각 鬻米 1石을 매달 제공받는 것으로 되어 있다(『二年律令』 354簡, "大夫以上[年]九十, 不更九十一, 簪裊九十二, 上造九十三, 公士九十四, 公卒・士五九十五以上者, 稟鬻米月一石.").

582) 京都大注釋: 노인과 미성년에 관한 부분은 『漢書』・「惠帝紀」, "民年七十以上若不滿十歲有罪當刑者, 皆完之."의 詔書의 내용에서는 「不滿十歲」로 되어 있다. 『漢書』・「惠帝紀」의 내용과는 관계없이 『二年律令』 중에 보이는 「老小不當刑」은 이 조문에 보이는 70세 이상, 17세 미만을 가리킨다고 생각된다.

583) 公士와 그 처 및 노인이나 미성년자가 육형에 상당하는 죄를 범하였을 때, 그것을 完刑으로 하는 것을 규정. 上造 이상과 달리 公士는 城旦刑을 피할 수 없었다(京都大注釋). 한편, 宮宅潔은 肉刑과 勞役刑이 모두 신분형적인 요소가 있음을 강조하고 勞役刑 가운데서도 특히 鬼薪白粲刑의 身分刑的인 성격에 주목을 하고 이를 爵이 가진 본질적 의미와 연결해서 설명하고 있다(宮宅潔, 「秦漢時代の爵と刑罰」, 『東洋史硏究』 58-4, 2000). 冨谷

【원문】

☐妻(?)殺傷其夫, 不得以夫爵論

【해석】

…처가[584] 그 남편을 殺害하거나 傷害를 입혔다면, 그 남편의 爵으로써[585] 죄를 논할 수 없다.

至는 감형에 의해서 초래한 바가 有爵者가 본래 가지고 있는 削爵에 의한 특권을 행사한 결과라고 생각할 것인가? 하는 의문을 제기한다. 형벌감면이라는 것은 특별한 사법적 조치 혹은 위로부터의 지시가 없어도 자동적으로 행사할 수 있는 권리여야 한다는 점에서 爵의 박탈과 有爵者의 刑罰減免과는 다른 차원이라고 한다. 冨谷至의 이러한 지적은 형벌감면이 有爵者에게 당연히 주어지는 특권이라고 하는 이해 자체에 근본적인 의문을 제기한 것이다. 그리고 유일하게 秦律에서 爵에 의해 刑이 감면되는 경우가 있었던 것이 인정되는데, 그 경우의 '刑'이 '刑罰一般'이 아니고 '肉刑' 즉 신체에 회복 불가능한 손상을 가하는 형벌이었다. 결국 爵에 의해 모든 형벌을 회피할 수 있는 것이 아니고, 감면의 대상은 死刑·肉刑에 한정되었다. 그리고 前漢 文帝期에 肉刑이 폐지되자 작에 의한 이득은 刑具의 면제에 한정되었다고 한다(冨谷至, 「秦漢二十等爵制と刑罰の減免」, 『前近代中國の刑罰』, 京都大學人文科學研究所, 1996). 『張家山漢墓竹簡』·「奏讞(讞)書」 案例21, "…當黥公士·公士妻以上, 完之.…"; 『二年律令』 157簡, "吏民亡, 盈卒歲, 耐. 不盈卒歲, 繫城旦舂. 公士·公士妻以上作官府, 皆償亡日. 其自出也, 笞五十. 給逋事, 皆籍亡日."

584) ☐妻(?): 『釋文修訂本』은 이 부분을 "☐殺傷其夫"로 하여 妻(?)가 없었다. 그런데, 京都大注釋에서는 "☐□□傷其夫"로 하였고, 『二年律令與奏讞書』에서는 "☐妻(?)殺傷其夫"로 처리하였다. 본고는 원칙적으로 『二年律令與奏讞書』에 따르고 있다.

585) 以夫爵論: 여성에게는 그 夫의 爵에 따라서 여러 가지 優免 特權이 주어진다. 『唐律疏議』名例12에서는, "諸婦人有官品及邑號, 犯罪者, 各依其品, 從議·請·減·贖·當·免之律, 不得蔭親屬. 若不因夫·子, 別加邑號者, 同封爵之例(무릇 官品과 邑號가 있는 婦人이 죄를 범한 경우, 각각 그 관품에 따라 議章·請章·減章·贖章·官當·免官의 律에 따르되, 親屬을 蔭庇하지는 못한다. 남편이나 아들에 의한 것이 아니고 특별히 邑號가 더해진 자는 封爵의 例와 같다)."라 하여 스스로 관품이나 읍호를 가진 여성이면 그에 따라서 優遇하게 되지만 통상은 夫의 관품에 따른 것을 알 수 있다. 『二年

【원문】

呂宣王內孫・外孫・內耳孫玄孫, 諸侯王子・內孫耳孫, 徹侯子・內孫有罪, 如上造・上造妻以上.

【해석】

呂宣王의[586] 內孫・外孫・內耳孫・內玄孫과 諸侯王의 子・內孫・耳孫, 및 徹侯의 子・內孫이 罪를 범하였을 때는, 上造나 上造의 妻以上과 똑같이 취급한다.[587]

【원문】

吏・民有罪當笞, 謁罰金一兩以當笞者, 許之. 有罪年不盈十歲, 除; 其殺人, 完爲城旦舂.

【해석】

吏民이[588] 죄를 범하여 笞로 量刑이 되었을 때,[589] '罰金一兩'

律令』372簡, "女子比其夫爵"; 『禮記』・「雜記上」, "凡婦人, 從其夫之爵位"

586) 呂宣王: 『漢書』・「外戚恩澤侯表」"臨泗侯呂公以漢王后父賜號. 元年封, 四年薨, 高后元年追尊曰呂宣王"; 『漢書』・「外戚傳上」, "又封諸呂凡六人皆爲列侯, 追尊父呂公爲呂宣王, 呂周呂后爲悼武王"

587) 앞서 上造가 누린 처우를 呂氏 일족이나 諸侯王, 徹侯의 자손도 인정한 것. 다만, 呂宣王 일족은 동일한 특혜를 누렸으나, 일반 제후왕의 경우는 內孫과 耳孫까지만, 철후의 경우는 內孫만 그 특혜를 누렸다는 점에서 차이가 있다. 『二年律令』의 '二年'을 '呂后 2년'으로 比定하는 커다란 논거가 되는 조문이다.

588) 吏民: 吏와 民. 작을 가지지 않은 자. 『漢書』・「薛宣傳」"成帝初卽位, … 擧錯各以其意, 多與郡縣事, 至開私門, 聽讒佞, 以求吏民過失, 譴呵及細微, 責義不量力."; 『漢書』・「田廣明傳」, "兄雲中爲淮陽守, 亦敢誅殺, 吏民守闕告之, 竟坐棄市."; 『漢書』・「汲黯傳」, "應劭曰 : 「闌, 妄也. 律, 胡市, 吏民不得持兵器及鐵出關」; "胡市, 吏民不得持兵器及鐵出關"

으로 笞를 대신하고자 신청하면[590] 이를 허락한다. 죄를 범한 자의 연령이 10세 미만이면 罰을 면제한다.[591] 살인죄인 경우는 完하여 城旦舂으로 한다.

【원문】

□所與同鬼薪白粲也, 完以爲城旦舂.

【해석】

관여하는 자[의 죄]가[592] 鬼薪白粲과 같다면 完하여 城旦舂으

---

589) 肉刑이 肢體나 皮膚에 손상을 주는 형벌이라고 한다면 笞刑도 이러한 효과를 가져다줄 수 있으므로 실제적으로는 笞刑은 일종의 肉刑에 해당한다(劉海年, 「秦漢刑罰考析」『雲夢秦簡硏究』中華書局, 1981, 190쪽). 『睡虎地秦簡』에는, 笞打의 횟수를 기준으로 笞十, 笞三十, 笞五十, 熟笞 등이 나타난다. 또한 笞五十, 笞百은 罰金一兩 정도의 형벌에 해당하고 罰金二兩에 비해서는 가벼운 것으로 되어 있다. 唐律에서는 笞 以上 死 以下에 이르기까지 모두 贖刑이 있었다. 『睡虎地秦簡』·「廏苑」, "罰冗皂者二月. 其以牛田, 牛減絜, 治(笞)主者寸十. 有(又)里課之, 最者, 賜田典日旬; 殿, 治(笞)卅."; 『睡虎地秦簡』·「司空」,"城旦舂毁折瓦器·鐵器·木器, 爲大車折𨋭(土-車)(輮), 輒治(笞)之. 直(値)一錢, 治(笞)十; 直(値)廿錢以上, 孰(熟)治(笞)之. 出其器. 弗輒治(笞), 吏主者負其半."; 『睡虎地秦簡』·「秦律雜抄」, "城旦爲工殿者, 治(笞)人百. 大車殿, 貲司空嗇夫一盾, 徒治(笞)五十."; 『睡虎地秦簡』·「法律答問」,"隸臣妾繫城旦舂, 去亡, 已奔, 未論而自出, 當笞五十…隸臣妾毄(繫)城旦舂, 去亡, 已奔, 未論而自出, 當治(笞)五十, 備毄(繫)日."

590) 謁: 관에 신청하는 것. 『睡虎地秦簡』·「秦律十八種」, "欲歸爵二級以免親父母爲隸臣妾者一人, 及隸臣斬首爲公士, 謁歸公士而免故妻隸妾一人者, 許之, 免爲庶人."; 『晉書』·「刑法志」, "十歲, 不得告言人; 卽奴婢捍主, 主得謁殺之."

591) 有罪年不盈十歲: 『周禮』·「秋官司寇」, '司刺', "壹赦曰幼弱, 再赦曰老旄, 三赦曰惷愚.(注. 鄭司農云, 幼弱老旄, 若今律令年未滿八歲八十以上, 非手殺人, 他皆不坐.)"; 『漢書』·「刑法志」, "年未滿七歲, 賊鬪殺人及犯殊死者, 上請廷尉以聞, 得減死."; 『晉書』·「刑法志」, "十歲, 不得告言人; 卽奴婢捍主, 主得謁殺之."

592) 所與: 여기에서 與는 관여한다는 의미. 『二年律令』, 192簡, "諸與人妻和奸, 及其所與皆完爲城旦舂. 其吏也, 以强奸論之."

로 한다.

【원문】

有罪當黥, 故黥者劓之, 故劓者斬左止(趾), 斬左止(趾)者斬右止(趾), 斬右止(趾)者府(腐)之. 女子當磔若要(腰)斬者棄市. 當斬爲城旦者黥爲舂, 當贖斬者贖黥, 當耐者贖耐.

【해석】

죄를 범해서 黥에 해당될 때, 앞서 黥으로 되었던 자는 劓로 하고, 앞서 劓되었던 자는 斬左趾로 하고, 斬左趾로 되었던 자는 斬右趾로 하고, 斬右趾로 되었던 자는 腐로 한다.[593] 여자

---

593) 「…斬右止(趾)者府(腐)之」 까지는 이미 다른 죄로 육형을 받은 자에게 동일한 육형이 내려졌을 때 추가로 육형을 부가하는 순서에 관한 규정이다. 「奏讞書」 案例4에는 이미 「黥劓」로 되어 있는 자가 黥城旦에 상당하는 죄를 범하고 斬左趾爲城旦으로 되어 있다(『張家山漢墓竹簡』·「奏瀐(讞)書」 案例4, "•胡丞憙敢讞之, …… 詰解: "符, 雖有名數明所, 而實亡人也. •律: '取(娶)亡人爲妻, 黥爲城旦. 弗智(知), 非有減也.' 解, 雖弗智(知), 當以取(娶)亡人爲妻論. 何解?" 解曰: "罪. 毋解."•明言, 如符·解. 問解, "故黥劓." 它如辤(辭).•鞠(鞫): "符, 亡, 詐(詐)自占書名數. 解, 取(娶)爲妻, 不智(知)其亡. 審." 疑, 解, 罪. 毄(繫). 它縣論. 敢瀐(讞)之.•吏議: "符, 有[名]數明所, 明嫁爲解妻. 解, 不智(知)其亡. 不當論." •或曰: "符, 雖已詐(詐)書名數, 實亡人也. 解, 雖不智(知)其請(情), 當以取(娶)亡人爲妻論. 斬左止(趾)爲城旦."•廷報曰: "取(娶)亡人爲妻論之. 律白, 不當瀐(讞)."). 이 에 따르면, 律에는 '亡人'을 취해서 처로 삼는 것은 '黥爲城旦'이고, 알지 못해도 減刑할 수 없는 것으로 되어 있다. 隱官 '解'는 알지 못했다하더라도 '取(娶)亡人爲妻'에 해당한다. 隱官"解"는 이미 黥刑을 받고 있다 등이 확인된다. 여기에서 隱官"解"는 "斬左趾爲城旦"이 확정된다. 본래 "取(娶)亡人爲妻"의 죄는 '黥爲城旦'이지만, 隱官"解"가 이미 黥劓刑을 받고 있기 때문에 더욱 무거운 형이 부과된 것이었다. 隱官 解가 도망자인 婦를 맞아들여 아내로 삼았다. 규칙에는 "娶亡人爲妻, 黥爲城旦"으로 되어 있는데, 隱官 解는 이전에 이미 黥·劓의 肉刑을 받고 있었고, 黥刑을 더 이상 적용할 수 없었다. 따라서 그 결과로서 '斬左趾城旦'으로 측정되었다는 것이다. 여기에서 張建國은 隱官 解가 다시 사면되어 隱官이

로 磔 혹은 腰斬에 해당하는 자는 棄市로 하고, 斬城旦에 해당하는 자는 黥舂으로 하고, 贖斬에 해당하는 자는 贖黥으로 하고, 耐에 해당하는 자는 贖耐로 한다.

되고, 그 후에 또 黥城旦 이상의 죄를 범할 경우는 斬右趾를 받을 것이라고 상정할 수 있다는 것이다(張建國, 「前漢文帝刑法改革とその展開の再検討」, 『古代文化』48-10, 1996). 그러나 『史記』·「孫子吳起列傳」에는 "臏至, 龐涓恐其賢於己, 疾之, 則以法刑斷其兩足而黥之"라 하여 처음부터 兩足이 제거된 사례가 나온다. 따라서 張建國씨의 지적처럼 누적된 결과 兩足이 제거되는 경우도 있겠지만, 처음부터 兩足이 제거되는 경우도 있음을 알 수 있다. 물론 『韓非子』·「和氏」에서는 "楚人和氏得玉璞楚山中, 奉而獻之厲王, 厲王使玉人相之, 玉人曰石也. 王以和爲誑而刖其左足. 及厲王薨, 武王卽位, 和又奉其璞而獻之武王. 武王使玉人相之, 又曰石也. 王又以和爲誑而其右足."이라 하여 左足이 제거되고 그 후에 右足이 제거된 사례도 나온다. 한편, 『睡虎地秦簡』·「法律答問」의 "五人盜, 贓一錢以上, 斬左止, 有(又)黥以爲城旦. 不盈五人, 盜過六百六十錢, 黥劓以爲城旦, 不盈六百六十到二百卄錢, 黥爲城旦."라 하는 내용은 2-5명이 훔친 장물의 액수가 660-220전까지는 黥城旦, 660전 이상은 劓+黥城旦, 5명이 집단으로 절도를 한 경우 1전만 넘어도 斬左趾+黥城旦이라는 것이다. 이 기사의 내용은 累犯 加重의 형태로 되어 있는 것이 아니라 모두 初犯인 경우를 가정해서 설정한 것이다. 이 기사의 내용을 보면 斬左趾+黥城旦 이상의 肉刑에 관한 기사는 나와 있지 않지만 그 이상의 경우 斬右趾+黥城旦이라는 것을 추정할 수 있다. 肉刑에 기본적으로 黥이 추가된다는 것은 나와 있지만 劓+黥城旦에 斬左趾가 추가된 것은 아니라는 사실을 위의 기사는 분명히 하고 있다. 즉 張家山漢簡「奏讞書」의 사례로 예시한 斬左趾+劓+黥城旦舂이 아니라 斬左趾+黥城旦이 나오고 있는 것이다. 다시 말하면 斬左趾에는 『張家山漢墓竹簡』·「奏瀐(讞)書」의 事例처럼 斬左趾+劓+黥城旦舂이 있을 수 있고 雲夢秦簡의 事例처럼 斬左趾+黥城旦이 있을 수 있다. 마찬가지로 斬右止에도 斬右止+斬左止+黥城旦舂이 있을 수 있고 斬右止+黥城旦舂이 있을 수 있다고 보아야 할 것이다(林炳德, 「中國古代·中世의 肉刑과 髡刑」, 『魏晋隋唐史硏究』9, 2002).

肉刑의 事例

『長沙吳簡』	『史記』孫子吳起列傳	『韓非子』和氏	『張家山漢簡』奏讞書	『雲夢秦簡』
刑左手			黥	黥
刑右手			黥+劓	黥+劓
刑右足		斬左趾	黥+劓+斬左趾	黥+斬左趾
刑兩足	斬左趾+斬右趾	斬左趾+斬右趾	(黥劓)斬左趾+斬右趾(?)	黥+斬右趾(?)

【원문】

有罪當耐, 其法不名耐者, 庶人以上耐爲司寇, 司寇耐爲隸臣妾. 隸臣妾及收人有耐罪, 毄(繫)城旦舂六歲. 毄(繫)日未備而復有耐罪, 完爲城旦舂. 城旦舂有罪耐以上, 黥之. 其有贖罪以下, 及老小不當刑·刑盡者, 皆笞百. 城旦刑盡而盜臧(贓)百一十錢以上, 若賊傷人及殺人, 而先自告也, 皆棄市.

【해석】

죄를 지어 耐에 해당하거나, 法에 耐의 刑名이 확정되어 있지 않은 경우는,[594] 庶人 이상은 耐爲司寇로하고, 司寇는 耐爲隸臣妾으로 한다. 隸臣妾 및 收人이 耐罪를 지으면,[595] 繫城旦舂 6

594) 有罪當耐, 其法不名耐者: 耐隸臣妾이나 耐爲司寇처럼 구체적인 刑名이 律文에 규정되어 있지 않은 경우를 말한다.

595) 收혹은 收人은 몰수 혹은 몰수된 사람이란 의미이다. 이와 관련하여 『睡虎地秦簡』에서 주목을 받았던 것은, "隸臣將城旦, 亡之, 完爲城旦, 收其外妻·子. 子小未可別, 令從母爲收." •可(何)謂"從母爲收"? 人固買(賣), 子小不可別, 弗買(賣)子母謂毆(也)(『睡虎地秦簡』·「法律答問」)."라 하는 내용이었다. 이 내용은 隸臣이 城旦을 監督하다가 城旦이 도망가면 隸臣을 完爲城旦하고 바깥에 있는 妻와 子를 收하는데, 만약 그 子가 어려서 분리할 수 없다면 母와 함께 收하라는 내용이다. 收는 『說文解字』에서 "捕也"로 해석하고 있다. 『秦簡』의 해설자는 위의 收를 收孥로 해석하고 있다. 대체로 『睡虎地秦簡』의 "夫有罪, 妻先告, 不收(『睡虎地秦簡』·「法律答問」).", "妻有罪以收, 妻媵臣妾, 衣器當收(『睡虎地秦簡』·「法律答問」)."라 하는 사례에서 夫, 혹은 夫의 범죄와 관련하여 妻子가 적몰되는 것을 법률용어로 收라고 칭하고 있음을 알 수 있다. 『二年律令』에 나오는 「收律」에는, "罪人完城旦舂·鬼薪以上, 及坐奸腐者, 皆收其妻·子·財·田宅(『二年律令』, 174簡)."라 하는 내용이 나온다. 이에 의하면 罪人으로 完城旦舂과 鬼薪 이상, 奸罪로 宮刑에 해당하는 죄인의 妻子나 財産을 收한다는 것이다. 이와 유사한 규정으로 남편이 없거나 별거하는 경우의 규정으로 『二年律令』에는 "無夫, 及爲人偏妻, 爲戶若別居不同數者, 有罪完舂·白粲以上, 收之(『二年律令』, 176-177簡)"이 있다. 罪人으로 完城旦舂과 鬼薪 이상, 奸罪로 宮刑에 해당하는 죄인의 妻子

歲에 처한다.[596] 복역기간이 다 차지 않았는데, 다시 耐罪를 지으면 完爲城旦春으로 한다. 城旦春이 耐罪 이상의 죄를 지었을 경우 黥刑에 처한다. 그 지은 죄가 贖罪 이하이거나 늙거나 年少하여 肉刑이 적용되지 않거나 소정의 육형이 모두 집행된 자는 모두 '笞百'에 처한다. 城旦刑으로 소정의 肉刑이 집행되어 다했어도 110전 이상을 훔치거나, 다른 사람을 賊傷하거나, 사람을 살해하고 자수하면, 모두 棄市에 처한다.

나 財産을 收한다는 『二年律令』의 내용은 『睡虎地秦簡』에, "夫盜千錢, 妻所匿三百, 可(何)以論妻? 妻智(知)夫盜而匿之, 當以三百論爲盜; 不智(知), 爲收(『睡虎地秦簡』·「法律答問」)." "夫有罪, 妻先告, 不收(『睡虎地秦簡』·「法律答問」)."의 내용과도 일치한다. 『睡虎地秦簡』의 이 내용은 남편이 千錢을 훔친 경우의 예인데, 千錢이면 黥城旦春에 해당하고 이 경우의 妻가 收된다 하는 것인데, 이것은 앞서 『二年律令』에서 夫의 罪가 完城旦春·鬼薪 이상이면 妻子가 沒收의 대상이 된다는 것과 일치한다 하겠다. 또 沒收의 대상이 대체로 夫의 죄에 대한 妻라는 점에서도 一致한다. 또 『二年律令』에는 『睡虎地秦簡』과 사실상 똑같은 조문으로 "夫有罪, 妻告之, 除于收及論(『二年律令』, 176簡)."이 있다. 이처럼 『二年律令』과 『睡虎地秦簡』에서 收와 관련된 몇 가지 사례는 모두 夫의 범죄와 관련된 것이었다.

596) 毄(繫)城旦舂: 『二年律令』 157簡, "吏民이 도망한 것이 1년 이상이면 耐이다. 1년 미만이면 繫城旦舂이다. 公士·公士妻以上은 官府에서 노역하며 도망한 기간을 채워야한다. 그가 스스로 자수하면 笞 50이고 도망쳤던 일에 종사시킨다. 모두 도망간 날을 기록하여 합계된 것이 1년 이상이면 역시 耐에 처한다(吏民亡, 盈卒歲, 耐; 不盈卒歲, 繫城旦舂; 公士·公士妻以上作官府, 皆償亡日. 其自出毆, 笞五十. 給逋事, 皆籍亡日, 軵數盈卒歲而得, 亦耐之)." 등을 비롯하여 『二年律令』과 『睡虎地秦簡』에는 '繫城旦舂'과 관련된 수많은 사례가 나오는데, '繫城旦舂'은 耐刑보다 가볍고 소정기간의 관부노역을 마치면 본래의 신분으로 돌아오는 것으로 무기형도는 아닌 것으로 되어 있다. 『睡虎地秦簡』·「司空」, "隸臣妾·城旦舂之司寇居貲贖責(債)毄(繫)城旦舂者, 勿責衣食; 其與城旦舂作者, 衣食之如城旦舂. 隸臣有妻, 妻更及有外妻者, 責衣. 人奴妾毄(繫)城旦舂, 貣(貸)衣食公, 日未備而死者, 出其衣食."; 『睡虎地秦簡』·「司空」, "毄(繫)城旦舂, 公食當責者, 石卅錢."; 『睡虎地秦簡』·「法律答問」, "隸臣妾毄(繫)城旦舂, 去亡, 已奔, 未論而自出, 當治(笞)五十, 備毄(繫)日."; 『睡虎地秦簡』·「法律答問」, "當耐爲隸臣, 以司寇誣人, 可(何)論? 當耐爲隸臣, 有(又)毄(繫)城旦六歲."

【원문】

鞫獄故縱・不直, 及診・報・辟故弗窮審者, 死罪, 斬左止(趾)爲城旦, 它各以其罪論之. 其當毄(繫)城旦舂, 作官府償日者, 罰歲金八兩; 不盈歲者, 罰金四兩. □□□□兩, 購・沒入・負償, 各以其直(値)數負之. 其受賕者, 駕(加)其罪二等. 所予臧(贓)罪重, 以重者論之, 亦駕(加)二等. 其非故也, 而失不審各以其贖論之. 爵戍四歲及毄(繫)城旦舂六歲以上罪, 罰金四兩. 贖死・贖城旦舂・鬼薪白粲・贖斬宮・贖劓黥・戍不盈四歲, 毄(繫)不盈六歲, 及罰金一斤以上罪, 罰金二兩. 毄(繫)不盈三歲, 贖耐・贖䙴(遷)・及不盈一斤以下罪, 購・沒入・負償・償日作縣官罪, 罰金一兩.

【해석】

옥사를 鞫問하는데, 고의로 죄를 눈감아 주거나, 죄의 경중을 고의로 달리하거나[597], 증거를 확인하거나[598] 판결의 報告에 있어서[599] 죄를 피하게 하려고 고의로 철저히 심리하지 않은 경우는,[600] 死罪라면 斬左止城旦으로 하고 그 외의 다른 형이

597) 鞫(鞫)獄故縱・不直: 故縱은 타인이 죄를 범한 것을 알면서도 고의로 묵인하는 것이고, 不直이라 함은 죄를 전가하거나 죄를 가중하는 것을 의미한다.

598) 診; 옥사를 鞫問하기 앞서 여러 가지 사항이나 상황을 검사하고 확인함. '告'・'劾'・'覆'・'气(乞)鞫'・'訊'・'診'・'詰'・'問'・'鞫'・'吏議'・'論' 등은 모두 재판의 추이를 전하는 용어이다. 『張家山漢墓竹簡』・「奏灊(讞)書」 案例, "診問蒼・信・丙・贅, 皆關內侯. 信, 諸侯子, 居雒陽楊里, 故右庶長, 以堅守滎陽, 賜爵爲廣武君, 秩六百石. 蒼, 壯平君, 居新郪都隱[陵]里; 贅, 威昌君, 居故市里; 丙, 五大夫, [居]廣德里, 皆故楚爵, 屬漢以比士, 非諸侯子. 布・餘及它當坐者, 縣論. 它如辭. ……."

599) 報: 報告(京都大學人文科學研究所編, 『漢簡語彙中國古代木簡辭典』, 岩波書店, 2015, 517쪽).

라면 같은 형으로써 論斷한다. 그 중에서 繫城旦舂에 해당하여 관부에서 노역해서 형기를 충당하는 경우는,[601] 1년에 벌금 8량을 부과한다. 1년이 되지 않는 경우에는 벌금 4량을 부과한다. ……는 벌금이 □兩이다. 賞金·財産沒收·損害賠償을 부과받게 된 것이 있다면, 각각에 해당하는 액수를 부담한다. 그 중에서 뇌물을 받은 경우에는 刑二等을 加重한다. 혹 수뢰에 의한 贓罪가 무겁다면 무거운 것으로써 그를 논단한 위에 또한 罪二等을 가중한다. 고의에 의한 것이 아니고, 과실로 그 심리를 철저히 하지 못했다면, 각각 그에 따른 贖罪로써 논한다. '戍邊四歲'[602] 및 '繫城旦舂六歲' 以上의 죄라면 '罰金四兩'으로 한다. 贖死·贖城旦舂·鬼薪白粲·贖斬宮·贖劓黥·四年未滿의 戍邊, 6년 미만의 繫城旦舂 및 罰金一斤以上의 죄라면 '罰金二兩'으로 한다. 3년 미만의 繫城旦舂, 贖耐·贖遷 및 '罰金一斤' 미만의 죄, 상금·財産沒收·損害賠償·관부의 노역에 의해서 소정의 일수를 상환하는 형이라면, 罰金一兩으로 한다.[603]

---

600) 辟故弗窮審者: 辟는 避와 通한다.

601) 京都大注釋: 作官府償日者는 특정한 日數를 官府에서 勞役에 종사하는 것을 뜻한다. 이 부분의 해석에 있어서 作官府에서 끊어서 해석하는 것도 가능하다. 『二年律令』 157簡, "吏民亡, 盈卒歲, 耐; 不盈卒歲, 毄(繫)城旦舂; 公士·公士妻以上作官府, 皆償亡日. 其自出毆((也), 笞五十. 給逋事, 皆籍亡日, 軵數盈卒歲而得, 亦耐之."; 『睡虎地秦簡』·「金布律」, "其已分而死, 及恒作官府以負責(債), 牧將公畜生而殺·亡之, 未賞(償)及居之未備而死, 皆出之, 毋責妻·同居."; 『睡虎地秦簡』·「法律答問」, "將上不仁邑里者而縱之, 可(何)論? 當毄(繫)作如其所縱, 以須其得; 有爵, 作官府."

602) 爵戍: 整理小組는 '爵'을 衍字로 본다. 張伯元은 爵級으로 戍邊의 처벌을 대신하는 것으로 이해한다(張伯元, 「"爵戍"考」 htttp://www.bsm.org.cn/show, 2003-12-28).

【원문】

一人有數▨罪毆(也), 以其重罪罪之.

【해석】

한사람이 여러 개……의 죄를 저지른 경우, 그 중의 무거운 죄로써 벌을 부과한다.

【원문】

□□□□□, 以其罪論之. 完城旦舂罪, 黥之. 鬼薪白粲罪, 黥以爲城旦舂. 其自出者, 死罪, 黥爲城旦舂; 它罪, 完爲城旦舂.

【해석】

……한다면, 그 죄로써 이를 논단한다. 完城旦舂의 罪이면, 黥刑으로 한다. 鬼薪白粲의 罪라면 黥城旦舂으로 한다. 스스로

---

603) 위의 율문은 관리의 고의적 재판부정과 과실에 의한 재판 오류로 이분하여 설명하고 있다. 고의성이 있을 때 反坐의 방식으로 死刑은 斬左止爲城旦로 처벌하고 나머지는 잘못 재판한 죄로써 각각 벌을 준다. 그러나 ㉤에서 재판이 고의가 아니고 과실일 경우에는 贖罪로 처리하여 해당 관리의 처벌을 각각 벌금 4량, 2량, 1량으로 처벌하고 있다.

재판 오류를 통한 형벌등급 산정

(任仲爀, 「秦漢律의 罰金刑」, 『中國古中世史硏究』15, 2006)

	처벌내용	잘못된 판결 내용
㉠	斬左止城旦	死罪,
㉡	8兩	繫城旦舂, 作官府償日者(1년 이상)
㉡	4량	繫城旦舂, 作官府償日者(1년 미만)
㉤	4량	戍四歲, 繫城旦舂六歲以上罪
㉥	2량	贖死・贖城旦舂・鬼薪白粲・贖斬宮・贖劓黥・戍四歲未滿, 繫城旦舂六歲未滿, 罰金一斤以上罪,
㉦	1량	繫城旦舂不盈三歲, 贖耐・贖遷・一斤以下罪, 購・沒入・負償・償日作縣官罪

출두하면[604] 死罪라면 黥城旦舂으로 하고, 다른 罪이면 完城旦舂으로 한다.

【원문】

諸欲告罪人・及有罪先自告而遠其縣廷者, 皆得告所在鄉, 鄉官謹聽, 書其告, 上縣道官. 廷士吏亦得聽告.

【해석】

무릇 죄인을 고발하고자 하거나 죄를 지어 먼저 자수하고자 하는데[605], 그 縣廷까지 먼 경우는 모두 소재한 鄕에 告할수 있는데, 鄕官은[606] 嚴正히 접수하고[607], 그 告를 기록하고, 縣道의 관에 上申한다. 縣廷의 士吏도[608] 역시 고발을 접수할 수 있다.[609]

---

604) 京都大注釋: 도망자가 스스로 출두하는 것. 고발전의 자수인 '先自告'와는 다른 개념이며 自出로 인하여 여기서는 감시자가 감면되고 있다.

605) 先自告: 自告를 엄밀하게 표현한 것.

606) 鄕官: 『二年律令』에 散見하는 鄕部嗇夫가 이에 해당한다고 보인다. 鄕部嗇夫는 호률에 의하면 호적작성의 업무 등을 수행하며 鄕을 관할하고 있었다고 보인다. 『漢書』・「循吏傳」'黃霸', "使郵亭鄕官皆畜鷄豚, 以贍鰥寡貧窮者[師古曰,…鄕官者, 鄕所治處也.]."

607) 謹: 엄정히.

608) 廷士吏: 廷은 縣廷. 士吏는 官職名. 士吏는 居延·敦煌簡에서는 候官의 武吏로 볼 수 있는데, 중요한 部나 燧에 候官에서 파견되어 군사의 임무를 맡기도 한다. 候官은 民政系統의 縣에 상당한다. 그런데, 士吏에는 武吏만이 아니라 文吏도 있으며 소송의 처리와 고소·고발의 수리를 담당하기도 한다(邢義田, 「張家山漢簡 『二年律令』 讀記」 http://www.bsm.org.cn/show, 2006-01-14). 士吏가 縣에도 존재했던 사실은 『秦簡』에서도 확인된다. "上縣道官. 廷士吏亦得聽告"은 부호를 무시하면 "上縣道官廷. 士吏亦得聽告."으로 구두점이 바뀔 가능성도 있다. 『睡虎地秦簡』・「秦律雜抄」, "•除士吏・發弩嗇夫不如律, 及發弩射不中, 尉貲二甲."

609) 京都大注釋: 告訴・告發이 수리에 관한 대원칙을 기술한 것으로 告訴・告

【원문】102, 104, 105, 106

縣道官守丞毋得斷獄及讞(讞). 相國·御史及二千石官所置守·叚(假)吏, 若丞缺, 今一尉爲守丞, 皆得斷獄·讞(讞). 獄事當治論者, 其令·長·丞或行鄉官視它事, 不存, 及病, 而非出縣道界也, 及諸都官令·長·丞行離官有它事, 而皆其官之事也, 及病, 非之官在所縣道界也, 其守丞及令·長若眞丞存者所獨斷治論有不當者, 令眞令·長·丞不存及病者皆共坐之, 如身斷治論及存者之罪. 唯謁屬所二千石官者, 乃勿令坐.

【해석】

縣이나 道의 관부의 守丞은[610] 옥사를 판결하거나 의심이 가는 獄事를 상부에 올리지 못한다.[611] 相國이나 御史 및 二千石官의 관이 두어진 바의 守吏·假吏 또는 丞이 없어 1인의 尉를 守丞으로 삼은 경우에는 옥사를 판결하거나 의심이 가는 옥사를 상부에 올릴 수 있다. 獄事에 있어서[612] 마땅히 治論

發은 현에서 수리하는 것이 원칙이었지만, 縣에서 너무 멀리 떨어져 살고 있는 자에 대해서는 鄕 등에 告訴·告發하는 것이 인정되었다. 향관은 告訴·告發을 수리할 수 있지만, 심판할 수 없고 현을 거쳐 처리할 수 있다.

610) 守丞: 丞의 대리직. 眞丞이 부재하여 卑秩인 자가 임시로 맡는 것. 여기에서의 守는 縣丞의 대리를 가리킨다.

611) 斷獄及讞(讞); 斷獄은 구체적으로 판결을 내려서 재판을 완료하는 것 내지는 '재판'을 의미한다. 讞(讞)은 의혹이 있는 안건에 대하여 상급의 기관에 판결을 의뢰하는 것.

612) 獄 이하는 원래 103簡(皆令監臨庳(卑)官, 而勿令坐官.)이 위치해있었다. 그런데, 京都大注釋에서 102간과 103간은 연결이 되지 않는다고 지적하였고, 『二年律令與奏讞書』에서는 103簡(皆令監臨庳(卑)官, 而勿令坐官.)을 빼고 103簡을 『二年律令』·「史律」로 연결하였다. 본문의 배치는 『二年律令與奏讞書』에 따랐다.

해야[613] 하는 경우, 그 令·長·丞이 鄕官을 巡行하거나, 다른 일을 공무를 보게 되어 없었을 때[614], 병에 걸렸으나 縣이나 道의 경계를 벗어나지 않았을 때, 都官의 令·長·丞이 그 附屬機關을 순행해서[615] 다른 일을 보고 있었다고 해도 모두 직무의 범위 내에 있었을 때, 및 병에 걸렸어도 都官이 소재한 縣道의 경계에서 벗어나지 않았을 때,[616] 守丞·守令·守長 혹은 관부에 있었던 眞丞이 단독으로 治論을 하였는데 부당한 것이 있다면, 부재중이거나 병에 걸렸던 眞令·眞長·眞丞을 모두 이에 연좌시키는데, 스스로 직접 판단하여 治論하거나 관부에 있던 자의 죄와 같이 처벌한다. 다만, 소속된 이천석관에 보고한 경우는, 처벌하지 않는다.[617]

---

613) 治論: 취조해서 판결을 내리는 것(京都大注釋).

614) 視它事: 다른 공무에 종사한다(京都大注釋).

615) 都官·離官: 都官은 중앙 직속의 관서. 秦律에서는 縣과 병칭된다. 都와 離는 벼칭된 개념이므로 離官은 都官의 부속기관으로 주변부에 배치된 것일 수 있다(京都大注釋).

616) 非之官在所縣道界也: 前文의 '非出縣道界也'를 근거로 살펴볼 때, 「之」자는 「出」의 잘못(京都大注釋). 縣道의 책임자가 그 관할하는 범위에 있는 것을 가리킨다. 陳偉도 같은 지적을 하고 있다(陳偉, 讀「『二年律令』札記」 http://www.bsm.org.cn/show, 2006 -01-17).

617) 京都大注釋: 眞官이 不在하였기 때문에 守官 혹은 眞丞이 단독으로 결정을 내리고 그것이 부당한 것이었을 경우, 부재했던 자에게도 연대책임을 지우는 것을 규정한다. 부재의 이유로는 公務와 病으로 모두 정당한 이유에 기인하는 것이고, 또한 공무에 의한 것이건 병에 의한 것이건 관할하는 縣道의 영역 내에서 벗어나서는 안 된다고 하는 조건이 붙는다.

【원문】121簡, 107簡, 108簡, 109簡

城旦舂・鬼薪白粲有罪䙴(遷)・耐以上而當刑復城旦舂, 及曰黥之若刑爲城旦舂, 及奴婢當刑畀主, 其證不言請(情)・誣告, 告之不審, 鞫之不直, 故縱弗刑, 若論而失之, 及守將奴婢而亡之, 篡遂縱之, 及諸律令中曰同法・同罪, 其所與同當刑復城旦舂, 及曰黥之, 若鬼薪白粲當刑爲城旦舂, 及刑畀主之罪也, 皆如耐罪然. 其縱之而令亡城旦舂・鬼薪白粲也, 縱者黥爲城旦舂.

【해석】

城旦舂이나 鬼薪白粲이 遷이나 耐 이상의 죄를 범하고 刑復城旦舂에 해당하거나 '그것을 黥하는' 혹은 '刑城旦舂으로 되는' 및 '노비로 肉刑을 받아서 주인에게 주는 刑'에 상당하는 자가 증언해서 사실을 말하지 않고[618] 타인을 무고하거나[619] 告함

618) 其證不言請(情): 증언에서 사실을 말하지 않는 것.

619) 城旦舂・鬼薪白粲有罪䙴(遷)・耐以上而當刑復城旦舂, 及曰黥之若刑爲城旦舂, 及奴婢當刑畀主, 其證不言請(情)・誣人: ① 城旦舂・鬼薪白粲有罪䙴(遷)・耐以上而當刑復城旦舂 ② 及曰黥之若刑爲城旦舂 ③ 及奴婢當刑畀主의 3자는 위반행위의 주체, 其證不言請(情)・誣人은 위반행위로 생각되는데, 이들의 관계는 이하 2가지로 해석된다. Ⅰ ①, ②, ③이 "其證不言請(情)・誣人"을 범한 경우 모두 '黥顔頯畀主'로 한다. Ⅱ ①, ②, ③인 자가 "其證不言請(情)・誣人"을 범한 경우의 科罰規定이 빠져있다. 그러나 Ⅰ의 경우는 벌칙규정이 노비에 대한 처벌인 '黥顔頯畀主'이므로 설명이 되지를 않는다. Ⅱ는 缺落의 원인으로써 빠트리고 썼거나 簡의 脫落을 생각할 수 있다. 121간과 122간이 연결되지 않았을 가능성이 있는데, 그것은 '誣人'이라는 용어가 이 이외에는 보이지 않고 誣告人이라는 말이 126簡에 보인다는 점. '人奴婢'라는 용어는 35-36간에 나온다는 점도 그 가능성을 보여준다. 이 경우의 해석은 "城旦舂이나 鬼薪白粲이 遷이나 耐 이상의 죄를 범하고 刑復城旦舂에 해당하거나 '그것을 黥하는' 혹은 '刑城旦舂으로 되는' 및 노비로 肉刑을 받아서 주인에게 주는 刑에 상당하는 자가 증언해서 사실을 말하지 않고 무고⋯⋯ 타인의 奴婢가 刑城旦舂 이하, 遷・耐에 이르기까지의

에 부정확한 내용이 있거나,[620] 국문하는데 자의적으로 경중을 달리하거나, 고의로 유죄를 무죄로 해서 형을 科하지 않았던 경우, 혹은 논단을 잘못하였을 때, 및 노비를 간수·연행하다[621] 이를 도망가게 하였거나, 길에서 탈취되어 놓쳐버렸

죄를 범했다면, 顔·頯에 黥하여 주인에게 주어라. 贖罪 이하의 죄를 범하였던 자……"로 할 수 있다. 誣人: 『秦簡』의 「法律答問」에 의하면 타인을 무고한 경우는 무고한 죄명과 같은 처벌을 받는 것으로 되어 있다. 이년율령에 誣人이라는 말은 이 이외에는 보이지 않고 誣告人이라는 말이 126簡에 보인다. 專修大學『二年律令』硏究會에서는 이 부분 134簡의 告律에는, "年未盈十歲及毄(繫)者·城旦舂·鬼薪白粲告人, 皆勿聽"의 사례를 들어 城旦舂·鬼薪白粲에 의한 고발은 수리되지 않는 것이므로 적어도 그들에게 무고죄로 처벌될 수 없음을 지적하고 있다. 또한 121간에서 열거된 내용이 122간에서 노비에 대한 처벌인 '黥顔頯畀主'로 되므로 121간과 122간은 연결되지 않음을 지적하고 있다(專修大學『二年律令』硏究會, 「張家山漢簡『二年律令』譯注(三) 一具律一」, 174쪽). 張建國은 121簡을 告앞에 위치시킬 것을 주장한다. 그 이유로 ① 121간과 107, 108, 109등의 거리가 기본적으로 같다. ② 每簡의 자수가 42-43字 좌우이다. ③ 121간과 108간은 c303, c302간으로 서로 중첩되어 있다. 등을 거론하고 있다. 張建國의 견해대로 121簡을 이 앞에 배치시키면, "城旦舂·鬼薪白粲有罪迁(遷)·耐以上而當刑復城旦舂, 及曰黥之若刑爲城旦舂, 及奴婢當刑畀主, 其證不言請(情)·誣(121)告, 告之不審, 鞫之不直, 故縱弗刑, 若論而失之, 及守將奴婢而亡之, 篡遂縱之, 及諸律令中曰同法·同罪, 其所與同當刑復城旦舂, 及曰黥之, 若鬼薪白粲當刑爲城旦舂, 及刑畀主之罪也, 皆如耐罪然. 其縱之而令亡城旦舂·鬼薪白粲也, 縱者黥爲城旦舂."로 되어 확실히 보다 합리적으로 해석된다(張建國, 「張家山漢簡《具律》121簡排序辨正一兼析相關各條律條文一」, 『法學硏究』 04-6, 2004). 『二年律令與奏讞書』에서는 張建國의 견해를 따라서 107簡 앞에 121簡을 두어 서로 이어지게 하였지만, 121簡에 나오는 刑復城旦舂, 曰黥之, 刑爲城旦舂, 奴婢當刑畀主 등의 내용이 108簡에도 거의 동일하게 나오는 것을 보아 이러한 배열에도 문제가 있는 것으로 보인다. 그럼에도 불구하고 본고에서는 상대적으로 해석이 잘되는 『二年律令與奏讞書』의 簡의 再配置에 따라 해석을 하였다.

620) 告之不審: 사실과 다른 내용을 告하는 것. 고의의 경우는 '誣告' 『周禮注疏』·「秋官司寇」, '司刺', 鄭玄注: "玄謂識審也. 不審, 若今仇讐當報甲, 見乙, 誠以爲甲, 而殺之者. 過失, 若擧刃欲砍伐, 而軼中人者. 遺忘, 若間帷薄忘有在焉, 而以兵矢投射之."

을 때, 및 율령 중에 '同法'·'同罪'라고 되어 있어서 그 與하는 바가 똑같이 刑復城旦春에 해당될 때[622], 및 율령에 "그것을 黥한다" 혹은 "鬼薪白粲은 刑爲城旦春에 해당한다."라고 되어 있을 때[623], 및 肉刑을 가한 다음 주인에게 돌려주어야 하는 형이라면, 모두 耐罪의 경우와 같이 한다. 혹 놓쳐서 城旦春과 鬼薪白粲을 도망치게 했다면, 놓친 자는 黥城旦春으로 한다.

【원문】

證不言請(情), 以出入罪人者, 死罪, 黥爲城旦春; 它各以其所出入罪反罪之. 獄未鞫而更言請(情)者, 除. 吏謹先以辨告證.

【해석】

증언에서 사실대로 말하지 않아, 그에 의해서 죄인의 죄를 늘리거나 줄인자는[624], 그 죄인이 사죄에 해당하는 경우 黥爲城旦春으로 한다. 그 외의 다른 경우는 각각 그 증감한 형벌로

---

621) 守將: 『二年律令與奏讞書』 65簡, "縛守將人"

622) 及諸律令中曰同法·同罪, 其所與同當刑復城旦春: 이 부분 專修大學 『二年律令』 研究會에서는 "及諸律令中曰同法·同罪·其所與同當刑復城旦春"으로 보고 "및 諸律令 중에 '同法'·'同罪'·'그 與하는 바가 똑같이 刑復城旦春에 해당하는' 해석한다(專修大學 『二年律令』研究會, 「張家山漢簡 『二年律令』譯注(三) 一具律一」, 137쪽). 刑復城旦春: 城旦春이 더욱 죄를 범해 肉刑에 처해지고 재차 城旦春의 노역에 처해진 형으로 초범의 처벌로서의 刑爲城旦春과는 다르다.

623) "及曰黥之, 若鬼薪白粲當刑爲城旦春": 121簡에는 "及曰黥之若刑爲城旦春"으로 되어 있다.

624) 以出入罪人者: '出罪'는 유죄를 무죄로 혹은 중죄를 경죄로 하는 것. '入罪'는 그 반대.

써 처벌한다.[625] 옥사의 국문이 아직 끝나지 않았는데, 다시 사실을 말하는 경우에는 형벌을 면제한다. 관리는 嚴正히 먼저 이 律을 증인에게[626] 분명하게 告한다.[627]

【원문】

譯訊人爲詐(詐)僞, 以出入罪人, 死罪, 黥爲城旦舂; 它各以其所出入罪反罪之.

【해석】

사람을 심문하는 것을 통역할 때에 통역에 고의로 거짓말한 것이 있어 그에 의해서 죄인의 죄를 늘리거나 줄인자는, 그 죄인이 사죄에 해당하는 경우 黥爲城旦舂으로 한다. 그 외의 다른 경우는 각각 그 증감한 형벌로써 처벌한다.

---

625) 反罪는 反坐로 사람을 誣告한 자는 무고를 입은 사람에게 科한 죄만큼 科罪하는 것을 의미한다. 『唐律』에 따르면 誣告는 反坐의 원칙이 있다. 일반인으로 타인을 誣告하면 그 誣告 내용과 똑같은 죄로 하지만 囚人이 誣告하면 본인만이 아니라 그 親屬에 까지 죄가 미치는 것으로 하여 일반인보다 엄하게 처벌하는 것으로 되어 있다. 『唐律疏議』·「鬪訟」 41, '誣告反坐', "諸誣告人者, 各反坐. 卽糾彈之官, 挾私彈事不實者, 亦如之. 反坐致罪, 準前人入罪法. 至死, 而前人未決者, 聽減一等. 其本應加杖及贖者, 止依杖、贖法. 卽誣官人及有蔭者, 依常律."

626) 京都大注釋: 證을 '증인'으로 번역하였는데, '證'一字만으로 증인을 표시하는 용례가 보이지 않으므로 '辨告'에서 구두점을 찍고 이 '證'一字는 다음 簡에 접속한다고도 볼 수 있다.

627) 辨告: 정확히 설명해서 분명하게 告하는 것(京都大注釋). 『漢書』·「高帝紀」, "吏以文法敎訓辨告, 勿笞辱 [師古曰, 辨告者, 分別義理以曉諭之]."

【원문】

劾人不審, 爲失; 其輕罪也而故以重罪劾之, 爲不直.

【해석】

사람을 고발하는데[628], 부정확한 경우는 '失'로 한다.[629] 가벼운 죄인데 고의로 무거운 죄로써 고발한 경우가 있다면 '不直'으로 한다.[630]

【원문】 113簡

治獄者, 各以其告劾治之. 敢放訊杜雅, 求其它罪, 及人毋告劾而擅覆治之, 皆以鞫獄故不直論.

【해석】

재판을 행하는 자는 각각 그 고발에 의해서 판결한다. 감히 멋대로 신문하여[631] 조문을 왜곡하고, 고발된 이외의 다른 죄를 구하거나 그 사람에 대한 고발이 없는데, 멋대로 訊問하였

628) 劾: 官에 의해서 이뤄진 고발로 관리의 위반행위에 대한 탄핵을 의미한다.

629) 劾人不審, 爲失: 『懸泉置漢簡』 I DXT 0112①에는, "囚律劾人不審爲失, 以其贖半論之"로 되어 있다. 이에 의하면, 이 失에 대한 처벌은 '贖半'이다. 이 조문은 李均明씨가 具律의 조문 가운데 囚律이 혼재되어 있다고 주장하는 하나의 근거가 되고 있다(李均明, 「《〈二年律令·具律〉中應分出〈囚律〉條款》」, 『鄭州大學學報(哲學社會科學版)』, 2002年 3期).

630) 이 내용은 아래 113簡의 '故不直'과 相通한다. 故不直은 고의로 공정하지 않게 죄를 더하는 것. 『漢書』·「景武昭宣元成功臣表」, "出罪爲故縱, 入罪爲故不直."; 『漢書』·「刑法志」, "孝武欲急刑, 吏深害及故入人罪者, 皆寬緩師古曰 : "吏釋罪人, 疑以爲縱出, 則急誅之. 亦言尙酷."; 『漢書』·「張敞傳」, "臣敞賊殺無辜, 鞫獄故不直, 雖伏明法, 死無所恨."

631) 放訊: '放'은 "하고 싶은 대로", "자의적으로"라는 의미.

을[632] 때는 모두 '鞫獄故不直'으로 논한다.[633]

【원문】 114簡-117簡

罪人獄已決, 自以罪不當, 欲气(乞)鞫者, 許之. 气(乞)鞫不審, 駕(加)罪一等; 其欲復气(乞)鞫, 當刑者, 刑乃聽之. 死罪不得自气(乞)鞫, 其父・母・兄・姊・弟・夫・妻・子欲爲气(乞)鞫, 許之. 其不審, 黥爲城旦舂. 年未盈十歲爲气(乞)鞫, 勿聽. 獄已決盈一歲, 不得气(乞)鞫. 气(乞)鞫者各辭在所縣道, 縣道官令・長・丞謹聽, 書其气(乞)鞫, 上獄屬所二千石官, 二千石官令都吏覆之. 都吏所覆治, 廷及郡各移旁近郡, 御史・丞相所覆治移廷.

【해석】

죄인의 재판이 종결되었으나, 스스로 형벌이 부당하다고 하여 다시 재심을 원하는 경우[634] 이를 허가한다. 재심요구가 정확

632) 覆治: 다시 상세하게 訊問하는 것. 『漢書』・「杜周傳」, "奏請覆治, 劾廷尉・少府縱反者." ; 『魏書』・「刑罰志」, "獄已成及決竟, 經所綰, 而疑有姦欺, 不直於法, 及訴冤枉者, 得攝訊覆治之."

633) 113簡은 내용상 「具律」이 아닌 「囚律」에 위치해야 한다고 지적하였다(李均明, 「《〈二年律令・具律〉中應分出〈囚律〉條款》」, 『鄭州大學學報(哲學社會科學版)』, 2002年 3期).

634) 乞鞫: 피고인이 재심을 청구하는 것; 秦・漢시기에는 죄인의 가속들이 再審을 청구할 수 있도록 허락하였지만 魏에서는 二年徒刑 이상에 대해서는 乞鞫을 허락하지 않았다. 唐에서는 魏의 제도를 계승하여 徒 以上으로 판결된 죄인에 대하여 "唯止告示罪名, 不須問其服否".이라 하여 乞鞫을 허락하지 않았다. 그러나 『二年律令』, 114簡~117簡에 따르면, 죄인의 재판이 종결되었으나, 스스로 형벌이 부당하다고 하여 다시 재심을 원하는 경우 이를 허가하는 것으로 나타나 있고, 더욱 재심요구가 정확하지 않으면 죄 1등을 더하되, 죄인이 또다시 재심을 요구하였을 때도 死罪를 제외하고, 再審要求를 들어주는 것으로 규정되어 있다. 整理所組는 乞을

하지 않으면 죄 1등을 더한다. 죄인이 또다시 재심을 요구하였을 때는, 肉刑을 받아야 하는 경우는 肉刑을 가한 후 再審要求를 들어준다. 死罪의 경우에는 직접 재심을 청구할 수 없고, 그 父·母·兄·姊·弟·夫·妻·子가 재심을 청구하려고 한다면[635] 들어준다. 그 재심요구가 부정확할 경우에는 黥城旦舂으로 한다. 나이가 아직 열 살이 되지 않았는데, 재심을 청구한다면 허락하지 않는다. 재판이 종결되고 나서 一年이 경과되었을 때는 재심을 청구할 수 없다.[636] 재심을 청구하는 경우 각각 거주하고 있는 縣이나 道에 가서 供述하고 縣道의 官의 令·長·丞은 嚴正히 접수하여 재심청구를 문서로 작성하여 안건을 관할하는 바의 二千石官에게[637] 上申하라. 二千石官은 都吏에게 명해서 이를 다시 조사케 한다. 都吏가[638] 다시 조사하여 판결을 재심한 내용은 法廷[639] 및 郡이 각각 인근의

气로 해석한다.

635) "其父·母·兄·姊·弟·夫·妻·子欲爲气(乞)鞫: 『晋書』·「刑法志」, "二歲刑以上, 除以家人乞鞫之制, 省所煩獄也"

636) "獄已決盈一歲, 不得气(乞)鞫": 『周禮』·「秋官」'朝士', "期內之治聽, 期外不聽. [鄭司農云, 謂在期內者聽, 期外者不聽. 若今時徒論決滿三月不得乞鞫]"

637) 二千石: 漢代 관리의 祿俸 等級인데 실제로는 官位品秩의 표시이다. 漢代에는 內로는 九卿 外로는 郡守에 이르기까지 年俸祿이 모두 二千石인데 이 二千石은 三級으로 나누어진다. 그 三級은 각각 中(滿)二千石, 二千石, 比(比照)二千石이다. 『後漢書』·「百官志」 에 의하면, 中二千石은 月俸一百八十斛, 二千石은 月俸一百二十斛, 比二千石은 一百斛으로 穀物과 貨幣로 支拂하도록 되어 있다.

638) 都吏: 이 규정에 의하면, 都吏는 二千石官 직속의 관리로써 이해된다. 이 규정에 의하면, 縣道가 수리한 재심의 안건은 二千石官으로 송부되고 그 직속의 都吏에 의해서 심판되게 된다.

639) 京都大注釋: 廷은 縣廷, 郡廷, 廷尉 등 각각의 단계에서 재판을 행하는 부서.

郡에 통달하고[640], 御史·丞相이 최종 판결한 내용은 法廷에 通達하라.[641]

【원문】 118簡

毋敢以投書者言殹(繫)治人. 不從律者, 以鞫獄故不直論.(118)

【해석】

감히 익명의 투서를 근거로 사람을 구속해서 訊問하면 안 된다. 이 律에 따르지 않는 경우는 '鞫獄故不直'으로써 논단한다.[642]

---

640) 移: 整理小組는 '移書'로 해석. 안건을 다른 재판소로 옮긴다는 뜻.

641) 京都大注釋: 우선, 죄인이나 가인이 재심을 요구하기 위해서의 절차, 및 그 요구가 부정확하였을 경우의 과벌을 규정한다. 乞鞫의 제도는 『秦簡』의 「法律答問」과 『奏讞書』 案例17에는 黥城旦으로 된 사람이 재심을 요구해 무죄로 된 사례도 나타나 있다. 『唐律』에는 斷獄22에 도죄이상의 판결에는 수인의 동의서를 취할 것을 명하고, 그 때 수인이 동의하지 않으면 재심리를 행할 것을 규정하고 있다. 家人에 의한 乞鞫은 위에서는 폐지되고(『晋書』·「刑法志」), 『唐律』에서도 家人에게는 죄명을 알리는 것으로 보아 그 동의는 필요하지 않은 것으로 보인다. "气(乞)鞫者各辭在所縣道" 이하는 재심을 수리한 후의 관서에서의 절차에 대해서 규정하고 있다. 재심의 요구를 기록한 문서는 소속의 二千石에게 제출되고 이후의 취조는 이천석에 의해서 파견된 都吏가 담당하였다. "及郡各移旁近郡, 御史·丞相所覆治移廷"(117簡)은 출토위치가 떨어져 있고 의미도 통하지 않으므로 연속하지 않을 가능성도 있다.

642) 익명의 투서에 의해서 조사한 경우의 科罰 규정. 『秦簡』의 法律答問과 『唐律』에 의하면 투서는 개봉하지 않고 소각하는 것이 원칙이었다. '鞫獄故不直'은 113간에도 보인다. 고의로 죄를 증감시키는 형. 『晋書』·「刑法志」에는, "改投書棄市之科, 所以輕刑也")라 하여 匿名으로 書信을 보내 타인을 무고할 경우 棄市에 처하는 것으로 되어 있다..

【원문】119簡

贖死, 金二斤八兩. 贖城旦舂・鬼薪白粲, 金一斤八兩. 贖斬・府(腐), 金一斤四兩. 贖劓・黥, 金一斤. 贖耐, 金十二兩. 贖䙴(遷), 金八兩. 有罪當府(腐)者, 移內官, 內官府(腐)之.

【해석】

贖死는 金 二斤八兩. 贖城旦舂・贖鬼薪白粲은 金 一斤八兩. 贖斬・贖府(腐)는 金 一斤四兩.[643] 贖劓・贖黥은 金 一斤. 贖耐는 金 十二兩. 贖遷은 金 八兩.[644] 죄가 있어서 腐刑으로 量刑된 자는 內官에 이송하고 內官이 腐刑을 실시한다.[645]

---

643) 贖斬: 여기에서는 贖斬趾刑을 가리킨다.

644) 여기에 나오는 兩은 1근의 16분의 1을 표시하는 무게의 단위인 동시에 金一斤의 가격을 표시하고 있다. 漢에서는 '黃金方寸'을 1金으로 하고 1만전으로 하였다. 따라서 漢의 金1兩은 1만전의 16분의 1, 즉 625錢이었다. 漢은 秦制를 고쳐서 금의 중량비와 錢額과를 일치시켜 화폐제도를 심플화한 것으로 1金=금1斤=1만전, 1량=625전으로 제정한 것으로 이해된다(若江賢三, 「秦律における盜罪とその量刑」, 『秦漢律と文帝の刑法改革の研究』 汲古書院, 2015, 52쪽).

645) 贖刑의 구체적인 금액을 규정하고, 말미에 宮刑을 가할 때 절차가 부가적으로 기록된다. 『二年律令』에 보이는 贖死・贖城旦舂・贖鬼薪白粲・贖斬・贖府(腐)・贖劓・贖黥・贖耐・贖遷, 『岳麓書院藏秦簡(貳)』에 보이는 贖死・贖耐는 모두 정해진 액수가 있다. 정해진 액수가 있으므로 正刑이라고 이해한다면, 속형은 벌금형과 아무런 차별성이 없다. 굳이 罰金刑과 贖刑을 구별할 이유도 없다. 앞서 살펴보았듯이 『二年律令』의 벌금형에는 벌금1량・벌금2량・벌금4량의 3종류가 있다. 이에 대하여 贖刑에 해당하는 贖遷은 8량, 贖耐는 12량, 贖劓・贖黥은 16량, 贖斬・贖府(腐)는 20량, 贖城旦舂・贖鬼薪白粲은 24량, 贖死는 40량이다. 만약 贖刑을 정해진 액수가 있으므로 正刑이라고 이해한다면, 벌금1량・벌금2량・벌금4량에 이어서 벌금8량・벌금12량・벌금16량…등으로 표기하면 그만이었을 것이다. 그럼에도 불구하고 贖+刑罰名이 나온다는 것은 贖+刑罰名이 벌금형과는 분명히 구분되는 무언가 刑罰名과 관련이 있었기 때문이었다고 보지 않을 수 없다. 즉 '贖'아래에 刑罰名이 기록된 것은 換刑이 아니라 그 자체로 '正刑'인

【원문】120簡, 122簡-124簡

鬼薪白粲有耐罪到完城旦舂罪, 黥以爲城旦舂. 其有贖罪以下, 笞百. 人奴婢有刑城旦舂以下至䙴(遷)·耐罪, 黥顏頯畀主, 其有贖罪以下及老小不當刑·刑盡者, 皆笞百. 刑盡而賊傷人及殺人, 先自告也, 棄市. 有罪當完城旦舂·鬼薪白粲以上而亡, 以其罪命之; 耐隸臣妾罪以下, 論令出會之. 其以亡爲罪, 當完城旦舂·鬼薪白粲以上不得者, 亦以其罪論命之. 庶人以上, 司寇·隸臣妾無城旦舂·鬼薪白粲

것이 확실하지만, 적어도 그 유래는 '贖'아래에 있는 刑罰名과 관련이 있거나 혹은 '贖'아래에 있는 刑罰名과 어느 정도 換刑的 관계에 있었다고 보지 않을 수 없다. 적어도 『睡虎地秦簡』·「法律答問」, ①"眞臣邦君公有罪, 致耐罪以上, 令贖", ②"臣邦眞戎君長, 爵當上造以上, 有罪當贖者, 其爲群盜, 令贖鬼薪鋈足; 其有府(腐)罪, 【贖】宮"의 내용은 秦의 贖刑에 換刑的 요소가 있었음을 보여주고 있다. 즉 ①의 耐罪以上 이라는 표현은 城旦의 勞役刑에서 肉刑, 死刑에 이르기까지 모두 贖할 수 있다는 것이고, ②의 '腐罪, 贖宮'은 贖한 바의 명칭과 범죄에 따른 형벌명과 서로 상응하는 것으로의 換刑의 성격을 보여준다. 『二年律令』 88簡-89簡에는, "女子當磔若要(腰)斬者, 棄市. 當斬爲城旦者黥爲舂, 當贖斬者贖黥, 當耐者贖耐"라 하여 "女子… 當耐者贖耐"는 贖으로 實刑을 代替한 것, 즉 여기에서의 贖耐는 耐에 해당하는 자를 贖耐로 한 것이므로 명백히 耐에 대한 換刑의 성격을 갖는다(張建國, 「論西漢初期的贖刑」, 『政法論坛』 20-5, 2002, 40쪽). 唐의 律令 중 贖刑의 대상은 일정이상의 신분, 노소질폐, 과실살상, 疑罪 등이고 漢律도 唐律令과 유사하다고 생각되지만, 여기에서는 특히 여성을 그 대상으로 한 것이라 할 수 있다. 그렇다면 『睡虎地秦簡』의 소수민족의 君長, 上造以上에 상당하는 작위를 가진 자에 대한 腐罪의 贖宮, 『二年律令』의 여성을 대상으로 한 耐刑의 贖耐는 원래 부과해야할 형벌을 대신하는 換刑임이 분명하다. 그렇다면 贖死·贖劓·贖黥·贖遷 등에도 그런 換刑의 요소가 있었을 것이라고 보는 것이 자연스럽다. 秦律 혹은 漢律에 나오는 贖+刑罰名은 刑罰名과 직접 혹은 간접적으로 관련이 있었던 것이고 적어도 그 유래에서 만큼은 換刑의 요소를 배제할 수 없다. 따라서 '贖'아래에 형벌명이 기록된 것은 때로는 경우에 따라 소수민족의 君長, 上造以上에 상당하는 작위를 가진 자, 여자 등을 대상으로 한 換刑이기도 하였고 동시에 그 자체로 '正刑'이기도 하였다.

罪以上, 而吏故爲不直及失刑之, 皆以爲隱官; 女子庶人, 毋筭(算)事其身, 令自尙.

【해석】

鬼薪白粲에 복역하고 있는 자가 耐罪에서 完城旦春까지의 罪를 범하였을 때는 黥城旦春으로 한다.[646] 鬼薪白粲이 贖罪以下의 죄를 범하였을 때는 笞刑 백대에 처한다. 타인의 奴婢로 刑城旦春 이하, 遷·耐에 이르기까지의 죄를 범한다면, 顔·頯에 黥하여 주인에게 주고, 贖罪 이하의 죄를 범하였던 자 및 老·少해서 肉刑이 적용되지 않는, 또는 所定의 肉刑이 시행되어 다한 자에 대해서는 모두 笞百을 가한다.[647] 所定의 肉刑이 다

---

646) 90-92簡의 "城旦春有罪耐以上, 黥之. 其有贖罪以下, 及老小不當刑·刑盡者, 皆笞百."에서 城旦春에 의한 耐罪以上의 重犯과 위의 鬼薪白粲에 의한 耐罪以上의 重犯과는 모두 黥城旦에, 그 重犯이 贖罪以下는 모두 笞刑으로 되어 있다. 즉 城旦春과 鬼薪白粲에 복역하고 있었던 자의 重犯은 그 量刑에 있어서 차이가 없다. 보다 重한 重犯에 대한 규정은 88-89簡 "有罪當黥, 故黥者劓之, 故劓者斬左止(趾), 斬左止(趾)者斬右止(趾), 斬右止(趾)者府(腐)之. 女子當磔若要(腰)斬者, 棄市. 當斬爲城旦者黥爲舂, 當贖斬者贖黥, 當耐者贖耐."등에 보인다. 李均明씨 등의 張家山漢簡硏讀班이나 王偉氏는 82~92簡까지와 119-125簡까지를 묶어서 具律로 한 근거의 하나가 위의 120簡과 90~92簡과의 내용이 유사한 점에 있다. 29簡「賊律」에서는 庶人을 구타한 鬼薪白粲이 黥城旦되고 있는 것도 참고할 만하다. 張建國도 量刑의 원칙을 설명한 종합규정으로 보고『晉書』·「刑法志」에서 말하는 "具其加減"의 기본특징을 구비한 것으로 보고 있다(張建國, 「張家山漢簡《具律》121簡排序辨正-兼析相關各條律條文-」『法學硏究』04-6, 2004).

647) 其有贖罪以下及老小不當刑·刑盡者, 皆笞百: 專修大學『二年律令』硏究會에서는 이 부분을 "其有贖罪以下, 及老小不當刑, 刑盡者, 皆笞百"으로 끊고 이 문장의 주어를 人奴婢로 파악한다. 그 해석을 "私奴婢로 贖罪以下의 죄를 범한 경우, 사노비로 죄를 범했어도 年老·年少해서 형이 적용되지 않는 경우, 私奴婢로 肉刑이상의 죄를 범했지만 所定의 肉刑이 시행되어 다한 경우 모두 笞百으로 한다"로 하고 있다(專修大學『二年律令』硏究會, 「張家山漢簡『二年律令』譯

하였어도 사람을 賊傷하거나 사람을 살해하여 자수하면 모두 棄市로 한다.[648] 完城旦舂·鬼薪白粲 以上의 刑에 해당하는 자가 도망쳤다면 [649] 그 (도망의)죄로써 罪名을 확정한다. 耐隷臣妾 이하의 죄에 해당하는 자는, 論斷은 범인을 출두시켜 행한다.[650] 도망한 죄를 범하고,[651] 그것이 完城旦舂이나 鬼薪白粲 以上의 刑에 해당하는 자는[652] 붙잡지 못해도 그 죄로써 죄명

注(三) 一具律一」, 175쪽). 具律 90~92簡에는 "其有贖罪以下, 及老小不當刑·刑盡者, 皆笞百. 城旦刑盡而盜臧(贓)百一十錢以上, 若賊傷人及殺人, 而先自告也, 皆棄市."로 위의 규정과 같은 내용이 나온다. 張建國도 專修大學『二年律令』研究會의 해석과 유사하게 "人奴婢有刑城旦舂以下至䙴(遷)·耐罪, 黥顔頯畀主, 其有贖罪以下及老小不當刑·刑盡者, 皆笞百. 刑盡而賊傷人, 及殺人先自告也, 棄市"를 다음과 같이 해석하고 있다. ① 人奴婢有刑城旦舂以下至䙴(遷)·耐罪, 黥顔頯畀主, ② 人奴婢有贖罪以下, 笞百. ③ 人奴婢老小不當刑, 笞百. ④ 人奴婢刑盡者, 笞百. ⑤ 人奴婢刑盡而賊傷人, 棄市. ⑥ 人奴婢刑盡而殺人, 先自告也, 棄市(張建國, 「張家山漢簡《具律》121簡排序辨正-兼析相關各條律條文-」『法學研究』04-6, 2004).『二年律令與奏讞書』에서는 이러한 연구 결과를 받아들여 121簡을 107簡 앞에 배치하였다.

648) 刑盡而賊傷人, 及殺人先自告也, 棄市: 이 부분을 整理小組는 "刑盡而賊傷人及殺人, 先自告也, 棄市"로 하고 있다.

649) 當完城旦舂·鬼薪白粲以上而亡: 亡律 164簡에는 "城旦舂亡·黥復城旦舂. 鬼薪白(粲)也, 皆笞百"으로 되어 있다.

650) 京都大注釋: "論令出會之"의 '論'은 刑을 量定하는 것. 出會는 出頭. '會'를 점호·소재확인의 의미로 본다.

651) "耐隷臣妾罪以下, 論令出會之. 其以亡爲罪,…": 專修大學『二年律令』研究會에서는 이 부분을 "耐隷臣妾罪以下, 論令出會之, 其以亡爲罪.…"로 끊어서 京都大學人文科學研究所나 整理小組의 주석과 달리하고 있다. 이에 따르면 이 부분의 해석은 "耐隷臣妾罪以下의 죄로 복역하고 있는 자로 도망했을 경우는 논단할 때의 '會'(소재확인의 점호시)에는 출두시키고, (만약 점호시를 벗어나 출두하거나 혹은 출두하지 않을 경우에는) 도망의 죄로 처벌한다"로 된다.

652) 其以亡爲罪, 當完城旦舂·薪白粲以上: 亡罪를 범하고, 그에 대한 科罰이 完城旦舂·鬼薪白粲以上에 상당할 경우 亡罪는 도망한 기간이나 도망자의 신분에 의해서 科罰을 달리하고 있다. 157簡, 165簡 참조.

을 확정한다.[653] 庶人 以上・司寇・隸臣妾인 자가[654] 城旦春・鬼薪白粲 이상의 罪가 없는데도, 관리가 故意로 경중을 달리하였거나 과오에 의해서 肉刑을 집행하였다면[655], 모두 隱官으로[656] 한다.[657] 女子庶人은[658] 算賦・徭役을 면제하여[659] '自尙'

---

653) 以其罪命之: '命'이라 함은 범한 죄에 대응하는 형명을 확정하는 것.

654) 『二年律令與奏讞書』에서는 이 부분을 "庶人以上, 司寇・隸臣妾無城旦春・鬼薪白粲罪以上, …"으로 읽고 있는데, 京都大注釋은 "庶人以上・司寇・隸臣妾無城旦春・鬼薪白粲罪以上, …"으로 읽고 있다. 이 부분에서 필자는 京都大注釋을 따른다.

655) 吏故爲不直及失刑之: 故意・失(量刑의 過誤)에 의해서 부당한 肉刑이 가해지는 것.

656) 隱官: 『二年律令』 제124簡의 "庶人以上・司寇・隸臣妾無城旦春・鬼薪白粲罪以上, 而吏故爲不直及失刑之, 皆以爲隱官(庶人 以上・司寇・隸臣妾인 자가 城旦春・鬼薪白粲 이상의 罪가 없는데도, 관리가 故意로 경중을 달리하였거나 과오에 의해서 肉刑을 집행하였다면, 모두 隱官으로 한다)."의 사례에서 보듯이 형벌을 잘못하여 육형을 받은 자로 비록 누명을 벗더라도 이미 신체가 불완전하기 때문에 '隱官'이 된다. 즉 죄인이 사면될 경우 법적으로 庶人이 되지만, 肉刑에 처해진 자가 사면될 경우 이미 肉體에 손상을 받아서 庶人과는 다른 처우를 받게 된다.

657) 122-124簡은 奴婢 등의 犯罪 規定(122簡)과 刑徒 등의 도망규정(123簡-124簡)으로 내용을 달리한다.

658) 女子庶人: 京都大注釋과 整理小組는 글자 그대로 女子庶人으로 해석한다. 이 부분을 專修大學『二年律令』硏究會에서는 "女子・庶人"으로 끊고 庶人을 庶人以上으로 보고 "隱官으로 된 女子와 庶人以上은……"으로 해석한다. 張榮强도 女子庶人을 女子와 庶人으로 해석한다(張榮强, 「二年律令與漢代課役身分」, 『中國史硏究』 2005-2, 33-34쪽). 이에 대하여 『二年律令與奏讞書』의 주석에서는 "女子以爲庶人"으로 해석하고 있다. 그런데, '女子庶人'을 "女子以爲庶人"으로 해석할 경우 『二年律令』과 『睡虎地秦墓竹簡』의 사례를 볼 때, 女子 가운데서도 '婢' 혹은 '隸妾'이 해방되어 庶人이 될 수는 있다. 그러나 통상 '百姓'을 의미하는 '女子'가 庶人이 된다는 것은 奴婢 혹은 罪人이 사면이 되어 庶人이 되는 秦漢律의 규정과 모순된다. 필자는 專修大의 해석과 張榮强의 설, 혹은 『二年律令與奏讞書』의 해석 모두 단정하기 어려운 부분이 있다고 판단되어 女子庶人을 별도로 해석하지 않고 京都大注釋과 整理小組의 견해처럼 글자그대로 女子庶人으로 해석해 두었다.

659) 算賦・徭役의 면제 대상에 女子와 庶人이 모두 대상이 되는지 혹은 女性으로서 庶人인 경우에 해당되는지는 女子庶人을 어떻게 해석하느냐에 따라 달라진다. 『二年律令』의 「傅律」의 규정을 보면 庶人만이 그 기재가 보이지 않고 있다. 椎名一雄은 이 점에 주목하여 庶人이 徭役・兵役・士官에서 제외된 신분층으로 단정하고 있다(椎名一雄, 「張家山漢簡二年律令に見える爵制-庶人の理解を中心として」, 『鴨台史學』 6, 2006). 그런데 이에 대해서는 반론도 있다. 鷹取祐司는 公卒・士伍・庶人・司寇・隱官은 爵位를 지표로 하는 身分序列의 연장선상에 위치하는 爵制的 身分의 하나라는 지적을 한다. 즉 庶人이 爵制的 身分에서 벗어난 別途의 獨立된 獨自的 身分이 아니라는 것이다. 더욱 결정적인 것은 『二年律令』에는 田宅을 所有하는 것은 '戸'를 구성한 자에 한정되어 있으므로, 田宅給付의 대상인 庶人은 '戸'를 구성하고 있는 자여야 한다. 그런데, 椎名說은 '傅'의 대상이 아닌 자가 '戸'를 구성했다는 것이 된다. '戸'는 '籍'에 의해서 관리되고 있는 것이므로 '傅'의 대상이 아닌 자가 '戸'를 만들었다고 하는 것은 생각하기 어렵다고 비판한다(鷹取祐司, 「秦漢時代の刑罰と爵制的身分制」, 『立命館文學』608, 2008, 104쪽). 여자의 算賦・徭役의 면제 여부에 대해서도 논란이 있다. 秦漢 시기에 女性의 徭役 징발의 문제는 이미 오랫동안 논쟁이 되고 있었는데, 긍정적으로 보는 대표적인 연구자로는 山田勝芳을 거론할 수 있다. 그는 1970년대 이래 계속해서 女性의 徭役 徵發을 주장하였다 (山田勝芳, 「漢代の算と役」, 『東北大學教養部紀要』28, 1978). 이에 대하여 楠山修作은 女性의 徭役 징발을 否定하였다(楠山修作, 「漢代女性力役不課論」, 『中國史論集』朋友書店, 2001). 최근 山田勝芳은 江蘇省天長縣出土戸口簿・筭賦에 대한 분석을 통하여 약 반 정도가 事算 대상자로 事算 중에 여자를 제외하면 인구 언벨런스 상태에 직면하기 때문에 여성이 요역에 동원된 것으로 보아야 한다고 주장하였다(山田勝芳, 「前漢武帝代の地域社會と女性徭役 ―安徽省天長市安樂鎮九十號漢墓木牘から考える―」, 『集刊東洋學』97, 2007, 3쪽). 그러나 鷲尾祐子는 山田勝芳과 똑같은 시기에 江蘇省天長縣出土戸口簿・筭賦에 대한 견해를 발표하였는데, 여기에서 그는 이 木牘의 事라 함은 徭役・兵役과 算賦 가운데 算賦일 가능성이 높다고 보고 여기에서 나오는 「復」이 算賦의 면제를 의미하는 것이고 徭役・兵役의 의무를 면제하는 것이 아니라고 보았다(鷲尾祐子, 「出土文字にみえる秦漢代戸籍制度 ―湖北省里耶古城出土秦名籍と江蘇省天長縣出土戸口簿・筭賦―」, 『東亞文史論叢』 2007, 東亞歷史文化硏究會, 2007, 36-37쪽). 역시 山田勝芳의 견해와 마찬가지로 총인구에서 점하는 事가 가능한 인구가 그 기준인데, 그는 丁男의 男性만으로 인구의 반수를 점할 수가 없다고 보았다. 똑같은 자료를 분석했는데, 해석은 山田勝芳의 견해와 달리 남성만이 徭役・兵役의 대상이었고 여성은 그 대상이 아니었음이 확인이

으로 한다.[660)]

되었다고 본다. 女子庶人과 관련하여 庶人이 徭役·兵役·士官에서 제외된 신분층인지는 확정하기 어렵지만, 女子庶人이 算賦·徭役을 면제하는 것으로 되어 있으므로 女子가 算賦·徭役을 면제받은 것은 확실하다 하겠다.

660) 自尙: 『龍崗秦簡』에 '自尙'으로 『奏讞書』에는 '自常'으로 나오는데, 구체적으로 그 뜻을 살펴보기는 어렵다. 高恒은 그의 常人身分을 회복하는 것으로 해석하였다(高恒, 「《奏讞書》注釋」, 『秦漢簡牘中法制文書輯考』, 社會科學文獻出版社, 2008, 381쪽). 이에 대하여 池田雄一은 이전처럼 생활할 수 있게 하는 것으로 해석하였다(池田雄一, 『漢代を遡る奏獻(讞)—中國古代の裁判記錄—』, 汲古書院, 2015, 57쪽). 朴健柱는 노역형에서 벗어나 자유로운 일상생활을 하도록 한 것으로 이해하고 있다(朴健柱, 『中國古代의 法律과 判例文』, 백산자료원, 1999, 344쪽). 學習院大學漢簡研究會에서는 "보통의 상태로 해서(學習院大學漢簡研究會, 「秦代盜牛·逃亡事件—江陵張家山漢簡 『奏讞書』を讀む—」, 『學習院史學』38, 2000, 141쪽)"로 해석하고 있다. 형도를 해방할 때의 법제상의 특별한 용어로 해석된다. 專修大學『二年律令』研究會에서는 『奏讞書』에 의거 재산·가족이나 생활 등을 판결 전의 상태로 돌리는 것으로 해석한다(專修大學『二年律令』研究會, 「張家山漢簡『二年律令』譯注(三) —具律—」, 178쪽).

제4장

『古人堤簡牘』과 『長沙尙德街出土東漢簡牘』

1. 머리말

1970년대 후반의 『睡虎地秦簡』 공개 이후 1980년대~1990년대의 중국고대연구는 이를 중심으로 공전절후의 열기 속에 진행되었다. 그 후 『睡虎地秦簡』을 중심으로 한 열기가 가라앉을 무렵 2001년에 공개된 『二年律令』은 종전의 秦漢法制史研究의 수준을 새로운 단계로 끌어올렸다. 그런데 『二年律令』을 중심으로 한 연구의 열기가 가라앉기도 전에 최근 秦漢法制史研究를 새롭게 할 방대한 분량의 간독자료가 공개되고 있다. 즉 2010년 『嶽麓書院藏秦簡(壹)』의 출판을 시작으로 해서 2011년 『嶽麓書院藏秦簡(貳)』, 2012년 『里耶秦簡(壹)』, 2013년 『嶽麓書院藏秦簡(參)』 등 해마다 연속해서 출판되었고, 2015년도 12월에는 드디어 秦의 律令文書인 『嶽麓書院藏秦簡(肆)』가 출판되었다.[661] 2015년 秦의 律令文書인 『嶽麓書院藏秦簡(肆)』가 출판되기 전에 2011년

661) 朱漢民・陳松長主編, 『嶽麓書院秦簡(壹)』, 上海辭書出版社, 2010; 朱漢民・陳松長主編, 『嶽麓書院秦簡(貳)』(上海: 上海辭書出版社), 2011; 朱漢民・陳松長主編, 『嶽麓書院秦簡(參)』(上海: 上海辭書出版社), 2013; 朱漢民・陳松長主編, 『嶽麓書院秦簡(肆)』(上海: 上海辭書出版社), 2015; 湖南省文物考古研究所編, 『里耶秦簡(壹)』, 北京: 文物出版社, 2012.

『嶽麓書院藏秦簡(貳)』, 2012년 『里耶秦簡(壹)』, 2013년 『嶽麓書院藏秦簡(參)』의 자료를 이용한 연구의 진척이 있었고, 秦의 律令文書인 『嶽麓書院藏秦簡(肆)』의 주요 내용도 2015년 12월에 출판에 앞서 내용의 일부가 소개되었고 이미 이를 이용한 연구도 진행되었다. 『睡虎地秦簡』을 비롯한 『龍崗秦簡』·『里耶秦簡』·『岳麓秦簡』 등 秦律의 발견 뿐만 아니라 漢律인 『張家山漢簡』 가운데 「二年律令」과 「奏讞書」의 공개로 인한 자료의 증가는 秦·漢初의 법률 계승문제를 매우 명확하게 밝힐 수 있게 되었다. 특히 『岳麓秦簡』의 공개는 秦令의 존재에 대하여 회의적 태도를 보인 中田薰, 大庭脩, 冨谷至등의[662] 견해, 즉 『睡虎地秦簡』에는 오직 律만 확인되므로, 律을 보완하는 것도 律이며, 令은 아직 존재하지 않는다는 그 동안의 定設을 완전히 수정하게 하였다. 물론 그렇다고 하여 秦令과 漢令이 동일하다고 볼 수는 없다. 秦律에서 漢律로의 전개과정에서 변화가 있었듯이 秦令과 漢令으로의 展開過程에서 질적인 변화가 있었음이 틀림없다. 어쨌든 그 동안 추상적인 논의에 머물던 秦·漢 율령연구는 『岳麓秦簡』의 공개를 통하여 보다 종전처럼 추상적인 논의가 아니라 보다 구체적으로 세밀히 진행할 수 있는 계기를 마련해 주었다.

『睡虎地秦簡』을 비롯한 『龍崗秦簡』·『里耶秦簡』·『岳麓秦簡』 등 일련의 秦律과 漢初 律令인 『張家山漢簡』의 연이은 공개와 관련된

662) 中田薰, 「支那における律令法系の發達について」, 『比較法雜誌』1-4, 1951; 「支那における律令法系の發達について補考」, 『法制史研究』3, 1952; 大庭脩, 『秦漢法制史の研究』(東京: 創文社, 1982.); 冨谷至, 「晉泰始律令への道—第一部 秦漢の律と令」, 『東方學報』72(京都: 京都大學人文科學研究所), 2000; 이상에 대해서는 李俊强, 『魏晉令制研究』(吉林大學博士論文, 2014), 30-31쪽.

것이 '焚書坑儒'이다. 秦의 사상의 통일과 독점으로 유명한 사건인 '焚書坑儒'는 진시황이 승상 李斯의 건의를 받아들여 법가와 점복, 의학, 농학 등 실용적인 서적을 제외하고 모두 거두어 불태우도록 한 사건이다. 사실 과연 이 焚書가 얼마나 철저히 실시되었을까하는 의문이 있었지만, 戰國時代 楚簡의 발견과 秦의 律令文書의 연속적인 출토는 이에 대한 의문을 말끔히 해소하고 있다. 최근에 활발하게 공개되고 있는 秦簡은 민간의 사학 금지 및 국가의 사상 독점이 실재했었음을 보여주고 있는 명백한 증거라 할 수 있다.[663] 秦墓 출토 간독에는 주로 律令, 占卜書, 算數書, 醫書 등이 포함되어 있고, 戰國이래 諸子 문헌은 나오지 않고 있다. 이에 비하여 戰國時代 출토 竹簡이나 漢墓 간독에서는 학술 서적 다량 출토되고 있다. 『嶽麓書院秦簡』은 1970년대 후반의 『睡虎地秦簡』·『龍崗秦墓簡簡』 이후 새로이 출토된 秦의 율령문서로 '焚書'의 실체가 있었음을 증명해주는 또 하나의 증거가 되었다.

2. 문헌사료에 보이는 東漢의 律令

『睡虎地秦簡』·『龍崗秦簡』·『里耶秦簡』·『岳麓秦簡』의 연이은 공개를 통해서 戰國秦에서부터 秦始皇始期, 그리고 統一 以後의 秦에 이르기까지의 中國古代法制의 變化와 繼承의 문제를 체계적으로 살펴볼 수 있게 되었다. 또한 漢初인 『張家山漢簡』·「二年

663) 최근 대량으로 출토된 秦簡은 陳偉가 중심이 되어 『秦簡牘合集』(武漢大學出版社, 2014)으로 종합 정리되어 출간되었다. 『秦簡牘合集』에는 『睡虎地11號秦墓竹簡』·『睡虎地4號秦墓木牘』·『龍崗秦墓簡簡』·『郝家坪秦墓木牘』·『周家臺秦墓木牘』·『嶽山秦墓木牘』 등이 포함되어 있다.

律令」을 거쳐 漢文帝의 刑法改革에 이르기까지의 中國古代律令의 변화에 대한 體系的인 接近도 가능하게 되었고 종전과 비교할 수 없을 정도로 많은 硏究成果도 제출되었다. 그런데, 中國古代律令에 커다란 변화를 가져다 준 漢文帝13년의 刑制改革 이후, 그리고 東漢을 거쳐 魏晉南北朝에 이르는, 궁극적으로는 唐律에 이르기까지의 律令의 變化와 發展을 이해하기 위해서는 東漢時代의 出土法制文獻이 절실히 요구된다. 물론 동한시대에 해당하는 문헌사료에는 나름 많은 법제사료를 포함하고 있기는 하다. 漢文帝 이후 등장한 髡鉗城旦舂에 대하여 冨谷至가 아래와 같이 도표화하고 있다.[664)]

秦	前漢文帝十三年刑法改正	前漢景帝～後漢	
黥城旦+斬右趾	死刑(棄市)	(笞刑은 付加刑으로서 殘存)	
黥城旦+斬左趾	髡鉗城旦(+笞五百)	鈦左右趾髡鉗城旦	
黥城旦+劓	髡鉗城旦(+笞三百)	鈦右趾髡鉗城旦	
黥城旦		鈦左趾髡鉗城旦	
黥鬼薪 髡鉗城旦		髡鉗城旦	
黥隸臣			
完城旦	完城旦(四年)	完城旦(四年)	
鬼 薪	鬼 薪(三年)		
隸 臣	隸 臣(三年)		
司 寇	司 寇(二年)	司 寇(二年)	
	戍罰作(一年～三個月)	戍罰作(一年)	
		戍罰作(半年)	作刑
		戍罰作(三個月)	

664) 임병덕・임대희역 『유골의 증언-古代中國의 刑罰』(서경문화사, 1999, 236-243쪽).

일찍이 濱口重國은 한문제 형제개혁 이후 출현하는 髡鉗城旦舂, 즉 '髡刑有四'를 髡鉗城旦, 髡鉗城旦+笞一百, 髡鉗城旦+笞二百, 釱左趾+笞二百, 釱右趾+笞二百의 5가지 가운데 하나를 제외한 4개일 것으로 보았다.[665] 이에 대하여 冨谷至는 '髡刑有四'를 髡鉗城旦舂, 髡鉗城旦舂釱左趾, 髡鉗城旦舂釱右趾, 髡鉗城旦舂釱左右趾일 것으로 보고 있다.[666] 濱口重國의 說과의 가장 큰 차이점은 髡鉗城旦舂釱左右趾를 추가함으로써 笞刑을 없앴다는 점이다. 다시 말하면 笞刑은 부가형에 불과할 뿐이고 正刑에 혼재해서 설명해서는 곤란하다는 입장이라 할 수 있다. 冨谷至의 이러한 견해는 감숙성 에디나하 유역에서 출토된 목간, 즉 『居延漢簡』에 나오는 다음의 "望□苑髡鉗釱左右止 大奴馮宣 年廿七八歲中壯髮長五六寸青黑色毋須衣早袍白布 絝履白革舃持 劍亡의 자료에 나오는 望□苑髡鉗釱左右止의 髡鉗釱左右止에 주목을 한 것이었다. 아울러 陽陵출토 兩足用 釱의 제시를 통해서 이를 입증하고자 하였다. 그런데 여기에서 유의해야할 것은 이 시기의 자료에는 '髡鉗釱左趾城旦'과 '髡鉗釱左右趾城旦'라는 용어는 나오지만 '髡鉗釱右趾'라는 용어는 나오지 않고 사료에는 항상 '右趾'만이 나타난다는 사실이다. 이 때문에 '釱右趾'는 실은 釱右趾+釱左趾, 즉 '髡鉗釱左右趾'일 것이라는 견해가 張建國에 의해 제시되었다.[667] 또한 이와 관련하여 주목을 끈 것이 아래의 문헌사료의 내용이었다.

665) 濱口重國, 「漢代の釱趾刑と曹魏の刑名」, 『秦漢隋唐史の研究』, 東京大學出版會, 1966.

666) 冨谷至, 「漢代刑罰制度考證-釱左右趾刑」, 『秦漢刑罰制度の研究』同朋社, 1998.

667) 張建國, 「前漢文帝刑法改革とその展開の再檢討」 『古代文化』48-10, 1996

명제가 즉위하여 조서를 내려 "천하의 도망자 가운데 사형수 이하인 자는 속형[668]을 할 수 있게 허락하여, 사형수는 비단 20필, 우지[669]부터 곤겸성단용[670]은 10필, 완성단용부터 사구작[671]은 3필을 내야한다. 아직 범죄가 발각되지 않았는데 조서가 도착하여 먼저 자수한 자는 그 절반을 납부한다."고 했다.[672]

이상의 濱口重國, 冨谷至, 張建國의 漢文帝의 刑制改革 이후 漢景帝에서 後漢에 이르는 刑罰制度 연구는 기본적으로 거의 전적으로 문헌사료에 의존한 것이었다. 그동안 그 실제를 알 수 없었던 戰國秦 以後 漢初에 이르는 율령이 『睡虎地秦簡』을 필두로 出土法制文獻이 대거 발굴・정리됨으로써 그 실체가 명확해진

668) 贖刑 : 돈을 바치고 형을 면하거나 돈을 받고 형을 면해주는 일. 先秦 시기에는 贖罪를 銅으로 사용하였고, 漢代에는 黃金, 後漢 이후부터는 絹과 金을 겸용하였다. 程樹德의 魏律考에 의하면, 贖死刑이 一等, 贖髡刑이 四等, 贖完刑・贖作刑이 각각 三等으로 모두 합쳐 十一等이 된다고 한다. 『秦簡』과 『二年律令』이 출토되기 이전에 문헌사료에는 원래 죄수에게 1차로 판결을 내린 후 재물을 납입하면 감형하거나 방면해주는 경우만 주로 나타났으나, 簡帛자료에는 오히려 처음부터 1차형으로 贖刑을 부과하여 소정의 贖金을 납입하게 하고, 2차형으로 감면하는 것은 없는 형태가 正刑임을 보여주고 있다. 또 秦漢律에서 기존의 노역형에 '贖'을 붙여 표현하던 형태(事例: 贖城旦舂)에서 晉律에서는 年數에 '贖'을 붙이는 형태(事例: 贖四歲)로 정리되었다.

669) 右趾 : 오른 발을 절단하는 형벌이 아니라 髡鉗釱左右趾城旦舂.

670) 髡鉗城旦舂 : 漢文帝 시기에 肉刑이 廢止되면서 刑城旦舂이 髡鉗城旦舂으로 바뀌고 漢景帝 時期에 이르러서 釱左右止城旦舂이 생겨났다.

671) 司寇作 : 作刑에 속한다. 作刑은 勞役刑을 말하는 것으로 程樹德의 魏律考에 의하면, 漢制에는 三歲刑인 鬼薪白粲, 二歲刑인 司寇作, 一歲刑인 罰作復作은 모두 作刑이었으므로 魏의 제도도 漢代와 똑같았을 것이라고 보고 있다. 이에 비하여 濱口重國은 魏의 作刑을 漢의 一歲刑, 半歲刑, 三月刑으로 보고 있다.

672) 『後漢書』 권2, 「顯宗孝明帝紀」, 98쪽.

데에 비하여 상대적으로 東漢시기에는 상대적으로 출토법제사료의 빈약으로 인하여 戰國秦~秦統一 以後~漢初~漢文帝・景帝의 刑制改革에서 東漢을 거쳐 隋唐으로 이어지는 律令制度의 變遷을 구체적으로 살펴보기에 뭔가 부족한 상태가 되었다. 이런 가운데 2003년에 공개된 『古人堤簡牘』과 2017년 최근에 공개된 『長沙尙德街出土東漢簡牘』는 東漢時代에 좀처럼 보기 힘든 출토문서이기 때문에 주목되며 또한 문헌사료에서 볼 수 없는 東漢時代의 律令을 담고 있어서 주목되고 있다.

3. 『張家界古人堤簡牘』・『長沙尙德街出土東漢簡牘』

(1) 『張家界古人堤簡牘』

1987년 4월 湖南張家界市古人堤의 漢代房屋建築遺址에서 많은 문물과 함께 簡牘이 출토되었다. 그 출토상황에 대해서는 2003년 『中國歷史文物』에 발표되었다.[673] 『古人堤簡牘』은 『二年律令』을 이해하는데 크게 도움이 되는 내용이 포함되어 있었다. 2003년에 발표된 『古人堤簡牘』은 漢律 가운데 「盜律」과 「賊律」의 일부 내용 및 목록을 포함하고 있으며 後漢時代의 것으로 漢律의 성격 및 그 變遷을 이해하는데 매우 중요한 자료라 할 수 있다. 발표된 釋文에 의하면, 『古人堤簡牘』의 제14簡 正面에는 다음과 같은 내용이 나온다.[674]

673) 湖南省文物考古研究所・中國文物研究所, 「湖南張家界古人堤遺址與出土簡牘概述」, 『中國歷史文物』03-2, 2003; 湖南省文物考古研究所・中國文物研究所, 「湖南張家界古人堤簡牘釋文與簡注」 『中國歷史文物』03-2, 2003.

賊律曰僞寫皇帝信璽　(第一欄)

皇帝行璽要斬以□僞

寫漢使節皇大子諸侯

三列侯及通官印棄市

小官印完爲城旦舂敢盜

之及私假人者若盜充

重以封及用僞印皆

各以僞寫論僞皇　(第二欄)

太后璽印寫行

璽法……

賊律僞

充

賊律曰詐僞券書　(第三欄)

……　(第四欄)

……　充木　小史何子回符

古人堤簡牘의 제14簡 正面의 내용을 水間大輔의 분석에 따라[675] 『二年律令·賊律』과 비교하여 도표화하면 다음과 같다.

674) 湖南省文物考古硏究所·中國文物硏究所, 「湖南張家界古人堤簡牘釋文與簡注」, 『中國歷史文物』03-2, 2003, 76쪽에 의한다.

675) 水間大輔, 「湖南張家界古人堤遺址出土漢簡に見える漢律の賊律·盜律について」 『長江流域文化硏究所年報』2, 2003, 187-192쪽.

표 1—『古人堤簡牘』 第14簡과 『二年律令·賊律』

순서	『古人堤簡牘』 第14簡	『二年律令·賊律』
①	賊律日僞寫皇帝信璽·皇帝行璽, 要斬, 以□	僞寫皇帝信璽·皇帝行璽, 要(腰)斬以勻(徇)(第9簡)
②	僞寫漢使節·皇大子·諸侯·三·列侯及通官印, 棄市. 小官印, 完爲城旦春	僞寫徹侯印, 棄市. 小官人, 完爲城旦春. ☐(第10簡)
③	敢盜之, 及私假人者, 若盜充重以封, 及用僞印, 皆各以僞寫論	毁封, 以它完封印印之, 耐爲隷臣妾.(第16簡)
④	僞皇太后璽印, 寫行璽法…賊律僞…充…賊律日, 詐僞券書…充木小史何子回符	☐諸詐增減券書, 及爲書故詐弗副, 其以避負償, 若受賞賜財物, 皆坐臧(贓)爲盜. 其以避論, 及所不當(第14簡) 【得爲】, 以所避罪罪之. 所避毋罪名, 罪名不盈四兩, 及毋避也, 皆罰金四兩(第15簡).

한편, 『古人堤簡牘』의 第29簡 정면에는, 第4簡~第6簡에 걸쳐서 賊律의 目錄이 나오고 있다. 이를 열거하면 다음과 같다.

揄封　毁封　爲□□　諸食□肉　賊殺人
鬪殺以刃　人殺戲　謀殺人而殺　懷子而…　□蠱人　(第四欄)

□□□　□子賊殺　□子(?)賊殺　父母告子　奴婢賊殺
□□偷　毆父母　奴婢悍　父母毆笞子　諸入食官　(第五欄)

□奴□□　毆決□□　賊燔燒宮　失火　賊伐燔□　賊殺傷人
犬殺傷人　船人□人　諸□弓弩　奴婢射人　諸坐傷(?)人　(第六欄)

이를 역시 水間大輔의 분석에 따라[676] 문자가 남아있어서 비교가 가능한 부분을 『二年律令·賊律』과 비교하여 도표화하면 다음과 같다.[677]

표 2—『古人堤簡牘』 第29簡과 『二年律令·賊律』

순서	『古人堤簡牘』의 目錄	『二年律令·賊律』
(第四欄)①	毁封	毁封, 以它完封印印之, 耐爲隸臣妾(第16簡)
(第四欄)②	諸食□肉	諸食脯肉, 脯肉毒殺·傷·病人者, 亟盡孰(熟)燔其餘∠. 其縣官脯肉也, 亦燔之. 當燔弗燔, 及吏主者, 皆坐脯肉臧(贓), 與盜同法.(第20簡)
(第四欄)③	賊殺人	賊殺人, 鬪而殺人, 棄市∠. 其過失及戲而殺人, 贖死·傷人, 除.(第21簡)
(第四欄)④	鬪殺以刃	賊殺人, 鬪而殺人, 棄市∠. 其過失及戲而殺人, 贖死·傷人, 除.(第21簡)
(第四欄)⑤	人殺戲	(第21簡)
(第四欄)⑥	謀殺人而殺	賊殺人·及與謀者, 皆棄市(第23簡). 謀賊殺·傷人, 與賊同法.(第26簡)
(第四欄)⑦	懷子而…	鬪毆變人, 耐爲隸臣妾. 子+裹(懷)子而敢與人爭鬪, 人雖毆變之, 罰爲人變者金四兩.(第31簡)
(第四欄)⑧	□蠱人	有挾毒矢若謹(堇)毒∠·착, 及和爲謹(堇)毒者, 皆棄市.(第18簡))
(第五欄)①	□子賊殺	子賊殺傷父母∠, 奴婢賊殺傷主, 主父母妻子, 皆梟其首巿.(第34簡)
(第五欄)②	□子(?)賊殺	子賊殺傷父母∠, 奴婢賊殺傷主, 主父母妻子, 皆梟其首巿.(第34簡)
(第五欄)③	父母告子	子牧殺父母, 毆詈泰父母·父母·叚(假)大母·主母後母, 及父母告子不孝, 皆棄市.(第35簡)

676) 水間大輔, 앞의 논문, pp. 193-209.

677) 이상은 林炳德, 「張家山漢簡 『二年律令·賊律』 初探」, 『湖西史學』38, 2004에 의한다.

순서	『古人堤簡牘』의 目錄	『二年律令・賊律』
(第五欄)④	奴婢賊殺	子賊殺傷父母∠, 奴婢賊殺傷主, 主父母妻子, 皆梟其首市.(第34簡)
(第五欄)⑤	毆父母	子牧殺父母, 毆詈泰父母・父母・叚(假)大母主母後母, 及父母告子不孝, 皆棄市.(第35簡)
(第五欄)⑥	奴婢悍	▨母妻子者, 棄市∠. 其悍主而謁殺之, 亦棄市.(第44簡)
(第五欄)⑦	父母毆笞子	父母毆笞子及奴婢, 子及奴婢以毆笞辜死, 令贖死.(第39簡)
(第六欄)①	毆決□□	鬭而以刃及金鐵銳・錘・椎傷人, 皆完爲城旦舂∠. 其非用此物而眇人・折枳・齒・指・胅體∠斷決鼻・耳者(第27簡)耐.(第28簡)
(第六欄)②	賊燔燒宮	賊燔城・官府及縣官積冣(聚), 棄市. 賊燔寺舍・民室屋廬舍・積冣(聚), 黥爲城旦舂(第4簡).
(第六欄)③	失火	其失火延燔之, 罰金四兩, 責(第4簡)所燔(第5簡).
(第六欄)④	賊殺傷人	賊殺傷人畜產, 與盜同法. 畜產爲人牧而殺傷▨(第49簡)
(第六欄)⑤	犬殺傷人	犬殺傷人畜產, 犬主賞(償)之, 它▨(第50簡)
(第六欄)⑥	船人□人	船人渡人而流殺人, 耐之, 船嗇夫・吏主者贖耐…(第6~8簡).

이상의 도표를 보면, 표 1-『古人堤簡牘』 第14簡의 ①과 ②는 『二年律令・賊律』의 배치와 완전히 일치하고 있음을 알 수 있다. 한편, 표 2-『古人堤簡牘』 第29簡의 목록은 『二年律令・賊律』의 簡의 配置와 거의 일치하고 있음을 알 수 있다. 漢律에서 魏晉律, 그리고 唐律로 이어지는 구체적 변화상을 추적하기 위해서는 모든 律篇을 대상으로 분석하기보다는 대상을 하나의 律篇으로 좁힐 필요가 있다. 현재로서는 「賊律」이 가장 많은 자료를 가지고 있으므로 가장 좋은 분석 대상은 「賊律」이다. 1987년 湖南省 張家界市 古人堤의 漢代 建築遺址에서 출토된 『張家界古人堤簡牘』중에 포함된 「盜律」과 「賊律」의 목록은 완벽하지는 않지만 2001년 발표된 『二年律令』 「賊律」의 변화상을 중간 점검할 수

있는 자료라고 할 수 있다. 張家界 古人堤漢律目錄은 紀年簡에 의하면 후한 和帝 永元(89-104)에서 安帝 永初(107-113)까지의 것이다.[678] 이 시점은 앞서 고찰한 陳寵이 漢律令의 숫자가 4,989條였다고 언급한 和帝 永元 6年(A.D.94年)과 일치하는 때로서, 前漢 呂后 2년(B.C.186년)경에 抄寫한 二年律令이 거의 300년 정도 경과한 시점의 것이므로 변화가 있었다면 이 목록에 반영되어 있었을 것이다.[679] 여기에서 중요한 것은 위의 古人堤목록에 있는 賊律목록이 賊律 전체였는지 여부이다. 29正面에는 古人堤 盜律 목록이 2개 欄에 21개 조문을, 賊律 목록은 4개 欄에 41개 題名을 썼다. 盜律이 21개에 불과한 것은 다른 목독에 그 전반이 있었을 가능성도 있으나, 실제로는 29正面에 있는 것이 전부일 가능성도 있다. 二年律令에 있는 盜律은 18개로서, 古人堤의 21개와 큰 차이가 없기 때문이다. 또한 29背面에는 賊律목록과 무관한 壬子十五, 癸丑十六과 같은 간지와 날짜가 쓰여 있다. 이것으로 볼 때 29正面의 다음 면에 賊律목록이 없기 때문에, 29正面에 쓰여 있는 41개의 항목이 賊律 목록의 전체라고 추정된다.[680] 흥미로운 것은『二年律令』,『張家界古人堤簡牘』,『唐律』·「賊盜律」의「賊律」의 부분의 조항수이다.『張家界古人堤簡牘』에 보이는「賊律」항목은 41개인데,[681] 陳夢家의 章을 구분하는 원

---

678) 湖南省文物考古研究所·中國文物研究所, 「湖南張家界古人堤簡牘釋文與簡注」, 82-83쪽.

679) 任仲爀, 「漢·魏晉律에서의 篇章 체제의 변화 — 賊律을 중심으로 —」, 『中國古中世史研究』29, 2013, 338쪽.

680) 임중혁, 위의글, 340쪽.

681) 湖南省文物考古研究所·中國文物研究所, 「湖南張家界古人堤簡牘釋文與簡注」, p.79.

칙을 『二年律令』의 賊律에도 적용해보면 章 항목 역시 41개이다. 양자의 숫자가 동일한 것으로 보아 현재 『二年律令』에 있는 「賊律」은 당시 전체 율령을 모두 抄寫한 것일 가능성도 있다.[682]

水間大輔씨는 29正面의 41개 항목 가운데서 『二年律令』과 약반 정도가 일치하는 것으로 보고 있지만, 임중혁씨는 면밀한 분석을 시도하여 古人堤의 賊律目錄은 27/41=65.8%가 일치하는 것으로 보고 있다. 비록 『古人堤簡牘』이 漢律目錄에 지나지 않지만, 東漢時期에 출토된 법제사료가 매우 부족한 현 상황에서 秦漢律에서 唐律에 이르는 시기의 律令의 變遷을 이해하는데 크게 도움이 되는 出土法制資料라 할 수 있다.

(2) 『長沙尙德街出土東漢簡牘』

張家界 古人堤漢律目錄이 東漢 和帝 永元(89-104)에서 安帝 永初(107-113)까지의 것, 즉 東漢 初中期 정도에 해당한다면, 『長沙尙德街出土東漢簡牘』의 경우에는 대체로 그 보다 늦은 東漢 靈帝(168-189) 이후에서 三國吳의 중기 정도에 해당한다. 『長沙尙德街出土東漢簡牘』의 公文書에는 이 시기의 東漢中後期의 율령을 엿볼 수 있는 중요한 내용을 담고 있다. 그 중 필자가 주목한 몇 가지 주요 내용을 살펴보면 다음과 같다.[683]

682) 『二年律令』 도판을 보면, 賊律 19簡의 마지막 부분까지 글자가 채워져 있어서 20簡과 동일한 章으로 생각될 수도 있으나, 내용이 크게 차이나고 古人堤에도 20簡이 별도로 ⑭ 諸食□肉로 나타나 있어 별도의 章으로 파악했다.

683) 이하는 長沙市文物考古研究所編, 『長沙尙德街東漢簡牘』·「長沙尙德街出土東漢簡牘及釋文」(上海: 岳麓書社, 2017)에 의한다.

084正面

詔書: 庶人不與父母居者, 爲仕伍, 罰作官寺一年.

詔書: 九十以上, 爲復子若孫一人.

詔書: 民□産滿五, 毋復卒一人, □無所復得□□□.

詔書: 民大父母物故, 與母出居, 當合訾□上從(?)所俾孫得(?)出.

詔書: 故事年九十, 九十有子, 雖勉老不得□復.

084正面에 나오는 위의 簡에서 庶人과 仕伍가 나오는 것이 주목된다. 仕伍는 곧 士伍이다.[684] 그런데 여기에 나오는 庶人과 士伍는 『秦律』 혹은 『二年律令』에 보이는 庶人과 士伍의 개념과는 완전히 다르다.[685] 본래 秦漢律에서 士伍와 庶人은 爵位를 지표로 하는 身分序列의 연장선상에 위치하는 爵制的 身分의 하나

684) 위의 책, 220쪽.

685) 보통 庶人이라 하면 일반 백성, 즉 평민을 의미하지만, 『秦律』 혹은 『二年律令』단계에서 庶人은 반드시 그와 같은 의미를 지닌 것이 아니라 罪人 혹은 奴婢가 해방되는 경우와 奪爵되는 경우로 제한되어 있는 특수한 개념이었다. 秦漢律의 爵制 내지는 身分制는 士伍로 수렴되는 시스템이었고, 흔히 말하는 編戶齊民은 士伍를 의미하는 것이었다. 鷹取祐司는 士伍와 庶人은 爵位를 지표로 하는 身分序列의 연장선상에 위치하는 爵制的 身分의 하나라는 지적을 하였다(鷹取祐司, 「秦漢時代の刑罰と爵制的身分制」, 『立命館文學』608, 2008). 士伍에 대하여는 원래 爵位가 있었으나 罪로 인해 奪爵된 사람, 형벌의 명칭, 無爵位의 士兵, 無爵位의 男子라는 다양한 견해가 발표되었으나 대체적으로 士伍는 里伍 가운데 거주하면서 官職·爵位가 없고 호적에 이름을 올린 成年男子로서, 服役年齡以上에 도달한 官爵이 없는 男性公民으로 결론이 모아지고 있다. 『漢舊儀』에서 衛宏은 "秦制 二十爵. 男子賜爵一級以上, 有罪以減, 年五十六免. 無爵爲士伍, 年六十乃免老."라 하여 士伍를 "無爵爲士伍"로 파악하고 있다. 이 士伍 無爵說은 『二年律令』에 의해 그 구체적인 실상이 확인되었다. 이상과 같은 庶人과 士伍의 성격에 대하여는, 任仲爀, 「秦漢律의 耐刑 — 士伍로의 수렴 시스템과 관련하여 —」, 『中國古中世史研究』19, 2008; 林炳德, 「秦漢時代의 士伍와 庶人」, 『中國古中世史研究』20, 2008을 참조.

였고, 특히 庶人은 罪人 혹은 奴婢가 해방되는 경우와 奪爵되는 경우로 제한되어 있었고 士伍는 庶人보다 한단계 상위의 爵制的 槪念으로 나타나고 있는데, 『長沙尙德街出土東漢簡牘』에서의 士伍는 庶人에 대한 처벌로 作刑에 처해진 존재, 즉 庶人이 부모와 同居하지 않아 처벌을 받는 경우로 나타나고 있다. 이 자료를 통하여 필자는 그 동안 왜 如淳, 李奇, 顔師古 등의 士伍에 대한 주석이 『秦律』 혹은 『二年律令』의 개념과 다를까하는 의문이 풀리는 것 같다. 『漢書』·「景帝紀」에 나오는 顔師古와 『史記』·「淮南衡山列傳」에 나오는 如淳의 士伍에 대한 정의를 살펴보면 다음과 같다.

① 작위를 박탈하여 사오가 되게 하고, 면직한다. 주, 사고가 말하기를, 그 작을 빼앗아 사오가 되게 하고, 또 그의 관직을 면하는 것을 말하니, 즉 지금의 율에 이른바 제명[686]이라는 것이다, 사오라고 하는 것은, 사졸의 대오를 따른다는 말이다.[687]

② 죄가 있어서 관직을 잃은 것을 '사오'라 칭한다[688]

①과 ②의 내용을 보면, 士伍를 모두 작위의 박탈의 개념으로 나오고 심지어 顔師古는 士伍를 사졸의 대오에서 연원하는 것으로 보고 있다. 즉 『秦律』 혹은 『二年律令』의 개념이 전혀 반영되지 않은 것을 알 수 있다. 즉 『秦律』 혹은 『二年律令』에 보이는 爵制의 개념과 기능은 漢高祖 시기를 지나 크게 변질되기 시작

---

686) 除名: 官과 爵을 모두 박탈당하는 것.

687) 『漢書』 권5, 「景帝紀」, 140-141쪽.

688) 『史記』 권118, 「淮南衡山列傳」, 3078쪽, "如淳曰 : 「律 『有罪失官爵稱士五』 者也.」"

하였고 적어도 西漢 中期 以後부터는 완전히 변질이 되었다는 것을 의미하며 如淳, 李奇, 顔師古 등은 『秦律』 혹은 『二年律令』에 보이는 士伍의 개념을 전혀 반영하지 못하였다는 것을 의미한다.

위의 簡에서 또 주목되는 것은 90歲 이상의 노인은 아들이나 손자 중 한명의 병역과 부세를 면제해준다는 내용이다. 이 내용은 『漢書』·「武帝本紀」에 보이는 내용과 완전히 일치한다.[689] 참고로 90세에 대한 특혜는 다음과 같은 사료에 나온다. 084正面 "詔書: 九十以上, 爲復子若孫一人."은 漢武帝의 養老 故事에서 유래하는 것이 분명하다.

> ① 사(舍)는 부역을 면제해서 버리고 노역하지 않는 것이다. 귀(貴)는 지금의 종실과 관내후와 같은 것을 이르는 것인데, 모두 부역을 면제한다. 관부의 일에 복무한다는 것은 지금의 관리가 요역을 면제받는 것과 같다. 노(老)는 지금 팔십이나 구십 나이이 있는 사람인데 羨卒[690]로 생각해서 부역을 면제하는 것이다. 질은 지금 나이가 많아서 몸이 쇠약하고 병에 걸려서 일할 수 없는 사람에게 역을 면제하는 것과 같음을 이르는 것이다.[691]

---

689) 『漢書』 권6, 「武帝本紀」 156쪽에 "民年九十以上, 已有受鬻法, 爲復子若孫, 令得身帥妻妾遂其供養之事." 顔師古注, "若者, 預及之辭也. 有子卽復子, 無子卽復孫也."

690) 羨卒: 正卒 이외의 사병.

691) 『周禮正義』 권21, 「地官司徒」, '鄕大夫'注, 840쪽, "舍者, 謂有復除不收役事也. 貴者, 謂若今宗室及關內作皆復也. 服公事者, 謂若今吏有復除也. 老者, 謂若今八十九十復羨卒也. 疾者, 謂若今癃不可事者復之."

② 민은 80세가 되면 2구의 산을 면제하는데 90세가 되면 군부를 면제한다"[692]

③ [문제] 원년(기원전 179년)에 조를 내리기를, "노인은 비단[옷]이 아니면 따뜻하지 못하고, 고기가 아니면 배부르지 못하다. 지금은 연초[歲首]인데 때맞추어 사람을 보내 長老들의 안부를 살피지도 않고 또한 布帛 및 술과 고기를 하사함도 없으니, 장차 무엇으로 천하의 자손들이 그 부모를 孝養할 수 있도록 권하겠는가? 지금 듣건대, 관리들이 마땅히 鬻을 받아야 하는 노인들에게 수시로 오래 묵은 곡물을 지급한다고 하니, 어찌 노인을 봉양한다는 취지에 부합할 수 있겠는가! 갖추어 법령을 만들도록 하라."라고 하였다. 有司에서 縣과 道에 다음과 같은 명을 내리도록 청하였다. 80세 이상 노인의 경우 1인당 매월 쌀 1石, 고기 20근, 술 5두를 하사한다. 그중 90세 이상의 노인에게는 추가로 1인당 帛 2疋과 솜[絮] 3근을 하사한다. 하사할 물품과 응당 지급해야 할 죽미(鬻米)의 경우 長吏가 일일이 검열한 후 현승과 縣尉가 지급한다. 90세 미만 노인의 물품은 嗇夫와 令史가 지급한다.[693]

④ [5급인] 大夫 이상은 90세가 되면, [4급] 不更은 91세, 簪裊 92세, 上造 93세, 公士 94세, 公卒과 士伍는 95세에 각각 鬻米 1石을 매달 제공받는다[694].

---

692) 『漢書』 권6 「武帝紀」, 156쪽, "春二月, 赦天下, 賜民爵一級. 年八十復二算, 九十復甲卒"

693) 『漢書』 권4, 「文帝本紀」, 113-114쪽 ; 그 밖에 『册府元龜』 권55, 「帝王部55」, '養老', 『西漢會要』 권48, 「民政3」, '尊高年', 『玉海』 권74, 「禮儀」, '漢養老令' 등에도 관련 내용이 보인다.

694) 『二年律令』 354簡, "大夫以上[年]九十, 不更九十一, 簪裊九十二, 上造九十三, 公士九十四, 公卒、士五九十五以上者, 稟鬻米月一石."

212正面

列侯相遺書以侯印封, 完城旦.

鬪刃傷人, 完城旦.

人妻事□禾□接夫婦道父母.

嫁爲人妻減死罪一等, 完城旦.

棄書官印以上, 司寇.

非縱火時擅縱火, 燒山林□司寇.

□□節□□吏不□□☑

臧錢三百, 鬼薪・白粲. 擅加益☑

□闕上百者不上鬼薪.

上書言變事不如式, 爲不敬.

天下有服禁不得屠沽, 吏犯, 不敬☑

□□官府寺舍民廬臧不滿千☑

僕□當僕, 坐臧爲盜.

□□坐臧爲盜.

212 正面에는 먼저 完城旦, 鬼薪・白粲 등 秦漢律에서 흔히 볼 수 勞役刑의 명칭이 나오는 것이 주목된다. 漢文帝 13년의 刑制改革에는, “諸當完者, 完爲城旦舂 ; 當黥者, 髡鉗爲城旦舂 ; 當劓者, 笞三百 ; 當斬左趾者笞五百, 當斬右趾・及殺人先自告・及吏坐受賕枉法・守縣官財物而即盜之・已論命復有笞罪者, 皆棄市. 罪人獄已決完爲城旦舂, 滿三歲爲鬼薪白粲, 鬼薪白粲一歲爲隸臣妾, 隸臣妾一歲免爲庶人. 隸臣妾滿二歲爲司寇, 司寇一歲及作如司寇二歲, 皆免爲庶人.”라 하는 노역형도의 개혁이 있었고 이를 계기로 무기형도가 유기형도로 바뀐다. 이 문장의 해석 여하에 따라 完城旦의 刑期는

4년, 혹은 5년으로, 鬼薪·白粲은 4년 혹은 3년설로 의견이 나뉘고 있다.[695] 어쨌든 모두 有期刑徒인 것은 분명하다.

"鬪刃傷人, 完城旦."은 『漢書』·「薛宣傳」에 "싸우다가 칼날로 사람을 다치게 하면 完爲城旦에 처하는데, 고의로 타인을 다치게 한 경우에는 1등의 죄를 더하고 함께 도모한 자는 같은 죄로 한다."[696]라 하여 "鬪以刃傷人, 完爲城旦"과 동일하다.

"嫁爲人妻減死罪一等, 完城旦."과 관련해서는 『後漢書』·「明帝紀」에 "十六年, 詔令郡國中都官死罪繫囚減死罪一等, 勿笞, 詣軍營, 屯朔方·敦煌；妻子自隨, 父母同産欲求從者, 恣聽之; 女子嫁爲人妻, 勿與俱."에 보이는 "女子嫁爲人妻"가 주목된다. 이 내용은 "東漢明帝16년(73년), 조서를 내려, "군국과 중도관에 사죄로 구금되어있는 사람을 모아 죄를 한 등급을 감해주고, 매질을 하지 않게 하며, 군영으로 보내어 삭방군·돈황군에 주둔시켰다. 그 처와 자식이 스스

---

695) 濱口重國은 完城旦의 형기가 4년임을 들어 "完城旦春滿三歲"의 三을 二로 고쳐야 한다고 보았고, 司寇와 作如司寇의 형기는 동일하므로 作如司寇二歲의 二는 一의 잘못이라고 보았다. 若江賢三은, "1.完爲城旦春, 滿三歲爲鬼薪白粲. 鬼薪白粲一歲, 免爲庶人. 2. 完爲城旦春, 滿三歲爲隷臣妾. 隷臣妾一歲, 免爲庶人."으로 鬼薪白粲과 隷臣妾 부분을 분리해서 해석하고 있고, 滋賀秀三은, "罪人獄已決, 完爲城旦春滿三歲, 爲鬼薪白粲. 鬼薪白粲一歲, [免爲庶人. 鬼薪白粲滿二歲], 爲隷臣妾. 隷臣妾一歲, 免爲庶人. 隷臣妾滿二歲, 爲司寇. 司寇一歲, 及[司寇]作如司寇二歲, 皆免爲庶人."으로 하여 문장을 추가하여 재구성하고 있다. 이에 대하여 張建國은 "罪人獄已決, 完爲城旦春, 滿三歲爲鬼薪白粲. 鬼薪白粲一歲, 爲隷臣妾. 隷臣妾一歲, 免爲庶人. (鬼薪白粲滿三歲爲隷臣. 隷臣一歲, 免爲庶人.) 隷臣妾滿二歲, 爲司寇. 司寇一歲, 及作如司寇二歲, 皆免爲庶人." 이라 하여 顔師古注를 본문에 삽입하여 해석하고 있다. 張建國씨처럼 해석할 경우 完城旦春의 형기는 5년, 鬼薪白粲의 형기는 4년, 隷臣妾의 형기는 3년이 된다.

696) 『漢書』 권83, 「薛宣傳」, 3395쪽, "廷尉直以爲律曰：「鬪以刃傷人, 完爲城旦, 其賊加罪一等, 與謀者同罪.」"

로 따라가고, 부모와 친형제로서 따르기를 요구하는 자는 자유로이 그것을 허용하지만, 여자로서 시집을 가 남의 처가 된 자는 함께 가지 말라. 모반·대역·무도는 이 조서를 적용하지 않는다."라고 하는 내용으로[697] 여자로써 시집을 가서 남의 처가 된 자에 대한 법률적 제재가 있었음을 보여 주는 내용이다. "減死罪一等, 完城旦"도 노역형 형벌체계의 변화와 관련하여 생각해 볼 필요가 있는 내용이다.

"棄書官印以上, 司寇."와 유사한 규정은 『二年律令』·「賊律」에 나오는 "盜書, 棄書官印以上, 耐(?)."과 유사하다. 文書를 훔치거나 文書나 官印 이상을 버린 경우, 耐에 처한다는 것으로 문서를 盜하거나 혹은 버린 경우의 규정이라 하겠다. 唐律에서는 문서의 盜竊에 대해 『唐律疏義』·「賊律」 26, "諸盜制書者, 徒二年. 官文書, 杖一百, 重害文書, 加一等, 紙券, 又加一等(무릇 制書를 훔친 자는 도형2년에 처한다. 官文書인 경우에는 장형100대에 처한다. 危害性이 중대한 문서인 경우에는 1등을 가중한다. 紙券인 경우는 또 1등을 가중한다.)"라 되어 있다.

"臧錢三百, 鬼薪·白粲."의 규정도 처벌 기준이 되는 贓價와 처벌규정의 변화를 수반하는 것으로 주목된다. 254背面에 나오는 "臧錢三百, 完城旦"과 아래의 任仲爀씨의 정리를 참고하면 秦漢律에서 贓價에 따른 처벌규정의 변화를 이해하는데 도움이 될 것 같다.

697) 『後漢書』 권2, 「明帝紀」, 121쪽,

※ 절도금액에 따른 처벌규정(任仲爀, 「秦漢律의 벌금형」, 『中國古中世史研究』 第15輯, 7쪽.)

魯法		秦律		二年律令	
贓價	형벌	贓價	형벌	贓價	형벌
		661錢 이상	黥城旦舂	661錢 이상	黥城旦舂
1000-201錢	完倡	660 미만-220錢	完城旦舂	660 미만-220전	完城旦舂
		없음	(鬼薪白粲)	없음	(鬼薪白粲)
200-101錢	白徒	220 미만-110錢	耐隸臣妾	220전 미만-110전	耐隸臣妾
		없음	(司寇)	없음	(司寇)
100-21錢	罰金二兩	(110전미만-22전)	(貲二甲)	110전 미만-22전	罰金四兩
20-1錢	罰金一兩	(22전미만-1전)	(貲一盾)	22전 미만-1전	罰金一兩

"上書言變事不如式, 爲不敬." 上言變事는 '上變' 또는 '上變事'라고도 칭하는데, 그 사례가 『周禮』와 『漢書』·「梅福傳」에 나오고 있다. 『周禮』에는 "若今時上變事擊鼓矣, 又若今驛馬軍書當急聞者, 亦擊此鼓(지금처럼 비상사태를 조정에 알릴 때 북을 치고, 또 지금과 같이 역마로 군사상의 문서를 급히 알려야 하는 경우 또한 이 북을 친다)."[698]라 되어 있고 『漢書』·「梅福傳」에는, "[여러 번 장안으로 가는 현의 사자를 통해서] 비상하게 다룰 국사를 상소하였다. 또 초전(軺傳 : 작은 수레)을 빌려 타고 황제가 임시로 머물고 있는 행재소(行在所)에 가서 급한 정사를 조목조목 상주하였다. [그러나 그때마다 허락을 받지 못하였다.]"[699] 그런데, 여기에서 "…不如式, 爲不敬"이라 하는 내용도 주목된다. '式'과 '不

698) 『周禮正義』 권59, 「夏官司馬」, '太僕'注, 2499쪽.

699) 『漢書』 권67, 「梅福傳」, 2917쪽, "梅福字子眞, …, 數因縣道上言變事,(師古曰: '附縣道之使而封奏也. 變謂非常之事.') 求假軺傳(師古曰: '小車之傳也. 軺音遙. 傳音張戀反.'), 詣行在所條對急政(師古曰: '條對者, 一一條錄而對之.'), 輒報罷."

敬' 모두 법제용어와 관련되어 있기 때문이다.

212背面
妻淫失煞夫, 不道.
奸人母子旁, 不道.
對悍使者無人臣禮, 大不敬.
驚動鬼神, 大不敬.
上書紀匿其名, 大不敬.
漏泄省中語, 大不敬.

□□□□□棄市.
以人罪爲罪, 當斬. 非犯軍中, 棄市.
盜變事書, 棄市.
留變事書當上不上滿半日, 棄□.
吏留難變事滿半日, 棄市.
發視變事, 棄市.
同産相奸, 棄市.

212背面에는 '不道罪'와 '大不敬罪'에 관한 규정이 나온다. 212前面에 나오는 '不敬罪'와 함께 大庭脩이래[700] 나름대로 연구가 축적된 분야인데, 아직까지 명확한 개념으로 제시된 것으로 보이지는 않는다. '不道罪'와 '大不敬罪'는 沈家本, 『歷代刑法考』(北京: 中華書局)에 의하면, 賊律1 大逆無道 謀反: 大逆, 誹謗妖言, 祝詛, 謗毁宗室, 造作圖讖, 惡逆, 不道, 非所宜言, 大不敬, 廢格沮誹, 左道,

700) 大庭脩著・林劍鳴等譯, 「漢律中"不道"的槪念」, 『秦漢法制史硏究』 上海人民出版社, 1991.

媚道, 降敵 등이 열거되는데,[701] '不道罪'와 '大不敬罪'는 沈家本, 『歷代刑法考』의 분류에 따르면 「賊律」에 포함되어 있다.

不道罪에 대한 文獻史料의 사례를 열거하면 다음과 같다.

① 백성을 감독하고 지키는 사람으로서 감독 받는 측에서 3천만 전을 뇌물로 받았으니 不道하다고 아뢰어 자살하였다.[702]

② 죄없는 일가에서 세 사람의 무고한 이를 죽이면 不道이다[703]

③ 『唐律』에 10악 중 다섯 번째는 不道이다. 주에 "한 집안에서 죽을 죄를 짓지 않은 세 사람을 살해하거나, 사람의 사지를 절단하였거나, 독충을 제조하고 기르거나 厭魅를 만드는 행위를 말한다."[704]

④ 원시4년(4년)에 법령을 제정하여, 부녀들 중에서 직접 범행을 저지르지 않은 자와, 80세 이상 7세 이하의 남자에 대해서는 조령에서 지명한 바의 不道로 처벌될 체포자가 아니면, 모두 구속할 수 없다. 마땅히 驗問해야 할 자는 마땅히 험문한다.[705]

⑤ 節義에 어그러지고 윤리를 끊는 것을 '不道'라 한다.[706]

⑥ [대사공]사단 등이 동굉(董宏)을 탄핵하여 조정의 일을 그르쳐 부도하다고 하였다.[707]

---

701) 沈家本, 『歷代刑法考』(北京: 中華書局), 1985, 1413-1433쪽.

702) 『漢書』 권90, 「田延年傳」, 3665쪽, "丞相議奏延年'主守盜三千萬, 不道.'"

703) 『漢書』 권84, 「翟方進傳」, 3415-3416쪽, "後丞相宣以一不道賊,(如淳曰 : '律, 殺不辜一家三人爲不道.') 請遣掾督趣司隸校尉, 司隸校尉涓勳自奏暴於朝廷, 今方進復擧奏勳."

704) 『唐律疏議』, 第6條 ; 名例 6, '十惡', 9쪽, "五曰, 不道. 謂殺一家非死罪三人, 支解人, 造畜蠱毒、厭魅."

705) 『漢書』 권12 「平帝紀」, 356쪽, "…婦女非身犯法, 及男子年八十以上七歲以下, 家非坐不道, 詔所名捕, 它皆無得繫. 其當驗者, 即驗問. 定著令."

706) 『晉書』 권30 「刑法志」, 928쪽, "(생략) 逆節絕理謂之不道, (생략)"

707) 『漢書』 권60 「杜周傳」 (杜欽), 2682쪽, "大司空師丹等劾宏誤朝不道, 坐免爲庶人, 業復上書訟宏."

그런데, 文獻史料의 不道罪의 사례에는 단순한 '不道罪'만이 아니라 '大逆不道'·'罔上不道'·'大不敬不道' 등이 있다.

① '大逆不道'하면 부모 · 처자 · 형제를 모두 기시에 처한다.[708]

② '大逆無道'하니 조조는 마땅히 요참에 해당하며 그의 부모 · 처자 · 형제는 나이를 막론하고 모두 기시에 처한다.[709]

③ 갑관요가 한 말은 천자의 자리를 [태자에게] 선양[710]하라는 뜻이므로 대역부도에 해당한다고 하였다.[711]

④ 멋대로 말하고 책임지지 않으면서 나라를 현혹하는 것은 '罔上不道'이다.[712]

⑤ 하량 등이 옳지 않은 방법으로 왜곡하고, 조정을 어지럽히고 국가를 전복하고자하였고, 황상을 속이고 기만하고 不道하여 모두 사형에 처해졌다.[713]

이하 문헌사료에 보이는 '大不敬罪'의 사례를 이하 몇 개만 거론하기로 하겠다.

① 포선이 사자를 물리쳐 막고 거부한 죄 · 신하의 예가 없는 죄

---

708) 『漢書』 권5, 「景帝紀」, 142쪽, "年冬十二月, 詔曰 : 「襄平侯嘉子恢說不孝, 謀反, 欲以殺嘉, 大逆無道. 其赦嘉爲襄平侯, 及妻子當坐者復故爵」 (如淳曰 : 「律, 大逆不道, 父母妻子同産皆棄市. 今赦其餘子不與恢說謀者, 復其故爵」)."

709) 『漢書』 권49, 「晁錯傳」, 2302쪽, "後十餘日, 丞相靑翟、中尉嘉、廷尉敺劾奏錯曰 : '…, 亡臣子禮, 大逆無道. 錯當要斬, 父母妻子同産無少長皆棄市. 臣請論如法.' 制曰 : '可.'"

710) 여기서는 '禮'으로 쓰였으나 『한서』에는 '禪'으로 되어 있다.

711) 『漢書』 권77 「蓋諸葛劉鄭孫毋將何傳」 (蓋寬饒), 3247쪽, "… 以爲寬饒指意欲求禪, …"

712) 『漢書』 권72 「兩龔傳」, 3081쪽, "言事恣意, 迷國, 罔上不道"

713) 『漢書』 권75 「眭兩夏侯京翼李傳」(李尋傳), 3193쪽.

· 大不敬 · 부도 죄를 받았다.[714]

② 예의를 어지럽히고 절의를 잃는 것을 '不敬'이라 한다.[715]

③ 진탕이 거짓을 말하여 그렇지 않은 일을 가짜로 만들어낸 것은 非所宜言이며 大不敬이다.[716]

④ 투후 상구성이 첨사로 효문제의 묘를 侍祠하였는데, 사당아래에서 술에 취해 노래를 부른 죄를 받아 大不敬으로 자살하였다.[717]

⑤ "천자의 활은 마땅히 제일 높은(좋은) 곳에 두어야 하는데 어찌 감히 땅에 두었느냐? 대불경이다." 즉시 용사를 몰수하여 옥에 가두고 치죄하였다.[718]

⑥ 대장군 王鳳이 어사중승을 시켜 풍야왕을 탄핵하기를, "병을 돌보는 것을 핑계로 휴가를 내었는데, 멋대로 자기 편안한대로 하였고, 호부를 가지고 경계를 벗어나 귀가하였다. '奉詔不敬'으로 처벌해야 한다."고 하였다.[719]

212背面에 나오는 '不道罪'와 '大不敬罪'에 관한 규정의 사례는 이상과 같은 문헌사료의 몇가지 사례와 함께 그 동안 나름 연구가 축적되었지만 아직도 불분명한 점이 있는 漢律의 '不道罪'

---

714) 『漢書』 권72, 「鮑宣傳」, 3093쪽, "宣坐距閉使者, 亡人臣禮, 大不敬, 不道, 下廷尉獄."

715) 『晉書』 권30 「刑法志」, 928쪽, "虧禮廢節, 謂之不敬."

716) 『漢書』 권70 「陳湯傳」, 3026쪽, "湯稱詐虛, 設不然之事, 非所宜言, 大不敬";

717) 『漢書』 권17 「景武昭宣元成功臣表」, 663쪽, "秺侯商丘成坐爲詹事侍祠孝文廟, 醉歌堂下, 大不敬, 自殺."

718) 『太平御覽』 권347 「兵部」 78, 1080쪽, "天子之弓當戴之於首上, 何敢置地, 大不敬, 即收虎賁付獄治罪."

719) 『漢書』 권79 「馮奉世傳」, 3303쪽, "大將軍鳳風御史中丞劾奏野王 賜告養病而私自便, 持虎符出界歸家, 奉詔不敬."

의 大不敬罪'에 관한 규정을 명확히 하는데 도움이 될 것이 틀림없다. '妻淫失煞夫'와 '奸人母子旁'을 부도로 규정한 212背面의 내용은 節義에 어그러지고 윤리를 끊는 것을 不道로 규정한 『晉書』·「刑法志」의 부도죄의 정의와 어느 정도 일치한다고 보인다는 점도 주목된다. "上書紀匿其名, 大不敬"은 上書에 대한 漢律의 여러 규정과 그 규정을 어기는데 대한 처벌규정과 관련하여 비교해볼 필요가 있어 보인다. 漢은 황제지배체제에 위해 요소를 제거하기 위해 궁중의 기밀을 누설하면 '대죄' 혹은 '중죄'로 주로 '棄市'로 처벌을 받았지만, '免官'처분에 그친 경우도 있어서 처벌의 기준이 일정하지 않았다. 『漢書』·「賈捐之傳」에는, "捐之가 궁중의 기밀을 누설하니 罔上不道이다."[720]라 하는 내용이 나온다. 이를 통하여 "漏泄省中語, 大不敬."은 『漢書』·「賈捐之傳」의 '罔上不道'에 해당함을 알 수 있다. '漏泄省中語'는 궁중의 기밀을 누설하는 것으로 省中은 황제가 거처하는 곳을 의미한다. 문헌사료에는 이와 관련하여 적지 않은 내용이 나오고 있다.

① 건소2년(기원전 37년), 회양왕의 외삼촌 張博, 위군 태수 京房이 궁정기밀을 염탐하여 제후왕의 범죄에 빠지게 유도하고, 궁중의 기밀을 누설한 죄를 받아 장박은 허리를 잘라 죽이는 형벌에 처하고, 경방은 기시에 처했다.[721]

② 어사중승 陳咸이 어사중승이 되었는데, 궁중의 기밀을 누설했다는 죄를 받아 하옥되었다.[722]

720) 『漢書』 권64, 「賈捐之傳」, 2837쪽, "捐之漏洩省中語, 罔上不道."

721) 『漢書』 권9, 「元帝紀」, 294쪽, "建昭二年, 淮陽王舅張博, 魏郡太守京房, 坐窺道諸侯王以邪意, 漏洩省中語, 博要斬, 房棄市."

③ 이에 石顯이 상황을 파악하여 알아채고, 陳咸이 궁중의 기밀을 누설하였다고 상주하였고, 진함을 하옥하여 볼기를 치며 문초했다. 사형을 감면받아 髡爲城旦에 처했다.[723]

④ 趙卬이 조정의 기밀을 누설하였음을 고하였는데, …관리를 보내 심문하니, 조앙이 자살하였다.[724]

⑤ 조서를 내리기를, "시중부마도위인 부천은 간사기교하고 의로움이 없고, 궁정의 비밀을 누설하고, 황상에게 불충하였으니 나라의 적이다. 면관하고 고향으로 돌려보내라."고 하였다.[725]

⑥ 초상 제송등이 경조윤이 되고, 하평3년(기원전 26년)에 동래도위로 강등되었는데, 조정의 기밀을 누설한 죄를 받고 하옥되고 자살하였다.[726]

⑦ 袁敞이 아들과 상서랑 張俊과 결탁하여 조정의 기밀을 누설한 죄를 받아 조서 그의 직책이 박탈되고, 마침내 자살하였다.[727]

①~⑦의 사례에서 보듯이 漢法에 宮中의 기밀을 누설하는 것은 大罪이다. 唐律에 '漏泄大事'는 職制編 第1에 있다.[728] '漏泄省中語'를 '大不敬'으로 정의한 212背面簡의 내용은 이상과 같은 문

722) 『漢書』 권83, 「朱博傳」, 3398쪽, "陳咸爲御史中丞, 坐漏洩省中語, 下獄."

723) 『漢書』 권66, 「陳萬年傳」, 2900쪽, "於是石顯微伺知之, 白奏咸漏洩省中語, 下獄掠治, 減死, 髡爲城旦."

724) 『漢書』 권69, 「趙充國傳」, 2994쪽, "上書告卬泄省中語. …下吏, 自殺."

725) 『漢書』 권81, 「孔光傳」, 3357쪽, "侍中駙馬都尉遷巧佞無義, 漏洩不忠, 國之賊也, 免歸故郡."

726) 『漢書』 권19하, 「百官公卿表」, 827쪽, "楚相齊宋登爲京兆尹, 貶爲東萊都尉, 坐漏洩省中語, 下獄自殺."

727) (晉)袁宏撰, 周天游校注 『後漢記』(天津古籍出版社, 1987), 「後漢孝安皇帝紀上」 권16, '元初4년', "袁敞坐子與尚書郎張俊交通, 漏泄省中語, 策罷, 遂自殺."

728) 『唐律疏議』 第109條 ; 「職制」 19 '漏泄大事', 195쪽.

헌사료의 내용을 분명히 한다. "盜變事書, 棄市." "留變事書當上不上滿半日, 棄□." "吏留難變事滿半日, 棄市."도 문서 행정과 관련하여 주목할 만하다. 變事는 漢律에서 보통 '上言變事'로 나오는데, '上言變事'는 모반 등과 같은 非常한 사건을 朝廷에 고발하는 것을 의미하는데, 變事書는 變事에 관한 문서로 이해된다.

① 지금처럼 비상사태를 조정에 알릴 때 북을 치고, 또 지금과 같이 역마로 군사상의 문서를 급히 알려야 하는 경우 또한 이 북을 친다.[729]

② [여러 번 장안으로 가는 현의 사자를 통해서] 비상하게 다룰 국사를 상소하였다. 또 軺傳을 빌려 타고 황제가 임시로 머물고 있는 行在所에 가서 급한 정사를 조목조목 상주하였다. [그러나 그때마다 허락을 받지 못하였다.][730]

변경에서 적이 침투하였을 경우 이를 上官에게 보고해서 조치를 취하는 『廏律』의 '驚事告急'도 212背面簡의 變事書에 대한 처벌규정의 내용과도 관련이 있다 하겠다.

---

729) 『周禮正義』 권59, 「夏官司馬」, '太僕'注, 2499쪽, "若今時上變事擊鼓矣, 又若今驛馬軍書當急聞者, 亦擊此鼓."

730) 『漢書』 권67, 「梅福傳」, 2917쪽, "梅福字子眞, …, 數因縣道上言變事,(師古曰 : '附縣道之使而封奏也. 變謂非常之事.') 求假軺傳,(師古曰 : '小車之傳也. 軺音遙. 傳音張戀反.') 詣行在所條對急政,(師古曰 : '條對者, 一一條錄而對之.') 輒報罷."

254正面

以賦還臧, 畀主.

爲寫皇帝新璽, 要斬.

謀反者, 要斬.

大逆無道□□□□□□

與伯季父子奸, 右止.

發遷衛士不得令相冒代, 棄市.

傷兄姊, 加罪二等.

漢律에서 死刑은 棄市와 腰斬으로 구분되는데, 212背面簡은 주로 棄市에 관한 것, 254正面簡의 경우는 주로 腰斬에 해당하는 내용이 주를 이룬다. "爲寫皇帝新璽, 要斬."은 황제의 옥새를 위조하면 腰斬에 처한다는 것으로 『二年律令』과 『古人堤簡牘』의 내용과 동일하다.[731] 『晋書』 刑法志에 「賊律有盜章之文」이 있다. 즉 秦漢律에서는 「賊律」에 해당하는데, 『唐律』에서는 「詐僞律」에 해당한다.[732] "與伯季父子奸, 右止."의 '伯季父子'는 伯父·叔父 및 堂兄弟를 가리킨다.[733] 여기서 '右止'는 斬右止가 아니다. 『한구의』·『한서』 형법

731) 『二年律令』 9簡, "僞寫皇帝信璽·皇帝行璽, 要(腰)斬以匀(徇)"; 『古人堤簡牘』 第29簡, "賊律曰僞寫皇帝信璽·皇帝行璽, 要斬, 以□"; 한편, 『二年律令』 諸侯以下의 印의 僞造에 관한 규정도 나온다(『二年律令』 10簡, "僞寫徹侯印, 棄市. 小官人, 完爲城旦舂〼").

732) 唐律에는 詐僞一 "諸僞造皇帝八寶者, 斬. 太皇太后·皇太后·皇后·皇太子寶者, 絞. 皇太子妃寶, 流三千里.(僞造不錄所用, 但造卽坐)…"로 규정되어 있다.

733) 長沙市文物考古研究所編, 「長沙尙德街出土東漢簡牘及釋文」·『長沙尙德街東漢簡牘』(上海: 岳麓書社, 2017), 224쪽.

지의 육형폐지 조항에는 '釱'라는 이름을 가진 노역형은 보이지 않는다. 그러나 景帝 다음 武帝期가 되면 '釱左趾'·'釱右趾'라는 형벌이 적힌 문헌이 보이는데, 여기에서 말하는 '釱右趾'를 가리킨다. 『後漢書』·「顯宗孝明帝紀」에는,

> 명제가 즉위하여 조서를 내려 "천하의 도망자 가운데 사형수 이하인 자는 속형[734]을 할 수 있게 허락하여, 사형수는 縑 20필, 右趾부터 髡鉗城旦舂은 10필, 完城旦舂부터 司寇作은 3필을 내야한다. 아직 범죄가 발각되지 않았는데 조서가 도착하여 먼저 자수한 자는 그 절반을 납부한다."고 하였다.[735]

라 하여 東漢시기의 刑制를 잘 나타내는 사료가 나온다. 여기에 '右趾'가 나온다. 또한 縑을 기준으로 한 贖刑의 사례가 나온다. 그런데 이 史料의 前後시기의 贖刑과 罰金에 대한 사료는 錢과 黃金을 기준으로 한 것이었기 때문에 縑 20필, 縑 10필, 縑

734) 贖刑: 돈을 바치고 형을 면하거나 돈을 받고 형을 면해주는 일. 先秦 시기에는 贖罪를 銅으로 사용하였고, 漢代에는 黃金, 後漢 이후부터는 絹과 金을 겸용하였다. 程樹德의 魏律考에 의하면, 贖死刑이 一等, 贖髡刑이 四等, 贖完刑·贖作刑이 각각 三等으로 모두 합쳐 十一等이 된다고 한다. 『秦簡』과 『二年律令』이 출토되기 이전에 문헌사료에는 원래 죄수에게 1차로 판결을 내린 후 재물을 납입하면 감형하거나 방면해주는 경우만 주로 나타났으나, 簡帛자료에는 오히려 처음부터 1차형으로 贖刑을 부과하여 소정의 贖金을 납입하게 하고, 2차형으로 감면하는 것은 없는 형태가 正刑임을 보여주고 있다. 또 秦漢律에서 기존의 노역형에 '贖'을 붙여 표현하던 형태(贖城旦舂)에서 晉律에서는 年數에 '贖'을 붙이는 형태(贖四歲)로 정리되었다.

735) 『後漢書』 권2, 「顯宗孝明帝紀」, 98쪽, "明帝卽位, 詔天下亡命殊死以下, 聽得贖論, 死罪入縑二十匹, 右趾至髡鉗城旦舂十匹, 完城旦舂至司寇作三匹. 其未發覺, 詔書到先自告者, 半入贖."

3필의 화폐환산액을 알기 어려워 비교하기 어려웠다. 그런데, 『長沙尙德街東漢簡牘』의 101간과 113간에는 이를 환산해볼 수 있는 귀중한 자료가 포함되어 있다.

이상으로 『長沙尙德街東漢簡牘』을 대강 스케치해 보았다. 『長沙尙德街東漢簡牘』의 공개를 계기로 앞으로 이에 대한 연구가 빠르게 진척이 되리라 생각한다.

맺음말

1970년대 후반의 『睡虎地秦簡』 공개 이후 1980년대~1990년대의 중국고대연구는 이를 중심으로 공전절후의 열기 속에 진행되었다. 그 후 『睡虎地秦簡』을 중심으로 한 열기가 가라앉을 무렵 2001년에 공개된 『二年律令』은 종전의 秦漢法制史硏究의 수준을 새로운 단계로 끌어올렸다. 그런데 『二年律令』을 중심으로 한 연구의 열기가 가라앉기도 전에 최근 秦漢法制史硏究를 새롭게 할 방대한 분량의 간독자료가 공개되고 있다. 즉 2010년 『嶽麓書院藏秦簡(壹)』의 출판을 시작으로 해서 2011년 『嶽麓書院藏秦簡(貳)』, 2012년 『里耶秦簡(壹)』, 2013년 『嶽麓書院藏秦簡(參)』 등 해마다 연속해서 출판되었고, 2015년도 12월에는 드디어 秦의 律令文書인 『嶽麓書院藏秦簡(肆)』가 출판되었다.[736] 2015년 秦의 律令文書인 『嶽麓書院藏秦簡(肆)』가 출판되기 전에 2011년 『嶽麓書院藏秦簡(貳)』, 2012년 『里耶秦簡(壹)』, 2013년 『嶽麓書院藏秦簡(參)』의 자료를 이용한 연구의 진척이 있었고, 秦의 律令文書인 『嶽麓書院藏秦簡(肆)』의 주요 내용도 2015년 12월에 출판

736) 朱漢民・陳松長主編, 『嶽麓書院秦簡(壹)』, 上海辭書出版社, 2010; 朱漢民・陳松長主編, 『嶽麓書院秦簡(貳)』(上海: 上海辭書出版社), 2011; 朱漢民・陳松長主編, 『嶽麓書院秦簡(參)』(上海: 上海辭書出版社), 2013; 朱漢民・陳松長主編, 『嶽麓書院秦簡(肆)』(上海: 上海辭書出版社), 2015; 湖南省文物考古研究所編, 『里耶秦簡(壹)』, 北京: 文物出版社, 2012.

에 앞서 내용의 일부가 소개되었고 이미 이를 이용한 연구도 진행되었다.

2010년 『嶽麓書院藏秦簡(壹)』이 출판된 이후 『嶽麓秦簡』을 자료로 한 연구는 이미 정리하기 어려울 정도로 많은 성과가 발표되고 있는 실정이다. 과거의 연구자들은 상상할 수 없었던 귀중한 출토자료를 우리 시대에 대면할 수 있게 되고 또 오늘날 中國古代法制史 연구자가 이를 이용하여 연구를 수행할 수 있게 된 점은 정말 행운이라고 밖에 표현할 수 없다. 『嶽麓書院藏秦簡(壹)』은 대체로 占書로서의 성격을 갖고 있고, 관리인 자가 갖춰야할 덕목을 기술한 「爲吏治官及黔首」 등으로 구성되어 있다. 『嶽麓書院藏秦簡(貳)』는 算數書, 『嶽麓書院藏秦簡(參)』은 재판관계 문서로 『張家山漢墓竹簡』의 「奏讞書」 와 유사하며 『嶽麓書院藏秦簡(肆)』는 앞서 언급한 바처럼 秦의 律令文書에 해당한다.

최근 『嶽麓書院秦簡(肆)』의 사료를 근거로 오준석씨가 주목할 만한 논고를 발표하였다.[737] 『嶽麓書院藏秦簡(肆)』에는 다음과 같이 '戶賦'에 대한 비교적 자세한 기록이 나온다.

•金布律曰 : 出戶賦者, 自泰庶長以下, 十月戶出芻一石十五斤 ; 五月戶出十六錢, 其欲出布者, 許之. 十月戶賦, 以十二月朔日入之, 五月戶賦, 以六月望日入之, 歲輸泰守. 十月戶賦不入芻而入錢者, 入十六錢. 吏先爲?印, 斂, 毋令典·老挾戶賦錢(戶賦는 泰庶長 以下가 내는 것이며, 10月에 戶당 芻 1石 15斤을 낸다. 5月에 戶당 16錢을 내며, 布를 내기를 원하는 자는 허락한다.

737) 오준석, 「秦代 縣廷의 조세수입연구」, 『중국고중세사학회 제191회 정례발표회』, 2017년 3월 25일

> 10月의 戶賦는 12月 초하루에 납입하고, 5月의 戶賦는 6月 보름날에 납입하며, 연말에 泰守에게 수송한다. 10月의 戶賦는 芻를 납입하지 않고 錢으로 납입하려는 자는 16錢을 납입한다. 吏는 먼저 봉인을 행하고 검사하며, 典·老로 하여금 戶賦錢을 지니고 있지 않게 한다).[738]

위의 사료는 두 가지 중요한 사실을 분명히 하고 있다. 첫째, 5월에 화폐로 징수하는 16전의 賦稅를 '戶賦'로, 10월 芻 1石15斤(혹은 1石)의 현물로 징수하는 賦稅를 '戶芻'로 구분하고자 하는 설도 있었지만[739], 『嶽麓書院藏秦簡(肆)』의 상기 사료에서 분명히 양자를 '五月戶賦', '十月戶賦'로 명명하고 있기 때문에 '戶芻'를 '戶賦'와는 별개의 稅目으로 보는 것은 잘못되었음을 분명히 알 수 있다. 둘째, 戶賦의 징수대상을 卿의 최고작인 18급작 泰(大)庶長 이하로 분명히 지정하고 있기 때문에 戶賦의 면제대상이 되는 것은 결국 19급작 關內侯와 20급작 徹侯 뿐이었음을 분명히 알 수 있다.[740] 오준석씨의 논고에서 특히 주목되는 점은 『嶽麓書院藏秦簡(肆)』의 위의 사료를 비롯한 여러 출토사료에 대

738) 朱漢民·陳松長主編, 『嶽麓書院秦簡(肆)』(上海: 上海辭書出版社), 2015, 118-120簡, 107쪽.

739) 李恒全, 「從出土簡牘看秦漢時期的戶稅徵收」, 『甘肅社會科學』 2012-6, 160-161쪽; 朱聖明, 「秦至漢初"戶賦"詳考 - 以秦漢簡牘爲中心」, 『中國經濟史硏究』 2014-1, 153쪽. 이 견해는 『二年律令』·「田律」의 "卿以下, 五月戶出賦十六錢, 十月戶出芻一石, 足其縣用, 餘以入頃芻律入錢."을 근거로 한 것이었다. 오준석, 앞의 글, 39쪽.

740) 于振波, 「從簡牘看漢代的戶賦與芻稾稅」, 『故宮博物院院刊』 2005-2 ; 李恒全, 「從出土簡牘看秦漢時期的戶稅徵收」, 『甘肅社會科學』 2012-6, 162쪽. 『嶽麓書院藏秦簡(肆)』 출간 이전부터 이상과 같은 대부분의 연구에서 '卿以下'에 '卿'이 포함된다고 생각하고 있었다. 오준석, 앞의 글, 40쪽.

한 분석을 통하여 秦代의 賦를 곧 戶賦로 등치시킬 수 있다는 가능성을 제시하였다는 점이다. 이 문제는 또 다시 "民有二男以上不分異者, 倍其賦."[741]에 대한 해석의 문제로 연결된다. 일반적으로 商鞅의 이 개혁이 강제적으로 대가족을 해체해 부부를 위주로 한 단혼소가족을 창출하려고 한 가족제도 개혁령이라고 이해되어 왔다. 이에 대하여는 당시 대가족 형태의 가정이 일반적으로 존재하고 있었다는 실증적인 반론이 제기되기도 하였다.[742] 이에 대하여 필자는 商鞅의 分異令이 立戶에 따라 얻을 수 있는 '受田宅'의 인센티브와 分異하지 않는 경우 부담해야 하는 賦稅의 추가 납부를 통해 핵가족화를 지향한 정책이었으며, 현실적인 이유로 分家하지 못할 경우 賦稅의 추가 납부를 통해 성인 남성 2인 이상의 동거를 허락한 정책이었다고 설명한 적이 있었다.[743] 오준석씨는 이에 대하여,

> 위의 조치(民有二男以上不分異者, 倍其賦)를 소가족을 창출하려고 하는 가족제도 개혁령으로 본 전통적인 견해는 戶를 단위로 징수되었던 秦 당시의 賦稅를 인두세로 이해한 『史記』正義의 잘못된 이해 때문에 비롯되었다고 생각된다. 즉 "(戶稅인) 賦稅[戶

---

741) 『史記』 권68, 「商君列傳」 2230쪽.

742) 尹在碩, 「秦簡 『日書』에 나타난 "室"의 構造와 性格 - 戰國期 秦의 家族類型 고찰을 위한 시론 -」, 『東洋史學硏究』 44, 1993 ; 尹在碩, 「中國 古代家族史 硏究의 現況과 展望」, 『中國史硏究』 13, 2001 ; 林炳德, 「里耶秦簡을 통해서 본 秦의 戶籍制度 - 商鞅變法·同居·室·戶에 대한 再論」, 『東洋史學硏究』 110, 2010 ; 尹在碩, 「秦漢代 주택의 구조와 가족생활」, 『東洋史學硏究』 112, 2010.

743) 林炳德, 「里耶秦簡을 통해서 본 秦의 戶籍制度 - 商鞅變法·同居·室·戶에 대한 再論」, 『東洋史學硏究』 110, 2010.

賦]를 배로 징수한다"는 '倍其賦'를 "一人出兩課"라고 해석한 잘못된 견해 때문에 商鞅 개혁령의 '倍其賦'가 일종의 '罰賦'징수로 받아들여졌던 것이다. 따라서 '倍其賦'의 賦가 '戶'를 단위로 징수된 戶賦라는 점을 염두에 두고 이 문장을 해석한다면 "백성 중 한 가정에 두 명 이상의 성인 남자가 동거하며 分異하지 않을 경우 (戶를 단위로 징수하는) 賦稅를 배로 징수한다"라고 해석할 수 있다. 이렇게 해석할 경우 이 문장은 더 이상 대가족을 소가족으로 전환하기 위한 강제적 가족 分異 정책이 아니라 두 명 이상의 성인 남성이 한 가정 안에 살면서도 한 가정 분의 戶賦만을 내고 있던 가정과 성인 남성이 한 명밖에 없던 부부 위주의 소가족 사이에 조세 형평성을 맞추기 위해 실시한 정책이 된다. 『史記』商君列傳에서 商鞅의 개혁으로 "賦稅가 공평해졌다"고 기록한 문장[744]은 바로 위의 조치의 결과로 이해할 수 있을 것이다.

라 하는 상세한 설명으로 새로운 결론을 이끌어 내고 있다.[745] 비록 입증과정에서 서툴렀지만, 필자의 종전의 논문도 사실 오준석씨의 이러한 결론과 크게 다르지 않다. 어쨌든 秦代의 賦를 곧 戶賦로 등치시킨 점은 종전에 없었던 새로운 견해의 제시이며 매우 탁견이라고 생각한다. 또한 漢代의 賦와 秦代의 戶賦의 차이점을 섬세하게 지적한 부분도 흥미롭다.

여기에서 필자는 비록 『嶽麓書院藏秦簡(肆)』·「金布律」의 하나의 사례를 제시하지만, 새로운 간독자료는 불과 몇 년 전에 정설처럼 여겨진 새로운 연구 성과를 낡은 연구로 만들기도 한다. 역사

744) 『史記』 卷68 「商君列傳」 2232쪽. "而賦稅平"

745) 오준석, 앞의 글, 43쪽.

연구에서 사료만큼 중요한 것은 없다. 새로운 출토사료가 속출하는 환경에서 秦漢史研究가 진행되고 있기 때문에 秦漢史研究에 종사하는 연구자들은 조금만 게을러도 뒤처지기 쉽다. 부지런하지 않으면 따라가기 어려운데, 나이가 들면 점점 매사가 귀찮아지기 쉬운 것 같다. 과거보다 젊고 유능하고 부지런한 연구자들이 많은데 이들이 자리를 잡지 못하고 있는 현실은 참으로 안타깝다. 과거의 대학의 우리 은사들은 우리에게 극진한 대접을 받고 권위를 인정받았다. 물론 지금은 과거의 권위주의가 쇠퇴하고 수평적 민주주의 시대가 되었기 때문에 교수들이 제자들에게 대접받는 시대도 아니고 대접을 받을 수도 없고 받아서도 안 된다고 생각한다. 아무튼 이런저런 것을 다 떠나서 필자는 제자들에게 대접받아야 한다는 생각 자체를 한 적이 없다. 기본적으로 사제관계가 이렇게 변화한데는 시대적 변화가 가장 큰 원인이지만, 한편으로는 과거의 대학교수들이 권위를 인정받을 수 있었던 원인 가운데 하나인 제자들의 취업과도 관련이 있는 것이 아닐까 생각해본다. 과거 80년대 90년대에는 제자들이 지금보다 훨씬 쉽게 대학에 들어가 안착할 기회가 많았다. 대학에 안착하지 못하고 매학기 시간강사로 전전하는 후학들을 보면 항상 미안한 생각뿐이다. 그 미안한 마음을 줄이기 위해서라도 후학들이 보기에 너무 뒤떨어지는 연구를 해서는 안 되겠다는 생각을 해본다.

참고문헌

1. 사료

甘肅省文物考古硏究所編,『敦煌漢簡釋文』(蘭州: 甘肅文化出版社, 2009).

江陵張家山漢簡整理小組,「江陵張家山漢簡『奏讞書』釋文(一)」,『文物』1993-8.

江陵張家山漢簡整理小組,「江陵張家山漢簡『奏讞書』釋文(二)」,『文物』1995-3.

李學勤,「〈奏讞書〉解說(下)」,『文物』1995年 3期.

張家山二四七號漢墓竹簡整理小組 編,『張家山漢墓竹簡[二四七號墓]』(北京: 文物出版社, 2001).

彭浩・陳偉・工藤元男 主編,『二年律令與奏讞書—張家山二四七號漢墓出土法律文獻釋讀』(北京: 上海古籍出版社, 2007).

睡虎地秦墓竹簡整理小組,『睡虎地秦墓竹簡』(北京: 文物出版社, 1978).

長沙市文物考古硏究所編,「長沙尙德街出土東漢簡牘及釋文」・『長沙尙德街東漢簡牘』(上海: 岳麓書社, 2017).

朱漢民・陳松長主編,『嶽麓書院秦簡(壹)』(上海: 上海辭書出版社, 2010).

朱漢民・陳松長主編,『嶽麓書院秦簡(貳)』(上海: 上海辭書出版社, 2011).

朱漢民・陳松長主編,『嶽麓書院秦簡(參)』(上海: 上海辭書出版社, 2013).

朱漢民・陳松長主編,『嶽麓書院秦簡(肆)』(上海: 上海辭書出版社, 2015).

陳偉,『秦簡牘合集』, 武漢大學出版社, 2014.

湖南省文物考古硏究所編,『里耶秦簡(壹)』(北京: 文物出版社, 2012).

『里耶秦簡博物館藏秦簡』(上海: 中西書局, 2016).

湖南省文物考古研究所・中國文物研究所, 「湖南張家界古人堤簡牘釋文與簡注」, 『中國歷史文物』03-2, 2003.

湖南省文物考古研究所・中國文物研究所, 「湖南張家界古人堤遺址與出土簡牘概述」, 『中國歷史文物』03-2, 2003

『居延新簡』(甘肅省文物考古研究所 等編, 北京: 文物出版社, 1990).

『居延漢簡釋文合校』(謝桂華・李均明・朱國炤, 北京: 文物出版社, 1987).

『漢書』(北京: 中華書局, 1984).

『史記』(北京: 中華書局, 1984).

『後漢書』(北京: 中華書局, 1984).

『宋書』(北京: 中華書局, 1984).

『魏書』(北京: 中華書局, 1984).

『論衡』(『論衡校釋』, 中華書局, 2009).

『鹽鐵論』(王貞珉 注譯, 『鹽鐵論譯注』 吉林文史出版社, 1995).

『漢官舊儀』・『漢官六種』(北京: 中華書局, 1990).

彭浩, 「談《奏讞書》中秦代和東周時期的案例」, 『文物』1995-3.

『廣雅』((魏)張揖撰, 欽定四庫全書).

『唐律疏議』(北京: 中華書局, 1993).

『北堂書鈔』(欽定四庫全書).

『西漢會要』((宋)徐天麟撰, 上海: 上海古籍出版社, 2006).

『釋名』(劉熙撰, 北京 : 中華書局, 1985).

『說文解字』(許愼撰, 段玉裁注, 『說文解字注』 上海古籍出版社, 1981).

『疏勒河流域出土漢簡』(林梅村・李均明, 北京: 文物出版社, 1984).

『周禮正義』(十三經淸人注疏, (淸)孫詒讓, 中華書局, 1987).

『册府元龜』([宋]王钦若 等編, 北京: 中華書局, 1988).

『漢官舊儀』・『漢官六種』(北京: 中華書局, 1990).

沈家本, 『歷代刑法考』(北京: 中華書局, 1985).

程樹德, 『九朝律考』(北京: 中華書局, 1963).

2. 역주논문 · 역주서

朴健柱,『中國古代의 法律과 判例文』, 백산자료원, 1999

수호지진묘죽간정리소조 엮음, 윤재석옮김,『수호지진묘죽간 역주』, 소명출판, 2010.

程樹德著 · 임병덕역주,『구조율고【一】九朝律考[一]』세창출판사, 2014.

程樹德著 · 임병덕역주,『구조율고【二】九朝律考[二]』세창출판사, 2014.

池田雄一,『奏讞書―中國古代の裁判記錄―』刀水書房, 2002.

池田雄一,『漢代を遡る奏瀲(讞)―中國古代の裁判記錄―』, 汲古書院, 2015.

高恒,『秦漢簡牘中法制文書輯考』, 社會科學文獻出版社, 2008.

京都大學人文科學研究所編,『漢簡語彙中國古代木簡辭典』, 岩波書店, 2015.

冨谷至 編,『江陵張家山二四七號墓出土漢律令の研究(譯注篇)』朋友書店, 2006.

三國時代出土文字資料の研究」班,「江陵張家山漢墓出土『二年律令』譯注稿」その(一)」『東方學報』76 (京都大學人文科學研究所, 2004).

早稻田大學簡帛研究會, 「張家山漢墓竹簡二四七號漢墓竹簡譯注―二年律令賊律譯注―」,『長江流域文化研究所年報』創刊號, 2002

早稻田大學簡帛研究會,「張家山漢墓竹簡二四七號漢墓竹簡譯注(二)―二年律令譯注(二)―」,『長江流域文化研究所年報』2, 2003

專修大學『二年律令』研究會,「張家山漢簡『二年律令』譯注(一) ―賊律―」,『專修史學』35, 2003.

專修大學『二年律令』研究會,「張家山漢簡『二年律令』譯注(二) ―盜律―」,『專修史學』36, 2004.

專修大學『二年律令』研究會,「張家山漢簡『二年律令』譯注(三)-具律-」『專修史學』37, 2005.

陳直,『漢書新證』天津人民出版社, 1979.

學習院大學漢簡研究會,「秦代盜牛 · 逃亡事件―江陵張家山漢簡『奏讞書』を讀む―」·『學習院史學』38, 2000.

3. 논문 및 기타

(1) 국문

金慶浩, 「秦漢法律簡牘의 內容과 그 성격 — 嶽麓書院藏秦簡(參)·(肆)의 내용 분석을 겸하여 —」, 『中國古中世史硏究』42, 2016.

金鍾希, 「秦漢初覆審運營和奏讞制度」, 『簡牘與戰國秦漢歷史: 中國簡帛學國際論壇2016』 香港中文大學歷史系

金珍佑, 「秦漢律의 '不孝'에 대하여 — 『睡虎地秦簡』·『張家山漢簡』의 '不孝'관련 조문을 중심으로」, 『中國古中世史硏究』19, 2008.

宋眞, 「秦漢時代 통행 허가와 君命의 상징」, 『中國古中世史硏究』42, 2016.

吳俊錫, 「秦代 亭의 기능과 吏員조직」. 『中國古中世史硏究』41, 2006.

오준석, 「秦代 縣廷의 조세수입연구」, 『중국고중세사학회 제191회 정례발표회』, 2017년 3월 25일.

尹在碩, 「秦簡 『日書』에 나타난 "室"의 構造와 性格 - 戰國期 秦의 家族類型 고찰을 위한 시론 -」, 『東洋史學硏究』 44, 1993.

尹在碩, 「中國 古代家族史 硏究의 現況과 展望」, 『中國史硏究』 13, 2001.

尹在碩, 「秦漢代 주택의 구조와 가족생활」, 『東洋史學硏究』 112, 2010

李成珪, 「秦·漢의 형벌체계의 再檢討-雲夢秦簡과 『二年律令』의 司寇를 중심으로-」 『東洋史學硏究』 85, 2003.

林炳德, 「魏晉南北朝의 良賤制」, 『歷史學報』142집, 1994.

임병덕·임대희역 『유골의 증언-古代中國의 刑罰』(서경문화사, 1999).

林炳德, 「秦漢時代의 士伍와 庶人」, 『中國古中世史硏究』20, 2008.

林炳德, 「里耶秦簡을 통해서 본 秦의 戶籍制度 - 商鞅變法·同居·室·戶에 대한 再論」, 『東洋史學硏究』 110, 2010 ;

林炳德, 「秦에서 漢으로의 罰金刑과 贖刑의 변화와 그 성격」, 『東洋史

學研究』134, 2016.
任仲爀, 「秦漢律의 벌금형」, 『中國古中世史研究』15, 2006.
任仲爀, 「秦漢律의 耐刑 ― 士伍로의 수렴 시스템과 관련하여 ―」, 『中國古中世史研究』19, 2008.
任仲爀, 「漢・魏晉律에서의 篇章 체제의 변화 ― 賊律을 중심으로 ―」, 『中國古中世史研究』29, 2013.

(2) 일문

廣瀨薰雄, 「張家山漢簡 『二年律令』 史律研究」, 『秦漢律令研究』, 汲古書院, 2010.
宮宅潔, 「秦漢時代の審判制度 ― 張家山漢簡〈奏讞書〉より見た ― 」, 『史林』 81卷 3號, 1998.
宮宅潔, 「秦漢時代の爵と刑罰」, 『東洋史研究』 58-4, 2000.
宮宅潔, 「有期勞役刑體系の形成― 『二年律令』 に見える漢初の勞役刑を手がかりにして―」, 『東方學報』78, 2006.
楠山修作, 「漢代女性力役不課論」, 『中國史論集』朋友書店, 2001.
大庭脩, 『秦漢法制史の研究』 (東京: 創文社, 1982).
若江賢三, 「秦律における勞役刑の刑期再論(上)」, 『愛媛大學法文學部論集』25, 1992.
若江賢三, 「秦律における勞役刑の刑期再論(下)」, 『愛媛大學法文學部論集』27, 1994.
飯島和俊, 「秦漢交替期の亡人の發生と追捕-秦律・奏讞書から見た社會變動」, 『アジア史におおける制度と社會』, 中央大學東洋史研究室編, 1996.
飯島和俊, 「秦漢時代の軍制―張家山漢簡「奏讞書」に散見する 「走士」 と

「走馬」を手がかりとして―」,『中央大学アジア史研究』24, 2000.
飯島和俊,「市に集まる人々 ―張家山漢簡〈奏讞書〉案例二三をめぐって」, 中央大學人文科學研究所 編,『アジア史における法と国家』, 中央大學出版部, 2000.
冨谷至,「秦漢二十等爵制と刑罰の減免」,『前近代中國の刑罰』, 京都大學人文科學研究所, 1996.
冨谷至,「統一秦の刑罰―秦の刑罰―」,『秦漢刑罰制度の研究』, 同朋舍, 1998.
冨谷至,「漢代刑罰制度考證-釱左右趾刑」,『秦漢刑罰制度の研究』同朋社, 1998.
冨谷至,「晉泰始律令への道―第一部 秦漢の律と令」,『東方學報』72(京都: 京都大學人文科學研究所), 2000.
冨谷至,「二年律令に見える法律用語-その(1)」,『東方學報』76 2004.
濱口重國,「漢代の釱趾刑と曹魏の刑名」,『秦漢隋唐史の研究』, 東京大學出版會, 1966.
山田勝芳,「漢代の算と役」,『東北大學敎養部紀要』28, 1978.
山田勝芳,「前漢武帝代の地域社會と女性徭役 ―安徽省天長市安樂鎭九十號漢墓木牘から考える― 」,『集刊東洋學』97, 2007.
水間大輔,「湖南張家界古人堤遺址出土漢簡に見える漢律の賊律・盜律について」,『長江流域文化研究所年報』2, 2003.
水間大輔,「張家山漢簡'二年律令'による秦漢刑罰制度研究の動向」,『中國史學』14, 2004.
仲山茂,「秦漢時代の「官」と「曹」 ―縣の部局組織―」,『東洋學報』82-4, 2001.
中田薰,「支那における律令法系の發達について」,『比較法雜誌』1-4, 1951.
中田薰,「支那における律令法系の發達について補考」,『法制史硏究』3, 1952.

池田雄一, 「江陵張家山漢簡『奏讞書』について」・『堀敏一先生古稀記念論集 中國古代の國家と民衆』56, 1995.

池田雄一, 『中國古代の律令と社會』, 汲古書院, 2008.

王彦輝, 「從張家山漢簡看西漢時期私奴婢的社會地位」, 『東北師大學報』(哲學社會科學版) 03-2, 2003.

鷹取祐司, 「秦漢時代の刑罰と爵制的身分制」, 『立命館文學』608, 2008.

鷹取祐司, 「漢代の人・物の移動と傳・致」, "東亜地域社会的情報交流與流通国際学術研討会"(2016韓国忠北大学校大学人文力量強化事業団主催)

鷲尾祐子, 「出土文字にみえる秦漢代戶籍制度 ―湖北省里耶古城出土秦名籍と江蘇省天長縣出土戶口簿・筭賦―」, 『東亞文史論叢』2007, 東亞歷史文化研究會, 2007.

椎名一雄, 「張家山漢簡二年律令に見える爵制-庶人の理解を中心として」, 『鴨台史學』 6, 2006.

習院大學漢簡研究會, 「秦代盜牛・逃亡事件―江陵張家山漢簡 『奏讞書』を讀む―」, 『學習院史學』38, 2000.

(3) 중문

高恒, 「秦律中'隷臣妾'問題的探討-兼批四人幇的法家'愛人民'的謬論」, 『文物』, 77-7, . 1977.

王勇・唐俐, 「"走馬"爲秦爵小考」, 『湖南大學學報(社會科學版)』2010-4.

閻曉君, 『出土文獻與古代司法檢驗史研究』, 文物出版社, 2005.

于振波, 「從簡牘看漢代的戶賦與芻稾稅」, 『故宮博物院院刊』 2005-2.

李均明, 「《〈二年律令・具律〉中應分出〈囚律〉條款》」, 『鄭州大學學報(哲學社會科學版)』, 2002年 3期.

李恒全,「從出土簡牘看秦漢時期的戶稅徵收」,『甘肅社會科學』 2012-6
李俊强,『魏晉令制研究』(吉林大學博士論文, 2014).
林梅村・李均明,『疏勒河流域出土漢簡』, 文物出版社, 1984.
李恒全,「從出土簡牘看秦漢時期的戶稅徵收」,『甘肅社會科學』 2012-6.
張建國,「關於張家山漢簡〈奏讞書〉的幾點研究及其他」,『法學雜誌』 1996年 5期.
張建國,「前漢文帝刑法改革とその展開の再検討」,『古代文化』48-10, 1996.
張建國,「關于張家山漢簡《奏讞書》的機點研究及其他」,『帝國時代的中國法』, 法律出版社, 1999.
張建國,「關於漢簡〈奏讞書〉的幾點研究及其它」,『國學研究』 4, 北京大學出版社, 1997.
張建國,「張家山漢簡 《具律》121簡排序辨正-兼析相關各條律條文-」『法學研究』 04-6, 2004.
張金光,「關于秦刑徒的幾個問題」,『中華文史論叢』, 85 - 1, 1985.
張榮强,「二年律令與漢代課役身分」,『中國史研究』 2005-2.
張俊民,「江陵《奏讞書》誤讀一例」, 簡帛網, 2004年 8月 17日.
臧知非,「張家山漢簡『奏讞書』所見秦漢主奴關係試析」,『秦文化論叢』12, 2005.
張忠煒,「讀 《奏讞書》 “春秋案例”三題」,『中國古代法律文獻研究』제3집, 中國政法大學出版社, 2007.
戴世君,「“自尙”・“篡遂”義解」, 簡帛網 2008年 3月 22日 (http://www.bsm.org.cn/show_article.php?id=807
朱聖明,「秦至漢初“戶賦”詳考 - 以秦漢簡牘爲中心」,『中國經濟史研究』 2014-1.
朱紹侯,「《奏讞書》新郪新案例爵制釋疑」,『史學月刊』 2003년 제12기.
陳松長,「岳麓書院藏秦簡中的行書律初論」,『中國史研究』, 2009-3.

陳偉, 「秦蒼梧・洞庭二郡鄒論」, 『歷史硏究』, 2003年 5期.
陳偉, 「《二年律令》·《奏讞書》校讀」, 『簡帛』 제1집, 2006.
陳偉, 讀「『二年律令』札記」 htttp://www.bsm.org.cn/show, 2006- 01-17.
陳炫瑋, 「秦漢時代的鞫獄措施及其相關問題探究」, 『淸華學報』 新46권-2기, 2016.
蔡萬進, 『張家山漢簡〈奏讞書〉硏究』, 廣西師範大學出版社, 2006.
鄒水杰, 「簡牘所見秦代縣廷令史與諸曹關係考」, 『簡帛硏究』2016.
彭浩, 「談〈奏讞書〉中秦代和東周時期的案例」, 『文物』 1995年 3期.
錢劍夫, 『秦漢貨幣史稿』, 湖北人民, 1986.
朱紹侯, 「《奏讞書》新郪新案例爵制釋疑」, 『史學月刊』 2003년 제12기
蔡萬進, 「〈奏讞書〉釋文補正擧隅」, 『張家山漢簡〈奏讞書〉硏究』, 廣西師範大學出版社, 2006.
彭浩, 「談〈奏讞書〉中秦代和東周時期的案例」, 『文物』, 1995-3.
澎浩, 「談 『奏讞書』中的西漢案例」, 『文物』1993-8 및 「談 『奏讞書』 中秦代和東周時期的案例」, 『文物』1995-3

附錄: 中國古代法制 관련 參考文獻

1. 문헌사료

『史記』(中華書局 標點校勘本)

『漢書』(中華書局 標點校勘本)

『隋書』(中華書局 標點校勘本)

『晋書』(中華書局 標點校勘本)

『後漢書』(中華書局 標點校勘本)

『三國志』(中華書局 標點校勘本)

『晉書』(中華書局 標點校勘本)

『宋書』(中華書局 標點校勘本)

『隋書』(中華書局 標點校勘本)

『宋書』(中華書局 標點校勘本)

『魏書』(中華書局 標點校勘本)

『元史』(中華書局 標點校勘本)

顧野王 撰, 『玉篇』(『大廣益會玉篇』(宋本), 中華書局, 2004.)

『困學紀聞』, 上海：上海古籍, 2009.

孔安國 傳, (唐)孔穎達, 『尙書正義』, 北京: 北京大, 1999.

『公羊傳』, 北京大, 1999.

『廣雅』((魏)張揖撰, 欽定四庫全書).

歐陽詢 撰, 汪紹楹 點校, 『藝文類聚』, 上海古籍, 2007.

歐陽脩 撰, 『新唐書』, 中華書局, 1997.

歐陽詢 撰, 『藝文類聚(上下)』, 上海古籍出版社, 1985.

김택민 主編, 『譯註 唐六典』 上 · 中 · 下, 서울: 신서원, 2003 · 2005 · 2008
김택민 · 임대희 主編, 『譯註 唐律疏議』 名例編 · 名則(上下), 서울: 한국법제연구원, 1994 · 1998.
『論衡』, 中華書局, 1990.
『唐大詔令集』, 學林出版社, 1992.
『唐律疏議』, 中華書局, 1993.
『讀禮通考』(『文淵閣 四庫全書』에 수록, 臺北 : 商務印書館, 1983~86.
杜貴墀, 『漢律輯證』(上海書店, 『叢書集成續編』44), 1994.
杜佑 撰, 『通典』, 中華書局, 1988.
竇儀 等 撰, 『宋刑統』, 中華書局, 1984.
羅福頤編, 『漢印文字徵』, 中華書局香港分局, 1979.
劉昫 等 撰, 『舊唐書』, 北京: 中華書局, 1997.
劉克莊, 『後村先生大全集』, 四部叢刊本.
劉熙 撰, 『釋名』, 北京: 中華書局, 1985.
劉琳, 『華陽國志校注』 成都時代出版社, 2007.
劉勰 撰, 詹鍈 義證, 『文心雕龍義證』, 上海古籍, 2008.
劉珍 等 撰, 吳樹平 校注, 『東觀漢記校注』(上、下册), 中州古籍出版社, 1987.
劉向 編, 石光瑛 校釋, 『新序校釋』, 中華書局, 2001.
劉向 集錄, 『戰國策』, 上海古籍出版社, 1985
劉熙撰, 『釋名』, 中華書局, 1985.
馬端臨, 『文獻通考』, 中華書局, 1986.
白居易 撰, 『白氏六帖事類集』, 中華書局, 1987.
范文蘭, 『文心雕龍注』, 北京: 人民文學, 1962.
范祥雍校注, 『洛陽伽藍記』, 上海古籍出版社, 1999.

氾勝之,『氾勝之書』, 鄭州: 河南教育, 1994.
『封氏聞見記』, 中華書局, 2008.
司馬光 編著, 胡三省 音注,『資治通鑑』, 中華書局, 1956.
司馬光等, 『資治通鑑』(全二十册), 中華書局, 1976.
謝深甫 撰, 戴建國 点校,『慶元條法事類』, 黑龍江人民出版社, 2002.
史游,『急就篇』, 岳麓書社, 1989.
『商君書』, 臺灣中華書局, 1970.
徐鍇 校訂,『說文繫傳』, 中華書局, 2011.
徐堅 撰,『初學紀』, 中華書局, 1962.
徐師曾 撰,『文體明辯』, 日本京都書林 1852年 再刻 影印本, 서울: 旿晟社, 1984.
徐松 輯,『宋會要輯稿』, 中華書局, 2006.
徐灝 撰,『說文解字注箋』(『續修四庫全書』, 上海古籍出版社, 2002).
徐元誥 撰, 王樹民・沈長雲點校,『國語集解』, 中華書局, 2002
徐天麟撰,『西漢會要(上下)』, 上海古籍出版社, 2006.
徐天麟 撰,『東漢會要』, 上海古籍出版社, 1978.
『說文通訓定聲』, 世界書局, 1985.
蕭統 編, 李善 注,『文選』, 上海古籍, 1997.
孫星衍等輯, 周天游點校,『漢官六種』, 中華書局, 1990.
孫詒讓 撰, 孫啓治 點校,『墨子閒詁』, 中華書局, 2001.
孫詒讓撰,『周禮正義』(『十三經清人注疏』, 中華書局, 1987).
孫希旦 撰,『禮記集解』(『十三經清人注疏』, 中華書局, 1989).
荀悅撰,『漢紀』, 中華書局, 2002.
『荀子集解(全三册)』(新編諸子集成) 中華書局, 1988.
沈家本,『歷代刑法考』, 中華書局, 1985.
嚴可均 輯,『全後漢文』・『全晋文』, 商務印書館, 1999.

『鹽鐵論』, 中華書局, 1996.
『隷釋』, 中華書局, 2003.
吳毓江 撰, 孫啓治 點校, 『墨子校注』, 中華書局, 1993
王嘉 撰, 『拾遺記』, 中華書局, 1981
王明 著, 『抱朴子 內篇』, 中華書局, 1985: 1996.
王溥 撰, 『唐會要』, 中華書局, 1955.
王符撰, 『潛夫論』, 上海古籍出版社, 1990.
王聘珍 撰・王文錦 點校, 『大戴禮記解詁』, 中華書局, 1983.
王念孫 疏証, 『廣雅』, 中華書局, 2004.
王先謙 撰, 沈嘯寰・王星賢 點校, 『荀子集解』, 中華書局, 1988.
王先愼 撰, 鐘哲 點校, 『韓非子集解』, 中華書局, 1998.
王欽若等 編, 『册府元龜』, 中華書局, 1982.
王欽若 等编, 『册府元龟』, 中華書局, 1988.
虞世南 撰, 『北堂書鈔』, 臺北: 新興書局, 1977.
袁宏 撰, 『後漢紀校注』, 天津古籍出版社出版, 1981.
應劭 撰, 王利器 校注, 『風俗通義校注』, 中華書局, 1981.
李燾 撰, 『續資治通鑑長編』, 中華書局, 2004.
李林甫 等撰, 陳仲夫 點校, 『唐六典』, 中華書局, 1992.
李昉 等, 夏劍欽校點, 『太平御覽』, 河北教育出版社, 2000.
李善 注, 『文選』 中華書局, 1977.
李時珍 撰, 劉衡如 校注, 『本草綱目』 北京: 華夏, 2008.
李燾 撰, 『續資治通監長篇』 ,中華書局, 1997.
李林甫 等 撰, 陳仲夫 點校, 『唐六典』, 中華書局, 1992.
李昉 編, 夏劍欽 點校, 『太平御覽』, 河北教育, 2003.
李學勤 主編, 『毛詩正義』, 北京大學出版社, 1999.
__________, 『儀禮』, 北京大學出版社, 1999.

__________,『尚書正義』, 北京大學出版社, 1999.
__________,『周禮正義』, 北京大學出版社, 2000.
__________,『春秋公羊傳注疏』 北京大學出版社, 1999.
__________,『春秋左傳正義』 北京大學出版社, 1999.
__________,『禮記』, 北京大學出版社, 1999.
仁井田陞,『唐令拾遺』, 東京大學出版會, 1964(초판 1933).
『潛夫論』 中華書局, 1997.
長孫無忌等撰, 劉俊文點校,『唐律疏議』 中華書局, 1983.
蔣禮鴻 撰,『商君書錐指』, 中華書局, 1986.
張鵬一撰, 徐淸廉校補,『晉令輯存』 三晋出版社, 1989.
張雙棣 撰,『淮南子校釋』, 北京大, 1997.
『全上古秦漢三國六朝文』, 中華書局, 1995.
鄭文 著,『論衡析詁』, 巴蜀書社, 1999.
程大昌 撰,『演繁露』, 臺灣商務印書館, 1986.
程樹德,『九朝律考』, 中華書局, 1963.
程榮 纂輯,『大戴禮記』(『漢魏叢書』, 吉林大學出版社, 1992).
鄭樵,『通志』(全三册), 中華書局, 1987.
鄭玄 注, 賈公彦疏,『周禮注疏』(『十三經注疏』, 北京大學出版社), 1999.
鄭玄 注, (唐)孔穎達 疏,『禮記正義』(『十三經注疏』, 北京大學出版社), 1999.
『政論』, 中華書局, 2012.
朱駿聲 撰, 朱鏡蓉 參訂,『說文通訓定聲』, 世界書局, 1985.
__________,『全後漢文』·『全晋文』, 商務印書館, 1999.
中國社會科學院歷史研究所, 宋遼金元史研究室 点校,『名公書判淸明集』, 중화서국, 2002.
池田溫 主編,『唐令拾遺補』, 東京: 東京大學出版會, 1997.
陳立撰,『白虎通疏證(上下)』(新編諸子集成第一輯), 中華書局, 1994

陳子展 撰,『楚辭直解』, 上海: 複旦大, 1996: 1997.
陳奇猷 校釋,『呂氏春秋校釋』, 學林出版社, 1984.
『晉令輯存』, 三秦出版社, 1989.
蔡邕 撰,『獨斷』(四部備要本『蔡中郎集』, 臺灣中華書局, 1966).
天一閣博物館・中國社會科學院歷史研究所,『天一閣藏明鈔本天聖令交證』 中華書局, 2006.
『抱朴子 外篇 下』, 中華書局, 1997.
何寧 撰,『淮南子集釋』 中華書局, 1998.
何請谷,『三輔黃圖校釋』, 中華書局, 2005
『漢官舊儀』・『漢官六種』, 中華書局, 1990.
『陔余叢考』 河北人民, 2003.
許愼撰, 段玉裁注,『說文解字注』, 上海古籍出版社, 1981.
謝深甫 監修,『慶元條法事類』, 燕京大學圖書館藏刊本, 1948.
許愼,『說文解字』(宋 徐鉉 校訂本) 中華書局, 2009.
許愼 撰, 段玉裁 注,『說文解字注』, 上海古籍出版社, 1981.
洪邁 撰,『夷堅志』, 中華書局, 2006.
_______,『容齋三筆』, 中華書局, 2005.
黃懷信 著,『逸周書校補注釋』, 三秦出版社, 2006.
黃暉 撰,『論衡校釋』 中華書局, 2009.

2. 출토사료・발굴보고서・석각자료

甘肅簡牘博物館・甘肅省文物考古研究所・甘肅省博物館・中國文化遺產研究院古文獻研究室・中國社會科學院簡帛研究中心 編,『肩水金關漢簡(參)』, 中西書局, 2013.
甘肅簡牘保護研究中心等,『肩水金關漢簡(壹)』, 中西書局, 2011.

甘肅簡牘保護研究中心等,『肩水金關漢簡(貳)』, 中西書局, 2012.
甘肅居延考古隊,「居延漢代遺址的發掘和新出土的簡冊文物」,『文物』1978-1.
甘肅省文物考古研究所 外 編,『居延新簡: 甲渠候官』中華書局, 1994.
甘肅省文物考古研究所,「甘肅敦煌漢代懸泉置遺址發掘簡報」,『文物』2000-5.
甘肅省文物考古研究所・甘肅省博物館・文化部古文獻研究室・中國社會科學院歷史研究所 編,『居延新簡』文物出版社, 1990.
甘肅省博物館,「甘肅武威磨咀子六號漢墓」,『考古』1960-5.
甘肅省博物館・中國科學院考古研究所編,『武威漢簡』, 中華書局, 2005.
江陵張家山漢簡整理小組,「江陵張家山漢簡《奏讞書》釋文(一)」,『文物』93-8.
江陵張家山漢簡整理小組,「江陵張家山漢簡〈奏讞書〉釋文(二)」,『文物』95-3.
高文,『漢碑集釋』開封 : 河南大, 2008.
國家文物局古文獻研究室大通上孫家寨漢簡整理小組,「大通上孫家寨漢簡釋文」,『文物』1981-2.
國家文物局古文獻研究室等,『吐魯番出土文書(錄文本)(第4冊)』文物出版社, 1984.
紀南城鳳凰山一六八號漢墓發掘整理組,「湖北江陵鳳凰山一六八號漢墓發掘簡報」,『文物』1975-9.
奈良國立文化財研究所,『平城京長屋王邸と木簡』, 吉川弘文館, 1991.
端方,『匋齋臧石記』(『石刻史料新編』所收), 臺北: 新文豊, 1977.
唐耕耦 主編,『中國珍稀法律典籍集成』甲編 第三冊, 科學出版社, 1994.
唐耕耦・陸宏基,『敦煌社會經濟文獻眞蹟釋錄(第一輯)』, 書目文獻出版社, 1986.
大庭 脩 著,『大英博物館藏 敦煌漢簡』, 同朋舍, 1990.
羅新・葉煒,『新出魏晉南北朝墓誌疏證』, 中華書局, 2005.

勞幹 編, 『居延漢簡』, 臺灣中央研究院歷史語言研究所, 1957, 圖版之部 1, 2, 3; 1960, 考釋之部.

劉信芳・梁柱, 『雲夢龍崗秦簡』, 科學出版社, 2001.

__________, 「雲夢龍崗六號秦墓及出土簡牘」, 『考古學集刊』 第8輯, 科學出版社, 1994.

__________, 『雲夢龍崗秦簡』 科學出版社, 1997

__________, 「雲夢龍崗六號秦墓及出土簡牘」, 『考古學集刊』 8, 科學出版社, 1994.

劉承幹, 『希古樓金石萃編』(『石刻史料新編』 所收), 臺北: 新文豊, 1977.

里耶秦簡牘校釋小組, 「新見里耶秦簡牘資料選校(一)」, 簡帛網 2014年9月1日.

林梅村・李均明 編, 『疏勒河流域出土漢簡』 文物出版社, 1984.

張春龍・龍京沙, 「湘西里耶秦代簡牘選釋」, 『中國歷史文物』, 2003-1.

馬德 編, 『敦煌工匠史料』, 甘肅人民出版社, 1997.

毛遠明, 『漢魏六朝碑刻異體字典』, 北京: 中華書局, 2014.

武威地區博物館, 「甘肅武威漢灘坡東漢墓」, 『文物』 1993-10.

鳳凰山一六七號漢墓發掘整理小組, 「江陵鳳凰山一六七號漢墓發簡報」, 『文物』 1976-10.

北京圖書館金石組編, 『北京圖書館藏中國歷代石刻拓本匯編 第一册 戰國~秦・漢』, 中州古籍, 1997.

謝桂華・李均明・朱國炤, 『居延漢簡釋文合校』, 文物出版社, 1987.

四川省博物館・青川縣文化館, 「青川縣出土秦更修田律木簡—四川青川縣戰國墓發掘簡報」, 『文物』 1982-1.

山西城文物工作委員會, 「建國以來山西城考古和文物保護工作的成果」, 『文物考古工作三十年』, 文物出版社, 1979.

陝西省考古研究院・秦始皇兵馬俑博物館, 『秦始皇帝陵園考古報告(2001-

2003)』, 文物出版社, 2007.
陝西省社會科學院考古研究所渭水隊, 「秦都咸陽故城遺址的宮調查和試掘」, 『考古』, 1962-6.
陝西省雍城考古隊, 「鳳翔馬家莊一號建築群遺址發掘簡報」, 『文物』 1985-2.
__________, 「秦都雍城鉆探試掘簡報」, 『考古與文物』, 1985-2.
陝西省考古研究所 編著, 『秦都咸陽考古報告』, 科學出版社, 2004.
陝西省考古研究所・始皇陵秦俑坑考古發掘隊編著, 『秦始皇陵兵馬俑坑一號坑發掘報告1974~1984』, 文物出版社, 1988.
睡虎地秦墓竹簡整理小組 編, 『睡虎地秦墓竹簡』, 文物出版社, 1978.
__________, 『睡虎地秦墓竹簡』, 文物出版社, 1990.
始皇陵秦俑坑考古發掘隊, 「秦始皇陵西側趙背戶村秦刑徒墓」, 『文物』 1982-3.
楊開勇, 「謝家橋1號漢墓」, 荊州博物館編著, 『荊州重要考古發現』, 文物出版社, 2009.
楊守敬, 『壬癸金石跋』(『楊守敬集8』 所收), 武漢: 湖北人民, 1997.
揚州博物館, 「儀徵胥浦101號西漢墓」, 『文物』 1987-1.
揚州博物館・邗江縣圖書館, 「江蘇邗江胡場五號漢墓」, 『文物』 1981-11.
連雲港市博物館・東海縣博物館・中國社會科學院簡帛研究中心・中國文物研究所 編, 『尹灣漢墓簡牘』, 中華書局, 1997.
永田英正編, 『漢代石刻集成 圖版・釋文編』, 京都：同朋社, 1994.
吳礽驤・李永良・馬建華 校釋, 『敦煌漢簡釋文』, 甘肅人民出版社, 1991.
王素・宋少華・羅新, 「長沙走馬樓簡牘整理的新收獲」, 『文物』 1999-5.
銀雀山漢墓竹簡整理小組, 『銀作山漢墓竹簡』 壹, 文物出版社, 1985.
__________, 「銀作山竹書《守法》・《守令》等十三篇」, 『文物』 1985-4.
李均明・何双全編, 『散見簡牘合輯』, 文物出版社, 1990.
李學勤, 「初讀里耶秦簡」, 『文物』 2003-1.

李學勤, 「〈奏讞書〉解說(上)」, 『文物』 1993-8.
李學勤, 「〈奏讞書〉解說(下)」, 『文物』 1995-3.
長江流域第二期文物考古工作人員訓練班, 「湖北江陵鳳凰山西漢墓發掘簡報」, 『文物』 1974-6.
張家山二四七號漢墓竹簡整理小組, 『張家山漢墓竹簡[二四七號墓]』 文物出版社, 2001.
____________________, 『張家山漢墓竹簡[二四七號墓](釋文修訂本)』 文物出版社, 2006.
長江流域第二期文物考古工作人員訓練班, 「湖北江陵鳳凰山西漢墓發掘簡報」, 『文物』 1974-6.
張德芳・郝樹聲, 『懸泉漢簡研究』, 甘肅文化出版社, 2009.
長沙市文物考古研究所 等 編著, 『長沙東牌樓東漢簡』, 文物出版社, 2006.
長沙市文物考古研究所, 『長沙走馬樓三國吳簡: 〈嘉禾吏民田家莂〉』上·下, 文物出版社, 1999.
長沙市文物考古研究所 等 編著, 『長沙走馬樓吳簡〈竹簡(壹)〉』, 文物出版社, 2003.
____________________, 『長沙走馬樓吳簡〈竹簡(貳)〉』, 文物出版社, 2007.
____________________, 『長沙走馬樓吳簡〈竹簡(參)〉』, 文物出版社, 2008.
____________________, 『長沙走馬樓三國吳簡〈竹簡(肆)〉』, 文物出版社, 2011.
____________________, 『長沙走馬樓三國吳簡〈竹簡(柒)〉』, 文物出版社, 2013.
長沙市文物工作隊・長沙市文物考古研究所, 「長沙走馬樓J22發掘簡報」, 『文物』 1999-5.

鄭忠華, 「印臺出土大批西漢簡牘」, 『荊州重要考古發現』, 文物出版社, 2009.
曹婉如 外 編, 『中國古代地圖集』 (戰國-元), 文物出版社, 1990.
趙超, 『漢魏南北朝墓誌彙編』, 天津古籍出版社, 1992.
周紹良・趙超 主編, 『唐代墓志彙編續集』, 上海古籍出版社, 2001.
朱漢民・陳松長 主編, 『嶽麓書院藏秦簡(壹)』, 上海辭書出版社, 2010.
__________, 『嶽麓書院藏秦簡(貳)』, 上海辭書出版社, 2011.
__________, 『嶽麓書院藏秦簡(參)』, 上海辭書出版社, 2013.
中國文物研究所・湖北省文物考古研究所 編, 『龍崗秦簡』, 中華書局, 2001.
中國科學院考古研究所, 『輝縣發掘報告』, 科學出版社, 1956.
中國科學院考古研究所洛陽工作隊, 「東漢洛陽城南郊的刑徒墓地」, 『考古』, 1972-4.
中國文物研究所 胡平生・甘肅省文物考古研究所 張德芳 編撰, 『敦煌懸泉漢簡釋粹』, 上海古籍出版社, 2001.
中國科學院考古研究所, 『武威漢簡』, 新華書店, 1964.
中國社會科學院考古研究所, 『居延漢簡甲乙編(下)』, 中華書局, 1980.
中國社會科學院考古研究所洛陽工作隊, 「東漢洛陽城南郊的刑徒墓地」, 『考古』 72-4.
陳偉 主編, 『里耶秦簡牘校釋(第一卷)』, 武漢大學出版社, 2012.
陳偉主編, 『秦簡牘合集』 武漢大學出版社, 2014.
陳夢家, 『漢簡綴述』 考古學專刊甲種第15號, 中華書局, 1980.
陳松長 主編, 『嶽麓書院藏秦簡(肆)』, 上海辭書出版社, 2015.
陳松長, 「岳麓書院所藏秦簡綜述」, 『文物』 2009-3.
______, 「嶽麓秦簡中的兩條秦二世時期令文」, 『文物』 2015-9.
陳垣, 『二十史朔潤表』, 中華書局, 1992.
陳直, 「甘肅武威磨嘴子漢墓出土王杖十簡」, 『考古』 1961-3.
天一閣博物館・中國社會科學院歷史研究所天聖令整理課題組 校證, 『天

一閣藏 明鈔本天聖令校證: 附唐令復原研究』, 中華書局, 2006.
天長市文物管理所・天長市博物館, 「安徽天長西漢墓發掘簡報」, 『文物』 2006-11.
彭浩, 『張家山漢簡〈算數書〉注釋』, 科學出版社, 2001.
彭浩, 「談《奏讞書》中秦代和東周時期的案例」, 『文物』 1995-3.
彭浩, 「讀松柏出土的西漢木牘(一)」. http://www.bsm.org.cn/show_article.php?id=1009.
彭浩, 「讀松柏出土的西漢木牘(二)」(武漢大學 簡帛網 簡帛文庫 漢簡專欄, 2009-4-4)
彭浩・俞偉超等, 「關于鳳凰山一六八號漢墓座談紀要」, 『文物』 1975-9.
彭浩・陳偉・工藤元男 主編, 『二年律令與奏讞書』(張家山二四七號漢墓出土法律文獻釋讀), 上海古籍出版社, 2007.
河南省博物館・鄭州市博物館, 「鄭州商城遺址發掘報告」, 『文化資料叢刊』 1, 1977.
河北省文物管理處, 「河北省平山縣戰國時期中山國墓葬發掘簡報」, 『文物』 1979-1.
『漢碑集釋』, 河南大學出版社, 1997.
荊州博物館, 「湖北荊州謝家橋一號墓發掘簡報」, 『文物』 2009-4.
__________, 「湖北荊州紀南松柏漢墓發掘簡報」, 『文物』 2008-4.
荊州地區博物館, 「江陵張家山兩座漢墓出土大批竹簡」, 『文物』 1992-9.
______________, 「江陵張家山三座漢墓出土大批竹簡」, 『文物』 1985-1.
湖南文物考古研究所 編, 『里耶發掘報告書』, 岳麓書社, 2007.
______________________, 『里耶秦簡』 (壹), 文物出版社, 2012.
湖南省文物考古研究所・湘西土家族苗族自治州文物處・龍山縣文物管理所, 「湖南龍山里耶戰國-秦代古城一號井發掘簡報」, 『文物』 2003-1.
湖南省文物考古研究所・中國文物研究所, 「湖南張家界古人堤簡牘釋文與簡註」, 『中國歷史文物』, 2003-2.

__________, 「湖南張家界古人堤遺址與出土簡牘概述」, 『中國歷史文物』, 2003-2.

__________, 「長沙馬王堆二・三號墓發掘簡報」, 『文物』1974-7.

南省文物考古研究所・懷化市文物處・沅陵縣博物館, 「沅陵虎溪山一號漢墓發掘簡報」, 『文物』2003-1.

湖南省文物考古研究所・湘西土家族苗族自治州文物處, 「湘西里耶秦代簡牘選釋」, 『中國歷史文物』 2003-1.

湖北省文物考古研究所・隨州市考古隊編, 『隨州孔家坡漢墓簡牘』, 文物出版社, 2006.

湖北省文物考古研究所・雲夢縣博物館, 「湖北雲夢睡虎地M77發掘簡報」, 『江漢考古』 2008-9.

湖北省文物考古研究所等, 「雲夢龍崗秦漢墓地第一次發掘簡報」, 『江漢考古』 1990-3.

湖北省博物館, 『荊州高臺秦漢墓』, 科學出版社, 2000.

湖北省博物館編, 『書寫歷史--戰國秦漢簡牘』, 文物出版社, 2007.

湖北省荊沙鐵路考古隊, 『包山楚簡』, 文物出版社, 1991.

湖北省荊州市周梁玉橋遺址博物館 編, 『關沮秦漢墓簡牘』, 中華書局, 2001.

湖北省荊州地區博物館, 「江陵高臺18號墓發掘簡報」, 『文物』 1993-8.

湖北省文物考古研究所, 「江陵鳳凰山一六八號漢墓」, 『考古學報』 1993-4.

湖北省文物研究所隨州市考古隊 編, 『隨州孔家坡漢墓簡牘』, 文物出版社, 2006.

湖北省荊沙鐵路考古隊. 『包山楚簡』. 北京: 文物出版社, 1991.

胡平生・張德芳,『敦煌懸泉漢簡釋粹』, 上海古籍出版社, 2001.

弘一, 「江陵鳳凰山十號漢墓簡牘初探」, 『文物』, 1974-6.

黑光, 「西安市郊發見的秦國杜虎符」, 『文物』, 1979-9.

黃人二, 「張家山漢簡奏讞書案例第三試釋」, "簡帛研究網站"
(www.bamboosilk.org/wssf/2002/huangrener03.htm), 2002-8-22
黃人二, 「張家山漢簡奏讞書案例第十七簡釋」, "簡帛研究網站"
(www.jianbo.org/wssf/2002/huangrener04.htm), 2003-4-25.

3. 역주

高潮, 『中國歷代刑法志注譯』. 吉林人民出版社, 1994.
高大倫, 『張家山漢簡〈脈書〉校釋』, 成都出版社, 1992.
顧炎武, 『日知錄集釋』, 花山文藝出版社, 1991.
高恒, 『秦漢簡牘中法制文書輯考』, 社會科學文獻出版社, 2008.
________, 『秦漢簡牘中法制文書輯考』, 社會科學文獻出版社, 2008.
高亨 注譯, 『商君書注譯』, 中華書局, 1974.
『管子校注(全三册)』(新編諸子集成) 中華書局, 2004.
郭慶藩 撰, 王孝魚 點校, 『莊子集釋』, 中華書局, 1961.
裘錫圭, 「湖北江陵鳳凰山十號漢墓出土簡牘考釋」, 『文物』 1974-7.
김택민 · 하원수 주편, 『천성령 역주 天聖令 譯註』, 혜안, 2013.
內田智雄編, 『譯注中國歷代刑法志』, 創文社, 1965.
_________, 『譯注續中國歷代刑法志』, 創文社, 1971.
內田智雄編, 梅原郁補, 『譯注續中國歷代刑法志(補)』(東京 : 創文社), 2005.
內田智雄編, 冨谷至補, 『譯注中國歷代刑法志(補)』(東京 : 創文社), 2005.
『論衡校釋』, 中華書局, 2009.
劉志玲, 「讀《二年律令·金布律》札記-張家山漢簡《二年律令》研讀課劄記之四」,
"简帛研究网站"(http://www.jianbo.org/), 2003-12-01.
劉海年總主編, 『中國珍稀法律典籍集成』1(北京 : 科學出版社), 1994.
劉海年總主編, 『中國珍稀法律典籍集成』2(北京 : 科學出版社), 1994.

聞人軍 譯注, 『考工記譯注』, 上海古籍出版社, 1993
馬怡・張榮强, 『居延新簡釋校』, 天津古籍, 2013.
馬彪, 「龍崗秦簡譯注(凡十一篇)」, 『異文化研究』6, 2012.
朴健柱, 『中國古代의 法律과 判例文』, 백산자료원, 1999.
박기수・이경룡・하원수・김경호 역주, 『사료로 읽는 중국 고대 사회경제사』, 청어람미디어, 2005.
冨谷至 編, 『江陵張家山二四七號墓出土漢律令の研究(譯注篇)』, 朋友書店, 2006.
北京大學歷史系, 『論衡注釋』, 中華書局, 1979.
謝桂華, 「張家山漢墓竹簡[二四七號墓]校讀擧例」, 『簡帛研究』 2002・2003 (廣西師範大學出版社).
「三國時代出土文字資料の研究」班, 「江陵張家山漢墓出土 『二年律令』譯注稿」その(一)」『東方學報』76, 京都大學人文科學研究所, 2004.
______________________________, 「江陵張家山漢墓出土 『二年律令』譯注稿」その(二)」『東方學報』77, 京都大學人文科學研究所, 2005.
______________________________, 「江陵張家山漢墓出土 『二年律令』譯注稿」その(三)」『東方學報』78, 京都大學人文科學研究所, 2006.
成林・程章燦 譯注, 『西京雜記全譯』, 貴州人民出版社, 1993.
宋慈 著, 高隨捷, 祝林森 譯注, 『洗冤集錄譯註』, 上海古籍出版社, 2008.
宋慈 著, 楊奉琨譯, 『洗冤錄校譯』, 群衆出版社, 1980.
수호지진묘죽간정리소조 엮음, 윤재석옮김, 『수호지진묘죽간 역주』, 소명출판, 2010.
楊伯峻 編, 『春秋左傳注』, 中華書局, 1990.
黎翔鳳 撰, 『管子校注』, 中華書局, 2004.
吳毓江撰, 孫啟治點校), 『墨子校注』 中華書局, 1993.
왕궤이저, 후핑성, 마웨화교주, 김경호역주, 『간독간독이란 무엇인가?

간독검서고교주』, 성균관대학교출판부, 2017.
王利器 校注, 『鹽鐵論校注』, 中華書局, 1992.
王貞珉 注譯, 『鹽鐵論譯注』, 吉林文史出版社, 1995.
王偉, 「張家山漢簡《二年律令》釋文」, (http://www.jianbo.org/), 2004-06-30.
王焕林, 『里耶秦簡校詁』, 中國文聯出版社, 2007.
윤정숙 역, 『중국도성제도의 이론 -『주례·고공기』의 도성제도』, 이회문화사, 1995.
李伯齊 校注, 『何遜集校注』, 中華書局, 2010.
張建国, 「張家山漢簡〈具律〉121简排序辨正—兼析相关各条律文」 『法学研究』 2004-6.
張顯成·周羣麗, 『尹灣漢墓簡牘校理』, 天津古籍出版社, 2011.
錢大群, 『唐律疏議新注』 南京師大出版社, 2007.
張家山漢簡研讀班, 「張家山漢簡《二年律令》校讀記」 『簡帛研究』 2002·2003 (廣西師範大學出版社).
＿＿＿＿＿＿＿, 「張家山漢簡〈二年律令〉校讀記(上)」, "簡帛研究網站" (http://www.jianbo.org/Wssf/2003/zhangjiashan01.htm, 2003-04-24).
專修大學 『二年律令』 研究會, 「張家山漢簡 『二年律令』 譯注(一)—賊律—」(『專修史學』35, 2003년 11월).
＿＿＿＿＿＿＿＿＿＿＿＿, 「張家山漢簡 『二年律令』 譯注(二)—盜律—」(『專修史學』36, 2004년 4월).
＿＿＿＿＿＿＿＿＿＿＿＿, 「張家山漢簡 『二年律令』 譯注(三)—具律—」(『專修史學』37, 2004년 11월).
＿＿＿＿＿＿＿＿＿＿＿＿, 「張家山漢簡 『二年律令』 譯注(四)—告律·捕律·亡律—」(『專修史學』38, 2005년 3월).

＿＿＿＿＿＿＿＿, 「張家山漢簡 『二年律令』 譯注(五)一收律・𥡴集律・錢律・置吏律・均輸律・傳食律一」(『專修史學』39, 2003년 11월).

＿＿＿＿＿＿＿＿, 「張家山漢簡 『二年律令』 譯注(六)一田律・□市律・行書律一」(『專修史學』40, 2006년 3월).

＿＿＿＿＿＿＿＿, 「張家山漢簡 『二年律令』 譯注(七)一復律・史律・戶書一」(『專修史學』41, 2006년 11월).

＿＿＿＿＿＿＿＿, 「張家山漢簡 『二年律令』 譯注(八)一效律・傅律・置後律一」(『專修史學』42, 2007년 3월).

＿＿＿＿＿＿＿＿, 「張家山漢簡 『二年律令』 訳注」(九)一爵律・興律・徭律一」 (『専修史学』43, 2007년 11월).

＿＿＿＿＿＿＿＿, 「張家山漢簡 『二年律令』 訳注(十)一金布律一」 (『専修史学』44, 2008년 3월)

＿＿＿＿＿＿＿＿, 「張家山漢簡 『二年律令』 訳注(十一)一秩律・史律一」 (『専修史学』45, 2008년 11월).

專修大學 『二年律令』 研究會, 「張家山漢簡 『二年律令』訳注(十二)一津關令一」 (『専修史学』46, 2009년3월).

＿＿＿＿＿＿＿＿, 「張家山漢簡 『二年律令』 訳注(十三)一积文校訂一」(『専修史学』47、2009년 11월).

＿＿＿＿＿＿＿＿, 「張家山漢簡 『二年律令』 訳注(十四)一訳注補訂一」(『専修史学』48, 2010년 3월).

錢仲聯 增補集說校, 『鮑參軍集注』, 上海古籍, 2008.

田村誠, 「岳麓書院『數』譯注稿(2)」, 『大阪産業大學論集』(人文・社會科學編) 17, 2013.

정수덕저, 임병덕역주, 『구조율고【一】 九朝律考 一』(서울: 세창출판사, 2014)

__________, 『구조율고【二】九朝律考 二』(서울: 세창출판사, 2014)
__________, 『구조율고【三】九朝律考 三』(서울: 세창출판사, 2015)
__________, 『구조율고【四】九朝律考 四』(서울: 세창출판사, 2015)
早稻田大學簡帛研究會, 「張家山漢墓竹簡二四七號漢墓竹簡譯注一二年律令賊律譯注一」, 『長江流域文化研究所年報』 創刊號, 2002.
__________________, 「張家山漢墓竹簡二四七號漢墓竹簡譯注(二)-二年律令譯注(二)-」『長江流域文化研究所年報』2, 2003.
__________________, 「張家山漢墓竹簡二四七號漢墓竹簡譯注(三)-二年律令譯注(三)秩律譯注1-」『長江流域文化研究所年報』3, 2005.
__________________, 「張家山漢墓竹簡二四七號漢墓竹簡譯注(四)-二年律令譯注(四)錢律譯注1-」『長江流域文化研究所年報』4, 2006.
曹融南 校注, 『謝宣城集校注』 上海: 上海古籍, 2007.
宗懍 撰, 宋金龍 校注, 『荊楚歲時記』 山西人民出版社, 1987.
朱紅林, 『張家山漢簡《二年律令》集釋』 社會科學文獻出版社, 2005.
周波, 「《二年律令》釋文與注釋商榷」, "简帛研究网站"(http://www.jianbo.org/), 2004-05-29.
仲長統 撰, 孫啓治 校注, 『昌言校注』 中華書局, 2012.
池田雄一, 『奏讞書―中國古代の裁判記錄―』 刀水書房, 2002.
________, 『漢代を遡る奏獻(讞)―中國古代の裁判記錄―』 汲古書院, 2015.
陳奇猷校注, 『韓非子集釋』 上海人民出版社, 1974.
陳斯鵬, 「張家山漢簡〈引書〉釋文注釋商補」, "簡帛研究網站" (http://www.bamboosilk.org/Wssf/2002/chensipeng02.htm), 2002-10-18
陳直, 『漢書新證』 天津人民出版社, 1979.
陳廣忠注譯, 『淮南子譯註』 吉林文史出版社, 1990.
何有祖, 「《二年律令》零釋―張家山漢簡《二年律令》研讀課箚記之一」, "简帛研究网站"(http://www.jianbo.org/, (2003-10-17).
______, 「《二年律令》零釋二-張家山漢簡《二年律令》研讀課箚記之三」, "简帛研究网站"(http://www.jianbo.org/, (2003-10-23).
何清谷, 『三輔黃圖校注』, 三秦出版社, 2006.
學習院大學漢簡研究會, 「秦代盜牛・逃亡事件―江陵張家山漢簡 『奏讞書』を讀む―」, 『學習院史學』38, 2000.
____________________, 「江陵張家山漢簡 〈奏讞書〉 を讀む」, 『中國出土資料研究』4・5, 2000－2001.
____________________, 「江陵張家山漢簡 〈奏讞書〉 關系論文目錄」, 『學習院史學』38・39附錄, 2000－2001.
____________________, 「漢初官吏犯罪三編―江陵張家山漢簡 『奏讞書』を讀む」, 『中國出土資料研究』7, 2003.
黃錦前, 「《二年律令·置後律》札記-張家山漢簡《二年律令》研讀課箚記之二」, "简帛研究网站"(http://www.jianbo.org/, (2003-10-21))

4. 저서・번역서 및 공구서

(1) 중문

葛劍雄 主編, 『中國人口史: 5卷 淸時期』, 上海: 復旦大學出版社, 2001.
葛劍雄, 『西漢人口地理』, 人民出版社, 1986.
______, 『中國移民史(先秦至魏晉南北朝時期)』, 福建人民出版社, 1997.
甘肅省文物工作隊編, 『漢簡研究文集』, 甘肅人民出版社, 1984.
姜寶蓮・秦建明 著, 『漢鐘官鑄錢遺址』, 科學出版社, 2004
賈麗英, 『秦漢家庭法研究』, 中國社會科學出版社, 2015.
高大倫, 『張家山漢簡〈引書〉研究』, 巴蜀書社, 1995.
顧德融・朱順龍 著, 『春秋史』, 上海人民出版社, 2001.

高敏,『秦漢史探討』, 中州古籍出版社, 1998.

____,『魏晋南北朝經濟史(下)』, 上解人民出版社, 1996.

____,『秦漢史論集』, 鄭州: 中州書畵社, 1982.

____,『雲夢秦簡初探』, 河南人民出版社, 1979.

曲英杰,『先秦都城復原硏究』, 黑龍江出版社, 1991.

郭東旭,『宋朝法律史論』, 河北大學出版社, 2001.

郭沫若,『中國史稿』(第二册), 人民出版社, 1979.

丘光明 編,『中國歷代度量衡考』, 科學出版社, 1992.

丘光明・邱隆・楊平 著,『中國科學技術史』(度量衡 卷), 科學出版社, 2001.

瞿同祖,『中國法律與中國社會』. 中華書局, 1981.

堀毅,『秦漢法制論考』, 法律出版社, 1988.

權仁翰・金慶浩・李承律(編著),『東亞資料學的可能性探索』, 廣西師範大學出版部, 2010.

『論衡全譯』 貴州人民, 1990.

譚其驤 主編,『中國歷史地圖集』, 中國地圖出版社, 1982.

戴建國,『唐宋變革時期的法律與社會』, 上海古籍出版社, 2010

戴炎輝,『唐律各論』, 成文書局, 1988.

戴炎輝,『唐律通論』, 臺北: 正中書局, 1970.

戴吾三 編著,『考工記圖說』, 山東畵報出版社, 2003

童書業 著, 童教英 校訂,『中國手工業商業發展史』, 中華書局, 2005

童書業,『春秋左傳硏究』, 上海人民出版社, 1980年.

杜廼松 著,『古代靑銅器』, 文物出版社, 2005

羅竹風,『漢語大詞典』, 上海: 上海辭書, 1986.

羅振玉,『貞松堂集古遺文』, 北京: 北京圖書館, 2003.

______,『蒿里遺珍』(『羅振玉學術論文集』 所收), 上海: 上海古籍, 2013.

______, 『芒洛塚墓遺文續編』(『石刻史料新編』 所收), 臺北: 新文豊, 1977.
______, 『地券徵存』, 臺北: 大通書局, 1973.
______, 『蒿里遺珍』(『羅振玉學術論文集 第三集』 所收), 上海 : 上海古籍, 2013.
梁方仲 著, 『中國歷代戶口・田地・田賦統計』, 上海人民出版社, 1980.
呂思勉, 『先秦史』 上海古籍出版社, 1982.
念海著, 『中國古都概論』, 武漢大學出版社, 1993.
魯西奇, 『中國古代買地券研究』, 厦門: 厦門大, 2014.
雷依群・徐衛民, 『秦都咸陽與秦文化研究』, 陝西人民出版社, 2003.
劉 釗, 『郭店楚簡校釋簡』, 福州: 福建人民出版社, 2005.
劉俊文, 『唐代法制研究』, 臺北: 文津出版社, 1999.
______, 『唐律疏議箋解』 上・下, 北京: 中華書局, 1996.
劉慶柱・李毓芳, 『西漢十一陵』, 陝西人民出版社, 1987.
____________, 『漢長安城』, 文物出版社, 2003.
劉廣生 編, 『中國古代郵驛史』(修訂版), 人民郵傳出版社, 北京, 1999.
劉克明, 『中國技術思想研究 —古代器械設計與方法』, 巴蜀書社, 2004.
劉昭瑞, 『漢魏石刻文字繫年』, 臺北: 新文豊, 2001.
劉精誠, 『魏孝文帝傳』, 天津人民出版社, 1993.
籾山明 著, 李力 譯, 『中國訴訟制度研究』, 上海古籍出版社, 2009.
林劍鳴, 『秦史稿』, 上海人民出版社, 1981.
馬利淸, 『原匈奴 匈奴—歷史與文化的考古學探索』, 內蒙古大學出版社, 2005.
馬非百, 『秦集史』 中華書局, 1982.
馬衡, 『凡將齋金石叢編』, 中華書局, 1999.
慕中岳・武國卿, 『中國戰爭史』, 湖北人民出版社, 1992.
穆舜英・張平 主編, 『樓欄文化硏究論集』 新疆人民出版社, 1995.

武漢大學簡帛研究中心, 『簡帛』, 上海古籍出版社, 2006.
潘吉星, 『中國造紙技術史稿』, 文物出版社, 1979.
白鋼 主編, 『中國政治制度通史』3, 人民出版社, 1996.
范文瀾, 『中國通史簡編(第二編)』, 河北教育出版社, 2000.
______, 『中國通史』(第一册), 人民出版社, 1978.
范壽銘, 『循園金石文字跋尾』(『石刻史料新編 第2輯』 所收), 臺北: 新文豊, 1979.
范忠信, 『中國法律傳統的基本精神』, 山東人民出版社, 2001.
駢宇騫・段書安編著, 『本世紀以來出土簡帛概述』 臺灣萬卷樓圖書公司, 1999.
卜憲群, 『秦漢官僚制度』, 社會科學文獻出版社, 2002.
傅筑夫, 『中國古代經濟史概論』, 北京, 中國社會科學出版社, 1981.
史念海, 『中國古都和文化』, 中華書局, 1998.
謝寶富, 『北朝婚喪禮俗研究』, 首都師範大學出版社, 1998.
社會科學院考古研究所, 『殷墟婦好墓』, 文物出版社, 1980.
山東省博物館・山東省文物考古研究所編, 『山東漢畵像石選集』, 濟南 : 齊魯書社, 1982.
色音, 『居延故地―黑河流域的人文生態』, 四川人民出版社, 2003.
西安市文物保護考古所 編, 『西安龍首源漢墓』, 西北大學出版社, 1999.
徐衛民, 『秦都城研究』, 陝西人民教育出版社, 2000.
徐正考, 『漢代銅器銘文綜合研究』, 作家出版社, 2007.
薛英群, 『居延漢簡通論』, 甘肅教育出版社, 1991.
葉驍軍, 『中國墓葬歷史圖鑑』, 甘肅文化出版社, 1994.
孫慰祖・徐谷甫 編, 『秦漢金文彙編』, 上海書店出版社, 1997.
宋杰, 『《九章算術》與漢代社會經濟』, 首都師範大學出版社, 1994.
宋昌斌, 『中國古代戶籍制度史稿』, 三秦出版社, 1991.

宋治民,『漢代手工業』, 巴蜀書社, 1992.

施偉靑,『中國古代史論叢』, 岳麓書社, 2004.

新疆省文物考古研究所・新疆省維吾爾自治區博物館 編,『新疆文物考古新收獲(續)1990-1996』, 新疆美術攝影出版社, 1997.

沈家本,『歷代刑法考』, 中華書局, 1985.

沈福文,『中國漆藝美術史』, 人民美術出版社, 1992

安作璋,『漢史初探』, 上海人民出版社, 1957.

安作章・熊鐵基,『秦漢官制史稿』, 齊魯書社, 1985.

安作璋・陳乃華,『秦漢官吏法硏究』, 齊魯書社, 1993.

______________,『中國古代冶鐵技術發展史』, 上海人民出版社, 2004.

楊寬,『戰國史』, 上海人民出版社, 2003.

____,『中國古代陵寢制度史硏究』, 上海人民出版社出, 2003.

楊建,『西漢初期津關制度硏究』, 上海古籍出版社, 2010.

楊生民,『中國春秋戰國經濟史』, 人民出版社, 1994.

楊升南,『中國春秋戰國政治史』,人民出版社, 1994.

楊振紅,『出土簡牘與秦漢社會』, 廣西師範大學出版社, 2009.

______,『出土簡牘與秦漢社會(續)』, 廣西師範大學出版社, 2015.

楊泓,『中國古兵器論叢』(增訂本), 中國社會科學出版社, 2007

嚴耕望,『中國地方行政制度史—秦漢地方行政制度』, 上海古籍出版社, 2007.

______,『中國地方行政制度史—北朝地方行政制度史』, 臺灣商務印書館, 1963.

黎明釗 編,『漢帝國的制度與社會秩序』, 牛津大學, 2012.

余嘉錫,『余嘉錫文史論集』, 長沙: 岳麓書社, 1997.

徐富昌,『睡虎地秦簡硏究』, 文史哲出版社, 1993.

余英時 等著,『中國歷史轉型時期的知識分子』, 聯經出版事業公司, 1992

余英時,『士與中國文化』 上海人民出版社, 1987.

______,『中國知識階層史論(古代篇)』聯經出版事業公社, 1980.
閆桂梅,「近五十年來秦漢土地制度研究綜述」,『中國史研究動態』2007-7.
閻步克,『士大夫政治演生史稿』, 北京大學出版社, 1996.
閻崇年,『中國古代都市生活』九州出版社, 2009.
閻曉君,『出土文獻與古代司法檢驗史研究』, 文物出版社, 2005.
吳慶洲,『中國古代城市防洪研究』, 中國建築工業出版社, 1987.
______,『中國古城選址的實踐和科學理想』, 新建築, 1987.
吳非莘,『中國稅制史』(上・下), 商務印書館, 1976.
吳榮曾,『先秦兩漢史研究』, 中華書局, 1995.
吳慧,『中國商業通史』, 中國財政經濟出版社, 2004.
于振波,『秦漢法律與社會』, 湖南人民出版社, 2000.
______,『走馬樓吳簡續探』, 文津出版社有限公司, 2005.
汪桂海,『漢代官文書制度』, 廣西教育出版社, 1999.
王國維,『觀堂集林』(『王國維遺書』所收), 上海書店, 1996.
王士倫 編,『浙江出土銅鏡』, 文物出版社, 1987
王彥輝,『張家山漢簡《二年律令》與漢代社會研究』, 中華書局, 2010.
王雲海,『宋代司法制度』, 河南大學出版社, 1992.
王應麟,『玉海』, 江蘇古籍出版社, 上海書店 影印本, 1987.
王子今,『秦漢社會史論考』, 商務印書館, 2006.
______,『制度文明與中國社會, 郵傳萬里』, 長春出版社, 2004.
______,『中國盜墓史』, 九州出版社, 2007.
王仲殊,『漢代考古學概說』, 中華書局, 1984.
王學理 主編,『秦物質文化史』, 三秦出版社, 1994.
王學理,『秦始皇陵研究』, 上海人民出版社, 1994
______,『秦都咸陽』, 陝西人民出版社, 1985.
姚生民,『甘泉宮志』, 三秦出版社, 2003.

容庚 編,『秦漢金文錄』, 中央研究院歷史語言研究所, 1931.

于迎春,『秦漢士史』, 北京大學出版社, 2000.

于豪亮,『于豪亮學術文存』, 中華書局, 1985.

熊鐵基,『秦漢新道家』, 上海人民出版社, 2001.

栗勁,『秦律通論』, 濟南: 山東人民出版社, 1985.

袁仲一,『秦代陶文』, 三秦出版社, 1987.

______,『秦始皇陵考古發現與研究』, 陜西人民出版社, 2002.

魏明孔,『中國手工業經濟通史』(魏晋南北朝隋唐五代卷), 福建人民出版社, 2004.

陸錫興 編著,『漢代簡牘草字編』, 上海書畵出版社, 1989.

李均明,『古代簡牘』, 文物出版社, 2003.

______,『秦漢簡牘文書分類輯解』, 文物出版社, 2009.

李均明·劉軍 共著,『簡牘文書學』, 廣西教育出版社, 1998.

李金河,『魏晉隋唐婚姻形態硏究』, 濟南: 齊魯書社, 2005.

李冬梅,『秦漢簡牘所見財產法研究』, 東北師範大學, 2005.

李力,『張家山247號墓漢簡法律文獻研究及其述評』, 東京外國語大學 アジア·アフリカ言語文化研究所, 2009).

李 零,『中國方術考(修訂本)』(張家山漢簡部分), 東方出版社, 2000.

李文治 編,『中國近代農業史資料, 第1輯 1840-1911』, 北京: 生活·讀書·新知三聯書店, 1957.

李檣 著,『秦漢刻石選譯』, 文物出版社, 2009.

李書吉,『北朝禮制法系研究』, 人民出版社, 2002.

李瑞良,『中國古代圖書流通史』, 上海人民出版社, 2000.

李如森,『漢代喪葬禮俗』, 沈陽出版社, 1991.

李朝遠,『西周土地關係論』, 上海人民出版社, 1997.

李天虹,『居延漢簡簿籍分類研究』, 科學出版社, 2003.

李學勤,『簡帛佚籍與學術史』, 江西教育出版社, 2001.
______,『失落的文明』, 上海文藝出版社, 1997.
林甘泉主編,『中國經濟通史・秦漢經濟』經濟日報出版社, 1999.
張建國,『中國法系的形成與發達』, 北京大學出版社, 1997.
______,『帝制時代的中國法』, 法律出版社, 1999.
張經,『西周土地關係研究』, 中國大百科全書出版社, 2006.
張功,『秦漢逃亡犯罪研究』, 武漢: 湖北人民出版社, 2006.
張金光,『秦制研究』, 上海古籍出版社, 2004.
蔣禮鴻,『商君書錐指』, 中華書局, 1996.
張伯元,『出土法律文獻研究』, 商務印書館, 2005.
張榮强,『漢唐籍帳制度研究』, 商務印書館, 2010.
張傳璽 主編,『中國歷代契約會編考釋』, 北京大, 1995.
張晉藩,『中國法制通史(2, 戰國秦漢)』, 北京: 法律出版社, 1999.
張忠煒, 『秦漢律令法系研究初編』, 社會科學文獻出版社, 2012.
張鴻雁,『春秋戰國城市經濟發展史論』, 遼寧大學出版社, 1988.
錢劍夫,『秦漢貨幣史稿』, 湖北人民, 1986.
錢大昕,『二十二史考異』, 上海古籍出版社, 2004.
錢穆,『古史地理論叢』, 臺北: 東大圖書公司印行, 1982.
翦伯贊,『先秦史』, 北京大學出版社, 1999.
傅筑夫,『中國古代經濟史概論』, 中國社會科學出版社, 1981.
丁邦友 著,『漢代物價新探』, 中國社會科學出版社, 2009.
程樹德,『九朝律考』, 中華書局, 1963.
程政擧,『漢代訴訟制度研究』, 北京: 法律文化史, 2010.
程喜林 著,『唐代過所研究』, 中華書局, 2000.
趙光賢,『周代社會辨析』, 北京: 人民, 1980.
曹旅寧,『張家山漢律研究』, 中華書局, 2005.

John Calvin Ferguson,『歷代著錄吉金目』, 臺北: 商務, 1971.

朱紹侯,『軍功爵制硏究』, 上海人民, 1990.

朱淵清, 『再現的文明一中國出土文獻與傳統學術』, 華東師範大學出版社, 2001.

周振鶴,『中國地方行政制度史』, 上海人民出版社, 2005.

______,『中國行政區劃通史』, 復旦大學出版社, 2009.

朱紅林,『張家山漢簡《二年律令》集釋』, 社會科學文獻出版社, 2005.

中國古都學會・新鄭古都學會,『中國古都硏究』, 三秦出版社, 2004.

中國科學院地理硏究所渭河硏究組,『渭河下游河流之貌』, 科學出版社, 1983.

中國社會科學院簡帛硏究中心, 『張家山漢簡《二年律令》硏究文集』, 廣西師範大學出版社, 2007.

中國社會科學院考古硏究所 編,『長安城未央宮 -1980~1989考古發掘報告』, 中國大百科全書出版社, 1996.

____________________________,『漢長安城武庫』, 文物出版社, 2005.

中國社會科學院考古硏究所漢長安城工作隊・西安市漢長安城遺址保管所 編,『漢長安城遺址硏究』, 科學出版社, 2006.

中國秦漢史硏究會 編,『秦漢史論叢』11, 吉林文史出版社, 2009.

中國秦漢史硏究會刊,『秦漢硏究』, 三秦出版社, 2007.

中華書局編輯部 編,『雲夢秦簡硏究』, 中華書局, 1981.

池田溫(龔澤銑 譯),『中國古代籍帳硏究』, 中華書局, 1984.

陳登武, 『從人間世到幽冥界-唐代的法制・社會與國家』, 臺北: 五南圖書出版公司, 2006

陳麗桂,『戰國時期的黃老思想』, 聯經出版事業公事, 1991.

陳夢家,『漢簡綴述』, 中華書局 1980.

陳寶良,『中國流氓史』, 中國社會科學出版社, 1993.

陳爽,『世家大族與北朝政治』, 社會科學出版社, 1998.

秦始皇兵馬俑博物館 編,『秦俑學研究』, 陝西人民教育出版社, 1996.
陳玉屛,『魏晉南北朝兵戶制度研究』, 成都: 巴蜀書社, 1988.
陳偉 主編,『里耶秦簡牘校釋』(第1卷), 武漢大學出版社, 2012.
陳恩林,『中國春秋戰國戰爭史』, 人民出版社, 1994.
陳寅恪,『隋唐制度淵源略論稿』, 三聯書店, 2001.
陳俊强,『皇權的別一面-北朝隋唐恩赦制度研究』, 北京大學出版社, 2007.
陳直,『漢書新証』, 天津人民出版社, 1979.
____,『史記新證』, 天津人民, 1979.
蔡萬進,『張家山漢簡〈奏讞書〉研究』, 廣西師範大學出版社, 2006.
蔡樞衡,『中國刑法史』, 中國法制出版社, 2005.
祝中熹,『秦史求知錄』, 上海古籍出版社, 2012.
河南省文物考古研究所 編著,『鄭州商城 -1953~1985年考古發掘報告』, 文物出版社, 2001.
何琳儀,『戰國古文字典: 戰國文字聲系』, 北京: 中華書局, 1998.
賀業鉅,『考工記營國制度研究』, 中國建築工業出版社, 1985.
韓翔·王炳華·張臨華 主編,『尼雅考古資料』, 烏魯木齊, 1988.
漢語大詞典編輯委員會 編纂,『漢語大詞典』, 上海辭書出版社, 2008.
郝樹聲·張德芳 共著,『懸泉漢簡研究』, 甘肅文化出版社, 2009.
郝鐵川,『中華法系研究』, 復旦大學出版社, 1997.
洪石,『戰國秦漢漆器研究』, 文物出版社, 2006.
華覺明,『中國古代金屬技術 -銅和鐵造就的文明』, 大象出版社, 1999
黃今言,『秦漢軍事史論』, 江西人民出版社, 1993.
______,『秦漢商品經濟研究』, 人民出版社, 2005.
______,『秦漢賦役制度研究』, 江西教育出版社, 1988.
黃文弼,『Rop-Nor考古記』中國西北科學考查團叢刊之一, 國立北京大學出版部, 1948.

侯燦・楊代欣 編著,『樓蘭漢文簡紙文書集成』, 天地出版社, 1999
後曉榮,『秦代政區地理』, 社会科学文献出版社, 2009

(2) 일문

加藤 繁,『中國貨幣史研究』, 東洋文庫, 1991
角谷常子 編,『東亞木簡學的構建』, 日本 奈良大學, 2014.
江村治樹 著,『春秋戰國秦漢時代出土文字資料の研究』, 汲古書院, 2000
京都大學人文科學研究所編,『漢簡語彙中國古代木簡辭典』, 岩波書店, 2015.
賈靜濤,『中國古代法醫學史』, 北京群衆出版社, 1984.
高田時雄,『漢字文化三千年』, 臨川書店, 2009.
高村武幸,『漢代の地方官吏と地域社会』, 汲古書院, 2008.
工藤元男,『睡虎地秦簡よりみた秦代の國家と社會』, 創文社, 1998.
廣瀨薰雄,『秦漢律令研究』, 汲古書院, 2010.
堀敏一,『律令制と東アジア世界——私の中國史學(二)』. 東京: 汲古書院, 1994.
宮崎市定,『九品官人法の研究-科擧前史-』, 京都: 同朋舍, 1977.
宮本一夫,『(中國の歷史) 神話から歷史へ-神話時代・夏王朝-』, 講談社, 2005.
金文京,『中國の 歷史 三國志の世界』, 講談社, 2005.
大島正二,『漢字傳來』, 岩波書店, 2006.
大西克也・宮本 徹,『アジアと漢字文化』, 放送大學教育振興會, 2009.
大庭脩 編,『居延漢簡索引』, 關西大學出版部, 1995.
________,『木簡』學生社, 1979.
________,『秦漢法制史の研究』創文社, 1982.
________,『敦煌漢簡』同朋舍, 1990.

________, 『漢簡研究の現狀と展望』, 關西大學出版部, 1993.

大澤正昭, 「胡石壁の「人情」-『名公書判淸明集』定性分析の試み」, 大島立子(編), 『宋-淸代の法と地域社會』, 東洋文庫, 2006.

渡邊信一郎, 『中國古代の財政と國家』, 汲古書院, 2010.

東野治之, 『書の文化史』, 岩波書店, 2010

東晉次, 『後漢時代の情致と社會』, 名古屋大, 1995.

藤田勝久, 『中國古代國家と社會システム-長江流域出土資料の硏究』, 汲古書院, 2009.

________, 『史記戰國史料の硏究』, 東京大學出版會, 1997年.

________, 『中國古代國家と郡縣社會』, 汲古書院, 2005

柳田節子, 『宋代庶民の女たち』, 汲古選書, 2003.

律令硏究會 編, 『譯註 日本律令』5-8, 東京: 東京堂出版, 1979

馬　彪, 『秦帝國の領土經營』, 東京大學學術出版會, 2013.

梅原 郁, 『宋代司法制度硏究』, 創文社, 2006.

木村正雄, 『中國古代帝國の形成―特にその成立の基礎條件』, 不昧堂書店, 1965

白川靜, 『(新訂)字統』, 平凡社, 2004

本田二郎 著, 『周禮通釋』, 秀英出版, 1979

冨谷 至 編, 『秦漢刑罰制度の硏究』, 同朋社, 1998.

________編, 『流沙出土の文字資料』, 京都大學學術出版會, 2001.

________編, 『邊境出土木簡の硏究』, 朋友書店, 2003.

________, 『木簡・竹簡の語る中國古代 書記の文化史』, 岩波書店, 2003.

________, 『漢字の中國文化』, 昭和堂, 2009.

________, 『文書行政の漢帝國』, 名古屋大學出版社, 2010.

夫馬進編, 『中國訴訟社會史の硏究』, 京都大學學術出版會, 2011.

山田勝方, 『秦漢財政收入の硏究』, 汲古書院, 1993.

山田勝芳,『貨幣の中國古代史』, 朝日新聞社, 2000.
西嶋定生 著,『中國古代の社會と經濟』, 東京大學出版會, 1981.
石田幹之助,『長安の春』講談社学術文庫, 1979.
水間大輔,『秦漢刑法研究』, 知泉書館, 2007.
藪內清 著,『中國の科學文明』, 岩波書店, 1970.
柿沼陽平,『中國古代貨幣經濟史研究』, 汲古書院, 2011.
________,『中國古代の貨幣』, 吉川弘文館, 2015.
新川登龜男,『漢字文化の成り立つと展開』, 山川出版社, 2002.
辻正博,『唐宋時代刑罰制度の研究』, 京都 : 京都大学学術出版会, 2010.
阿辻哲次, 1989년.『圖說 漢字の歷史』大修館書店.
影山剛 著,『中國古代の商工業と專賣制』, 東京大學出版會, 1984
永田英正,『漢代石刻集成槪說』, 同朋舍, 1994.
________,『居延漢簡の研究』, 同朋舍, 1989.
宇都宮淸吉,『漢代社會經濟史研究』, 弘文堂, 1955
鷹取祐司,『秦漢官文書の基礎的研究』, 汲古書院, 2015.
籾山明,『中國古代訴訟制度の研究』京都大學出版會, 2006.
仁井田陞,『中國法制史研究 土地法・取引法』, 汲古書院, 1959.
________,『中國法制史研究-刑法』, 東京大學東洋文化研究所, 1959
林巳奈夫 編,『漢代の文物』, 京都, 1976.
滋賀秀三,『中國家族法の原理』, 創文社, 1967.
________,『中國法制史論集(法典と刑罰)』(東京 : 創文社), 2003.
________, 編,『中國法制史-基本資料の研究』, 東京: 東京大學出版會, 1993
井上 進,『中國出版文化史一書物世界と知の風景』, 名古屋大學出版會, 2002
潮見浩,『東アジアの初期鐵器文化』, 吉川弘文館, 1982.

佐藤武敏 著,『中國古代工業史の研究』, 吉川弘文館, 1962.
佐原康夫 著,『漢代都市機構の研究』, 汲古書院, 2002.
佐竹靖彦,『中國古代の田制と邑制』, 岩波書店, 2006
竹田和夫 編,『古代・中世の境界意識と文化交流』, 勉誠出版, 2011
中村裕一,『唐代制勅研究』, 東京: 汲古書院, 1991.
增淵龍夫,『新版 中國古代の社會と國家』, 岩波書店, 1996.
紙屋正和,『漢時代における郡縣制の展開』, 朋友書店, 2009.
池田雄一,『中國古代の聚落と地方行政』, 汲古書院, 2002
________,『中國古代の律令と社會』, 汲古書院, 2008.
池澤優, 『中國の死生觀 ―中国古代・中世における"死者性"の転倒―』(『死および死者崇拝‧死者儀礼の宗教的意義に関する比較文化的‧統合的研究』, 2000~2002年度日本科学研究費補助金(基盤研究C 1)研究成果報告書, 2003年3月31日)
川勝義雄,『六朝貴族制社會の研究』, 東京 : 岩波書店, 1982.
淺野裕一,『黃老道の成立と展開』, 創文社, 1992.
土口史記,『先秦時代の領域 支配』, 京都大學學術出版會, 2011
平中苓次, 『中國古代の田制と税法-秦漢經濟史研究』, 京都大學東洋史研究會, 1967.

(3) 국문

권오중 외 5명,『낙랑군 호구부 연구』, 동북아역사재단, 2010.
권오중・윤재석・김경호・윤용구・이성제・윤선태,『낙랑군 호구부 연구』, 동북아역사재단, 2010.
권오중,『樂浪郡研究 -中國古代邊郡에 대한 事例的 檢討-』, 일조각, 1992.
김경호 외,『동아시아자료학의 가능성 모색』, 성균관대 출판부, 2008.

김경호(역), 朱淵淸(저)『중국출토문헌자료와 학술사상』, 주류성, 2010.
김경호·이영호 책임편집, 『지상(紙上)의 논어·지하(地下)의 논어』, 성균관대출판부, 2012.
김택민, 『동양법의 일반원칙』 서울, 아카넷, 2002.
______, 『중국고대형법』, 서울: 아카넷, 2004.
______, 『中國土地經濟史硏究』, 고려대학교출판부, 1998.
도미야 이타루冨谷 至著, 임병덕·임대희역, 『유골의 증언-古代中國의 刑罰』, 서경문화사, 1999,
도미야 이타루저, 임병덕 옮김, 『목간과 죽간으로 본 중국 고대 문화사』, 사계절.
로이드E 이스트만 지음, 이승휘 옮김, 『중국사회의 지속과 변화』, 돌베개, 1999,
박건주, 『中國古代社會의 法律』, 백산자료원, 2008.
박영철, 『명공서판 청명집 호혼무역주』, 소명출판, 2008.
배항섭, 박소현, 박이진 책임편집, 『동아시아연구, 어떻게 할 것인가』, 성균관대출판부, 2016.
심재훈(역), 로타 본 팔켄하우젠(저) 『고고학 증거로 본 공자시대 중국사회』(서울, 세창출판), 2011.
윤내현(등), 『中國의 天下思想』, 민음사, 1988.
윤재석역주, 『수호지진묘죽간 역주』, 소명출판, 2010.
이성규, 『中國古代帝國成立史硏究-秦國齊民支配體制의 形成』, 一潮閣, 1984.
이시다 미키노스케, 이동철·박은희 옮김, 『장안의 봄』, 이산, 2004.
정하현 역, 여불위 저, 『여씨춘추』, 소명출판, 2011.
최덕경, 『中國古代農業史硏究』, 백산서당, 1994.
______, 『중국고대 산림보호와 환경생태사 연구』, 신서원, 2009.

홍승현, 『사대부와 중국 고대 사회-사대부의 등장과 정치적 각성에 대한 연구』, 서울 : 혜안, 2008.

5. 논문

(1) 국내논문

강희정, 「당대 여성 이미지의 재현」, 『中國史硏究』47, 2007.
고광의, 「樂浪郡 初元 四年 戶口簿 재검토」, 『木簡과 文字』7, 2011.
권오중, 「요동 공손씨 정권의 대방군 설치와 그 의미」, 『大邱史學』105, 2011.
______, 「樂浪郡의 支配 構造」, 『人文硏究』(영남대)10-1, 1988.
______, 「中國史에서의 樂浪郡」, 『韓國古代史硏究』34, 2004.
______, 「漢代 邊郡의 部都尉」, 『동양사학연구』88, 2004.
금재원, 「秦漢代 擇日術의 유행과 보편화 과정」, 『中國古中世史硏究』25, 2011.
김경호, 「漢代 地方行政組織과 그 性格 - 鄕·亭·里를 중심으로 -」, 『五松李公範敎授停年退任紀念東洋史論叢』, 1993.
______, 「漢代 河西地域 豪族의 形成과 그 性格」, 『동양사학연구』75, 2001.
______, 「漢代 邊境地域에 대한 儒敎理念의 普及과 그 의미」, 『中國史硏究』17, 中國史學會, 2002.
______, 「한중일 동아시아3국의 목간 출토 및 연구 현황」, 『한국고대사학회』59, 2010.
______, 「진한시기의 호구문서와 변경지배—기재양식을 중심으로」, 『낙랑군 호구부 연구』(서울, 동북아역사재단), 2010.
______, 「漢代 西北邊境 吏卒의 日常」, 『中國史硏究』74, 2011.

______, 「秦・漢初 行書律의 內容과 地方統治」, 『史叢』 73, 2011.

______, 「한・중・일 동아시아 3국의 목간 출토 및 연구 현황」, 『죽간・목간에 담긴 고대 동아시아』, 성균관대학교출판부, 2011.

______, "A Study of Excavated Bamboo and Wooden-strip Analects: The Spread of Confucianism and Chinese Script", *SUNGKYUN JOURNAL OF EAST ASIAN STUDIES, VOL.11, NO.1*(Seoul, Academy of East Asian Studies, Sungkyunkwan University), 2011.

______, 「秦・漢初 周邊民族에 대한 戶籍制度의 運營: 秦漢簡牘資料를 中心으로」, 『중국사연구』81, 2012.

______, 「4-6世紀 동아시아에서의 文獻의 流通과 擴散」, 『大同文化研究』88, 2014.

______, 「秦漢時期 書籍의 流通과 帝國秩序」, 『中國古中世史研究』第32輯, 2014.

______, 「秦・漢初의 法律 繼承과 寬刑化—儒家的 性格을 중심으로 -」, 『中國史研究』 97집 2015.

______, 「秦漢法律簡牘의 內容과 그 성격 — 嶽麓書院藏秦簡(參)・(肆)의 내용 분석을 겸하여 —」, 『中國古中世史研究』42, 2016.

______, 「古代 東아시아 社會에서의 '同[共存]'과 '異[對立]'-漢代 邊境支配 秩序를 中心으로-」, 『역사와 세계』51, 2017.

______, 「前漢 海昏侯 劉賀 墓의 性格과 『論語』 竹簡」, 『史林』60, 2017

김동오, 「古代 中國의 工匠과 技術 통제 -分業 생산과 工官 조직 분석을 중심으로-」, 『동양사학연구』 117, 2011.

______, 「秦帝國시기 縣廷의 구조 : 『里耶秦簡』 '令史'를 중심으로」, 『東洋史學研究』 126, 2014.

김민지, 「戰國秦·漢初 奏讞制度 : 『張家山漢簡』「奏讞書」·『嶽麓秦簡』·「爲獄等狀四種」을 중심으로」, 성균관대학교 석사학위논문, 2015.
김병준, 「後漢 法律家의 活動과 그 性格」, 『동양사학연구』30, 1989.
______, 「後漢時代 里父老와 國家權力-〈漢侍廷里父老僤買田約束石券〉의 분석을 중심으로-」, 『東洋史學研究』35, 1991.
______, 「秦漢時代의 女性과 국가권력—課徵方式의 변천과 禮敎秩序로의 編入—」, 『震檀學報』75, 1993.
______, 「漢代 太守府 屬吏組織의 變化와 그 性格 -江蘇省 連雲港 出土 尹灣漢簡-」, 『古代中國의 理解』3, 지식산업사, 1997.
______, 「前漢 列侯 徙封考 - 『漢書』侯表의 末格 郡縣名에 대한 검토-」, 『古代中國의 理解』4, 지식산업사, 1998.
______, 「중국고대 簡牘자료를 통해 본 낙랑군의 군현지배」, 『歷史學報』189, 2006.
______, 「樂浪郡 初期의 編戶過程과 '胡漢稍別'—「樂浪郡初元四年縣別戶口多少□□」木簡을 단서로」『木簡과文字』, 창간호, 2008.
______, "The Introduction of Chinese Characters into Korea: *The Role of the Lelang Commandery" Korean Journal Vol.50 No2* (Seoul, Korean National Commission for UNESCO), 2010.
______, 「中國古代南方地域の水運」, 『東アジア出土資料と情報傳達』(東京, 汲古書院), 2011.
______, 「장가산한간 〈이년율령〉의 출토위치와 편년—서사과정의 복원을 겸하여—」『인문논총』65, 2011.
______, 「낙랑군의 한자 사용과 변용」, 『고대 동아시아의 문자교류와 소통』(서울, 동북아역사재단), 2011.
______, 「돈황현천치한간에 보이는 한대 변경무역—삼한과 낙랑군의

교역과 관련하여—」, 『한국 출토 외래 유물 초기철기~삼국시대』(서울, 사단법인 한국문화재조사연구기관협회), 2011.

______, 「낙랑군의 한자 사용과 변용」, 『고대 동아시아의 문자교류와 소통』(동북아역사재단 엮음), 2011.

______, 「진한제국의 변경 이민족 지배와 부도위」, 『전통시대 동아시아의 외교와 변경기구』, 동북아역사재단, 2013.

______, 「秦漢帝國의 이민족 지배 —部都尉 및 屬國都尉에 대한 재검토-」, 『역사학보』217, 2013.

김석우, 「唐代의 百姓勳官」, 西江大學校碩士學位論文, 1994.

______, 「先秦時期 國家의 '政'의 범위와 판도」, 金錫佑 외, 『中國歷代版圖形成與邊疆』, 한신대학교 출판부, 2008.

김석진, 「중국 淸華大學 소장 戰國시대 竹簡」, 『木簡과 文字』7, 2011.

______, 「淸華戰國簡『保訓』편의 연대와 성격」 『東洋史學硏究』116, 2011.

김선민, 「後漢 大喪儀禮에서의 死者의 의복과 '遊官衣'의식」, 『東洋史學硏究』 110, 2010.

김수민, 「鎭墓獸의 전개와 漢代, 그 상징성에 대한 고찰」, 『역사민속학』 36, 2011.

김엽, 「前漢 王朝의 農民確保策」, 『경북대논집』7, 1963.

____, 「漢代의 孝悌力田에 對하여」, 『경북대논집』10, 1966.

____, 「漢代의 兵制에 關한 一考察 -如淳의 戍邊三日說의 解釋-」, 『大丘史學』12・13, 1977.

____, 「雲夢出土 秦簡과 秦漢初의 徵兵適齡」, 『전해종박사화갑기념사학논총』, 일조각, 1979.

____, 「中國古代의 地方統治와 鄕里社會」, 『大丘史學』37, 1989.

김용찬, 「張家山漢簡 二年律令 중 秩律 地名 譯註」, 『中國古中世史硏究』17輯, 2007.

김용천, 『전한후기 예제담론』, 도서출판 선인, 2007.

김정열, 「회고와 전망(중국 고대) 2014~2015년 한국학계의 중국고대사 연구」(『歷史學報』 231, 2016.

김종희, 「秦代 縣의 曹조직과 地方官制 : 里耶秦簡에 나타난 遷陵縣의 토지 재정운영을 중심으로」, 『東洋史學硏究』128, 2014.

______, 「秦漢初覆審運營和奏讞制度」, 『簡牘與戰國秦漢歷史: 中國簡帛學國際論壇2016』 香港中文大學歷史系, 2016.

김진우, 「秦漢律의 '爲戶'를 통해 본 編戶制 운용의 한 성격-『張家山漢簡』「二年律令」의 분석을 중심으로-」, 『中國古中世史硏究』20, 2008.

______, 「秦漢律의 '不孝'에 대하여 — 『睡虎地秦簡』·『張家山漢簡』의 '不孝'관련 조문을 중심으로」, 『中國古中世史硏究』19, 2008.

______, 「古代中國 皇帝權力의 '私'와 황제의 財庫-御府의 존재양태와 변화를 중심으로-」, 『中國古中世史硏究』27, 2012.

______, 「古代 中國의 國家 授田 관련 법규정 再檢討- 『張家山漢簡』 二年律令과 『天聖令』田令의 비교를 중심으로-」, 『中國古中世史硏究』34, 2014.

김택민, 「중국 고대 守陵 제도와 율령 - 고구려 守墓人 제도의 이해를 위한 참고자료-」, 『史叢』 78, 2013.

김한규, 「古代中國의 '編戶齊民' 槪念과 齊民論」, 『부산여대사학』 11, 1993.

김호, 「唐代 官人의 휴가—법령의 규정을 중심으로—」, 『東洋史學硏究』130, 2015.

민두기, 「漢代의 更賦에 대하여」, 『亞細亞學報』1, 霞城李宣根博士華甲紀念論叢, 1965.

민성기, 「緩田法小考」, 『부산문리대학보』7, 1964.

______, 「漢代麥作考 -禾麥輪作 成立期에 대하여-」, 『동양사학연구』5, 1971.
______, 「代田과 縵田」, 『又軒丁仲煥博士還曆紀念論文集』, 1974.
민후기, 「郎官의 屬官化를 통해 본 漢代 官僚제도의 발달」, 『역사와 실학』36, 2008.
______, 「列侯·關內侯 成立考」, 『中國學報』65, 2012.
______, 「西周왕조의 族의 재배치와 同姓不婚—東征 이후 西周王朝의 族 통일정책에 대한 검토—」, 『東方學志』153, 2011.
______, 「戰國시기 秦의 爵制 補論—爵의 賜與, 官·爵의 관계, 官·祿 관계 등을 중심으로—」『歷史와 實學』44, 2011.
박건주, 「前漢의 少府에 대한 一考察 -家産制의 變遷과 관련하여-」, 『首善論集』10, 1986.
______, 「漢의 中央徭役과 更賦」, 『五松李公範敎授停年退任紀念東洋史論叢』, 1993.
______, 「漢代更繇制에 대한 一考察」, 『역사학연구』13, 1994.
______, 「漢代의 正卒과 지방상비군」, 『전남사학』11, 1997.
______, 「張家山漢簡『二年律令』에서 보이는 更徭制와 傅制」, 『전남사학』19, 2002.
______, 「진한의 거자속채와 代贖 代刑 代役」, 『중국사연구』51, 2007.
______, 「漢律 具律篇考」, 『中國古中世史硏究』17집, 2007.
______, 「상앙변법이후의 名田宅私奴婢 정책」, 『歷史學硏究』33, 2008.
______, 「秦漢 法制上의 「刑盡者」·「免隸臣妾」과 公卒·士伍·庶人」, 『中國學報』 58, 2009.
______, 「赤眉亂 시기의 사대부사회와 후한왕조」, 『中國古中世史硏究』23, 2010.
______, 「秦漢의 사회보장제도와 태평도」, 『역사학연구』44, 2011.

______, 「중국 고대의 職役과 職官의 문제」, 『중국사연구』, 2013.

박동헌, 「漢代 農家 副業生産의 成長과 그 性格」, 『동양사학연구』41, 1992.

______, 「中國古代 家內 紡織經營의 성장과 그 의의 -漢代의 小農家庭을 중심으로-」, 『古代中國의 理解』2, 1995.

박봉주, 「戰國時代 楚國 統治體制 硏究-'縣邑' 支配體制의 展開와 楚文化-」, 서울大學校 大學院 博士學位論文, 2000.

박영철, 「출토자료를 통해 본 중세중국의 死後世界와 罪의 관념」, 『東洋史學硏究』70, 2000.

______, 「宋代 法書의 禁書와 粉壁의 條法—宋代 王法主義의 一考察—」, 『中國史硏究』68, 2010.

______, 「송대의 법과 訟師의 향방」, 『東洋史學硏究』107, 2009.

______, 「중국소송사회와 전제지배」, 『역사학보』 214, 2012.

박재복, 「商代이전 甲骨의 특징 및 考古문화적 분류」, 『中國古中世史硏究』23, 2010.

박한제, 「魏晉南北朝時代 墓葬風習의 變化와 墓誌銘의 流行」, 『東洋史學硏究』104, 2008.

송진, 「漢代 通行證 制度와 商人의 移動」 서울大學校 碩士學位論文, 2004

____, 「漢代 通行證 制度와 商人의 移動」, 『東洋史學硏究』 92, 2005.

____, 「戰國時代 邊境의 출입자 관리와 符節」, 『中國古中世史硏究』 27, 2012.

____, 「前漢時期 帝國의 內部 境界와 그 出入 管理」, 『동양사학연구』 121, 2012

____, 「秦漢時代 통행 허가와 君命의 상징」, 『中國古中世史硏究』42, 2016.

신성곤, 「'隷臣妾'身分에 대한 試論的 考察」, 『서울대동양사학과논집』 9, 1985.
______, 「雜戶 身分의 變遷과 그 性格」, 『歷史學報』 115, 1987.
______, 「魏晉南北朝時期 部曲에 대한 재고찰」, 『동양사학연구』40, 1992.
______, 「中國古代의 農法과 土地制度」(『경상사학』 13, 1997.
______, 「東晋시기 部曲·兵戶의 구성과 部曲主의 성격」, 『중국사연구』 24, 2003.
______, 「簡牘자료로 본 중국 고대의 奴婢」, 『한국고대사연구』2009.
심재훈, 「周代를 읽는 방법—자료와 체계의 양면성—」, 『中國古中世史研究』26, 2011.
______, 「西周史의 새로운 발견:山東省 高靑縣 陳莊 西周 城址와 引簋명문」, 『사학지』43, 2011.
양진성, 「南朝의 王言 敕의 정립과 그 운영」, 『中國古中世史研究』 27, 2012.
오준석, 「秦代 亭의 기능과 吏員조직」, 『中國古中世史研究』41, 2006.
______, 「里耶秦簡을 통해 본 秦代文書行政方式과 그 특징」, 『中國古中世史研究』21, 2009.
______, 「秦漢代의 郵傳기구와 문서전달체계」, 『東洋史學研究』109, 2009.
______, 「里耶秦簡과 秦代 縣廷의 문서행정」, 『中國古中世史研究』30, 2013.
______, 「漢代문서전달 노선과 郵傳기구의 설치」, 『中國史研究』 88, 2014.
______, 「秦漢代 문서행정체계 연구」, 경북대학교박사학위논문, 2013년 8월.

______, 「秦代 地方統治와 文書傳達體系」, 『中國史硏究』 95, 2015.
______, 「漢代 郵傳기구의 분류 및 기능」, 『동아시아문화연구』 60, 2015.
______, 「秦代 縣廷의 조세수입연구」, 『중국고중세사학회 제191회 정례발표회』, 2017년 3월 25일.
육정임, 「宋代 戶絕財産法 硏究」, 『宋遼金元史硏究』 5호, 2001.
______, 「송대 가족과 재산상속에 관한 연구」, 고려대학교박사학위논문, 2003.
______, 「宋元代 紡織業과 女性의 지위」, 『東洋史學硏究』 96, 2006.
______, 「송대 가족과 재산 상속」, 『동양사1』 책세상, 2007
윤용구, 「새로 발견된 樂浪木簡-樂浪郡 初元四年 縣別 戶口簿」, 『한국고대사연구』46, 2007.
______, 「平壤出土「樂浪郡初元四年縣別戶口簿」 硏究」, 『木簡과 文字』 제3호, 2009.
______, 「낙랑군초기의 군현지배와 호구 파악」, 『낙랑군 호구부연구』 (서울, 동북아역사재단), 2010.
윤재석, 「秦代 '士伍'에 대하여」, 『慶北史學』10, 1987.
______, 「秦簡 『日書』에 나타난 "室"의 構造와 性格 - 戰國期 秦의 家族類型 고찰을 위한 시론 -」, 『東洋史學硏究』 44, 1993.
______, 「秦代家族制硏究」, 慶北大學校 博士論文, 1996.
______, 「『包山楚簡』에 반영된 戰國期 楚國의 土地 所有形態」(『大邱史學』 54, 1997.
______, 「中國 古代家族史 硏究의 現況과 展望」, 『中國史硏究』 13, 2001.
______, 「秦代의 物勒工名과 漆器銘文」, 『東洋史學硏究』 76, 2001.
______, 「中國古代 女性의 社會的 役割과 家內地位」, 『東洋史學硏究』

96, 2006.

______, 「秦漢代의 주택의 구조와 가족생활」, 『東洋史學硏究』112, 2010.

______, 「진한대의 호구부와 그 운영」, 『낙랑군 호구부연구』 동북아역사재단, 2010.

______, 「韓國・中國・日本 출토 論語木簡의 비교 연구」 『東洋史學硏究』114, 2011.

______, 「秦・漢初의 戶籍制度」 『中國古中世史硏究』26, 2011.

______, 「중국 고대 『死者의 書』와 漢代人의 來世觀-鎭墓文을 중심으로-」, 『中國史硏究』90, 2014.

윤혜영, 「아시아여성사 연구와 그 의미」, 『東洋史學硏究』 96, 2006.

이공범, 「北朝의 部曲形成科程」, 『대동문화연구』5, 1968.

이립・박수진・오문운, 「張家山漢墓竹簡《奏讞書》—"杜瀘女子甲與男子和奸"簡文考論—」, 『中國文學硏究』39, 2009.

이명화, 「漢代 '戶' 계승과 女性의 地位—『張家山漢簡』을 중심으로」, 『東洋史學硏究』92, 2005.

______, 「秦漢 女性 형벌의 減刑과 勞役」, 『中國古中世史硏究』25, 2011.

이성구, 「呂氏春秋 十二月紀의 성격」, 『蔚山史學』4, 1991.

______, 「中國古代의 市의 觀念과 機能」, 『동양사학연구』36, 1991

______, 「漢代의 死後世界觀」, 『中國古中世史硏究』38, 2015.

이성규, 「戰國時代 統一論의 形成과 그 背景」, 『東洋史學硏究』 8・9合集, 1975.

______, 「前漢列侯의 性格 -郡縣支配下에서 封建制의 一變貌-」, 『東亞文化』(서울대)14, 1977.

______, 「秦의 土地制度와 齊民支配」, 『全海宗博士華甲紀念 史學論叢』, 一潮閣, 1979,

______, 「授田體制의 成立」, 『中國古代帝國成立史硏究』, 一潮閣, 1984.

______, 「秦의 身分秩序構造」, 『東洋史學硏究』23, 1986.
______, 「秦의 山林藪澤開發의 構造 - 縣廷 嗇夫組織과 都官의 分析을 중심으로 -」, 『東洋史學硏究』29, 1989.
______, 「秦의 地方行政組織과 그 性格」, 『東洋史學硏究』31, 1989.
______, 「司馬遷의 時間觀과 史記의 敍述」, 『東方學志』70, 1991.
______, 「戰國時代 國家와 小農民 生活 -李悝 '盡地力之敎'의 再檢討를 중심으로-」, 『古代中國의 理解』1, 1994.
______, 「群盜의 皇帝 劉盆子 -眞命天子의 條件-」, 『黃元九先生定年紀念論叢: 東아시아의 人間像』, 1995.
______, 「戰國時代 秦의 外交政策」, 『古代 中國의 理解』2, 서울大學校 東洋史學硏究室 編, 지식산업사, 1995.
______, 「前漢 縣長吏의 任用方式: 東海郡의 例—尹灣漢簡 〈東海郡下轄長吏名籍〉 의 分析」 『歷史學報』160, 1997.
______, 「漢代 『孝經』의 普及과 그 理念」, 『韓國思想史學』10, 1998.
______, 「虛像의 太平 -漢帝國의 瑞祥과 上計의 造作-」, 『古代中國의 理解』4, 지식산업사, 1998.
______, 「漢代의 官과 爵 -官爵賜與의 실제와 그 의미를 중심으로-」, 『古代中國의 理解』5, 1998.
______, 「漢帝國 中央 武庫 收藏目錄의 발견-尹灣漢簡〈武庫永始四年兵車器集簿〉의 正體」, 『歷史學報』 170, 2001.
______, 「秦·漢의 형벌체계의 再檢討—雲夢秦簡과 〈二年律令〉의 司寇를 중심으로」, 『東洋史學硏究』85輯, 2003.
______, 「中國 古代 商業의 性格에 대한 一試論」, 『중국고대사연구』 12, 2004
______, 「中國 古代 帝國의 統合性 提高와 그 機制-民·官의 移動과 '帝國意識'의 形成을 중심으로-」, 『중국고대사연구』11, 2004.

______, 「中國 古文獻에 나타난 東北觀」, 『동북아시아 선사 및 고대사 연구의 방향』, 학연문화사, 2004.

______, 「中華帝國의 팽창과 축소: 그 이념과 실제」, 『歷史學報』 186, 2005.

______, 「先秦·秦漢史 研究」, 『한국의 학술연구(역사학)』, 대한민국 학술원, 2006.

______, 「중국 군현으로서의 낙랑」, 『낙랑문화연구』, 동북아역사재단, 2006

______, 「고대 동아시아 교류의 열림[開]과 닫힘[塞]」(한림대학교아시아문화연구소 엮음, 『동아시아경제문화네트워크』, 태학사, 2007.

______, 「前漢의 大土地 經營과 奴婢 勞動---香港中文大學文物館所藏 簡牘 「奴婢廩食粟出入簿」의 분석을 중심으로」, 『中國古中世史研究』 20, 2008.

______, 「里耶秦簡 南陽戶人 戶籍과 秦의 遷徙政策」, 『中國學報』 57, 2008.

______, 「'帳簿上의 帝國'과 '帝國의 現實' : 前漢前期 南郡의 編戶齊民 支配와 그 限界—湖北 荊州 紀南 松柏漢墓出土 簿冊類 簡牘의 分析을 중심으로 —」, 『中國古中世史研究』 22, 2009.

______, 「前漢 更卒의 徵集과 服役方式—松柏木牘 47호의 분석을 중심으로—」, 『東洋史學研究』 109, 2009.

______, 「計數化된 人間—古代中國의 稅役의 基礎와 基準—」, 『中國古中世史研究』 24, 2010.

______, 「秦 帝國 縣의 組織과 機能 : 遷陵縣 古城遺址 출토 里耶秦簡의 分析을 중심으로」, 『學術院論文集』(人文·社會科學篇) 53-1, 2014.

______, 「秦漢 帝國의 計時 行政」, 『歷史學報』 222, 2014.

이성시, 「한국의 문서행정 - 6세기의 신라 -」, 『함안 성산산성 출토 목간』(국립가야문화재연구소, 2007.

이성시 · 윤용구 · 김경호, 「平壤 貞柏洞364號墳 출토 竹簡 『論語』에 대하여」, 『木簡과 文字』4, 2009.

이성원, 「秦漢사회 樂舞의 諸相—제국의 통합의 기재를 중심으로」, 『中國古中世史研究』23, 2010.

______, 「고대 중국의 醫와 樂」, 『震檀學報』110, 2010.

______, 「古代 中國 士人의 史評과 引詩」, 『中國學報』62, 2010.

이수덕, 「秦漢 時期의 治獄 過程 : 江陵張家山「奏讞書」를 中心으로」, 『中國史研究』21, 2002.

______, 「秦漢時期의 법률해석—『秦簡』과 『奏讞書』의 或曰을 중심으로—」, 『中國古中世史研究』16, 2006.

이승률, 「중국의 목간」, 『죽간 · 목간에 담긴 고대 동아시아』 성균관대학교출판부, 2011.

이영미, 「商鞅의 土地政策 연구-開阡陌을 중심으로-」(이화여대 석사학위논문, 1991).

이용일, 「戰國時代 列國의 封君 存在形態」, 『中國史研究』74, 2011.

이주현, 「漢代 河西四郡의 戍卒과 私物 賣買」, 서울大學校 東洋私學科 碩士論文, 2011.

이철호, 「前漢의 陵邑徙民 政策과 豪族 -徙民의 논리와 被徙者의 성격 변화를 중심으로-」, 『震檀學報』82, 1996.

이춘식, 「漢代의 羈縻政策과 事大朝貢」, 『史學志』4, 1970.

임병덕, 「雲夢秦簡에 보이는 隷臣妾의 身分的 性格」, 『成大史林』4, 1987.

______, 「魏晉南北朝의 良賤制」, 『歷史學報』 142輯, 1994.

______, 「秦 · 漢交替期의 奴婢」, 『중국고중세사연구』16, 2006.

______, 「漢文帝의 刑制改革과 그 評價」, 『中國古中世史研究』18輯, 2007.

______, 「출토문헌과 漢文帝의 刑制改革」, 『동양사1』, 책세상, 2007.
______, 「秦·漢時代의 士伍와 庶人」, 『中國古中世史研究』 20, 2008.
______, 「出土文獻에 보이는 秦漢시기의 토지제도-法的規定과 그 實際및 授田制의 變化-」『中國史研究』75, 2011.
______, 「里耶秦簡을 통해서 본 秦의 戶籍制度 - 商鞅變法·同居·室·戶에 대한 再論」, 『東洋史學研究』 110, 2010.
______, 「秦에서 漢으로의 罰金刑과 贖刑의 변화와 그 성격」, 『東洋史學研究』134, 2016.
______, 「『嶽麓秦簡』과 中國古代法制史의 諸問題」, 『法史學研究』53, 2016.
임중혁, 「雲夢秦簡의 貲罰에 대하여」, 『동양사학연구』24, 1986.
______, 「漢 律令의 形成과 發展에 대한 연구」, 高麗大學校 大學院 博士學位論文, 1992,
______, 「戰國 秦의 地方 行政組織」, 『中國學論叢』 7, 1993.
______, 「王莽의 개혁과 평가」, 『東洋史學研究』51, 1995.
______, 「尹灣漢簡을 통해 본 漢代의 地方行政制度」, 『歷史教育』64, 1997.
______, 「秦漢律의 벌금형」, 『中國古中世史研究』15, 2006.
______, 「秦漢律의 贖刑」, 『中國學報』54, 2006.
______, 「秦漢律의 髡刑, 完刑, 耐刑」, 『中國古中世史研究』18, 2007.
______, 「秦漢律의 耐刑—士伍로의 수렴 시스템과 관련하여—」, 『中國古中世史研究』19, 2008.
______, 「中國 古代 庶人의 개념의 변화—賜民爵과 관련하여—」, 『東洋史學研究』113, 2010.
______, 「漢初의 律令 제정과 田宅制度」, 『中國古中世史研究』25, 2011.
______, 「秦始皇31年의 自實田」, 『中國古中世史研究』26, 2011.

______, 「漢初의 田宅 制度와 그 시행」, 『中國古中世史硏究』27, 2012.
______, 「漢・魏晉律에서의 篇章 체제의 변화 — 賊律을 중심으로 — 」, 『中國古中世史硏究』29, 2013.
______, 「秦漢 율령사 연구의 제문제」, 『中國古中世史硏究』37, 2015.
______, 「戰國秦에서 漢初까지의 토지제도 綜觀」, 『中國古中世史硏究』35, 2015.
______, 「出土文獻에 보이는 秦漢시기 令과 律의 구별」, 『中國學論叢』53, 2016.
______, 「秦漢시기 詔書의 律令化」, 『中國古中世史硏究』42, 2016.
전혜란, 「戰國秦・漢初의 郡에 대한 고찰」, 淑明女子大學校 碩士學位論文, 2012.
______, 「秦・漢初의 內史와 郡」, 『中國古中世史硏究』32, 2014.
정면, 「漢代 列侯封爵의 변화와 侯國制의 변모」, 『서강인문논총』25, 2009.
정병준, 「隋唐時代의 廷杖과 士人의 反撥」, 『東洋史學硏究』73, 2001.
정일동, 「董仲舒의 政治思想과 黃老思想」, 『宋甲鎬敎授停年退任記念論文集』, 1993.
정하현, 「秦漢代 말[馬]의 이용과 수급 구조」, 『古代中國의 理解』1, 1994.
조성우, 「後漢魏晉 鎭墓文의 종교적 특징과 道敎-五石을 중심으로-」, 『東洋史學硏究』117, 2011.
蔡萬進, 「奏讞書와 漢代의 奏讞制度」, 『中國古中世史硏究』16, 2006.
최덕경, 「隷臣妾의 身分과 그 存在形態 -雲夢睡虎地〈秦簡〉을 중심으로-」, 부산대학교 사학과 대학원 석사학위논문, 1985.
______, 「雲夢睡虎地「秦簡」에 나타난 戰國 秦의 竊盜行爲 : 그 社會・經濟的 의미를 중심으로」, 『경상사학』7・8, 1992.
______, 「中國古代의 自然環境과 地域別 農業條件」, 『釜大史學』18,

1994.
______, 「戰國 진한시대의 산림수택에 대한 보호책」, 『대구사학』, 1995.
______, 「戰國秦漢時代 飮食物의 調理와 食生活」, 『부산사학』31, 1996.
______, 「畵像石에 나타난 漢代 華北農民의 생활상」, 『부산사학』33, 1997.
______, 「居延漢簡에 나타난 衣服과 衣生活」, 『부산사학』35, 1998.
______, 「戰國・秦漢時代 度量衡制의 政治史的 의미와 그 變遷」, 『釜大史學』 23, 1999.
______, 「秦漢시대 度量衡의 처벌규정과 삶의 강제」, 『中國史硏究』 8, 2000.
______, 「古代 遼東지역의 農具와 農業技術」, 『중국사연구』49, 2007.
______, 「播種期 農作物에 대한 農民의 생태 인식—『齊民要術』과 『農桑輯要』를 중심으로—」, 『中國史硏究』73, 2011.
최재영, 「張家山漢簡〈二年律令〉置後律의 구성과 내용 — 置後律 註解를 중심으로 —」, 『中國古中世史硏究』41, 2017.
최진묵, 「漢魏交替期 經世論의 形成과 그 展開 -禮敎秩序에서 名法秩序로의 지향-」, 『동양사학연구』37, 1991.
______, 「'春秋'의 時間敍述과 漢代 '春秋' 解釋法의 변화 -時月日例를 중심으로-」, 『古代中國의 理解』3, 지식산업사, 1997.
______, 「漢代 方士文化와 數術學의 盛行」, 『古代中國의 理解』4, 지식산업사, 1998.
______, 「중국 고대 樂律의 운용과 禮制」, 『동양사학연구』89, 2004.
______, 「『漢書』「禮樂志」의 세계」, 『역사문화연구』37, 2010.
______, 「張家山漢簡『算數書』의 "程"과 中國古代 생산과 기술의 표준화」, 『中國學報』63, 2011.

______, 「張家山漢簡『算數書』의 편찬과 형성과정」, 『崇實史學』26, 2011.
최진열, 「漢初 內史의 기능과 성격 -張家山漢簡〈二年律令〉의 분석을 중심으로-」, 『중국고대사연구』11, 2004.
______, 「漢初郡國制와 지방통치책—張家山〈二年律令〉을 중심으로」, 『東洋史學硏究』89, 2004.
최창대, 「秦 田律과 阡陌制」, 『부산개방대학논문집』27, 1985.
최해별, 「송대 검험 제도에서의 결과 보고: "驗狀"類 문서를 중심으로」, 『이화사학연구』47, 2013.
______, 「송대 검험제도의 운영 -「檢驗格目」을 중심으로」, 『역사학보』220, 2013.
______, 「宋·元 시기 '檢驗지식'의 형성과 발전-『洗冤集錄』과 『無冤錄』을 중심으로」, 『중국학보』69, 2014.
허명화, 「漢代 畵像石에 반영된 祭祀藝術樣式—武梁祠堂樓閣拜禮圖를 중심으로—」『中國史硏究』65, 2010.
허명화·김창경, 「先秦 法家의 經濟觀 比較 硏究 —管子와 韓非의 정책을 중심으로—」『동북아문화연구』25, 2010.
홍승현, 「選擧와 後漢 士大夫의 自律性 -『後漢書』五行志와 後漢末 批評的著作의 檢討를 중심으로-」, 『동양사학연구』86, 2004.
______, 「漢末魏初 士大夫 社會와 浮華」, 『中國古代史硏究』12, 2004.
______, 「後漢末 '舊軍' 개념의 재등장과 魏晉時期 喪服禮-禮學의 효용성을 중심으로」, 『東洋史學硏究』94, 2006.
______, 『漢書』「禮樂志」의 구성과 성격 -「禮志」 부분의 분석을 중심으로-, 『중국고중세사연구』17, 2007.
______, 「兩漢時期 月令類 저작의 편찬과 성격」, 『中國古中世史硏究』24, 2010.
______, 「한대 화이관의 전개와 성격」, 『동북아역사논총』31, 2011.
______, 「載德의 『喪服變除』와 前後漢期 禮學의 발전」, 『中國史硏究』

71, 2011.
______, 「後漢代 墓碑의 성행과 建安十年 禁碑令의 반포」, 『동양사학연구』124, 2013.

(2) 중국논문

賈麗英, 「簡牘所見"棄妻""去夫亡""妻棄"考」, 『簡帛研究二〇〇五』. 廣西師範大學出版社. 2008.
賈麗英, 「漢代"名田宅制"與"田宅逾制"論說」, 『史學月刊』 2007-1.
______, 「漢代有關女性犯罪問題論考—讀張家山漢簡札記」, 『河北法學』 2005-11.
______, 「告知書中"關內侯寡""五大夫"身份論考」, 『魯東大學報(哲學社會科學版)』29-2, 2012.
______, 「漢代"名田宅制"與"田宅逾制"論說」, 『史學月刊』 2007-1.
______, 「"狡猾"罪論」, 『學術論壇』1, 2008.
______, 「秦漢時期族刑論考」, 『首都師範大學學報』2, 2008.
角谷常子著, 陳清·胡平生譯, 「秦漢時代的贖刑」, 李學勤·謝桂華主編, 『簡帛研究2001』 廣西師範大學出版社, 2001.
甘于黎, 「中國古代的"傭書"業與圖書流通」, 『歷史教學』2012-12.
甘懷眞, 「唐代京城社會與士大夫禮儀之研究」, 臺灣大 박사학위논문, 1993.
康樂, 「民爵與民望」, 『漢學研究』 4-1, 1986.
薑洋, 「漢代訴訟證據制度研究」, 魯東大學 碩士學位論文, 2012·5.
高凱, 「從人口性比例失調看漢初的人口政策」, 『學術研究』 2007-9.
____, 「秦代人口比例與人口下降問題—以刑徒墓的發現爲例—」, 『文史哲』 2007-5.
____, 「從張家山漢簡〈二年律令〉看漢代的"女戸"問題」, "中國秦漢史研究會第九屆年會暨學術討論會"論文, 2002年 8月.

____, 「〈二年律令〉與漢代女性權益保護」, 『光明日報・理論週刊・歷史』 2002年11月5日.

高凱・李平芳, 「論中國古代人口性比例失調問題」, 『史學月刊』 1998-3.

高景新・郭桂芝, 「杰出的政治家和改革家漢文帝」, 『內蒙古民族師院學報・哲社版』 1994-1.

高大倫, 「張家山漢簡〈田律〉與青川秦木牘〈為田律〉比較研究」, 張顯成主編, 『簡帛語言文字研究』1, 巴蜀書社, 2002.

顧淩云・金少華, 「廷行事的功能及其流變」, 『河北法學』, 2014-8.

高敏, 「雲夢秦簡看秦的土地制度」, 『雲夢秦簡初探』 河南人民出版社, 1979.

____, 「論《秦律》中的 '嗇夫' 一官」, 『雲夢秦簡初探』, 河南人民出版社, 1979.

____, 「秦漢時期的亭」, 『雲夢秦簡研究』, 中華書局, 1981.

____, 「從雲夢秦簡看秦的土地制度」. 『雲夢秦簡初探(增訂本)』, 鄭州: 河南人民出版社, 1981.

____, 「試論漢代的雇傭勞動者」, 『秦漢史論集』, 鄭州: 中州書畫社, 1982.

____, 「秦漢郵傳制度考略」, 『歷史研究』1985-3.

____, 「秦漢的戶籍制度」, 『求索』 1987-1.

____, 「漢初法律系全部繼承秦律說—讀張家山漢簡〈奏讞書〉劄記之一」, 『秦漢史論叢》第六輯, 江西教育出版社, 1994.

____, 「從江陵鳳凰山10號漢墓出土簡牘看西漢前期芻・稿稅制度的變化及其意義」, 『秦漢史探討』, 中州古籍出版社, 1998.

____, 「秦代的經濟立法原則及其意義」, 『秦漢史探討』, 中州古籍出版社, 1998.

____, 「論西漢前期芻・稾稅制度的發展變化-讀「張家山漢簡劄記」-」, 『鄭州大學學報』, 2002-4.

____, 「論漢文帝」, 『史學月刊』 2001-1.

____, 「西漢前期的"傳年"探討——讀〈張家山漢墓竹簡〉劄記之六」, 『新鄕師範高等專科學校學報』 2002-3.

____, 「漫談〈張家山漢墓竹簡〉的主要價值與作用」, 『鄭州大學學報(哲學社會科學版)』, 2002-3.

____, 「論西漢前期芻・槀稅制度的變化發展—讀〈張家山漢墓竹簡〉劄記之二」, 『鄭州大學學報(哲學社會科學版)』, 2002-4(『張家山漢簡《二年律令》研究文集』, 中國社會科學院簡帛研究中心 編, 2007에 재수록).

____, 「從〈二年律令〉看西漢前期的賜爵制度」, 『文物』2002-9.

____, 「從張家山漢簡 『二年律令』看西漢前期的土地制度—讀張家山漢墓竹簡劄記之三」 (『中國經濟史研究』2003-3)(『張家山漢簡《二年律令》研究文集』, 中國社會科學院簡帛研究中心 編, 2007재수록).

____, 「關於漢代有"戶賦"・"質錢"及各種礦產稅的新證—讀〈張家山漢墓竹簡〉」, 『史學月刊』, 2003-4.

____, 「《張家山漢墓竹簡・二年律令》中諸律的制作年代深探—讀《張家山漢墓竹簡》劄記之四」, 『史學月刊』2003-9.

____, 「從『長沙走馬樓三國吳簡・竹簡・壹』看孫權時期的賜爵制度實況」, 『中州學刊』 2005-4.

____, 「從張家山漢簡《二年律令》看西漢前期的土地制度—讀張家山漢墓竹簡劄記之三」, 『張家山漢簡《二年律令》研究文集』, 中國社會科學院簡帛研究中心編, 2007.

高鳳, 「秦漢帝陵管理制度試探」, 『秦漢研究』2012-6.

高榮, 「"十里一亭"說考辨 - 秦漢亭制研究之一 -」, 『南都學壇』, 2008-3.

____, 「簡牘所見秦漢郵書傳達方式考辨」, 『中國歷史文物』2007-6.

____, 「張家山漢簡所見的亭及其吏員 - 秦漢亭制研究之三 -」, 『西北師大學報』 2008-5.

____, 「秦漢郵驛交通建設與後勤管理」, 『中山大學學報』(社會科學版) 2004-5.

____, 「秦漢的郵與郵人」, 『簡牘學研究』4, 2004.

古永繼, 「唐代嶺南地區的貶流之人」, 『學術研究』8, 1998.

______, 「"文景之治"非"黃老無爲之治"——文景政策與思想剖析」, 『惠州大學學報』 1994-2.

高恒, 「秦律中'隸臣妾'問題的探討-兼批四人幇的法家'愛人民'的謬論」, 『文物』, 77-7, 1977.

高賢棟, 「論孝悌觀念在北魏的確立」, 『遼寧大學學報』 33-4, 2005.

顧頡剛, 「'周公制禮'的傳說和〈周官〉一書的出現」, 『文史』6, 中華書局, 1979.

曲柄睿, 「釋"郎騎"—兼論西漢郎吏"私馬從軍"現象」, 『南都學壇』 2008-2.

曲守約, 「漢代之亭」, 『大陸雜誌』12-12, 1955.

龔留柱, 「論張家山漢簡《津關令》之"禁馬出關"—兼與陳偉先生商榷」, 『史學月刊』 2004-11.

巩本棟, 「"厚葬"評議」, 『中國典籍與文化』 1994-2.

郭俊然. 「漢官叢考 —以實物資料為中心」, 華東師範大學博士學位論文, 2013.

郭東旭, 黃道誠, 「宋代檢驗制度探微」, 『河北法學』 2008-7.

______, 「〈筭數書〉的校勘」, 『中國科技史料』 2001-3.

______, 「試論〈筭數書〉的數學表達方式」, 『中國歷史文物』 2003-3.

______, 「試論〈算數書〉的理論貢獻與編纂」, 『法國漢學』6, 中華書局, 2002.

______, 「中國最早的數學著作〈算數書〉」, 『中華讀書報』 2001年12月26日 9版.

郭世榮, 「〈算數書〉勘誤」, 『內蒙古師大學報(自然科學漢文版)』 2001-3.

霍存福, 「論中國古代契約與國家法的關系—以唐代法律與借貸契約的關系爲中心」, 『當代法學』2005-1.

______, 「中國古代借貸契約的保證制度」, 吉林大學碩士學位論文, 2005.
霍存福·王宏慶, 「吐魯番回鶻文買賣契約分析」, 『當代法學』 2004-1.
郭洪伯, 「郡守爲廷—秦漢時期的司法體系」, 『第八屆北京大學史學論壇論文集』, 2012年 6月.
廣瀨薰雄, 「秦漢時代律令辨」, 『中國古代法律文獻研究』 7, 2013.
________, 「郝家坪秦墓木牘“王命丞相戊內史匽氏臂更修為田律”句補論」. 『第三屆簡帛學國際學術研討會(桂林)』 2015.
________, 「出土文獻中的廷尉決事」, 『漢帝國的制度與社會秩序』, Oxford university press, 2012.
________, 「里耶秦簡所見的‘令書’—從里耶秦簡窺見燕齊海上之方士對秦始皇的影響的一個嘗試」, 武漢大學簡帛研究中心·北京大學出土文獻研究所, 『中國簡帛學國際論壇2012秦簡牘研究』, 2012.
廣西壯族自治區文物考古訓練班·廣西壯族自治區文物工作隊, 「廣西南部地區的新石器時代晚期文化遺存」, 『文物』 1978-9.
裘錫圭, 「嗇夫初探」, 『雲夢秦簡研究』, 中華書局, 1981.
______, 「漢簡零拾」, 『古文字論集』, 中華書局, 1992.
______, 「湖北江陵鳳凰山十號漢墓出土簡牘考釋」, 『文物』 1974-7.
______, 「戰國社會性質試析」, 『古代文史新探』江蘇古籍出版社, 1992 (元載 1981년 『戰國時代社會性質試探』)
______, 「湖北江陵鳳凰山十號漢墓出土簡牘考釋」, 『文物』1974-1.
歐揚, 「論《奏讞書》案例二一的特征」, 『黑龍江省政法管理幹部學院學報』 2012-2.
____, 「論張家山漢簡《奏讞書》定罪量刑程序」, 『法制博覽(中旬刊)』 2012-1.
歐揚, 「嶽麓秦簡所見比初探」, 秦簡牘研究國際學術研討會 發表文, 2014. 12.6.
宮宅潔, 「秦漢時期的審判制度 —張家山漢簡〈奏讞書〉所見」, 『中國法制史考證』(丙編第一卷), 中國社會科學出版社, 2002.

吉仕梅, 「《睡虎地秦墓竹簡》語料的利用與漢語詞滙語法之研究」, 『樂山師專學報』1997-1.

金慶浩, 「韓國的秦漢法律簡牘研究現況(2000-2013)—以張家山漢簡《二年律令》爲中心」, 中國政法大學法律古籍整理研究所編, 『中國古代法律文獻研究(第7輯)』, 社會科學文獻出版社, 2013.

金慶浩(著), 戴衛紅(譯), 「出土文獻《論語》在古代東亞社會中的傳播和接受」, 『史學集刊』2017-3.

那志良, 「藍田玉」, 『古玉論文集』, 臺北, 1983.

洛陽市文物工作隊, 「洛陽吉利發現西安冶鐵工匠墓葬」, 『考古與文物』1982-3.

南玉泉, 「張家山漢簡〈二年律令〉所見刑罰原則」, 『政法論壇』20-5, 2002.

段耀勇・鄒大海, 「〈算數書〉中"以睘材方"・"以方材睘"兩問校證」, "簡帛研究網站" (http://bamboosilk.org/wssf/2002/duanzhou01.htm), 2002-12-24.

譚德睿, 「中國青銅時代陶范鑄造技術研究」, 『考古學報』, 1999-2.

譚德睿・黃龍, 「侯馬陶范的科學研究」, 『汾河灣 ―丁村文化與晋文化考古學術年討會文集』, 山西高校聯合出版社, 1996.

湛玉書, 「張家山漢簡《奏讞書》中的司法程序詞語研究」, 『河南社會科學』2005-6.

譚光万, 「戰國秦漢農業雇傭關係的特征及原因探究」, 『陝西師範大學學報(哲社版)』 42-4, 2013.

唐金裕, 「漢初平四年王氏朱書陶瓶」, 『文物』 1980-1.

唐蘭, 「馬王堆出土《老子》乙本卷前古佚書的研究」, 『考古學報』 1975-1.

黨順民・吳鎭烽, 「上林三官鑄錢官署新解」, 『中國錢幣』, 1997-4.

唐長孺, 「拓跋族的漢化過程」, 『魏晋南北朝史論叢續編』, 三聯書店, 1959.

______, 「論北魏孝文帝定姓族」, 『魏晉南北朝史論拾遺』, 中華書局, 1983.

______, 「魏晋南北朝時期的客和部曲」, 『魏晋南北朝史論拾遺』, 北京, 中華書局, 1983.

______, 「魏晋至隋唐官府作場及官府工程的工匠」, 『魏晋南北朝史論叢續編』, 河北教育出版社, 2000.

______, 「魏晋戸調制及其演變」, 『魏晋南北朝史論叢』, 武漢大學出版社, 2013.

唐贊功, 「雲夢秦簡所涉及的土地所有制形式初探」, 『雲夢秦簡研究』, 中華書局, 1981.

唐曉濤, 「唐代貶官與流人分布地區差異探究」, 『玉林師範學院學報』 23-2, 2002.

唐曉濤・蒙維華, 「唐代邕管・容管流人考」, 『經濟與社會發展』 5-2, 2007.

戴建國, 「'主僕名分'與宋代奴婢的法律地位─唐宋變革時期階級結構研究之一」, 『歷史研究』 2004-4.

戴衛紅, 「近年來韓國木簡研究現狀」, 『簡帛』9, 2014.

戴世君, 「"自尙"・"篡遂"義解」, 簡帛網 (http://www.bsm.org.cn/show_article.php?id=807), 2008年3月22日.

大庭修, 「關於張家山二年律令簡中的津關令」, 中國政法大學法律古籍整理研究所, "中日韓古代法律文獻比較研究學術研討會"論文, 2002年5月.

仝晰綱, 「秦漢郡國農官考實」, 『史林』 1996-4.

董英哲・魏建忠・牛有萍・楊丙雨, 「〈考工記〉的技術理論」, 『西北建築工程學院學報』, 1994-2.

杜葆仁, 「西漢帝陵位置考」, 『考古與文物』 1980-1.

杜石然, 「江陵張家山竹簡〈算數書〉初探》」, 『自然科學史研究』 1988-3.

杜紹順, 「關于秦代土地所有制的幾個問題」. 『華南師範大學學報』3, 1984.

杜紹順, 「北魏門閥制度辨析」, 『華南師範大學學報: 社科版』 1985-4, 1985(K22 魏晉南北朝隋唐史 1985-12, 1985).

杜紹順, 「關于秦代土地所有制的幾個問題」, 『華南師範大學學報』3, 1984.
杜 勇, 「張家山漢簡〈脈書〉古病名釋義」, 『湖北中醫雜誌』1997-5.
杜正勝, 「從肉刑到徒刑」, 『大陸雜誌』 15-5・6, 1985.
滕銘子, 「秦雍城馬家莊宗廟遺址祭祀遺存的再探討」, 『華夏考古』, 2003-3.
鄧薇, 「從睡虎地秦簡看秦檔案及庫房的管理」, 『黑龍江史志』 9, 2010.
鄧小南, 「"內外"之際與"秩序"格局-兼談宋代士大夫對于 『周易・家人』的闡發」, 鄧小南 主編『唐宋女性與社會』, 上海辭書出版社, 2002.
藤田高夫, 「秦漢罰金考」, 李學勤・謝桂華主編, 『簡帛研究2001』 廣西師範大學出版社, 2001.
藤田勝久, 「里耶秦簡所見秦代郡縣的文書傳遞」, 武漢大學簡帛研究中心・北京大學出土文獻研究所, 『中國簡帛學國際論壇2012秦簡牘研究』, 2012.
________, 「張家山漢簡津關令與漢墓簡牘」, 『簡帛』第2輯, 上海古籍出版社, 2007.
鄧春源, 「張家山漢簡〈引書〉譯釋(一)」, 『醫古文知識』 1991-4.
______, 「張家山漢簡"引書"譯釋(續編)」, 『醫古文知識』 1994-2.
鄧沛, 「漢代爲何盛行厚葬之風」, 『文史知識』 1996-4.
羅開玉, 「秦國鄉・里・亭新考」, 『考古與文物』 1982-5.
羅開玉, 「青川秦牘《爲田律》研究」, 『簡牘學研究』 제2집, 甘肅人民出版社, 1998.
羅彤華, 「唐代社會的無夫姦現象」, 『新史學』 20-3, 2009.
羅新, 「吳簡中的'作部工師'問題」, 長沙市文物考古研究所 編, 『長沙三國吳簡暨百年來簡帛發現與研究 國際學術研討會論文集』, 中華書局, 2005
羅維前著・鄔文玲譯, 「痛的溯源一論痛・厥與經脈中氣迴圈理論的形成」, 李學勤・謝桂華主編, 『簡帛研究2001』廣西師範大學出版社, 2001.

羅鎭岳, 「試釋西漢男子“屯戍一歲”與“戍邊三日”」, 『中國史硏究』 1984-1.
羅海山, 「古代租佃契約簡論」, 『長春師範學院學報』 2004-1.
羅海山, 「傳統中國的契約: 法律與社會」, 吉林大學博士學位論文, 2005.
羅海山・王一, 「中國古代田宅買賣契約的條款」, 『大慶高等專科學校學報』 2003-2.
羅鴻瑛, 「漢代奏讞制度考析」, 『現代法學』 1996-5.
梁鳳榮, 「論中國古代買賣契約中擔保的形式與特色」, 『河南大學學報(社會科學版)』 2005-4.
黎石生, 「走馬樓吳簡所見“士伍”・“歲伍”・“月伍”考」, 『史學月刊』 2008-6.
呂志峰, 「東漢鎭墓文考述」, 『東南文化』 2006-6.
鈴木雅隆, 「後漢鎭墓瓶集成」, 『長江流域文化硏究所年報』5, 2007.
魯家亮, 「讀麓書院秦簡行書律令箚記」 簡帛網 2009-11-24.
勞榦, 「漢代之亭制」, 『中央硏究院歷史語言硏究所集刊』22, 1950.
____, 「漢代黃金及銅錢的使用問題」, 『勞榦學術論文集』甲編 下, 藝文印書館, 1976.
____, 「漢代的雇傭制度」, 『中央硏究院歷史語言硏究所集刊』第23本 上册, 1951년12월.
魯西奇, 「漢代買地券的實質・淵源與意義」, 『中國史硏究』 2006-1.
魯才全, 「長樂馮氏與元魏宗室婚姻關係考-以墓誌爲中心-」, 『魏晉南北朝隋唐史資料』14, 1996.
盧昌德, 「中國喪禮的形成與厚葬的關係」, 『信陽師範學院學報』16-1, 1996.
逯耀東, 「拓跋氏與中原士族的婚姻關係」, 『從平城到洛陽-拓跋魏文化轉變的歷程-』, 北京: 中華書局, 2006.
廖伯源, 「漢官休假雜考」, 『中央硏究員歷史言語硏究所集刊』65, 1994.
______, 「漢初縣吏之秩階及其任命—張家山漢簡硏究之一」, 『中國中古史硏究』1, 2002(『社會科學戰綫』 2003-3).

______, 「〈張家山漢墓竹簡・二年律令・秩律〉酇侯國雍縣考」, 『中研院近史所檔案館講座』, 2003年6月5日.

劉慶柱, 「論秦咸陽城布局性質及其相關問題」, 『文博』 1990-5.

______, 「論秦咸陽城布局形制及其相關問題」, 『文物』 1990-5.

______, 「秦都咸陽幾個問題的初探」, 『文物』 1976-11.

劉啓貴, 「我國唐朝流放制度初探」, 『青海社會科學』, 1998.

劉光勝, 「由張家山漢簡《奏讞書》看荀子"類"的內涵」, 『中國典籍與文化』 2009-4.

______, 「試論漢文帝的改革」, 『天津社會科學』 1985-4.

劉廣定, 「從鐘鼎到鑒燧 -六齊與〈考工記〉有關的問題試探」, 『中國藝術文物討論會論文集 -器物』, 台北古宮博物院, 1991.

劉釗, 「張家山漢墓竹簡釋文注釋商榷(一)」, 『古籍整理研究學刊』 2003-3.

劉釗, 「關於馬王堆和張家山出土醫書中兩個詞語解釋的辨正」, 『古籍整理研究學刊』 1994-5.

劉國勝, 「高臺漢牘"安都"別解」, 『古文字研究』 2002-24.

______, 「謝家橋一號漢墓《告知書》牘的初步考察」, 『江漢考考』 2009-3.

______, 「雲夢龍崗木牘考釋補正及其相關問題的探討」, 『江漢考古』 1997-1.

______, 「『江陵毛家園一號漢墓告知書牘補議』, 武漢大學簡帛網收稿日期 2008年10月21日.

劉軍平, 「漢成帝與昌陵」, 『西安教育學院學報』 19-2, 2004.

劉金華, 「〈江陵張家山漢簡〈算數書〉釋文〉校釋」, 『考古與文物』 2002年增刊, 2002-12.

______, 「〈算數書〉集校及其相關問題研究」, 武漢大學博士學位論文, 2003年 4月.

______, 「張家山〈算數書〉"乘"簡試析」, "簡帛研究網站" (http://www.jianbo.org/admin3/list.asp?id=1041) 2003-11-9.

劉德增・李珩, 「'縣官' 與秦漢皇帝財政」, 『文史哲』 2006-5.
劉濤, 「魏晉南北朝的禁碑與立碑」, 『故宮博物院院刊』95, 2001.
劉篤才・楊一凡, 「秦簡廷行事考辯」, 『法學研究』 2007-3.
劉篤才, 「漢律考略」, 『法學研究』 2003-4.
劉樂賢, 「里耶秦簡和孔家坡漢簡中的職官省稱」, 『文物』 2007-9.
柳立言, 「色戒-宋僧與姦罪」, 『法制史研究』12, 2007.
______, 「宋代的社會流動與法律文化: 中產之家的法律?」, 『唐研究』 11, 2005.
______, 「從法律糾紛看宋代的父權家長制—父母舅姑與子女媳婿相爭」, 『宋代的家庭和法律』, 上海古籍出版社, 2008.
______, 「淺談宋代婦女的守節與再嫁」, 『新史學』2-4, 1991.
劉敏, 「里耶戶籍簡中的"毋室"和"隸大女子華"」, (2009년 中國秦漢史學會國際學術大會發表文).
____, 「關于里耶秦"戶籍"檔案簡的幾点臆測」, 『歷史檔案』 2008年 第4期;
劉士莪・馬振智, 「秦國陵寢制度對西漢帝陵的影響」, 『秦俑學研究』, 陝西人民敎育出版社, 1996.
劉選・辛向軍, 「魏晉薄葬成因的考察」, 『甘肅社會科學』1994-1.
劉昭瑞, 「《太平經》與考古發現的東漢鎭墓文」, 『世界宗敎研究』 1992-4.
______, 「記兩件刑獄木牘」, 『古文字研究』24, 2002.
______, 「論 "黃神越章"-兼談黃巾口號的意義及相關問題」, 『歷史研究』 1996-1.
劉守芬・王洪波・姜濤・陳新旺, 「對中國古代廉政法制制度的歷史考察」, 『北京大學學報(哲學社會科學版)』2003-3.
劉玉堂・劉金華, 「江陵張家山漢簡〈算數書〉釋文辨析」, 『理論月刊』2002-1期.
劉衛鵬, 「漢永平三年朱書陶瓶考釋」, 『文物考古論集』, 西安: 三秦, 2000.

劉慶柱・李毓芳, 「西漢帝陵調查與研究」, 『文物資料叢刊』(六), 文物出版社, 1982.

劉占成, 「秦俑製作標準化淺述」, 『文博』 1992-3.

劉振東・張建鋒, 「西漢骨簽的幾個問題」, 『考古與文物』 2006-3.

劉昌秋, 「漢文帝減免田租政策的原因」, 『農村財政與財務』 2002년 11월.

劉澤華, 「漢代儒士"士大夫"模式的形成」, 『士人與社會』, 天津人民出版社, 1992.

劉海年, 「秦律刑罰考析」, 『雲夢秦簡研究』, 中華書局, 1981.

______, 「秦漢"士伍"的身分及階級地位」, 『文物』 1978-2.

劉向明, 「張家山漢簡《奏讞書》所見漢初對官吏犯罪的懲處」, 『嘉應學院學報』2004-4.

______, 「從張家山漢簡《奏讞書》看漢初吏治的特點」, 『安慶師範學院學報(社會科學版)』2005-3.

______, 「從出土秦律看縣'令史'一職」, 『齊魯學刊』 2004-3.

劉華祝, 「關於秦律・漢律中的"三環"問題」, "中國秦漢史研究會第九屆年會暨學術討論會"論文, 2002-8月

______, 「說張家山漢簡《二年律令・史律》中小吏的"爲更"」, 『中國古中世史研究』21, 2009.

劉曉滿, 「秦漢令史考」, 『南都學壇』 2011-4.

劉孝文・和艷會, 「古代傭書業發展及文化貢獻概述」, 『圖書情報論壇』 2011-3・4.

劉厚琴, 「張家山漢簡律所見漢代父權」, 『天府新論』 2007-1.

劉欣寧, 「里耶戶籍簡牘與"小上造"再探」, 武漢大學 簡帛網 簡帛文庫(武漢大學簡帛研究中心), 2007年11月20日.

劉欣尙, 「漢代的刺史制度」, 『北京師範大學學報 社科版』, 1987.1(『中國人民大學復印報刊資料 先秦秦漢史』, k21 1987.4).

劉希慶, 「先秦秦漢時期的伐木時間問題」, 『北京城市學院學報』78-2, 2007.

凌文超, 「鮮卑四大中正與分定姓族」, 『文史』 2008-2.

______, 「算卒——漢晉賦役制度識小之四」, 〈簡帛網〉2010-12-13.

______, 「走馬樓吳簡中所見的生口買賣—兼談魏晉封建論之奴客相混」, 『史學集刊』 2014-4.

林甘泉, 「漢簡所見西北邊塞的商品交換和買賣契約」, 『文物』 1989-9.

______, 「漢簡所見西北邊塞的商品交換和賣買契約」, 『文物』 1989-9.

林炳德, 「秦漢時期的庶人」 『簡帛研究2009』(廣西師範大學), 2011.

林梅村・李均明, 『疏勒河流域出土漢簡』, 文物出版社, 1984.

林小安, 「韋編三絕" 正讀」, 『中國文物報』1991.

林樹民, 「秦漢時期的婚姻家庭」, 『西藏民族學院學報(哲學社會科學版)』25-5, 2004.

馬繼興, 「張家山漢簡〈脈書〉中的五種古醫書」, 『中醫雜誌』, 1990-5.

馬珺, 「論中國古代的契約制度」, 『河南省政法管理幹部學院學報』 1999-2.

馬粼, 「淺議先秦儒家孝道觀與厚葬陋習」, 『楚雄師範學院學報』17-1, 2002.

馬新, 「論漢代土地占有形態及其矛盾運動」, 『東岳論叢』 25-2, 2004.

馬新, 「論中國歷史上的流放」, 『山東社會科學』, 1992.

馬新, 「論漢代土地占有形態及其矛盾運動」, 『東岳論叢』 25-2, 2004.

馬怡, 「里耶秦簡選校」 ,『簡帛網www.bsm.org.cn』, 2005.

馬增榮, 「秦漢時期的僱傭活動與人口流動」, 『中國文化研究所學報』54, 香港中文大學, 2012.

______, 「漢簡簿籍再探：以「卒傭作名籍」 爲例」, 『中國文化研究所學報』 53, 2011.

馬彪, 「〈算數書〉之 "益耎" "與田"考」, 簡帛網 www.bsam.org.cn, 2006.11.22.

馬泓波, 「宋代司法檢驗中存在的問題及其原因分析」, 『西北大學學報』2008-4.

方國錦, 「鎏金銅斛」, 『文物參考資料』 1958-9.
萬榮, 「讀《奏讞書》劄記」, “簡帛網—武漢大學簡帛研究中心” 2006-01-29.
____, 「張家山漢簡《奏讞書》劄記」, “簡帛網—武漢大學簡帛研究中心”, 2006-02-05.
____, 「淺析張家山漢簡《二年律令·賊律》所見刑名的刑等」, 『江漢考古』 2006-3.
萬義廣, 「漢代“孝悌力田” 述論」, 『農業考古』 2007-4.
馬孟龍, 「西漢侯國地理」, 復旦大學 博士學位論文, 2011.
孟彦弘, 「秦漢法典體系的沿變」, 『歷史研究』 2005-3.
孟聚, 「北魏孝文帝門閥制度論略」, 『許昌師專學報(社會科學版)』 1990-2.
孟憲實, 「新出唐代寺院手實研究」, 『歷史研究』 2009-5.
孟憲實, 「新出唐代寺院手實研究」, 『歷史研究』 2009-5.
毛漢光, 「中古統治階層之社會基礎」, 『中國中古社會史論』, 上海: 上海書店出版社, 2002.
潘吉星, 「新疆出土古紙研究」, 『文物』 1973-10.
潘良熾, 「秦漢誹謗、妖言罪同異辨析」, 『中華文化論壇』 4, 2004.
潘明涓, 「秦雍城都城形態與規劃」, 『寶鷄文理學院學報』26-1, 2006.
潘明涓, 「秦咸陽的“俗都”地位」, 『唐都學刊』21-5, 2005.
方詩銘, 「從出土文物看漢代‘工官’的一些問題」, 『上海博物館集刊(1982)』, 上海古籍出版社, 1983.
房偉·胡紅輝, 「契約概念的厘定」, 『江西行政學院學報』 2005.
白壽彝主編, 「“秦漢簡牘和石刻」, 『中國通史(第五册)』 第七節, 上海人民出版社, 1995.
范邦瑾, 「東漢墓碑溯源」, 『華夏考古』1991-4.
卜憲群, 「秦漢之際鄉里吏員雜考-以里耶秦簡爲中心的探討」, 『南都學壇(人文社會科學學報)』 26, 2006-1.

傅舉有, 「馬王堆漢墓出土的駐軍圖」, 曹婉如 外 編, 『中國古代地圖集』(戰國-元), 文物出版社, 1990.

傅舉有, 「有關秦漢鄉亭制度的幾個問題」, 『中國史研究』, 1985-3.

冨谷至, 「21世紀的秦漢史研究—從簡牘材料出發」, 李學勤・謝桂華主編, 『簡帛研究2001』, 廣西師範大學出版社, 2001.

付粉鴿, 「張家山漢簡法律思想研究的新收獲—讀《張家山漢簡法律思想研究》」, 『西北大學學報』2010-2.

符友豐, 「從鼠疫流行看漢簡〈脈書〉」, 『醫學與哲學』 2002-12.

傅築夫, 「春秋戰國時期的官私手工業」, 『南開大學學報』, 1980-2

史傑鵬, 「讀包山司法文書簡札記三則」, 李學勤・謝桂華 主編, 『簡帛研究2001』(上册), 廣西師範大學出版社, 2001,

謝桂華, 「漢簡和漢代的取庸代戍制度」, 『秦漢簡牘論文集』, 蘭州: 甘肅人民, 1989.

______, 「〈二年律令〉所見漢初政治制度」, 『鄭州大學學報(哲學社會科學版)』2002-3.

舒之梅, 「珍貴的雲夢秦簡」, 『雲夢秦簡研究』. 北京: 中華書局, 1981.

四川省博物館・青川縣文化館, 「青川縣出土秦更脩田律木牘」, 『文物』 1982-1.

謝波, 「宋代法律形式"申明"考析」, 『史學月刊』 2010-7.

桑廣書, 「秦末以來秦都咸陽之貌演變」, 『地理科學』25-6, 2005.

尙志儒・趙叢蒼, 「鳳翔馬家莊一號建築群遺址發掘簡報」, 『文博』 1986-1.

徐國榮, 「漢末私謚和曹操碑禁的文化意蘊」, 『東南文化』117, 1997.

徐樂堯, 「居延漢簡所見的邊亭」, 『漢簡研究文集』, 甘肅省文物工作隊, 1984.

徐龍國, 「秦都咸陽的手工業和商業遺存初探」, 『文博』 2003-4.

瑞寶, 「秦咸陽相關問題的淺議」, 『人文雜誌』 1999-5.

徐世虹, 「近年來《二年律令》與秦漢法律體系研究述評」, 『中國古代法律文獻研究』3(北京 : 政法大學出版社), 2006.

徐世虹, 「說“正律”與“旁章”」, 『出土文獻硏究』 8, 2007.

徐世虹, ______, 「張家山《二年律令》中的損害賠償之規定」 (『張家山漢簡《二年律令》硏究文集』, 中國社會科學院簡帛硏究中心 編, 2007.

徐世虹, ______, 「出土秦漢法律文獻整理硏究的新成果一讀《二年律令與奏讞書一張家山二四七號墓出土法律文獻釋讀》」, 『政法論壇』 2010-4.

______, 「漢簡所見勞役刑名資料考釋」, 『中國古代法律文獻硏究』 1, 巴蜀書社, 1999.

______, 「對漢代民法淵源的新認識」, 『鄭州大學學報(哲學社會科學版)』, 2002-3.

______, 「張家山二年律令簡所見漢代的繼承法」, 『政法論壇』 20-5, 2002.

______, 「張家山二年律令簡中的損害賠償之規定」, 『華學』 6輯, 紫禁城出版社, 2003.

______, 「漢代社會中的非刑法法律機制」, 『傳統中國法律的理念與實踐-中央硏究院歷史語言硏究所會議論文集』 8, 2008.

西安市文物管理委員會, 「西安三橋鎭高窯村出土的西漢銅器群」, 『考古』 1963-2.

徐揚杰, 「漢代雇傭勞動的幾個問題」, 『江漢論壇』 1982-1.

徐衛民, 「秦都城硏究瑣議」, 『浙江學刊』 1996-6.

______, 「秦都雍城考論」, 『唐都學刊』 16-1, 2000.

______, 「秦都雍城與晋都新田城的比較硏究」, 『寶鷄文理學院學報』 23-6, 2003.

______, 「秦帝王陵墓制度硏究」, 『唐都學刊』 26-1, 2010.

徐進・易見, 「秦代的“比”與“廷行事”」, 『法學論叢』 1987-2.

石洋, 「戰國秦漢間“貲”的字義演變與其意義」, 『華東政法大學學報』 89, 2014.

____, 「兩漢三國時期“傭”群體的歷史演變一以民間雇傭爲中心」, 『中國史研究』 2014-3.

____,「兩漢庸價變遷考證」,『東洋史研究』71-2, 2012.

石雲子,「揭開江陵張家山西漢墓主之謎」,『中國文物報』1994.

石璋如,「殷代的鑄銅工藝」,『歷史語言研究所集刊』 26, 1955.

薛英群,「漢代的符與傳」,『中國史研究』 1983-4.

______,「居延漢簡中的雇傭勞動者試析」,『蘭州學刊』 1985-5.

陝西省考古研究所,「西安北郊戰國鑄銅工匠墓發掘簡報」,『文物』 2003-9.

陝西省文保中心兆倫鑄錢遺址調查組,「陝西戶縣兆倫漢代鑄錢遺址調查報告」,『文博』 1998-3.

陝西省博物館・文管會考古調查組,「長安縣窩斗寨漢代錢范遺址調查」,『考古』 1972-5.

陝西省法門寺考古隊,「扶風法門寺塔唐代地宮發掘簡報」,『文物』 1987-10.

葉山,「解讀里耶秦簡一秦代地方行政制度」, 武漢大學簡帛研究中心・北京大學出土文獻研究所,『中國簡帛學國際論壇2012秦簡牘研究』, 2012.

葉文憲,「論土地兼並的合理性及其根源一兩漢人地關系個案研究」,『蘇州鐵道師範學院學報(社會科學版)』 2000-1.

城地茂,「有關中國湖北省江陵縣張家山遺跡出土竹簡"算數書"」,『數學史研究』117, 1988-4.

邵金凱,「略論漢文帝的創新精神」,『甘肅社會科學』 2003-1.

孫聞博,「走馬樓吳簡所見鄉官里吏」,『吳簡研究』3, 2011.

邵正坤・禹平,「漢代讞疑獄制度試探」,『晉陽學刊』 2005-4.

蘇俊林,「秦漢時期"狀"類文書的性質和功用一以嶽麓秦簡中的"狀"爲討論中心」, 簡帛網 www.bsm.org.cn』, 2013.9.11.

蕭亢達,「雲夢睡虎地秦墓漆器針刻銘記探析 一兼談秦代'亭'・'市'地方官營手工業」,『江漢考古』, 1984-2.

孫家洲,「〈再論"矯制"——讀〈張家山漢墓竹簡〉劄記」, "中國秦漢史研究會第九屆年會暨學術討論會"論文, 2002年8月.
______, 「從張家山漢簡看漢初"矯制"之法」, 『光明日報』, 2002年9月24일.
______, 「再論 "矯制" 一讀 『張家山漢墓竹簡』劄記之一」, 『秦漢史論叢』 제9집, 2004.
孫剛華, 「漢代雇傭勞動研究」, 上海師範大學碩士學位論文, 2010.4.
孫劍偉, 「漢代贖罪問題考述」, 『北京大學研究生學志』2006-2.
孫機, 「關于漢代漆器的幾個問題」, 『文物』, 2004-12.
孫東波, 姜望來, 「走馬樓吳簡所見"冑畢"及相關用語試釋」, 『船山學報』 2008-2.
孫亮・周屹・薛連・徐廣峰, 「連雲港市東連島東海琅邪郡界域刻石調查報告」, 『文物』 2001-8.
孫力, 「罰金刑的歷史沿革」, 『罰金刑研究』, 中國人民公安大學出版社, 1995.
孫如琦, 「也談孝文帝與北魏門閥制度」, 『杭州大學學報』 19-4, 1989.
宋杰, 「漢代雇傭價格辨析」, 『首都師範大學學報 (社科版)』1988-2.
____, 「魏在戰國前期的地理特徵與作戰方略」, 『首都師範大學學報』, 2002-1.
____, 「漢代死刑中的"顯戮"」, 『史學月刊』 2012-2.
____, 「漢朝刑具枸系制度考述」, 『社會科學戰線』 2005-1.
宋國華, 「對張家山漢簡『田律』一條文的理解 —與曹旅寧先生商榷」, "簡帛研究網站" 2003-09-24.
宋麗娟, 「20世紀80年代以來秦漢訴訟制度研究綜述」, 『濮陽職業技術學院學報』 2012-5.
宋文紅, 「秦農業法律制度探微」, 『安徽農業科學』34-4, 2006.
宋艷萍, 「張家山漢簡法律文書研討綜述從—〈二年律令〉中的"貲"看秦漢經濟處罰形式的轉變」, 『出土文獻研究』6, 上海古籍出版社, 2004.
宋耀春, 「試析"不知何人刺女子婢最裏中"案刑事偵查手段」, 『絲綢之路』 2010-6.

水間大輔, 「《嶽麓簡(三)》所見的共犯處罰」, 『華東政法大學學報』2014-2.
________, 「《嶽麓簡(三)》所見的共犯處罰」, 『華東政法大學學報』2014-2.
________, 「秦律・漢律的殺人罪類型—以張家山漢簡〈二年律令〉爲中心」, “中國秦漢史研究會第九屆年會暨學術討論會”論文, 2002年 8月.
________, 「秦漢時期承擔覆獄的機關與官吏」, 『簡帛』7, 2012.
手塚隆義, 「馬弩關考」, 『史苑』41-2, 1982.
時瑞寶, 「秦都咸陽相關問題探討」, 『中國歷史地理叢書』 2002-2.
施偉青, 「論秦自商鞅變法後的商品經濟」, 『中國社會經濟史研究』2002-1.
______, 「關于秦漢徭役的若干問題」, 『中國古代史論叢』, 長沙, 岳麓書社, 2004.
______, 「也論秦“士伍”的身分」, 『中國社會經濟史研究』 1993-1.
______, 「也論秦自商鞅變法後的土地制度-與張金光同志商榷」. 『中國社會經濟史研究』4, 1986.
______, 「疑罪從有、輕罪重懲的刑法實踐與漢初社會—從《奏讞書》談起」, 『中國社會經濟史研究』 2007-2.
______, 「也論秦“士伍”的身分」, 『中國古代史論叢』, 湖南 : 岳麓書社, 2003.
______, 「關于運用秦簡材料研究土地制度的若干問題」, 『厦門大學學報(哲社版)』4, 1992.
新疆文物考古研究所, 「新疆尉犁縣營盤墓地15號發掘簡報」, 『文物』 1999-1.
辛德勇, 「漢武帝“廣關”與西漢時期地域拱制的變遷」, 『中國歷史地理論叢』 23-2, 2008
沈家平, 「試析北魏門閥制度的“先天不足”」, 『通化師範學院學報』 30-9, 2009.
沈剛, 「《里耶秦簡》【壹】中的 ‘課’ 與 ‘計’-兼談戰國秦漢時期考績制度的流變」, 『魯東大學學報』, 2013.
____, 「走馬樓吳簡所見“具錢”、“行錢”試解」, 『中國曆史文物』 2008-6.
沈建華, 「卜辭所見商代的封疆與貢納」, 『中國史研究』 2004-4

沈長雲, 「談古官司空之職 -兼說〈考工記〉的內容及作成時代」, 『上古史探研』, 中華書局, 2002
阿部幸信, 「長沙走馬樓吳簡所見的"調"-以出納記錄的檢計爲中心」, 『吳簡研究』3, 2011.
岳慶平・張繼海, 「〈奏讞書〉所見的古代城市」, 『長沙三國吳簡暨百年來簡帛發現與研究國際學術研討會論文集』, 湖南人民出版社, 2003.
嶽琦畝, 「簡論中國古代擔保制度」, 華東政法學院 碩士學位論文, 2003.
岳岭・張愛華, 「近20年秦漢婦女史研究綜述」, 『南都學會』25-1, 2005.
岳占偉・劉煜, 「殷墟鑄銅遺址綜述」, 中國社會科學院考古研究所・夏商周考古研究室 編, 『三代考古』 2, 科學出版社, 2006
安志敏, 「中國早期銅器的幾個問題」, 『考古學報』 1981-3.
安忠義, 「秦漢簡牘中的"致書"與"致籍"考辨」, 『江漢考古』 2012-1.
______, 「漢簡中的雇傭勞動者」, 『魯東大學學報(哲學社會科學版)』 26-5, 2009.
楊建, 「西漢初期津關制度研究」, 武漢大學博士學位論文, 2002年5月.
____, 「《奏讞書》地名劄記(四則)」, 『江漢考古』2001-4.
____, 「張家山漢簡《二年律令・津關令》簡釋」, 丁四新 主編,『楚地出土簡帛文獻思想研究』1, 湖北教育出版社, 2002.
楊杰, 「《二年律令・行書律》與漢代郵行制度」, 『肇慶學院學報』27-1, 2006.
楊劍虹, 「漢簡《奏讞書》所反映的三個問題」, 『江漢考古』1994-4.
楊果, 「女性, 身體, 權利-基于《名公書判淸明集》的考察」, 鄧小南主編, 『宋史研究論文集(2008)』, 雲南大學出版社, 2009.
楊果・鐵愛花, 「從唐宋性越軌法律看女性人身權益的演變」, 『中國史研究』 2006-1.
楊寬, 「釋靑川秦牘的田畝制度」, 『文物』1982-7.
____, 「雲夢秦簡所反映的土地制度和農業政策」, 『上海博物館集刊』建館三十周年特輯, 上海: 上海古籍出版社, 1982.

____, 「雲夢秦簡所反映的土地制度和農業政策」, 『楊寬古史論文選集』, 上海: 上海人民出版社, 2003.

____, 「從'少府'職掌看秦漢封建統治者的經濟特權」, 『秦漢史論叢』1, 陝西人民出版社, 1981.

_____, 「春秋時代楚國縣制的性質問題」, 『中國史研究』 1980-4.

楊寬等, 「秦漢陵墓考察」, 『復旦學報』 1982-6.

楊光成, 「里耶秦簡"戶籍簡"研究綜述」, 『黑龍江史志』 2010-13.

梁宏剛・孫淑雲, 「二里頭遺址出土銅器研究綜述」, 『中原文物』 2004-1.

湯其領・陸德富, 「關于西漢陵縣制度研究的幾個問題」, 『徐州師範大學學報(哲學社會科學版)』32卷第6期, 2006.

楊瑪麗, 「從竹簡秦漢刑法的比較看"漢承秦制」, 西北大學碩士學位論文, 2004.

楊邦國, 「"賈誼之不遇, 罪在漢文帝"辨」, 『江西大學學報(哲學社會科學版)』 19988-2.

楊伯達, "論和田玉在中國玉文化史上的重要歷史地位", 「中國和田玉玉文化敍要」, 『巫玉之光--中國史前玉文化論考』, 上海古籍出版社, 2011.

楊紹維, 「略論漢文帝的開明思想和作風」, 『燕山大學學報(哲學社會科學版)』, 2000-1.

楊承順, 「對 "文景之治"的現實思考」, 『石油大學學報(社會科學版)』 1999-2.

楊作龍, 「秦商鞅變法後田制問題商榷」, 『中國史研究』1, 1989.

楊定愛, 「江陵縣毛家園1號西漢墓」, 『中國考古學年鑒1987』, 文物出版社, 1988.

楊靜婉, 「漢文帝時期吏治的弊端」. 『湘潭大學社會科學學報』 1999-1.

楊際平, 「漢代內郡的吏員構成與鄉・亭・里關係一東海郡尹灣漢簡研究」, 『廈門大學學報』 1998-4.

楊琮, 「'河內工官'的設置及其弩機生產年代考」, 『文物』 1994-5

楊宗兵, 「里耶秦簡縣 '守'·'丞'·'守丞' 同義說」, 『北方論叢』 2004-6.
楊振紅, 「《二年律令》與秦漢"名田宅"」, 『出土簡牘與秦漢社會』 廣西師範大學出版社, 2009.
______, 「秦漢"乞鞫"制度補遺」, 『出土文獻與古文字研究』 6, 2014.
______, 「從出土"算"·"事"簡看兩漢三國吳時期的賦役結構—"算賦"非單一稅目辨」, 『中華文史論叢』, 20011.
______, 「秦漢"名田宅制"說—從張家山漢簡看戰國秦漢的土地制度」, 『中國史研究』 2003-3(『張家山漢簡《二年律令》研究文集』, 中國社會科學院簡帛研究中心 編, 2007재수록).
______, 「秦漢簡中的"冗"·"更"餘供役方式—從〈二年律令·史律〉談起」, 『簡帛研究』, 廣西師範大學出版社, 2006.
______, 「出土法律文書與秦漢法律二級分類構造」, 『出土簡牘與秦漢社會』, 廣西師範大學出版社, 2009.
______, 「『二年律令』的性質與漢代法系」, 『出土簡牘與秦漢社會』, 廣西師範大學出版社, 2009.
楊振紅·王安宇, 「秦漢訴訟制度中的"覆"及相關問題」, 『第三屆簡帛學國際學術研討會暨謝桂華先生《漢晉簡牘論叢》出版座談會-會議資料』, 中國社會科學簡帛研究中心·中國社科院歷史所戰國秦漢室·廣西師範大學出版社, 2015.
黎明釗, 「里耶秦簡: 戶籍檔案的探討」, 『中國史研究』 2009-2.
______, 「張家山〈二年律令·戶律〉讀記」, "新世紀的考古學－文化·區位·生態的多元互動"學術研討會論文, 臺北, 2003年 10月.
______, 「漢簡中的官奴婢」, "中國秦漢史研究會第九屆年會暨學術討論會"論文, 2002年8月.
黎石生, 「走馬樓吳簡所見"士伍"·"歲伍"·"月伍" 考」, 『史学月刊』 2008-6.
______, 「里耶秦簡中的兩個小問題」, 『里耶古城·秦簡與秦文化研究』, 科學出版社, 2009.
易桂花, 劉俊男, 「從出土簡牘看秦漢時期的行書制度」, 『中國歷史文物』 2009-4.
連宏, 「兩漢魏晉棄市刑考辨」, 『蘭州學刊』9, 2012.
連劭名, 「『二年律令』與漢初傳驛制度」, 『四川文物』 2004-4.
______, 「江陵張家山漢簡〈脈書〉初探」, 『文物』 1989-7.
______, 「江陵張家山漢簡〈引書〉述略」, 『文獻』 1991-4.
______, 「考古發現與先秦易學」, 『周易研究』 2003-1.
______, 「《二年律令》所見漢初的行書制度」, 『文物春秋』113, 2010.
閻步克, 「論張家山漢簡〈二年律令〉中的"宦皇帝"」, 『中國史研究』 2003-3.
閻曉君, 「略論秦律對漢律的影響」, 『甘肅政法學院學報』 2005-5.
______, 「試論張家山漢簡《錢律》」, 『西北政法學院學報』 2004-1.
______, 「奏讞書所反映的漢初政區地理與司法管轄—張家山漢簡研究之三」, 『煙台師範學院學報』 2004-3.
______, 「竹簡秦漢律與唐律」, 『學術月刊』 2005-9.
______, 「秦漢盜罪及其立法沿革」, 『法學研究』 2004-6.
______, 「漢簡《賊律》沿革考」, 『華南師範大學學報』 2006-1.
______, 「張家山竹簡漢律散論」, "中國秦漢史研究會第九屆年會暨學術討論會"論文, 2002年8月.
芮國強, 「試論古代契約文書程式的完善過程」, 『秘書』 1994-3.
吳來明, 「'六齊'商周青銅器化學成分及其演變的研究」, 『文物』 1986-11.
鄔文玲, 「里耶秦簡所見 '戶賦' 及相關問題瑣議」, 『中國簡帛學國際論壇2012秦簡牘研究』, 武漢大學簡帛研究中心・北京大學出土文獻研究所, 2012.
______, 「里耶秦簡所見"戶賦"及相關問題瑣議」, 『簡帛』(武漢大學簡帛研究中心)8, 2013.

吳福助, 「〈爲吏之道〉宦學識字教材論考」, 『睡虎地秦簡論考』, 文津出版社, 1994.
吳小平, 「兩漢時期的工商政策對銅器的影響評價」, 『中國社會經濟史研究』 2004-4.
______, 「從銘文看兩漢銅器皿的生産經營方式及其變化」, 『古宮博物院院刊』 2007-4.
吳樹平, 「秦代社會的階級和階級關係—讀雲夢秦簡札記—」, 『文物』 1977-7.
吳豔紅, 「試論中國古代的發罪人爲兵」, 『中外法學』, 2001-2.
吳榮曾, 「戰國授田制研究」, 『思想戰線』3, 1989.
______, 「鎭墓文中所見到的東漢道巫關系」, 『文物』 1981-3.
______, 「秦的官府手工業」, 『雲夢秦簡研究』, 中華書局, 1981.
______, 「漢代的亭與郵」, 『內蒙古師範大學報』哲學社會科學版, 2002-4.
______, 「秦漢時期的行錢」, 『中國錢幣』 2003-2.
吳玉梅, 「出土簡帛所見楚・秦・漢用語比較(四則)」, 『廣東教育學院學報』 25-1, 2005.
吳煒, 「墓志銘起源初探」, 『東南文化』 1999-3.
吳志超, 「張家山漢簡導引專著〈引書〉述探」, 『體育文史』 1995-5.
吳鎭烽, 「再論上林三官鑄錢遺址」, 『中國錢幣』, 1999-1.
吳天穎, 「漢代買地券考」, 『考古學報』 1982-1.
溫樂平, 「從張家山漢簡看西漢初期平價制度」, 『秦漢史論叢』9, 三秦出版社, 2004(『張家山漢簡《二年律令》研究文集』, 中國社會科學院簡帛研究中心 編, 2007재수록).
汪慶正, 「東漢石刻文字綜述」, 『上海博物館館刊』1, 1981.
汪桂海, 「漢代簡牘中的告地策资料」, 『簡帛研究二〇〇六』, 2006.
______, 「漢簡叢考(一)」, 李學勤・謝桂華主編, 『簡帛研究2001』廣西師範大學出版社, 2001.

______, 「漢代文書的收發與啟封」, 李學勤・謝桂華主編, 『簡帛研究2001』 廣西師範大學出版社, 2001.

王貴元, 「張家山漢簡字詞釋讀考辨」, "簡帛研究網站" http://www.jianbo.org/Wssf/2003/wangguiyuan01.htm,) 2003-06-03.

______, 「漢代簡牘遣策的物量表示法和量詞」, 『簡帛語言文字研究』1, 巴蜀書社, 2002.

王德剛, 「漢代道教與"買地券"・"鎭墓瓶"」, 『文獻』1991-2.

王德成, 「從《爲吏之道》看儒學與秦代的政治道德」, 『中北大學簡報(社會科學版)』24-3, 2008.

王麗, 「試論西漢自耕農的生活水平和生活狀況」, 『西安歐業學院學報』6-3, 2008.

王培華, 「漢文帝"施德惠天下"與漢朝政治"家風"」, 『青海社會科學』2002-3.

王丕忠, 「秦咸陽宮位置推測及其他問題」, 『中國史研究』, 1982-4.

王森, 「秦漢律中髡・耐・完刑辨析」, 『法學研究』 1986-1.

王雪玲, 「丙《唐書》所見流人的地域分布及其特征」, 『中國歷史地理論叢』 17-4, 2002.

王雪岩, 「漢代"三老"的兩種制度系統─從先秦秦漢的社會變遷談起」, 『中國社會經濟史研究』 2009-2.

王世襄, 「中國古代漆工雜述」, 『文物』, 1979-3.

王樹金, 「秦漢郵傳經費管理初探」, 『秦漢史論叢』第12輯(下), 三秦出版社, 2005.

______, 「秦漢郵傳制度考」, 西北大學 碩士學位論文, 2005.

王愛淸, 「"私屬" 新探」, 『史學月刊』 2007-2.

______, 「秦與漢初里民生活略論」, 『唐都學刊』23-3, 2007.

王愛淸・王光偉, 「試論張家山漢簡中的"私屬"」, 『烏魯木齊職業大學學報』 13-2, 2004.

王彦輝, 「《二年律令·戶律》與高祖五年詔書的關係」, 『湖南大學學報・社科版』 2007-1.

______, 「《里耶秦簡》(壹)所見秦代縣鄉機構設置問題蠡測」, 『古代文明』6, 2012-4.

______, 「論張家山漢簡中的軍功名田宅制度」, 『東北師大學報』 2004-4.

______, 「論張家山漢簡中的軍功名田宅制度」, 『張家山漢簡《二年律令》研究文集』廣西師範大學出版社, 2007.

______, 「田嗇夫・田典考釋—對秦及漢初設置兩套基層管理機構的一點思考」, 『東北師大學報(哲學社會科學版)』, 2010-2.

______, 「從張家山漢簡看西漢時期私奴婢的社會地位」, 『東北師大學報』 2003-2.

______, 「從張家山漢簡看西漢時期私奴婢的社會地位」, 『秦漢史論叢』9, 三秦出版社, 2004.

______, 「論張家山漢簡中的軍功名田宅制度」, 『東北師大學報』 2004-4.

王穎, 「從包山楚簡看戰國中晚期楚國的社會經濟」, 『中國社會經濟史研究』 2004-3.

王勇, 「秦漢地方農官建置考述」, 『中國農史』 2008-3.

王勇・唐俐, 「"走馬"爲秦爵小考」, 『湖南大學學報(社會科學版)』 2010-4.

王元林, 「日本古代木簡的發現與研究」, 『出土文獻研究』9, 2010.

王育成, 「東漢天帝使者類道人與道教起源」, 『道家文化研究』16, 1999.

王毓銓, 「漢代"亭"與"鄉""里"不同性質不同行政系統說 - "十里一亭…十亭一鄉"辨正」, 『歷史研究』 1954-2.

王子今, 「秦漢時期的私營運輸業」, 『中國史研究』 1989-1.

______, 「關於居延"車父"簡」, 『簡帛研究』 2, 1996.

______, 「張家山漢簡所見"妻悍""妻毆夫"等事論說」, 『南都學壇(社會科學版)』22-4, 2002.

______, 「張家山漢簡〈二年律令〉所見鹽政史料」, 『文史』61-4, 2002.
______, 「漢初查處官員非法收入的制度—張家山漢簡〈二年律令〉研讀劄記」, 『政法論壇』20-5, 2002.
______, 「"偏妻""下妻"考—張家山漢簡〈二年律令〉研讀劄記」, 『華學』6, 紫禁城出版社, 2003.
______, 「秦漢區域地理學的 '大關中' 概念」, 『人文雜志』2003-1.
______, 「說"上郡之惡"」, 『張家山漢簡《二年律令》研究文集』, 中國社會科學院簡帛研究中心 編, 2007.
______, 「論西北邊"亡人越塞"現象」, 『秦漢邊疆與民族問題』, 中國人民大學出版社, 2011.
______, 「漢代"劫質"行爲與未成年受害者」, 『山東大學學報(哲學社會科學版)』35-3, 2012.
王子今・劉華祝, 「說張家山漢簡《二年律令・津關令》所見五關」, 『中國歷史文物』 2003-1.
王子今・馬振智, 「張家山漢簡〈二年律令・秩律〉所見巴蜀縣道設置」, 『四川文物』, 2003-2.
王子今・范培松, 「張家山漢簡〈秩律〉四"公主"說」, 周天游主編, 『陝西歷史博物館館刊(9)』, 三秦出版社, 2002.
______, 「張家山漢簡"叚大母"釋義」, 『考古與文物』, 2003-5.
王長江, 「從秦漢竹簡看中國古代循實斷案原則的形成與發展」, 『中原文物』 2010-2.
王震業, 「從雲夢秦簡看秦的經濟立法」, 『簡牘學研究』 제1집, 甘肅人民, 1997.
王春霞, 「唐代長流制度研究」, 『黑龍江史志』240, 2010
王春紅, 「皇權的日益擴張-北魏及唐幾次官定姓族之共性」, 『信陽師範學院學報(哲學社會科學版)』 29-6, 2009.

王澤武, 「漢文帝"易刑"再考」, 『歷史研究』 2002-8.
王學理, 「秦代軍工生産標準化的初步考察」, 『考古與文物』 1987-5.
王學理等, 「秦咸陽宮位置推測及其他問題」, 『文物』 1979-2.
王惠茗, 「兩漢時期的厚葬之風」, 『滄桑』 2008-5.
王曉萍, 「江陵張家山漢簡〈引書〉對養生學的貢獻」, 『中醫文獻雜誌』 1997-3.
王輝, 「試析張家山漢簡所見的漢初婚姻法」, 『大慶師範學院學報』 2007-3.
于琨奇, 「秦漢"戶賦", "軍賦"考」, 『中國史研究』 1989-4.
于淩, 「秦漢時期的"石"」, 『通化師範學院』28-5, 2007.
于薇, 「試論嶽麓秦簡中"江胡郡"即"淮陽郡"」, "簡帛網—武漢大學簡帛研究中心", 2009-06-18.
____, 「嶽麓秦簡0480簡中的"陰密"」, "簡帛網—武漢大學簡帛研究中心", 2009-06-17.
于振波, 「無任與五任」(『華南師範大學學報・社會科學版』 2006-2.
______, 「近三十年大陸及港臺簡帛發現、整理與研究綜述」, 『南都學壇』, 2002("簡帛研究網站" 2003-02-18.
______, 「張家山漢簡所反映的漢代名田制」 "簡帛研究網站", 2003-09- 24.
______, 「簡牘所見秦名田制蠡測」, "简帛研究网站", 2004-01-11.
______, 「張家山漢簡中的名田制及其在漢代的實施情況」, 『中國史研究』 2004-1.
______, 「漢代的都官與離官」, "簡帛研究網站", 2004-05-16.
______, 「略論漢名田制與唐均田制之異同」, "简帛研究网站", 2004-10-27.
______, 「秦漢時期的郵人」, 『簡牘學研究』4, 2004.
______, 「算」與「事」-走馬樓吳簡所反映的算賦和徭役-」, 『漢學研究』22-2. 2004.
______, 「張家山漢简中的名田制及其在漢代的實施情况」, 『中国史研究』 2004-1.

______, 「漢代的戶賦與芻稾稅」, “簡帛研究網站”, 2004-11-14.

______, 「居延漢簡中的燧長和候長」 “中國長城網”, 2005-01-12.

______, 「戶人與家長—以走馬樓戶籍簡爲中心」, 『走馬樓吳簡續探』, 文津出版社有限公司, 2005.

______, 「從簡牘看漢代的戶賦與芻稾稅」, 『故宮博物院院刊』 2005-2.

______, 「從張家山漢簡看漢名田制與唐均田制之異同」, 『湖南城市學院學報』26-1, 2005.

______, 「漢代的家貲與貲家」, 『簡帛研究』 2004, 2006.

______, 「走馬樓吳簡師佐籍蠡測」, 『走馬樓吳簡續探』, 文津出版社, 2007.

______, 「秦律中的甲盾比價及相關問題」, 『史學集刊』 2010-5.

______, 「淺談出土律令名目與『九章律』的關係」, 『湖南大學學報』24-4, 2010.

______, 「秦代的墾田與稅田-讀里耶秦簡札記」, 『‘日常秩序中的秦漢社會與政治’國際學術研討會論文集』, 中國人民大學歷史學院漢唐研究中心, 2012.

于豪亮, 「雲夢秦簡所見職官述略」, 『于豪亮學術文存』, 中華書局, 1985.

______, 「秦律叢考」, 『于豪亮學術文存』, 1985.

______, 「青川縣出土秦更修田律木牘 —四川青川縣戰國墓發掘簡報(J)」, 『文物』 1982-1.

于洪濤, 「近三年嶽麓書院藏秦簡研究綜述」, 『魯東大學學報』 2011-6.

牛曉春·閆華軍, 「2005～2006年張家山漢簡研究綜述」, 『商丘職業技術學院學報』 2007-4.

熊思量, 「宋慈與『洗冤集錄』之研究」, 福建師範大學碩士學位論文, 2007.

熊鐵基, 「“十里一鄉”和“十里一亭”: 秦漢鄉·亭·里關係的決斷」, 『江漢論壇』, 1983-11.

熊鐵基·王瑞明, 「秦代的封建土地所有制」, 『雲夢秦簡研究』 中華書局, 1981.

袁林,「"使黔首自實田"新解」,『天津師大學報』1987-5.
____,「戰國授田制試論」,『社會科學』6, 1983.
袁延勝,「天長紀庄木牘〈算簿〉與漢代算賦問題」,『中國史研究』2008-2.
______, 「東漢人口問題研究」, 鄭州大學博士學位論文, 2003.
袁仲一,「秦陵兵馬俑的作者」,『文博』1986-4.
袁衛華·袁仲一·趙培智·禚振西·王學禮·韋永輝, 「秦俑坑青銅兵器工藝標準化試析」,『陝西標準化』, 1981-2.
袁祖亮,「漢代《徐勝買地券》眞僞考」,『鄭州大學學報(哲社版)』1984-3.
魏道明,「漢代的不道罪與大逆不道罪」,『青海社會科學』2, 2003.
俞偉超, 「秦漢的'亭'·'市'陶文」, 『先秦兩漢考古學論集』, 文物出版社, 1985.
俞偉超·李家浩, 「馬王堆一號漢墓出土漆器制地諸問題 一從成都市府作坊到蜀郡工官作坊的歷史變化」,『考古』1975-6.
喻曦,「西漢陵邑人物的地域分包初探」,『中國歷史地理論叢』26-2, 2011.
游逸飛,「戰國至漢初的郡制變革」, 國立臺灣大學 博士論文, 2014.
游逸飛·陳弘音,「里耶秦簡博物館藏第九層簡牘釋文校釋」,"簡帛網", 2013. 12.22.
游進,「井田制的是與非」,『鄂州大學學報』12-1, 2005-1.
尹在碩,「秦漢婦女的繼產承戶」,『史學月刊』2009-12.
______,「4號秦墓出土的木牘反映的家族類型」,『先秦史研究動態』第25輯, 1994.
______,「睡虎地秦簡 「日書」 所見"室"的結構與戰國末期秦的家族類型」,『中國史研究』, 1995-3.
______,「秦律所反映的秦國家族政策」,『簡帛研究譯叢』第1輯, 1996.
______,「睡虎地秦簡和張家山漢簡反映的秦漢時期後子制和家系繼承」,『中國歷史文物』2003-1.

______, 「秦漢律所反映的後子制和繼承法」, "中國秦漢史研究會第九屆年會暨學術討論會"論文, 2002年 8월.
殷崇浩, 「春秋楚縣略述」, 『江漢論壇』1980-4.
殷墟孝民屯考古隊, 「河南安陽市孝民屯商代鑄銅遺址2003~2004年的發掘」, 『考古』 2007-1.
李家浩, 「漢代買地券中的"袁田"」, 『文史』30, 1988.
李開元, 「說南郡守強和醴陽令恢」, 『中國史研究』 1998-2.
李景山, 「略論漢文帝的社會改革」, 『齊齊哈爾師範學院學報』 1987-1.
李孔懷, 「東漢的政治發展與軍閥割據」, 『中國史研究』 1981-2.
李國鋒, 「試論漢初對家庭關系的法律調整」, 『河南師範大學學報』 2004-4.
李均明, 「漢簡所見出入符,傳與出入名籍」, 『文史』 19, 1983.
李均明, ______, 「關于漢代亭制的幾個問題」, 『中國史研究』, 1988-3.
李均明, ______, 「漢長安城未央宮遺址出土骨簽瑣議」, 『臺大歷史學報』 23, 1999.
______, 「〈二年律令・具律〉中應分出〈囚律〉條款」, 『鄭州大學學報(哲學社會科學版)』, 2002-3.
______, 「張家山漢簡所反映的適用刑罰原則」, 『鄭州大學學報[哲學社會科學版]』 35-4, 2002.
______, 「張家山漢簡與漢初貨幣」, 『中國文物報』2002年11月22일
______, 「張家山漢簡所見規範繼承關係的法律」, 『中國歷史文物』 2002-2.
______, 「中國古代法典的重大發現―談江陵張家山247號漢墓出土〈二年律令〉簡」, 『中國文物報』, 2002년 5월.
______, 「張家山漢簡〈收律〉與家族連坐」, 『文物』 2002-9.
______, 「張家山漢簡所反映的二十等爵制」, 『中國史研究』 2002-2.
______, 「中國古代法典的重大發現―談江陵張家山247號漢墓出土〈二年律令〉簡」, 『中國文物報』, 2002年5月3日.

______, 「漢簡所反映的漢代訴訟關係」, 『文史』60, 2002.
______, 「張家山漢簡奴婢考」, 『國際簡牘學會會刊』4, 臺灣蘭台出版社, 2002.
______, 「張家山漢簡〈二年律令〉概述」, 『長沙三國吳簡暨百年來簡帛發現與研究國際學術研討會論文集』, 湖南人民出版社, 2003.
______, 「張家山漢簡〈收律〉與家族連坐」, 『文物』 2002-9.
______, 「張家山漢簡所見規範人口管理的法律」, 『政法論壇』20-5, 2002.
______, 「張家山漢簡所見規範行政關係的法律」, 『中國秦漢史研究會第九屆年會暨學術討論會論文』, 2002.
______, 「張家山漢簡所反映的適用刑罰原則」, 『鄭州大學學報(哲學社會科學版)』 2002-4.
______, 「張家山漢簡所見刑罰等序及相關問題」, 『華學』6, 紫禁城出版社, 2003.
______, 「里耶秦簡 '計錄' 與 '課志' 解」, 武漢大學簡帛研究中心・北京大學出土文獻研究所, 『中國簡帛學國際論壇2012秦簡牘研究』, 2012.
______, 「張家山漢簡『行書律』考」, 『中國古代法律文獻研究』2, 2004.
______, 「長沙走馬樓吳簡所反映的戸類與戸等」, 『華學』9・10輯, 上海古籍, 2008.
______, 「漢簡所反映的關津制度」, 『歷史研究』 2002-3.
______, 「漢簡所見 "行書" 文書述略」, 『秦漢簡牘論文集』 甘肅人民出版社, 1989.
______, 「張家山漢簡與漢初貨幣」, 『中國文物報』 2002-11.
李均明・劉軍, 「武威旱灘坡出土漢簡考述」, 『文物』 1993-10.
李均明・宋少華, 「《長沙走馬樓三國吳簡》竹簡[四]內容解析八則」, 『出土文獻研究』 8, 2007.
李均明・何雙全, 「湖北江陵鳳凰山10号漢墓木牘, 竹簡」, 『散見簡牘合輯』, 文物出版社, 1990.

李力, 「發現最初的混合法:從睡虎地秦簡到張家山漢簡」, 『河北法學』 2010-2.
李玲崧, 「秦漢時期的土地賣買對社會擴大再生產物質基礎的影響」, 『中山大學學報論叢』 1999-2.
李令福, 「論秦都咸陽的城郊範圍」, 『中國歷史地理叢書』 2002-2.
李并成, 「漢居延城新考」, 『考古』 1998-5.
李福泉, 「秦代實行過"使黔首自實田"的土地政策嗎?」, 『天津社会科学』 1986-2.
李士彪, 「漢魏六朝的禁碑與碑文的演變」, 『中國典籍與文化』 1999-4.
李祥仁, 「蘇馬灣界域刻石新探」, 『中國曆史文物』 2000-2.
李瑞蘭, 「戰國時代國家授田制的由來・特徵及作用」. 『天津師大學報』3, 1985.
李昭和, 「青川出土木牘文字簡考」, 『文物』 1982-1.
李亞光, 「論春秋戰國社會轉型期私有土地的形成和發展」, 『農業考古』 1, 2013.
李永迪・岳占偉・劉煜, 「從孝民屯東南地出土陶范談對殷墟青銅器的幾点新認識」, 『考古』, 2007-3.
李玉生, 「魏晋律令分野的幾個問題」, 『法學研究』 2003-5.
李元, 「秦土地改革運動論」, 『求是學刊』 1998-4.
李毅, 「論唐代的流刑及其執行情況」, 『西安外國語學院學報』7, 1993.
李自智, 「秦都雍城的城郭形態及其有關問題」, 『考古餘文物』 1996-2.
李傳軍, 「漢代的社會謠言和謠言控制」, 『青島大學師範學院學報』 28-2, 2011.
李俊强, 「魏晉令制研究」 吉林大學博士論文, 2014.
李振宏, 「蕭何"作律九章"說質疑」, 『歷史研究』 2005-3.
李天虹, 「漢簡"致籍"考辨—讀張家山〈津關律〉劄記」, 『文史』 2004-2.
李泉・張道英, 「論西漢的刺史制度」, 『聊城師院學報』 1983-2.
李清凌, 「戰國秦漢西北地區的土地所有制與經營方式」, 『簡牘學研究』1, 甘肅人民出版社, 1997.
李春祥・呂寶艷, 「北魏孝文帝門閥制新探」, 『通化師範學報(社會科學)』

1997-2.

李學勤, 「論江陵張家山247號墓漢律竹簡」, 『漢簡研究の現狀と展望』, 關西大學出版部, 1992.

李學勤, 「張家山漢簡研究的幾個問題」, 『鄭州大學學報(哲學社會科學版)』 2002-3.

______, 「試說張家山簡〈史律〉」, 『文物』 2002-4.

______, 「〈引書〉與〈導引圖〉」, 『文物天地』 1991-2.

______, 「中國數學史上的重大發現—江陵張家山漢簡一瞥」, 『文物天地』 1985-1(《李學勤集》, 黑龍江教育出版社, 1989).

______, 「竹簡秦漢律與『周禮』」, 楊一凡 總主編, 『中國法制史考證乙編 第一卷, 法史考證重要論文選編·律令考』, 北京: 中國社會科學出版社, 2003.

______, 「放馬灘簡中的志怪故事」, 『文物』 1990-4.

______, 「隨州孔家坡8號墓的年代學問題」, 『新出簡帛研究』, 文物出版社, 2004.

______, 「雲夢龍崗木牘試釋」, 『簡帛學研究』1, 1997.

______, 「戰國時代的秦國銅器」, 『文物參考資料』 1957-8.

______, 「戰國題銘概述」(上·中·下), 『文物』 1959-7·8·9.

______, 「秦簡與《墨子》城守各篇」, 『雲夢秦簡研究』 中華書局, 1981.

李恒全, 「論戰國土地私有制—對20世紀80年代以來戰國授田制觀點的質疑」, 『社會科學』 2014-3.

______, 「從出土簡牘看秦漢時期的戶稅徵收」, 『甘肅社會科學』 2012-6

______, 「秦漢芻稾稅征收方式再探」, 『財貿研究』 2007-2.

______, 「論先秦秦漢土地所有制變革的動力問題」, 『江海学刊』 4, 2005.

______, 「漢代限田制說」, 『史學月刊』 9, 2007.

李解民, 「新世紀輝煌的開端——2001年新版簡牘圖書述評(下)」, 『古籍整理出版情況簡報』 2002-8.
李憲忠・段興亞, 「從張家山出土〈算數書〉談中國初等數學體系的形成」, 『中原文物』, 1999-2期.
李顯冬, 「"民有私約如律令"考」, 『政法論壇』25-3, 2007.
李曉英, 「漢代證據制度探析」, 『鄭州大學學報』 2005-5.
任步云, 「甲渠候官漢簡年號朔閏表」, 甘肅省文物工作隊・甘肅省博物館編, 『漢簡研究文集』, 1984.
任少派, 「徙往陵縣的豪族 -西漢一代的政治與社會」, 『民族史研究』 2005-6.
林樹民, 「秦漢時期的婚姻家庭」, 『西藏民族學院學報(哲學社會科學版)』25-5, 2004.
任艷艷, 「北魏孝文帝的門閥主義」, 『滄桑』 2006-1.
任仲爀, 「秦漢律中的庶人」, 『簡帛研究2009』(中國廣西桂林, 廣西師範大學), 2011.
任再衡, 「"使黔首自實田"解」, 『黑龍江大學學報』 1975-1.
禚振西, 「陝西戶縣的兩座漢墓」, 『考古與文物』 1980-1.
______, 「曹氏朱書罐考釋」, 『考古與文物』 1982-2.
張建國, 「魏晋律令法典比較研究」, 『中外法學』 1995-1.
______, 「試析漢初 "約法三章"的法律效力―兼談〈二年律令〉與蕭何的關系」, 『法学研究』 1996-1.
______, 「秦漢棄市非斬刑辨」, 『北京大學學報』 5, 1996.
______, 「關於張家山漢簡〈奏讞書〉的幾點研究及其他」, 『法學雜誌』 1996-5.
______, 「談秦漢時一條珍貴的有關繼承權的律文」, 『法學雜志』 1996-5.
______, 「漢簡〈奏讞書〉和秦漢刑事訴訟程式初探」, 『中外法學』 1997-2.
______, 「關於漢簡〈奏讞書〉的幾點研究及其它」, 『國學研究』 4, 北京大學出版社, 1997.
______, 「漢簡《奏讞書》和秦漢刑事訴訟程序初探」, 『中外法學』 1997-2.

______, 「西漢刑制改革新探」, 『中國法系的形成與發達』 北京大學出版社, 1997.

______, 「叔孫通定〈傍章〉質疑-兼析張家山漢簡所載律篇名」, 『北京大學學報(哲學社會科學版)』 1997-6.

______, 「中國律令法體系概論」, 『北京大學學報(哲學社會科學版)』1998-5.

______, 「夷三族解釋」, 『法學研究』 1998-6.

______, 「論西漢初期的贖」, 『政法論壇』20-5, 2002.

______, 「張家山漢簡《具律》121簡排序辨正-兼析相關各條律條文-」, 『法學研究』 04-6, 2004.

張建麗, 「魏晋士女婦德與漢代儒家婦女觀的對照及其成因」, 『史海鉤沉』 2009,

張功, 「漢代郡縣關係探析」, 『青海師範大學學報』 2003-4.

張金光, 「關于秦刑徒的幾個問題」, 『中華文史論叢』, 85 - 1, 1985.

______, 「對《秦商鞅變法後田制問題商榷》的商榷」, 『中國史研究』 3, 1991.

______, 「論秦自商鞅變法後的普遍土地國有制-對《秦商鞅變法後田制問題商榷》的商榷」, 『山東大學學報』 4, 1990.

______, 「普遍授田制的終結與私有地權的形成—張家山漢簡與秦簡比較研究之一」, 『歷史研究』 5, 2007.

張南・周伊, 「秦漢城市發展論」, 『安徽史學』 1989-4.

張德芳, 「懸泉漢簡中若干紀年問題考證」, 『簡牘學研究』 4, 蘭州, 甘肅人民, 2004.

______, 「懸泉漢簡中的"傳信簡"考述」, 『簡帛』 7, 2005.

張萬鐘, 「東周時期泥型鑄造的新成就 -從侯馬出土的陶范試探分块模的造型工藝」, 『中國歷史博物館館刊』, 1996-1

張銘, 「《奏讞書》中的秦漢逃亡犯罪案件」, 『法制史研究』21, 2012.

張文安, 「論商鞅的人力資源管理思想」, 『河南大學學報(社會科學版)』44-6,

2004.

張文瀚, 「告地策硏究評述」, 『中國史硏究動態』1, 2013.

張培善, 「河北滿城漢墓玉衣等的鑛物硏究」, 『考古』 1981-1.

張伯元, 「"爵戍"考」, 『華東政法學院學報』 2004-1.

______, 「秦漢律令中的"廷行事"」, 『出土法律文獻硏究』, 商務印書館, 2005.

______, 「『漢律摭遺』與『二年律令』比勘記」. 『出土法律文獻硏究』, 香港 : 商務印書館, 2005.

蔣福亞, 「魏孝文帝遷都得失議」, 『民族硏究』 1985-3.

張福亞, 「走馬樓吳簡所見雇傭勞動」, 『首都師範大學學報(社會科學版)』2011-1.

張斐怡, 「從判例看宋元時期法律對婚外情事件的處理」, 『宋代社會與法律 - 『淸明集』討論』, 東大圖書公司, 2001.

張冰 · 李明, 「中國古代習慣法對當代民法法典化的影響」, 『河南省政法管理幹部學院學報』 2003-3.

張世超 · 張玉春, 「"通錢"解—秦簡整理札記之二」, 『古籍整理硏究學刊』 1986-4.

張小鋒 · 沈頌金, 「張家山漢墓竹簡硏究述評」, 『中國史硏究動態』 2003-2.

張承宗, 「魏晋南北朝婦女在家庭與社會生活中的地位變化」, 『浙江學刊』 2009-5.

______, 「魏晋南北朝時期與婦女相關的法律問題及司法案件」, 『南京理工大學學報(社會科學版)』22-2, 2009.

蔣若是, 「秦錢論」, 『秦漢貨幣硏究』, 中華書局, 1993.

張艷雲, 「唐代量移制度考述」, 『中國史硏究』 2001-4.

______, 「唐代左降官與流人異同辨析」, 『唐史論叢』 7, 1998.

張榮强, 「『二年律令』與漢代課役身分」, 『中國史硏究』 2005-2.

______, 「湖南里耶所出"秦代遷陵縣南陽里戶版"硏究」, 『北京師範大學學報』社科版 2008-4(『先秦 · 秦漢史』2008-6).

張旭華, 「北魏州中正在定姓族中的作用與地位-兼論孝文帝定姓族的意義-」, 『鄭州大學學報(哲學社會科學版)』 1989-6.

張雲華, 「北魏宗室與"五姓"婚姻關係簡論」, 『鄭州大學學報(哲學社會科學版)』 45-3, 2012.

章義和·洪吉, 「北魏諸帝巡行的歷史意義」, 『文化學刊』 2008-1.

張建國, 「論西漢初期的贖刑」, 『政法論坛』 20-5, 2002.

張全民, 「髡·耐·完刑關系考辨」, 『法律史論叢』 8, 2001.

張占民, 「試論秦兵器鑄造管理制度」, 『文博』 1985-6.

張琮軍, 「秦代刑事證據在訴訟程序中的運用」, 『證據科學』 2013-1.

______, 「漢代刑事證據在司法監督制度中的運用」, 『政法論壇』 2013-1.

張俊民, 「肩水金關漢簡札記」, 武漢大學 簡帛網, 2011.10.5.

______, 「『二年律令·行書律』淺析」, 『秦漢史論叢』9, 三秦出版社, 2004.

______, 「簡牘文書所見"長安"資料輯考」, 武漢大學 簡帛網 2007.12.7.

______, 「江陵《奏讞書》誤讀一例」, "簡帛研究網站", 2004-8-17.

______, 「江陵高臺18號墓木牘釋文浅析」, 『簡帛研究二〇〇一』, 2001.

______, 「敦煌懸泉置出土漢簡所見人名綜述(一)」, 『隴右文博』 2006-2.

______, 「敦煌懸泉置探方T0309出土簡牘概述」, 『長沙三國吳簡暨百年來簡帛發現與研究國際學術研討會論文集』, 北京: 中華書局, 2005.

張中秋, 「中國封建社會姦罪述論」, 『南京大學學報』 1987-3.

臧知非, 「劉秀"度田"新探」, 『蘇州大學學報』 1997-2.

______, 「說"稅田": 秦漢田稅徵收方式的歷史考察」, 『歷史研究』 2015-3.

______, 「龍崗秦簡"行田"解—兼談龍崗秦簡所反映的田制問題」, 『秦漢研究』1(西安: 三秦出版社, 2007).

______, 「張家山漢簡所見西漢繼承制度初論」, 『文史哲』2003-6.

______, 「張家山漢簡所見西漢鑛業稅收制度試析-兼談西漢前期"弛山澤之禁"及商人兼并農民問題」, (『史學月刊』 2003-3)(『張家山漢簡《二年律

令》研究文集』, 中國社會科學院簡帛研究中心 編, 2007재수록).
______, 「張家山漢簡所見漢初馬政及相關問題」, 『史林』 2004-6.
______, 「張家山漢簡『奏讞書』所見秦漢主奴關係試析」, 『秦文化論叢』12, 2005.
______, 「秦漢里制與基層社會結構」, 『東嶽論叢』 2005-6.
______, 「西漢授田制度與田稅徵收方式新論—對張家山漢簡的初步研究」, 『江海學刊』 2003-3.
______, 「漢代田稅"以頃計征"新證—兼答李恒全同志」, 『江蘇師範大學學報(哲學社會科學版)』 2003-3.
張昌平, 「隨州孔家坡墓地出土簡牘概述」, 『新出簡帛研究』, 文物出版社, 2004.
張捷夫, 「漢代厚葬之風及其危害」, 『中國歷史博物館館刊』 1995-12.
張春龍, 「里耶秦簡所見的戶籍和人口管理」, 中國社會科學院考古研究所·中國社會科學院歷史研究所·湖南省文物考古研究所 編, 『里耶古城·秦簡與秦文化研究』, 科學出版社, 2009,
張春海, 「論隋唐時期的發罪人爲兵之刑」, 『史學月刊』 2013-6.
______, 「試論唐代流刑與國家政策·社會分層之關係」, 『復旦學報』2, 2008.
張忠煒, 「讀《奏讞書》"春秋案例"三題」, 『中國古代法律文獻研究』제3집, 中國政法大學出版社, 2007.
張澤咸, 「律令與晉令」, 『中華文史論叢』89, 2008.
長澤和俊, 「漢之西域經營與東西交通」, 長澤和俊 著, 鍾美珠 譯, 『絲綢之路史研究』, 天津古籍出版社, 1990.
蔣波, 「簡牘所見秦漢民事訴訟程序」, 『忻州師範學院學報』 2012-2.
張沛, 「秦咸陽城考辨」, 『文博』 2002-4.
張鶴泉, 「《二年律令》所見二十等爵對西漢初年國家統治秩序的影響」, 『吉林師範大學學報』 2005-3.

張海峰, 「唐律"十惡"一詞的佛教淵源」, 『現代法學』, 34-3, 2012.
張荊萍, 「試論古漢語"出售"語義場的歷史演變」, 浙江大學碩士學位論文, 2008.
張紅, 「中國古代契約觀研究」, 『河南機電高等專科學校學報』 2004-3.
張厚墉, 「由秦都咸陽一號建築遺址看秦代衛生設備」, 『考古與文物』 1982-5.
張輝明, 「略論漢代雇傭勞動的發展及其原因」, 『許昌學院學報』 1990-1.
________, 「漢代雇傭勞動者身分特点的再探討」, 『中國社會經濟史研究』 1990-1.
翟桂金, 「北魏爵祿制度研究」, 『許昌學院學報』 23-6, 2004.
錢國旗, 「北魏統治集團民族界限的淡化及其對鮮漢民族融合的影响」, 『青島師傳學報』, 1994-1, 1994.
田艷霞, 「略論秦漢檔案管理與女性研究」, 『蘭台世界』 2008-6.
田旭東, 「里耶秦簡所見的秦代戶籍格式和相關問題」, 『四川文物』 2009-1.
______, 「張家山漢簡〈蓋廬〉中的兵陰陽家」, 『歷史研究』, 2002-6.
全漢昇, 「中古自然經濟」, 『中國經濟史研究』第1册, 稻鄉出版社, 1980.
鄭光, 「試論二里頭商代早期文化」, 『中國考古學會第四次年會論文集』1983, 文物出版社, 1985.
鄭若葵, 「1982-1984年安陽苗圃北地殷代遺址的發掘」, 『考古學報』 1991-1.
靜永健, 「漢籍初傳日本與馬之淵源關係考」, 『中山大學學報』(社會科學版)50, 2010-5.
程政擧, 「《奏讞書》所反映的先秦及秦漢時期的循實情斷案原則」, 『河法學評論』 2007-6.
______, 「略論《奏讞書》所反映的秦漢"覆訊"制度」, 『河法學評論』 2006-2.
______, 「張家山漢墓竹簡反映的乞鞫制度」, 『中原文物』 2007-3.
鄭忠華, 「印臺出土大批西漢簡牘」, 『荊州重要考古發現』, 文物出版社, 2009.
諸葛計, 「宋慈及其洗冤集錄」, 『歷史研究』1979-4.

齊濤,「論唐代流放制度」,『人文雜誌』 3, 1990.
趙科學, 「"毋憂案是樁冤案"辨析—張家山漢簡《奏讞書》研究之二」, 『江漢考古』 2007-3.
______, 「一個完整的複審程序範例—漢司法簡《奏讞書》研究之一」, 『華夏考古』 2008-3.
趙久湘,「《奏讞書》人名冷僻字淺析」,『蘭州教育學院學報』 2010-1.
______,「張家山漢簡《奏讞書》人名研究」,『樂山師範學院學報』2010-4.
曹旅寧,「從天水放馬灘秦簡看秦代的棄市」,『廣東社會科學』 5, 2000.
______,「秦漢史律考」,『秦律新探』, 中國社會科學出版社, 2002.
______,「秦簡中錢法和市法考」,『秦律新探』, 中國社會科學出版社, 2002.
______,「從里耶秦簡看秦的法律制度」,『秦文化論叢』11輯, 三秦出版社, 2004.
______,「張家山漢律名田宅的性質及實施問題」,『張家山漢律研究』 中華書局, 2005.
______,「張家山漢簡盜律考」,『張家山漢律研究』 中華書局, 2005.
______,「張家山漢簡亡律考」,『張家山漢律研究』 中華書局, 2005.
______, 「秦漢法律簡牘中的"庶人"身分及法律地位問題」, 『咸陽師範學院學報』 22-3, 2007.
______,「江陵高台18號墓木牘與漢孟孝琚碑」, 武漢大學簡帛網, 2008年6月29日.
______, 「睡虎地77號漢墓出土的漢'葬律'簡」, 武漢大學簡帛網, 2009年11月13日.
______,「嶽麓書院新藏秦簡叢考」,『華東政法大學學報』 2009-6.
______, 「岳麓秦簡"奔警律"補考」, 『簡帛網電子月刊』41輯 (http://www.bsm.org.cn,), 武漢大學簡帛研究中心, 2009.5.7.
______, 「嶽麓秦簡中涉及有罪罰當戍者的秦令」, "簡帛網—武漢大學簡帛研究中心”, 2009.06.18.

趙理平, 「‘使黔首自實田’新解」, 『秦文化論叢』 13輯(西安: 三秦出版社 2006.

趙立新・高京平, 「唐宋流刑之變遷」, 『山西師大學報』 34-3, 2007.

晁福林, 「戰國時期的土地私有化及其社會影响」, 『江海學刊』 4, 1996.

______, 「戰國授田制簡論」, 『中国歷史文物』1, 1999.

趙榮・呂卓民, 「秦都咸陽古窑址調查與發掘簡報」, 『考古與文物』 1986-3.

趙占銀, 「從雲夢秦簡看秦土地所有制形式演變」, 『岱宗學刊』11-4, 2007.

趙向群・方高峰, 「盧水胡起源考論」, 『簡牘學研究』 1, 甘肅人民出版社, 1997.

趙曉軍, 「從考古材料看戰國時期度量衡的檢校制度」, 『四川文物』, 2006-6

左華明, 魏晋南北朝時期圖書流通・文化認同與國家統一」, 『信陽師範學院學報(哲學社會科學版)』34-3, 2014.

朱繼平, 「從〈張家山漢簡〉談漢初的戶賦與戶芻」, 『江漢考古』 2011-4.

朱君孝・宋遠茹, 「試論秦始皇兵馬俑的工藝技術淵源」, 『考古與文物』 2005-2.

周金華, 「試論商鞅的重農思想及政策」, 『邵陽師範高等專科學校學報』22-3, 2003-3.

朱德貴, 「秦簡所見“更戍”和“屯戍”制度新解」, 『蘭州學刊』 2013.

朱騰, 「秦漢時代的律令斷罪」, 『北方法學』 2012-1.

周敏華, 「《奏讞書》 “受致書爲屯,去亡”案三個司法術語再探」, 『許昌學院學報』 2012-1.

______, 「《奏讞書・獄簿》 案例分析」, 『東吳中文學報』21, 2011-5.

朱聖明, 「秦至漢初 “戶賦”詳考 — 以秦漢簡牘爲中心」, 『中國經濟史研究』 2014-1.

周世榮, 「有關馬王堆古地圖的一些資料和幾方漢印」, 『文物』 1976-1.

周少川, 「魏晋南北朝的圖書出版事業」, 中國歷史文獻研究會 編, 『歷史文獻研究』27, 2008.

朱紹侯,「漢代鄉・亭制度淺論」,『河南師大學報』 1982-1.

______,「從〈奏讞書〉看漢初軍功爵制的幾個問題」, 載李學勤主編『簡帛研究』2, 法律出版社, 1996.

______,「西漢初年軍功爵制的等級劃分—〈二年律令〉與軍功爵制研究之一」,『河南大學學報(社會科學版)』 2002-5.

______,「呂後二年賜田宅制度試探—《二年律令》與軍功爵制研究之二」,『史學月刊』 2002-12.

______,「從《二年律令》看與軍功爵制有關的三個問題—《二年律令與軍功爵制研究之三」,『河南大學學報(社會科學版)』 2003-1.

______,「從〈二年律令〉看漢初二十級軍功爵的價値—〈二年律令〉與軍功爵制研究之四」,『河南大學學報(社會科學版)』, 2003-2.

______,「《奏讞書》新郪信案例爵制釋疑」,『史學月刊』 2003-12.

______,「論漢代的名田(受田)制及其破壞」,『河南大學學報』 2004-1(『張家山漢簡《二年律令》研究文集』廣西師範大學出版社, 2007).

______,「呂后二年賜田宅制度試探—《二年律令》與軍功爵制研究之二」,『史學月刊』12, 2002.

朱順玲,「陵縣的形成過程」,『南都學壇』25-5, 2005.

______,「論西漢陵縣廢置的原因」,『南都學壇』 2001-4.

周始民,「〈考工記〉六齊成分的研究」,『化學通報』 1978-3.

周宇,「居延關東戍卒考」,『國際簡牘學會會刊』 3, 2001.

周運中,「嶽麓秦簡江胡郡新考」, "簡帛網—武漢大學簡帛研究中心", 2009-06-18.

朱由,「介紹近年江陵張家山出土的西漢簡書」,『書法』 1986-5.

朱恩榮,「西漢初期出入境管理立法研究—以《津關令》爲分析對象」 西南政法大學 碩士學位論文, 2010.

周振鶴,「新舊漢簡所見縣名和里名」,『周振鶴自選集』, 廣西人民出版社,

1997.
______, 「從漢代"部"的概念釋縣鄉亭里制度」, 『歷史研究』5, 1995.
______, 「〈二年律令·秩律〉的歷史地理意義」, 『學術月刊』, 2003-1.
______, 「〈二年律令·秩律〉的历史地理意义(修订)」, "簡帛研究網站", 2003-11-23.
朱學文, 「秦生漆産地與漆園經營」, 『農業考古』 2012-4.
______, 「秦漆園經濟發展原因之探究」, 『西北農林科技大學學報(社會科學版)』 2011-4.
周海鋒, 「嶽麓書院藏秦簡『田律』研究」, 『簡帛』 11, 2015.
周海鋒, ,「岳麓書院藏秦簡(肆)的內容和價值」, 『文物』 712, 2015.
朱紅林, 「里耶秦簡'金布'與《周禮》中的相關制度」, 『華夏考古』 2007-2.
______, 「張家山漢簡中所見勞績制度考釋」, 『考古與文物』, 2004.
______, 「從張家山漢律看漢初國家授田制度的幾個特點」, 『江漢考古』 92, 2004-3.
______, 「讀里耶秦簡札記」, 『出土文獻研究』 11, 2012.
周孝陸·路東之, 「新蔡故城戰國封泥的初步考察」, 『文物』 2005-1.
周厚强, 「秦士伍的身分及其階級屬性辨析」, 『求索』1991-4.
中國社會科學院考古研究所西安唐城工作隊, 「唐大明宮含元殿遺址1995-1996年發掘報告」, 『考古學報』 1997-3.
中國社會科學院考古研究所安陽工作隊, 「2000-2001年安陽孝民屯東南地殷代鑄銅遺址發掘報告」, 『考古學報』 2006-3.
中國社會科學院考古研究所漢城工作隊, 「漢長安城武庫遺址發掘的初步收穫」, 『考古』, 1978-4
仲威, 「斋中至寶 羅振玉與漢代買地券」, 『收藏』 2014-15.
曾代偉·王平原, 「《蠻夷律》考略——從一樁疑案說起」, 『民族研究』 2004-3.
陳顧遠, 「漢之決事比及其源流」, 『複旦學報：社會科學版』 1947-3.

陳國梁, 「二里頭文化銅器制作技術概述」, 中國社會科學院考古硏究所・夏商周考古硏究室 編,『三代考古』2, 科學出版社, 2006.
陳國英,「咸陽考古工作三十年」,『考古與文物』, 1988-5・6.
陳國清・韓玉琴, 「張家山漢簡〈脈書〉與五行學說」, 『上海中醫藥雜誌』 1997-2.
陳根發,「漢簡〈奏讞書〉和秦漢刑事訴訟程式初探」,『中外法學』 1997-2.
陳乃華.〈秦漢"不道"罪考述〉.《中國史硏究》, 2. (1991).
秦濤, 「律令時代的 "議事以制"漢代集議制硏究」, 西南政法大學博士學位論文, 2014.
陳鑒,「芻議漢代的"决事比"」,『法制與社會』34, 2008.
陳良佐,「古代的金屬工藝」,『歷史語言硏究所集刊』 52-2, 1981.
陳鳴,「秦漢比考論」, 西南政法大學碩士論文, 2012.
陳夢家,「漢簡年歷表敍」,『漢簡綴述』, 北京: 中華書局, 1980.
陳斯風,「漢文帝與歷史上的"德治仁政"」,『河北學刊』22-3, 2002.
陳璽,「唐代長流刑之演進與適用」,『華東政法大學學報』88, 2013.
陳爽,「"四姓"辨疑: 北朝門閥體制的確立過程及其歷史意義」,『世家大族與北朝政治』, 北京: 社會科學出版社, 1998.
____,「南北對峙與胡漢融合中的滎陽鄭氏: 個案硏究之三」,『世家大族與北朝政治』, 北京: 社會科學出版社, 1998.
陳紹棣,「戰國都城城防體系芻議」,『江漢論壇』, 1988-9.
陳松長, 「〈湘西里耶秦代簡牘選釋〉校讀(八則)」, 『簡帛學硏究』4, 甘肅人民出版社, 2004.
______, 「《嶽麓簡(三)》"癸・瑣相移謀購案"相關問題瑣議」, 『華東政法大學學報』2014-2.
______, 「告地策的行文格式與相關問題」, 『湖南大學學報(社會科學版)』 22-3, 2008.

______, 「嶽麓書院所藏秦簡綜述」, 『文物』 2009-3.
______, 「嶽麓書院藏秦簡中的郡名考略」, 『湖南大學學報(社會科學版)』 2009-2.
______, 「岳鹿書院藏秦簡中的行書律初論」, 『中國史研究』 2009-3.
______, 「岳麓秦簡中的兩條秦二世時期令文」, 『文物』 2015-9.
陳戍國, 「從《唐律疏議》看唐禮及相關問題」, 『湖南大學學報』 13-1, 1999.
陳如娟, 「從出土文獻看秦漢時期的刑事偵查制度」, 『河南公安高等專科學校學報』 2006-2.
陳連慶, 「南朝奴隷考」, 『社會料學戰線』 79-3, 1979.
陳穎, 「三國時期的薄葬與厚葬」, 『成都大學學報(社科版)』 2009-6.
陳耀鈞, 「我國第一部數學著作〈算數書〉」, 『中國文物報』 1991年4月28日.
陳耀鈞・閻頻, 「江陵張家山漢墓的年代及相關問題」, 『考古』 1985-12.
陳耀鈞・陳燕萍, 「〈算數書〉與〈九章算術〉」, 『湖北省考古學會論文集(一)』, 武漢大學學報編輯部出版, 1987.
陳　偉, 「〈奏讞書〉所見漢初"自占書名數"令」, 武漢大學中國三至九世紀研究所編, 『中國前近代史理論國際學術研討會論文集』, 湖北人民出版社, 1997.
_____, 「張家山漢簡雜識」, 香港大學"第一屆中國語言文字國際學術研討會"論文, 2002년 3월.
_____, 「張家山漢簡《津關令》涉馬諸令研究」, 『考古學報』 2003-1
_____, 「秦蒼梧・洞庭二郡芻論」, 『歷史研究』2003-5.
_____, 「張家山漢簡《津關令》"越塞闌關"諸令考釋」, 卜憲群・楊振紅 主編, 『簡帛研究 2006』, 廣西師範大學出版社, 2006.
_____, 「讀 『二年律令』札記」, http://www.bsm.org.cn/show, 簡帛網, 2006-01-17.
_____, 「《二年律令》・《奏讞書》校讀」, 『簡帛』제1집, 2006.

_____, 「"江胡" 與 "州陵"——嶽麓書院藏秦簡中的兩個地名初考」, 『中國歷史地理論叢』2010-1.

_____, 「嶽麓書院秦簡考校」, 『文物』 2009-10.

_____, 「岳麓書院秦簡行書律令校讀」 簡帛網 2009-11-24.

_____, 「秦漢簡牘中的"隸"」, htttp://www.bsm.org.cn/show, 簡帛網, 2017-7-20.

陳隆文, 「春秋戰國時期貨幣經濟區及其空間結句」, 『春秋戰國貨幣地理研究』 人民出版社, 2006.

陳益民, 「秦漢陵邑考」, 『中國社會經濟史研究』 1996-1.

陳寅恪, 「北魏後期的漢化(孝文帝的漢化政策)」, 萬繩楠 整理, 『陳寅恪魏晉南北朝史講演錄』, 北京: 黃山書社, 1987.

陳寅恪, 『隋唐制度淵源略論稿』, 北京: 三聯書店, 2001.

陳長琦, 「兩晉南朝的賜位制度」, 『史學月刊』 2009-3.

陳俊强, 「唐代量移試探」, 『第五屆唐代文化學術研討會論文集』, 麗文文化, 2001.

______, 「唐代的流刑—法律虛與實的一個考察」, 『興大歷史學報』 18, 2007.

______, 「北朝流刑的研究」, 『法制史研究』10, 2006.

______, 「三國兩晉南朝的流徒刑」, 『政治大學歷史學報』20, 2003.

______, 「試論唐代流刑的成立及其意義」, 『唐代身分法制研究』, 五南圖書出版公司, 2003.

______, 「試論唐宋死刑的執行-以《天聖・獄官令》爲中心」, '天聖令國際學術研討會', 2009.

______, 「從〈天聖・獄官令〉看唐宋的流刑」, 『唐研究』14, 北京大學出版社, 2008.

______, 「漢末魏晉肉刑爭議析論」, 『中國史學』 14, 2004.

陳中龍, 「從秦代官府年度律令校讎的制度論漢初 『二年律令』的 "二年」,

簡帛網, http://www.bsm.org.cn/show_article.php?id=2550
陳志達, 「殷墟陶范及其相關的問題」, 『考古』 1986-3
陳志偉, 「北朝門閥制度之影響」, 『北華大學學報(社會科學版)』 10-2, 2009
陳智超, 「宋史研究的珍貴史料 一明刻本《名公書判清明集》介紹」, 『名公書判清明集』附錄 七, 中華書局, 2002.
陳直, 「關于“江陵丞告地下丞”」, 『文物』 1977-2.
____, 「天田制度」, 『居延漢簡研究』, 天津古籍出版社, 1986.
____, 「漢張叔敬朱書陶瓶與張角黃巾教的關係」, 『文史考古論叢』, 天津: 天津古籍, 1988.
陳振裕, 「七十年代以來湖北出土秦漢簡牘概述」, “簡帛研究網站” 2002-8-22.
秦進才, 「兩漢孝經傳播與孝行管窺」, 『社會科學戰線・先秦兩漢史研究』 2005-1.
______, 「秦漢士伍異同考」, 『中華文史論叢』1, 1984.
陳治國・張立瑩, 「從新出簡牘再探親漢的大內與少內」, 『江漢考古』 2010-3.
陳治國, 「里耶秦簡 ‘守’ 和 ‘守丞’ 釋義及其他」, 『中國曆史文物』 2006-3.
______, 「張家山漢簡《奏讞書》“杜瀘女子甲和奸”案年代探析」, 『中國歷史文物』 2009-5.
陳治國・張衛星, 「秦工室考述」, 『咸陽師范學院學報』 22-1, 2007.
陳炫瑋, 「秦漢時代的辭訟措施及其相關問題探究」, 『清華學報』新46-2, 2016.
陳絜, 「里耶戶籍簡與戰國末期的基層社會」, 『歷史研究』 2009-5.
____, 「嶽麓簡“識劫婏案”與戰國家庭組織中的依附民」, 『出土文獻研究』14, 中西書局, 2015.
車佐賢, 「從出土簡牘看秦漢法律制度的繼承和發展」, 『甘肅社會科學』 2002-3.
蔡萬進, 「《奏讞書》與秦漢法律實際應用」, 『南都學壇』 2006-2.
______, 「〈奏讞書〉釋文補正舉隅」, 『張家山漢簡〈奏讞書〉研究』, 廣西師範大學出版社, 2006.

______, 「張家山漢簡《奏讞書》法律地位探析」, 『南都學壇』 2007-2.

______, 「張家山漢簡《奏讞書》釋文補正舉隅」, 『古籍整理研究學刊』 2006-2.

______, 「秦"所取荊新地"與蒼梧郡設置」, 『鄭州大學學報』 2008-5.

蔡萬進・吳亮, 「從張家山漢簡看楚漢法統關系」, 『中州學刊』 2002-4.

蔡明倫, 「魏晉薄葬原因探析」, 『湖北師範學院學報(哲社版)』22-2, 2002.

蔡運章, 「東漢永壽二年鎮墓瓶文考略」, 『考古』 1989-7.

蔡宜靜, 「漢代居延'就'運探研」, 『簡牘學報』17, 1999.

蔡靜宜, 「秦漢戶籍制度」, "中國秦漢史研究會第九屆年會暨學術討論會"論文, 2002年8月.

戚万法, 「唐代流人與嶺南開發研究」, 『廣西社會科學』 10, 2007.

肖永明, 「讀岳麓書院藏秦簡《爲吏治官及黔首》札記」, 『中國史研究』2009-3.

肖傳林, 「略論中國古代契約的特點」, 『湖北大學成人教育學院學報』 2001-6.

______, 「論中國古代契約的身份特點」, 『湖北廣播電視大學學報』 2002-4.

肖燦, 「從《數》的'輿(輿)田'・'稅田' 算題看秦田地租稅制度」, 『湖南大學學報(社會科學版)』 2010-4.

肖洪泳, 「嶽麓秦簡所見秦刑事訴訟程序的歷史價值」, 『湖南大學學報』 2013-3.

崔永東, 「張家山出土漢律的特色」, 『政法論壇』 20-5, 2002.

______, 「《王杖十簡》與《王杖詔書令册》法律思想研究-兼及"不道" 罪考辨」, 『法學研究』 2, 1999.

鄒大海, 「關於〈算數書〉的幾點研究」, "紀念祖沖之逝世1500周年學術討論會" 2000年10月; 『初觀〈算數書〉』 爲題刊於 『中國文物報』2001年 3月 14日 제7판.

______, 「從〈算數書〉和秦簡看上古糧米的比率」, 『自然科學史研究』22-4, 2003 ; "簡帛研究網站" (http://www.jianbo.org/admin3/html/zhoudahai01.htm), 2003-11-23

______, 「出土〈算數書〉初探」, 『自然科學史研究』 2001-3; "簡帛研究網站" (http://bamboosilk.org/Zzwk/2003/Z/zhoudahai01.htm) 2003-01-08.
鄒水杰, 「簡牘所見秦代縣廷令史與諸曹關係考」, 『簡帛研究』 2016.
巴新生, 陵縣的倉置與關中政治經濟中心的重建」, 『學術研究』 2000-4.
______, 「西漢陵縣小考」, 『天津師大學報』 1985-3.
彭文・遠紅蕾, 「從考古資料看秦代幣制改革及其對商品經濟的影響」, 『秦文化論叢』6, 西北大學出版社, 1996.
彭邦炯, 「從出土秦簡再探秦內史與大內・少內和少府的關係與職掌」, 『考古與文物』 1987-5.
彭炳金, 「唐代賜官制度述論」, 『人文雜志』 1999-1.
______, 「論唐代杖刑制度的發展變化」, 『通化師範學院學報』25-9, 2004
彭衛, 「漢代女性的工作」, 『史學月刊』 2009-7.
彭豐用, 「從鮮・漢統治階級的逐步合流看北魏統治的强固」, 『中南民族學院學報』 1985-1.
______, 「試論北魏的門閥士族與皇權的關係」, 『中南民族學院學報(哲學社會科學版)』29, 1988-2.
彭浩, 「讀松柏出土的西漢木牘(二)」, 武漢大學簡帛網, 2009.4.4.
____, 「江陵張家山漢墓出土大批珍貴竹簡」, 『江漢考古』 1985-2.
____, 「湖北江陵出土前漢簡牘概說」, 『漢簡研究的現狀與展望』(大庭修主編, 日本關西大學出版會, 1993年11月).
____, 「張家山漢簡〈算數書〉的"並租"與"啟縱」, 『考古』 2002-5.
____, 「張家山漢簡〈引書〉初探」, 『文物』 1990-10.
____, 「從張家山漢簡〈算數書〉到〈九章算術〉」, 『長沙三國吳簡暨百年來簡帛發現與研究國際學術研討會論文集』, 湖南人民出版社, 2003.
____, 「中國最早的數學著作〈算數書〉」, 『文物』, 2000-9.

_____, 「《津關令》的頒行年代與文書格式」, 『鄭州大學學報(哲學社會科學版)』 2002-3

_____, 「談《奏讞書》中的西漢案例」, 『文物』 1993-8.

_____, 「談《奏讞書》中秦代和東周時期的案例」, 『文物』 1995-3.

_____, 「談秦漢數書中的“輿田”及相關問題」, 簡帛網 www.bsam.org.cn, 2010.8.6.

_____, 「談『奏讞書』中的西漢案例」, 『文物』 1993-8.

_____, 「讀張家山漢簡《行書律》」, 『文物』 2002-9.

彭浩·俞偉超等, 「關于鳳凰山一六八號漢墓座談紀要」, 『文物』 1975-9.

董平均, 「《津關令》與漢初關禁制度論考」, 『中華文化論壇』 2007-3.

包偉民, 「唐宋家族制度嬗變原因試析」, 『暨南史學』1, 2002.

夏慶·劉士敬, 「帛書〈帛書陰陽十一脈灸經〉與簡本〈脈書·十一經脈〉的相互訂正」, 『甘肅中醫學院學報』, 1998-1.

夏慶·邢福軍·劉士敬, 「帛書〈陰陽十一脈灸經〉及簡本〈脈書·十一經脈〉對〈靈樞〉有關文字的考證」, 『甘肅中醫學院學報』 1999-3.

何堂坤, 「‘六齊’之管窺」, 『科技史文集』15, 上海科技出版社, 1989.

何德章, 「論北魏孝文帝遷都事件」, 『魏晉南北朝隋唐史資料』, 1997.

何雙全, 「《漢簡·鄉里志》及其研究」, 甘肅省文物考古研究所 編, 『秦漢簡牘論文集』, 1989.

_______, 「天水放馬灘秦墓出土地圖初探」, 『文物』89-2.

何有祖, 「安徽天長西漢墓所見西漢木牘管窺」, 武漢大學簡帛網, 2006. 12.19.

_______, 「張家山漢簡《奏讞書》所見複獄簿研究」, 武漢大學簡帛網, 2006-09-09.

_______, 「〈二年律令〉零釋一」, “簡帛研究網站”, 2003-10-17.

_______, 「〈二年律令〉零釋二」, “簡帛研究網站”, 2003-10-23

何志國, 「西漢人體經脈漆雕考—兼談經脈學起源的相關問題」, 『大自然探索』

1995-3.
賀巷超, 「魏晋南北朝時期傭書業的文化貢獻」, 『圖書館』2000-2.
______, 「漢代傭書業生産的歷史條件」, 『遼寧大學學報(哲學社會科學版)』34, 2006-2.
韓健平, 「出土古脈書與三部九候說」, 『中華醫史雜誌』 1997-1.
韓姣姣, 「東漢買地券研究」, 山東大 석사학위논문, 2013.
韓國磐, 「曹魏的屯田--中國田制史述略考之一」, 『中國社會經濟史研究』1982-1.
韓國河, 「論秦漢魏晉時期的厚葬與薄葬」, 『鄭州大學學報(哲社版)』31-5, 1998.
韓濤・劉琴, 「漢律及其儒家化考察——以《二年律令》和《奏讞書》爲文本考察」, 『求索』2011-3.
韓樹峰, 「名籍・名數・民數與戶籍」, 『田餘慶先生九十華誕頌壽論文集』, 中華書局, 2014.
______, 「長沙走馬樓三國吳簡所見師佐籍考」, 『吳簡研究』 第1輯, 崇文書局, 2004.
______, 「秦漢徒刑散論」, 『歷史研究』 2005-3.
______, 「秦漢律令中的完刑」, 『中國史研究』 2003-4.
______, 「漢晋法律由'繁雜'到'淸約'的變革之路」, 『中國人民大學學報』 2014-5.
韓連琪, 「漢代的田租口賦和徭役」, 『文史哲』 1956-7.
韓偉・焦南峰, 「秦都雍城考古發掘研究綜述」, 『考古與文物』, 1988-5・6.
韓鶴進・黃梅, 「唐代流人管理制度探析」, 『牡丹江教育學院學報』 6, 2005.
咸陽市文物考古研究所, 「咸陽教育學院漢墓淸理簡報」, 『文物考古論集』, 西安: 三秦, 2000.
許慶發, 「秦代的郵驛法令」, 『集郵』(中華全國集郵聯合會), 1981-7.
許學仁, 「張家山M247漢簡〈蓋廬〉篇釋文訂補」, "新出土文獻與古代文明"國際學術研討會論文, 2002년7월.
郝建平, 「論漢代厚葬之風」, 『臨沂師範學院學報』29-2, 2007.

郝黎, 「唐代流刑新辨」, 『厦門大学学报』 3, 2004
郝延濤, 『秦漢郵傳管理略論』, 長江大學 碩士學位論文, 2012.
郝良眞, 「邯鄲出土的‘蜀西工’造酒樽」, 『文物』 1995-10.
______, 「從張庄橋墓出土銅器談‘蜀西工’諸問題」, 『文物春秋』 1997-1.
邢義田, 「論馬王堆漢墓“駐軍圖”應正名爲“箭道封域圖”」, 『湖南大學學報(社會科學版)』 21-5, 2007.
______, 「勞幹先生的漢簡因緣」, 『古今論衡』8, 2002.
______, 「龍山里耶秦遷陵縣城遺址出土某鄕南陽里戶籍簡試探」, 武漢大學簡帛研究中心 簡帛網 2007年11月1日.
______, 「漢代邊塞軍隊的給假·休沐與功勞制」, 『治國安邦』, 北京: 中華書局, 2011.
______, 「張家山漢簡〈二年律令〉讀記」, 中央研究院歷史語言研究所法律史研究室講座, 2002년 12월.
______, 「從簡牘看漢代的行政文書範本―“式”」, 李學勤·謝桂華主編, 『簡帛研究2001』, 廣西師範大學出版社, 2001.
______, 「從張家山漢簡〈二年律令〉論秦漢的刑期問題」, 『台大歷史學報』31, 2003.
湖南省博物館·中國科學院考古研究所, 「長沙馬王堆二·三號漢墓發掘簡報」, 『文物』 1974-7.
胡大貴, 「漢代更賦考辨」, 『四川師範大學學報』22-1, 1995.1.
胡文輝, 「放馬灘《日書》小考」, 『文博』 1999-6.
胡偉, 「漢代疑獄奏讞制度及其司法實踐」, 『求索』 2010-8.
胡仁智, 「由簡牘文書看漢代職務罪規定」, 『法商研究－中南財經政法大學學報(法學版)』 2001-3.
______, 「漢律中的縣道官“斷獄”權探析」, 『現代法學』 2009-2.
______, 「由簡牘文書看漢代職務罪規定」, 『法商研究－中南財經政法大學學報(法學版)』, 2001-3.
胡平生, 「簡牘制度新探」, 『文物』 2000-3.
______, 「木簡券書的幾種破別形式」, 『簡牘學研究』2, 1997.
______, 「謝家橋漢簡告知書釋解」, 武漢大簡帛網, 2009.
______, 「新出漢簡戶口簿籍研究」, 『胡平生簡牘文物論稿』, 中西書局, 2012.
______, 「雲夢龍崗六號秦墓墓主考」, 『文物』 1996-8.
______, 「中國湖北江陵張家山漢墓出土竹簡概述」, 『漢簡研究的現狀與展望』(大庭修主編, 日本關西大學出版會, 1993년 11월).
______, 「漢簡《蒼頡篇》新資料的研究」, 『簡帛研究』2, 法律出版史, 1996.
胡平生, 「簡牘制度新探」, 『文物』 2000-3.
洪萬生, 「〈算數書〉的幾則論證」, 『台灣歷史學會通訊』 2000-11.
______, 「〈算數書〉初探」, 『師大學報 : 科學教育類』 45-2, 2000.
洪萬生・林倉億, 「〈算數書〉"少廣"一問的反思」, 臺灣師大 『HPM通訊』, 5-2・3, 2002.
洪淑湄, 「漢代之賜杖」, 『興大人文學報』33, 2003.
弘一, 「江陵鳳凰山十號漢墓簡牘初探」, 『文物』 1974-6.
華覺明, 「中國古代鋼鐵技術的特色及其形成」, 『中國冶鑄史論集』, 文物出版社, 1986.
黃景春, 「王當買地券的文字考釋及道教內涵解讀」, 『南陽師範學院學報(社科版)』2-1, 2003.
______, 「早期買地券・鎮墓文整理與研究」, 華東師範大 박사학위논문, 2004.
黃今言, 「〈長沙東牌樓東漢簡牘〉釋讀的幾個問題」, 『中國社會經濟史研究』 2008-2.
______, 「東漢末季之家兵與世兵制的初步形成」, 『南昌大学学报(人社科版』)』 39-5, 2008.

______, 「從張家山竹簡看漢初的賦稅徵課制度」, 『史學集刊』 2007-2.

______, 「漢代小農的數量・特征與地位問題再探討」, 『農業考古』 2007-4.

黃今言・王福昌, 「漢代農業商品生産的群體結構及其發展水平之評價」, 『秦漢史論叢』9집, 中國秦漢史硏究會編, 2004.

黃今言・溫樂平, 「漢代不同農耕區之勞動生産率的考察—以糧食生産爲硏究中心—」, 『中國社會經濟史硏究』 2006-3.

黃錦前, 「〈二年律令・置後律〉札记」, "簡帛硏究網站" (http://www.jianbo.org/admin3/list.asp?id=1025), 2003-10-21.

黃金明, 「東漢墓碑文興盛的社會文化背景」, 『漳州師範學院學報』53, 2004.

黃茂琳, 「新鄭出土戰國兵器中的一些問題」, 『考古』 1973-6.

黃史斌, 「河南偃師縣發現買田約束石券」, 『文物』 1982-12.

黃山杉, 「從《奏讞書》看漢初司法狀況」, 雲南大學碩士學位論文, 2012・4.

黃盛璋, 「江陵高臺漢墓新出告地策・遣策與相關制度發复」, 『江陵考古』 1994-2.

______, 「江蘇胡場漢墓所謂"文告牘"與告地策謎再揭」, 『文博』 1996-5.

______, 「寺工新考」, 『考古』, 1983-9.

______, 「雲夢龍崗六號秦墓木牘與告地策」, 『中國文物報』, 1996年7月14日.

______, 「秦兵器分國・斷代與有關制度硏究」, 『古文字硏究』 21, 中華書局, 2001.

______, 「青川新出秦田律木牘及其相關問題」, 『文物』 1982-9.

______, 「江陵鳳凰山漢墓簡牘及其在歷史地理硏究上的價值」, 『文物』 1974-6.

黃偉廷, 「唐宋姦罪之硏究」, 中國文化大學 碩士學位論文, 2010.

黃義軍, 「關于漢代"亭"的幾個問題」, 『中國歷史地理論叢』21-2, 2006.

黃一農, 「江陵張家山出土漢初曆譜考」, 『考古』 2002-1.

黃一農, 「張家山漢墓竹簡《奏讞書》紀日幹支小考」, 『考古』2005-10.

黃展岳, 「西安三橋高窯村西漢銅器群銘文補釋」, 『考古』, 1963-4.

______, 「張家山不會是張蒼墓」, 『中國文物報』, 1994년5월1일.
黃浩波, 「『肩水金關漢簡(壹)』所見郡國縣邑鄉里」, 武漢大學 簡帛網, 2011.11.30.
黃宛峰, 「漢文帝並非薄葬」, 『南都學壇』, 1995년 제 1기.
侯東旭, 「西北漢簡所見“傳信”與“傳”--兼論漢代君臣日常政務的分工與詔書·律令的作用」, 『文史』 2008-3(武漢大學 簡帛網 2010.12.3. 수정).
______, 「魏書讀“長沙三國吳簡” 箚記」, “吳簡研究” 論壇, 2003年5月20日.
眭達明, 「漫話契約-古代公文寫作趣聞雜談」, 『秘書』 2002-5.
老冷, 「張家山漢簡研討班紀要(二)」, “往復論壇－史學－史林雜識” (http：//www.wangf.net/vbb/showthread.php?s=553380581ba1274c68c7fea0e3238e2c&threaded=9119), 2002-3-27.
勞武利著·李婧嶸譯, 「張家山漢簡《奏讞書》與嶽麓書院秦簡《爲獄等狀四種》的初步比較」, 『湖南大學學報』, 2013-3.
Thies Staack, 「嶽麓秦簡《爲獄等狀四種》卷冊一的編聯——依據簡背劃線和簡背反印字跡複原卷軸原貌」, 『湖南大學學報(社會科學版)』, 2013.
Thies Staack, 「嶽麓秦簡《爲獄等狀四種》新見的一枚漏簡與案例六的編聯」, 『湖南大學學報(社會科學版)』, 2014.
Ulrich Lau, 「張家山漢簡《奏讞書》與嶽麓書院秦簡《爲獄等狀四種》的初步比較」, 『湖南大學學報(社會科學版)』, 2013.

(3) 일본논문

加藤繁, 「漢代に於ける國家財政と帝室財政との區別並に帝室財政一斑」, 『東洋學報』8, 1918.
角谷常子, 「居延漢簡にみえる賣買關係簡についての一考察」, 『東洋史學研究』 52-4, 1994.

________, 「秦漢時代の贖刑」(梅原郁編 『前近代中國の刑罰』, 京都大學人文科學研究所, 1996).
________, 「秦漢時代における家族の連坐について」, (冨谷至編, 『江陵張家山漢簡二四七號墓出土漢律令の研究』, 朋友書店, 2006).
角谷定俊, 「秦における青銅工業の一考察 -工官を中心に」, 『駿臺史學』 55, 1982.
岡野誠, 「唐代における死刑覆奏について」, 『明治大學社會科學研究所年報』 21, 1981.
江優子, 「漢墓出土の鎭墓瓶について-銘文と墓内配置に見える死生觀」, 『鷹陵史學』29, 2003.
______, 「後漢時代の鎭墓瓶における發信者」について」, 『佛敎大學大學院紀要』32, 2004.
______, 「後漢時代の墓券に關する一考察」, 『佛敎大學大學院紀要』33, 2005.
______, 「漢代における地下他界の研究: 鎭墓文の分析を通じて」, 佛教大 박사학위논문, 2008.
江村治樹, 「戰國時代の都市とその支配」, 『東洋史研究』48-2, 1989.
________, 「戰國時代出土文字資料の國別特質」, 『春秋戰國秦漢時代出土文字資料の研究』, 汲古書院, 2000.
鎌田重雄, 「漢代の門生故吏」, 『東方學』7, 1953.
________, 「尙方考」, 『石田博士頌壽記念 東洋史論叢』, 1965.
高橋 智, 「中國古籍流動史の確立を目指して」, 『中國古籍文化研究』第3號, 2005-3.
古勝隆一, 「後漢魏晉注釋書の序文」, 『東方學報』 73, 2001.
高倉洋彰, 「漢代買地券の檢討」, 『日本民族・文化の生成 I 永井昌文教授退官記念論文集』, 東京: 六興, 1988.
高村武幸, 「'發(ひら)く' と '發(おく)る'--簡牘の文書送付に關わる語句の理解と關連して」,『古代文化』60, 2009.

________, 「前漢西北邊境と關東の戍卒」,『漢代の地方官吏と地域社會』, 汲古書院, 2008.

________, 「里耶秦簡第八層出土簡牘の基礎的研究」,『三重大史学』14, 2014.

古賀登, 「縣郷亭里制度の原理と由来」,『漢長安城と阡陌・縣郷・亭里制度』, 東京: 雄山閣, 1980.

谷口満, 「春秋時代の都市―城・郭問題探討」,『東洋史研究』46, 1988.

谷井陽子, 「なぜ「冤抑」を訴えるのか」,『中國訴訟社會史の研究』, 京都大學學術出版會, 2011.

谷川道雄, 「北魏官界における門閥主義と賢才主義」,『隋唐帝國形成史論』, 東京: 筑摩書房, 1971.

工藤元男, 「睡虎地秦墓竹簡に見える大内と少內-秦の少府の成立をめぐって-」,『史觀』105, 1981.

________, 「秦の領土擴大と國際秩序の形成」,『睡虎地秦簡よりみた秦代の國家と社會』, 創文社, 1998

廣瀨薫雄, 「張家山漢簡『二年律令』史律研究」,『秦漢律令研究』, 汲古書院, 2010.

久保田宏次, 「青海省大通縣上孫家寨一一五號漢墓出土木簡の考察―特に漢代の部隊編成を中心として―」,『駿台史學』74, 1988.

菊池英夫, 「唐宋時代を中心とする所謂"雇傭勞動"に關する諸研究」,『東洋學報』43-3, 1961.

堀敏一, 「部曲・客女身分成立の前提」,『中國古代の身分制』, 1987.

______, 「中國における良・賤身分制の成立過程」,『中國古代の身分制』, 汲古書院, 1987.

______, 「中國古代の亭をめぐる諸問題」,『布目潮渢博士古稀紀念論集』, 1990.

______, 「中國古代の家と戸」, 『中國古代の家と集落』 汲古書院, 1996.
堀毅, 「秦漢刑名攷」, 『早稲田大學大學院硏究科紀要』別册, 第4集, 1977,
____, 「秦漢刑名攷」, 『秦漢刑法史論攷』法律出版社, 1988
宮宅潔, 「漢令の起源とその編纂」, 『中國史硏究』5, 1995.
______, 「漢代請讞考:理念・制度・現實」. 『東洋史硏究』55-1, 1996.
______, 「秦漢時代の裁判制度─張家山漢簡「奏讞書」より見た─」, 『史林』81-2, 1998.
______, 「秦漢時代の爵と刑罰」, 『東洋史硏究』 58-4, 2000.
______, 「近50年日本的秦漢時代法制史硏究」. 黃留珠・魏全瑞. 『周秦漢唐文化硏究(第三輯)』(西安: 三秦出版社, 2004.
______, 「漢代官僚組織の最下層 -「官」と「民のはざま-」, 『東方學報』 87, 2012.
______, 「張家山漢簡《二年律令》解題」, 『東方學報』76, 京都大學人文科學硏究所, 2004.
______, 「《二年律令》硏究の射程─新出法制史料と前漢文帝期硏究の現狀─」, 『史林』89-1, 2006.
______, 「有期勞役刑體系の形成─《二年律令》に見える漢初の勞役刑を手がかりにして─」, 『東方學報』 78, 2006.
宮崎市定, 「中國における聚落形體の變遷について」, 『大谷史學』第6卷, 1958.
_______, 「漢末風俗」, 『アジア史硏究』第二, 同朋舍, 1974.
_______, 「宋元時代の法制と裁判機構－元典章成立の時代的・社會的背景」, 『東方學報』, 京都 24册, 1954(『宮崎市定全集11』東京: 岩波書店, 1992).
吉田光邦, 「周禮考工記の一考察」, 『東方學報』30, 1960.
吉村昌之, 「居延甲渠塞における部隧の配置について」, 『古代文化』50-5,

1998.

金子修一,「南朝期の上奏文の一形態 -『宋書』禮志を史料として」,『東洋文化』60, 1980.

楠山修作,「漢代女性力役不課論」,『中國史論集』朋友書店, 2001.

內田智雄,「魏律「序略」についての二・三の問題(上) 一滋賀秀三氏の「曹魏新律十八篇の篇目について」に寄せて」,『同志社法學』 11-3, 1959.

內田智雄,「魏律「序略」についての二・三の問題(下) 一滋賀秀三氏の「曹魏新律十八篇の篇目について」に寄せて」,『同志社法學』11-5, 1960.

唐長孺著・川勝義雄譯,「魏晋南北朝の客と部曲」,『東洋史研究』40-2, 1981.

大久保靖,「漢末門生故吏考-汝南袁氏の場合」,『史友』14, 1982.

大山誠一,「所謂「長屋王木簡」の再檢討」,『木簡研究』11, 1989.

大西克也,「古代漢語における地域的差異と相互交流一秦楚の出土資料を中心に一」,『長江流域文化研究所年報』2, 2003.

大庭脩,「魏晉南北朝告身雜考」,『史林』47-1, 1964.

______,「居延出土の詔書册」,『秦漢法制史の研究』創文社, 1982.

______,「漢代の關所とパスポート」,『秦漢法制史の研究』, 東京, 1982.

______,「漢代の符と致」,『漢簡研究』, 同朋社, 1992.

______,「張家山二年律令簡中の津關令について」,『近つ飛鳥博物館館報』7, 2002.

渡邊信一郎,「2世紀から7世紀に至る大土地所有と經營」,『中國古代社會論』,1986.

________,「漢代更卒制度再検討一服虔一濱口説批判」,『東洋史研究』51-1, 1992.

________,「漢代國家の社會的勞動編成」,『殷周秦漢時代史の基本問題』, 東京, 汲古書院, 2001.

渡邉義浩,「漢魏交替期の社會」,『歴史學研究』626, 1991.
________,「三國時代における「文學」の政治的宣揚-六朝貴族制形成史の視點から-」,『東洋史研究』54-3, 1995.
________,「三國政權形成前史-袁紹と公孫瓚-」,『吉田寅先生古稀記念アジア史論集』, 東京：吉田寅先生古稀記念論文集編集委員会, 1997.
________,「九品中正制度における「孝」」,『大東文化大學漢學會誌』41, 2002.
________,「兩漢における『春秋』三傳と國政」,『兩漢における詩と三傳』, 東京：汲古書院, 2007.
渡部武,「秦漢時代の謫戍と謫民について」,『東洋史研究』36-4, 1978.
島善高,「唐代量移考」,『東洋法史の探究』, 東京: 汲古書院, 1987.
渡邊英幸,「秦律の夏と臣邦」,『東洋史研究』66-2, 2007→『古代〈中華〉觀念の形成』, 岩波書店, 2010.
稻葉一郎,「漢代家族形態と經濟變動」,『東洋史研究』43-1, 1984.
東晉次,『後漢時期の政治と社會』, 名古屋大, 1995.
東賢司,「後漢時代の鎭墓陶書に關する一考察」,『二松』8, 1994.
藤田高夫,「秦漢罰金考」,『前近代中國の刑罰』 京都大學人文科學研究所, 1996.
________,「出土簡牘より見たD21遺址の性格」, 富谷至 編,『邊境出土木簡の研究』, 朋友書店, 2003.
藤田勝久,「秦漢帝國の成立と秦・楚の社會—張家山漢簡と『史記』研究—」,『愛媛大學法文學部論集 人文學科編』15, 2003.
________,「中國古代史における秦・巴蜀・楚—長江流域の出土資料と地域文化」,『長江流域文化研究所年報』第2號, 2003.
________,「里耶秦簡の情報システム—秦代の郡縣制をめぐって—」,『愛媛大學法文學部論集』(人文科學編)23, 2007.

＿＿＿＿＿,「里耶秦簡の記錄官と實務―文字資料による地方官府の運營―」,『愛媛大學法文學部論集』(人文科學編) 25, 2008.

若江賢三,「秦漢時代の「完」刑について―漢書刑法志解読への一試論―」(『愛媛大學法文論集・文學科編』, 13 1980.

＿＿＿＿＿,「秦律中の城旦春について」(『愛媛大學人文學會創立十五周年記念論集』 1991.

＿＿＿＿＿,「秦律における勞役刑の刑期再論(上)」,『愛媛大學法文學部論集』25, 1992.

＿＿＿＿＿,「秦律における贖刑制度(上)」,『愛媛大學法文學部論集』25, 1993.

＿＿＿＿＿,「秦律における勞役刑の刑期再論(下)」,『愛媛大學法文學部論集』27, 1994.

＿＿＿＿＿,「秦律中の隷臣妾」,『愛媛大學人文學會創立二十周年記念論集』1996.

＿＿＿＿＿,「秦律における隷臣妾の特質とその刑期」,『古代文化』48-6 1997.

＿＿＿＿＿,「『張家山漢墓竹簡』奏讞書の和姦事件に関する法の適用-公士の贖耐について」,『社会文化史学』53, 2010.

鈴木雅隆,「鎮墓文の系譜と天師道との關係」,『史滴』25, 2003.

＿＿＿＿＿,「里耶秦簡にみる秦の戸口把握―同居・室人再考―」,『東洋學報』89-4, 2008.

瀬川敬也,「秦漢時代の身體刑と労役形」,『中國出土資料研究』 7, 2003.

林巳奈夫,「戰國時代の重量單位」,『史林』51-2, 1968.

馬彪,「龍崗秦簡における律名の復元について」,『アジアの歴史と文化』16, 2012.

馬彪,「龍崗秦簡譯注(凡十一篇)」,『異文化研究』6, 2012.

馬彪, 「『龍崗秦簡』禁苑律と『唐律疏議』衛禁律との比較」,『異文化研究』3, 2009.

牧野巽, 「中國古代貨幣經濟の衰退過程」, 『牧野巽著作集 中國社會史の諸問題』第6卷, 御茶の水書房, 1985.
武內義雄, 「禮記の硏究」, 『武內義雄全集』제3권, 角川書店, 1979.
尾勇形, 「漢代屯田制の一考察--特に武帝・昭帝期を中心に」, 『史學雜誌』72-4, 1963.
美川修一, 「漢代の部曲について」, 『史觀』76, 1967.
________, 「漢代の市籍について」, 『古代學』 15-3, 1969.
尾形勇, 「良賤制の形成とその展開」, 『岩波講座 世界歷史』 5, 1970.
飯島和俊, 「秦漢交替期の亡人の發生と追捕-秦律・奏讞書から見た社會變動」, 『アジア史におおける制度と社會』, 中央大學東洋史硏究室編, 1996.
________, 「秦漢交替期の雇用関係—「江陵張家山漢簡『奏讞書』」案例22に見えるの「亡県人来乘庸」をてがかりとして—」, 『唐代史硏究』3, 2000.
________, 「秦漢時代の軍制—張家山漢簡「奏讞書」に散見する「走士」と「走馬」を手がかりとして—」, 『中央大学アジア史硏究』24, 2000.
________, 「市に集まる人々 —張家山漢簡〈奏讞書〉案例二三をめぐって」, 中央大學人文科學硏究所 編, 『アジア史における法と国家』, 中央大學出版部, 2000.
________, 「奏讞書文字異同—張家山漢簡「奏讞書」 案例十七から二十二までをめぐって—」, 『中央大学文学部紀要』51, 2006.
飯尾秀幸, 「中國古代土地所有問題に寄せて —張家山漢簡『二年律令』における田宅地規定をめぐつて」(『張家山漢簡『二年律令』の硏究』東洋文庫, 2014.
________, 「張家山漢簡 『奏讞書』をめぐって」, 『専修人文論集』56, 1995.

白須淨眞,「高昌闞爽政權と緣禾建平紀年文書」,『東洋史研究』45-1, 1986.

_______,「在地豪族・名族社會--一-四世紀河西」, 池田溫 編,『敦煌の社會』, 東京, 1980.

福原啓郎,「西晉の墓誌の意義」,『中國中世の文物』, 京都：京都大, 1993.

_______,「西晋の墓誌の意義」 礪波護編『中國中世の文物』京都大學人文科學研究所, 1993.

冨谷至,「秦漢における庶人と士伍・覺書」, 谷川道雄外編,『中國士大夫階級と地域社會との關係についての總合的硏究』(昭和57年度科学研究費補助金總合研究(A)研究成果報告書, 1983).

______,「黃泉の國の土地賣買-漢魏六朝買地券考」,『大阪大學教養部研究集錄』36, 1987.

______,「漢代邊境の關所-玉門關の所在をめぐって」,『東洋史研究』48-4, 1990,

______,「秦漢二十等爵制と刑罰の減免」,『前近代中國の刑罰』, 京都大學人文科學研究所, 1996.

______,「統一秦の刑罰—秦の刑罰—」,『秦漢刑罰制度の研究』 同朋舍, 1998.

______,「漢代刑罰制度考證-釱左右趾刑」,『秦漢刑罰制度の研究』同朋社, 1998.

______,「晉泰始律令への道(第一部) 秦漢の律と令」,『東方學報』 72, 2000.

______,「晉泰始律令への道(第二部) 魏晉の律と令」,『東方學報』 73, 2001.

______,「スウェン・ヘディン・ロプノ-ル・樓蘭」,『シルクロ-ド研究叢書』6, シルクロ-ド學研究センタ-, 2002.

______, "Death Penalty—The Ancient and Middle Ages of China"

(Law and Customs in East Asia; A study of capital punishments, edited by Itaru Tomiya, 2003)

______, 「亭制に關する一考察 一漢簡に見える亭の分析」, 冨谷至主編『邊界出土木簡の研究』, 朋友書店, 2003.

______, 「二年律令に見える法律用語-その(1)」, 『東方學報』 76 2004.

______, 「漢代の「傳」 について」, 『古シルクロードの軍事・行政システム―河西回廊を中心にして』22, 2005.

______, 「江陵張家山二四七號墓出土竹簡―とくに《二年律令》に關して―」, 『木簡研究』 27, 2005.

______, 「書記官への道」, 『文書行政の漢帝國』, 名古屋大學出版社, 2010.

______, 「漢代の地方行政 一漢簡にみえる亭の分析」, 『文書行政の漢帝國』, 名古屋大學出版會, 2010.

______, 「漢律から唐律へ―裁判規範と行爲規範―」, 『東方學報』88, 2013.

夫馬進, 「明淸時代の訟師と訴訟制度」, 京都大學人文科學研究所編, 『中國近世の法制と社會』, 1993.

榧本杜人・町田章, 「漢代紀年銘漆器聚成」, 樂浪漢墓刊行會 編, 『樂浪漢墓』 1冊, 樂浪漢墓刊行會, 1974.

濱口重國, 「唐の部曲・客女と前代の衣食客」, 『唐王朝の賤人制度』 同朋舍, 1966.

________, 「魏晉南朝の兵戸制度の研究」, 『唐王朝の賤人制度』 同朋舍, 1966.

________, 「晉書 武帝紀に見える部曲將・部曲督と質任」, 『唐王朝の賤人制度』, 同朋舍, 1966.

________, 「漢代に於ける地方官の任用と本籍地との關係」 『秦漢隋唐史の研究』, 東京大學出版會, 1966.

________, 「漢代の將作大匠と其の役徒」, 『秦漢隋唐史の研究』, 東京大學出版會, 1966.

________, 「漢代の鈦趾刑と曹魏の刑名」, 『秦漢隋唐史の研究』, 東京大學出版會, 1966.

________, 「後漢末・曹魏時代に於ける兵民の分離に就いて」, 『秦漢隋唐史の研究』, 1966.

濱田瑞美, 「曹操による建安十年立碑の禁令の實相について」, 『東洋美術史論叢』, 雄山閣, 2000.

________, 「漢碑考-かたちと意匠をめぐって」, 『美術史研究』41, 2003.

山崎光洋, 「後漢末の河北の狀況について-汝南の袁氏を中心として-」, 『立正史學』57, 1985.

山田慶兒, 「中國人の技術觀」, 『生活の技術 生産の技術』, 岩波書店, 1990

山田勝芳, 「漢代の算と役」, 『東北大學教養部紀要』28, 1978.

________, 「中國古代の商人と市籍」, 『加賀博士退官記念 中國文史哲學論集』, 講談社, 1979.

________, 「秦漢時代の大內と少內」 『集刊東洋學』57, 1987.

________, 「弋射二新發見-未央宮三號建築遺址揚州胡場五號漢墓」, 『歷史』78, 1992.

________, 「中國古代の「家」 と均分相續」, 『東北アジア研究』第2號, 1998.

________, 「秦漢代手工業の展開 -秦漢代工官の變遷から考える」, 『東洋史研究』 56-4, 1999.

________, 「張家山二四七號漢墓竹簡『二年律令』と秦漢史研究」 (『日本秦漢史學會會報』3, 2002.

________, 「前漢武帝代の地域社會と女性徭役 —安徽省天長市安樂鎭九十號漢墓木牘から考える—」, 『集刊東洋學』97, 2007.

森穀一樹, 「張家山漢簡・秩律初探」, 『洛北史學』6, 2004.

森鹿三, 「竹と中國文化」, 『東光』1, 1949.

三上喜孝,「慶州雁鴨池出土の藥物名木簡について」,『朝鮮文化研究所 編, 『韓國出土文獻の世界』, 雄山閣, 2007
________,「韓國出土木簡と日本古代木簡—比較研究の可能性をめぐつて—」,『朝鮮文化研究所 編,『韓國出土文獻の世界』, 雄山閣, 2007
杉村伸二,「二年律令より見た漢初における漢朝と諸侯王國」(富谷至編,『江陵張家山二四七號墓出土漢律令の研究-論考編-』朋友書店, 2006)
西嶋定生,「中國古代帝國形成の一考察—漢の高祖とその功臣」,『中國古代國家と東アジア世界』, 東京大學出版會, 1983.
________,「東アジア世界の形成と展開」,『西嶋定生 東アジア史論集(第三卷)』, 岩波書店, 2002.
________,「東アジア世界の形成と展開」,『西嶋定生東アジア史論集 第三集』, 岩波書店, 2002,
________,「漢字の傳來とその變容」,『倭國の出現-東アジア世界のなかの日本』, 東京大學出版會, 2002.
西村元佑,「唐代敦煌差科簿を通じてみた唐均田制時代の徭役制度」,『中國經濟史研究』(京都: 京都大學出版社, 1968.
石岡浩,「張家山漢簡二年律令にみる二十等爵制度—五級大夫を中心に—」,『中國史研究』26, 2003.
________,「張家山漢簡二年律令にみる二十等爵制度—特權の賜與と剝奪—」(『早稻田大學本莊高等學院研究紀要』22, 2004)
________,「秦漢代の徒隷と司寇-官署に隷屬する有職刑徒」,『史學雜誌』121-1, 2012.
石川重雄, 「南宋期における裁判と検死制度の整備 -「検験(験屍)格目」の施行を中心に-」『立正大学東洋史論集』3, 1990.
小南一郎,「漢代の祖靈觀念」,『東方學報』第66輯, 1994.

小嶋茂稔, 「漢代の國家統治機構における亭の位置」, 『史學雜誌』112-8, 2003.

________, 「読江陵張家山出土『奏讞書』劄記」, 『アジア・アフリカ歴史社会研究』2, 1997.

小林伸二, 「春秋時代の會盟地について(一)」, 中國古代史研究會 編, 『中國古代史研究』 7, 研文出版, 1997.

小寺敦, 「張家山漢簡『二年律令』研究—家族研究を中心に—」, 『出土文獻と秦楚文化』4, 2009.

小嶋茂稔, 「漢代の國家統治機構における亭の位置」, 『史學雜誌』112-8, 2003.

小川環樹, 「中國の字書」, 『小川環樹著作集』第 1 巻, 筑摩書房, 1997.

________, 「『注釋千字文』解說」 『小川環樹著作集』第 1 巻, 筑摩書房, 1997.

松本善海, 「秦漢時代における亭の變遷」, 『東洋文化研究所紀要』第3册, 1952.(『中國村落制度の史的研究』, 東京:岩波書店, 1977.

松丸道雄, 「殷周國家の構造」, 『世界歷史4』, 岩波書店, 1970.

水間大輔, 「秦律・漢律における共犯の處理原則」, 『法制史研究』51, 2001.

________, 「張家山漢簡『二年律令』刑法雜考—睡虎地秦簡以降の秦漢法制史研究の再検討—」 (『中國出土資料研究』6, 2002.

________, 「湖南張家界古人堤遺址出土漢簡に見える漢律の賊律・盜律について」, 『長江流域文化研究所年報』2, 2003.

________, 「秦律・漢律における殺人罪の類型—張家山漢簡 『二年律令』を中心に—」, 『史觀』148, 2003.

________, 「張家山漢簡 『二年律令』による秦漢刑罰制度研究の動向」, 『中國史學』14, 朋友書店, 2004.

________, 「秦律から漢律への繼承と變革—睡虎地秦簡・龍崗秦簡・張家山漢簡の比較を中心として一」, 『中國出土資料硏究』10, 2006.
________, 「秦律・漢律における女子の犯罪に對する處罰」, 『福井重雅先生古稀・退職記念論集　古代東アジアの社會と文化』, 汲古書院, 2007.
________, 「秦律・漢律の刑罰制度」, 『秦漢法制硏究』 東京: 知泉書館, 2007.
手塚隆義, 「馬弩關考」, 『史苑』41-2, 1982.
水出泰弘, 「秦の半兩錢について」, 『アジア史における制度と社會』(中央大學東洋史硏究室 編), 刀水書房, 1996.
水野清一, 「碑碣の形式」, 『書道全集』제2권, 平凡社, 1965.
寺田浩明, 「權利と冤抑一淸代聽訟世界の全體像」, 『法學』61-5, 1997.
市村瓚次郎, 「漢代建碑の流行及び其後世の禁制に就いて」, 『書苑』2-19, 1938.
神矢法子, 「漢晉間における喪服禮の規範的展開」, 『東洋學報』63-1・2 1981.
阿風, 「淸代の京控」, 夫馬進編, 『中國訴訟社會史の硏究』, 京都大學學術出版會, 2011.
若江賢三, 「秦律における贖刑制度(上)」, 『愛媛大學法文學部論集』 18, 1985.
________, 「秦律における贖刑制度(下)」, 『愛媛大學法文學部論集』 19, 1986.
________, 「秦律における爵價と贖刑の制度」, 『愛媛大學法文學部論集』(人文科學編)37, 2014.
________, 「秦律における盜罪とその量刑」, 『秦漢律と文帝の刑法改革の硏究』 汲古書院, 2015.
湯淺邦弘, 「秦帝國の吏觀念一雲夢秦簡 「語書」「爲吏之道」の思想史的意義」, 『日本中國學會報』47, 1995.

五井直弘,「春秋時代の縣についての覺書」,『東洋史研究』26-4, 1968.
翁育瑄,「宋代の姦罪」,『お茶の水史學』50, 2006.
窪添慶文,「墓誌の起源とその定型化」,『立正史學』105, 2009.
________,「北魏における贈官をめぐって」,『魏晉南北朝官僚制研究』, 東京: 汲古書院, 2003(原載 西嶋定生博士追悼論文集『東アジア史の展開と日本』, 東京: 山川出版社, 2000).
________,「北魏の州の等級について」,『魏晉南北朝官僚制研究』, 東京: 汲古書院, 2003(原載『高知大學教育學部研究報告』第二部 40, 1988).
________,「石に刻された生涯」,『東洋文化研究』14, 2012.
王彦輝,「從張家山漢簡看西漢時期私奴婢的社會地位」,『東北師大學報』(哲學社會科學版) 03-2, 2003.
宇都宮清吉,「僮約研究」,『漢代社會經濟史研究』, 東京, 1967.
熊谷滋三,「前漢における「蛮夷降者」と「帰義蛮夷」」,『東洋文化研究所紀要(東京大)』134, 1997.
遠藤祐子,「漢代における地方官學の政治的機能」,『立命館史學』14, 1993.
原田正己,「民俗資料としての墓券─上代中国人の死靈觀の一面」,『フィロソフィア』45, 1963.
越智重明,「客と部曲」,『史淵』110, 1973.
________,「北朝の下層身分をめぐって」,『九州大學東洋史論集』8, 1980.
________,「六朝の良・賤をめぐって」,『史學雜誌』89 - 9, 1980.
________,「漢・六朝史の理解をめぐって」,『九州大東洋史論集』5, 1977,
________,「秦の國家財政制度」,『九州大學東洋史論集』15, 1986.
________,「漢魏晉南朝の鄕・亭・里」,『東洋學報』53-1, 1970.
鷹取祐司,「漢代の裁判文書〈爰書〉-戍卒による賣買を手掛かりに」,『史林』80-6, 1997.

_______, 「漢簡所見文書考—書・檄・記・符—」, 富谷至 編, 『邊境出土木簡の研究』, 朋友書店, 2003.
_______, 「秦漢時代の刑罰と爵制的身分制」, 『立命館文學』 608, 2008.
_______, 「里耶秦簡に見える秦人の存在形態」, 愛媛大学「資料学」研究会『資料学の方法を探る』12, 2013.
_______, 「漢代の人・物の移動と傳・致」, "東亜地域社会的情報交流與流通国際学術研討会"(2016韓国忠北大学校大学人文力量強化事業団主催)
伊藤敏雄, 「『長沙走馬樓三國呉簡(壹)』釋文補注(稿)」, 『歴史研究』 43, 2006.
_______, 「長沙呉簡中の生口売買と「估銭」 徴収をめぐって: 「白」文書木牘の一例として」, 大阪教育大学歴史学研究室 編, 『歴史研究』 50, 2012.
李成市, 「古代朝鮮の文字文化と日本」 『國文學』 47巻-4號, 2002.
李學勤, 「論張家山247號墓漢律竹簡」, 『漢簡研究的現狀與展望』(大庭修主編, 日本關西大學出版會, 1993년 11월).
籾山明, 「刻齒簡牘考略」, 『中國出土文字資料的基礎研究』, 1993.
______, 「刻齒簡牘初探—漢簡形態論のために」, 『木簡研究』17, 1995.
______, 「秦漢刑罰史研究の現狀」, 『中國史學』 5, 1995.
______, 「爰書新探—漢代訴訟論のために—」, 『東洋史研究』51-3, 1992.
______, 「魏晉樓欄簡の形態 : 封檢中心」, 冨谷至 編著, 『流沙出土の文字資料--樓欄・尼雅文書を中心に』, 京都大學出版會, 2001.
______, 「後漢後半期の訴訟と社會—長沙東牌樓出土1001號木牘を中心に—」, 『中國訴訟社會史の研究』, 京都大學學術出版會, 2011.
仁井田陞, 「漢・魏六朝の質制度」, 『中國法制史研究』 土地法・取引法, 1960.
日比野丈夫, 「鄉亭里についての研究」, 『東洋史研究』14-1, 1955.

＿＿＿＿＿，「墓誌の起源について」，『江上波夫教授古稀記念論文集〈民族・文化編〉』山川出版社, 1977.

柴生芳, 「敦煌漢晋懸泉遺址」, (富谷至編『邊境出土木簡の研究』)朋友書店, 2003.

滋賀秀三, 「中國法文化の考察」, 『續清代中國の法と裁判』東京: 創文社, 2009.

張建國, 「前漢文帝刑法改革とその展開の再検討」, 『古代文化』48-10, 1996.

長澤和俊, 「魏晋樓蘭屯戍の實態」, 『樓蘭王國の研究』雄山閣, 1996.

斎藤秀昭, 「秦漢時代における「完」の意味について」, 『法史學研究』1987.

＿＿＿＿＿，「秦漢時代の身體刑と科刑手續に關する一考察」, 『法史學研究』1989.

＿＿＿＿＿，「秦漢時代の身體刑について―「刑」と「完」に関する一考察」(『堀敏一先生古稀記念中國古代の國家と民衆』, 東京: 汲古書院, 1995.

猪飼祥夫, 「甘肅省敦煌の懸泉置遺址から出土した漢代の紙と藥名」, 『漢代の臨床』47-6, 2001.

畑野吉則, 「里耶秦簡の郵書記錄と文書傳達」, 『資料學の方法を探る』12, 2013.

田中史生, 「武の上奏文―もうひつの東アジア」, 『文字と古代日本2』(平川 南・沖森卓也・榮原永遠男・山中章 編, 吉川弘文館, 2005).

井上亘, 「漢代の書府 ―中國古代における情報管理技術―」, 『東洋學報』87-1, 2005.

井上晃, 「後魏姓族分定攷」, 『史觀』 9, 1936

井波陵一, 2003년. 「王國維と二重證據法」 富谷至編 『邊境出土木簡の研究』朋友書店.

佐立治人, 「『清明集』の「法意」と「人情」-訴訟當事者による法律解釋の痕跡-」,『中國近世の法制と社會』, 1993.
佐原康夫, 「居延漢簡に見える物資の輸送について」, 『東洋史研究』 50-1, 1991.
________, 「漢代の官衙と屬吏について」, 『東方學報』61, 1989.
________, 「漢代の市」, 『中國古代史研究』 2, 吉川弘文館, 1965.
________, 「漢代郡縣の財政機構について」, 『東方學報』62, 1990.
竹浪隆良, 「漢六朝期における人身の賣買と質入れ」, 『歷史學研究』564, 1987.
________, 「中國古代の夫權と父母權について」, 堀敏一先生古稀記念『中國古代の國家と民衆』, 1995.
重近啓樹, 「〈張家山漢墓竹簡(二四七號墓)〉の刊行によせて」, 『日本秦漢史學會會報』第3號, 2002.
仲山茂, 「秦漢時代の「官」と「曹」—縣の部局組織—」, 『東洋學報』82-4, 2001.
______, 「漢代の掾史」, 『史林』 81-4, 1998.
中田勇次郎, 「中國の墓誌」, 『中國墓誌精華』, 東京:中央公論社, 1975.
中田薰, 「支那における律令法系の發達について」, 『比較法雜誌』1-4, 1951.
______, 「支那における律令法系の發達について補考」, 『法制史研究』3, 1952.
______, 「漢律令」, 『中國古代法律文獻研究』3(北京 : 政法大學出版社), 2006.
中村圭爾, 「南朝における詔」, 『東アジア古文書の史的研究』, 1990.
________, 「黃紙雜考」『大阪市立大學東洋史論叢』10, 1993.
________, 「三國兩晉における文書 啓の成立と展開」, 『古代文化』 51-10, 1999.
曾我部靜雄, 「唐の玄宗の死刑廢止について」, 『中國律令史の研究』, 東京:

吉川弘文館, 1971.

增淵龍夫, 「所謂東洋的專制主義と共同體」, 『一橋論叢』47-3, 1962.

紙屋正和, 「前漢時代の關と馬弩關」, 『福岡大學人文論叢』10-2, 1978

________, 「前漢時代の商賈と緡錢令」, 『福岡大學人文論叢』11-2, 1979

________, 「前漢時代の郡・國の守・相の支配權の强化について」, 『東洋史研究』41-2, 1982.

池田溫, 「中國歷代墓卷略考」, 『アジアの社會と文化』, 東京: 東京大, 1982.

______, 「契」, 『敦煌文書の世界』, 名著刊行會, 2003.

池田雄一, 「江陵張家山漢簡『奏讞書』について」・『堀敏一先生古稀記念論集 中國古代の國家と民衆』56, 1995.

________, 「漢代の讞制について―江陵張家山 「奏讞書」の出土によせて―」, 『中央大文学部史学科紀要』40, 1995.

________, 「呂后『二年律令』に見える妻の地位」, 『中國古代の律令と社會』, 汲古書院, 2008.

池田夏樹, 「戰國秦漢期における贖刑の方法と制度の運用」, 『中央大學アジア史研究』 28, 2004.

直井晶子, 「前漢初期の県令と門下・舍人―張家山漢簡「奏讞書」案件一六をめぐって―」. 『史滴(早稲田大)』21, 1999.

陳夢家, 「漢簡年歷表敍」, 『漢簡綴述』, 北京: 中華書局, 1980.

陳宝良, 「鄉土社會か好訟社會か」, 夫馬進編, 『中國訴訟社會史の研究』, 京都大學學術出版會, 2011.

陳偉, 「秦と漢初の文書傳達システム」, 『古代東アジアの情報傳達』(藤田勝久·松原弘宣 編), 汲古書院, 2008.

____, 「里耶秦簡に見える秦代行政と算術」, 『大阪産業大學論集』(人文・社會科學編)19, 2013.

川本芳昭, 「北魏時代における所謂良奴制の成立　-良の問題を中心として-」, 『史學雜誌』 97-7, 1987.

川勝義雄, 「門生故吏關係」, 『六朝貴族制社會の研究』 岩波書店, 1982.

淺井正, 「現代中國の律師(辯護士)像」, 夫馬進編, 『中國訴訟社會史の研究』, 京都大學學術出版會, 2011.

川村康, 「唐五代杖殺考」, 『東洋文化研究所紀要』 117, 1992.

______, 「宋代折杖法初考」, 『早稻田法學』 65-4, 1990

青木俊介, 「里耶秦簡に見える縣の部局組織について」, 『中國出土資料研究』, 2005.

________, 「秦から漢初における都官と縣官—睡虎地秦簡 '法律答問' 九五簡の解釋を通じて—」 『中國出土資料研究』15, 2011.

________, 「洞庭郡治小考」, 『中國古代史簡牘の橫斷領域的研究』, http://www.aa.tufs.ac.jp/users/Ejina/note/note10(Aoki).html), 2014年11月17日.

草野靖, 「唐律にみえる私賤民, 奴婢・部曲に就いの一考察」, 『重松先生古稀記念九州大學東洋史論叢』, 九州大學文學部東洋史研究室, 1957.

塚本靖, 「碑の裝飾」, 『考古學雜誌』5-12, 1915.

塚田康信, 「碑の起源と形式の研究 I」, 『福岡教育大學紀要 第5分册』28, 1978.

椎名一雄, 「張家山漢簡二年律令に見える爵制-庶人の理解を中心として」, 『鴨台史學』6, 2006.

鷲尾祐子, 「出土文字資料秦漢代戶籍制度 — 湖北省里耶古城出土秦名籍江蘇省天長縣出土戶口簿・算簿」, 東亞歷史文化研究會編, 『東亞文史論叢』 2007.

________, 「更卒について--漢代徭役制度試論」, 『中國古代史論叢』續集, 2005.

________, 「出土文字にみえる秦漢代戶籍制度―湖北省里耶古城出土秦名籍と江蘇省天長縣出土戶口簿・筭賦―」, 『東亞文史論叢』2007, 東亞歷史文化研究會, 2007(『中國古代の專制國家と民間社會―家族・風俗・公私―』立命館東洋史學會叢書9, 2009年 10月)
________, 「漢初の戶について―《二年律令》を主な史料として―」(冨谷至編, 『江陵張家山漢簡二四七號墓出土漢律令の研究』, 朋友書店, 2006), (『中國古代の專制國家と民間社會―家族·風俗·公私―』立命館東洋史學會叢書9, 2009年 10月).
七野敏光, 「(書評)宮宅潔「秦漢時代の裁判制度――張家山漢簡《奏讞書》より見た――」. 『法制史研究』, 49, 2000.
七野敏光, 「元初强姦犯殺害の一裁判案件について」, 『大阪經濟法科大學法學論集』 46, 2000.
太田幸男, 「秦漢出土法律文書にみる「田」・「宅」に關する諸問題」(『張家山漢簡『二年律令』の研究』 東洋文庫, 2014.
________, 「出土法律文書にみえる「盜」 について」(『日本秦漢史學會會報』5, 2004)
土口史記, 「戰國・秦代の縣 ―縣廷と'官'の關係をめぐる一考察」, 『史林』95-1, 2012.
片野竜太郎, 「漢代邊境の都尉府と防衛線-長城防衛線遺構の基礎的研究」, 籾山明・佐藤信編, 『文獻と遺物の境界-中國出土簡牘史料の生態的研究』, 東京外國語大學 アジア・アフリカ言語文化研究所, 2011.
片倉穰, 「漢代の士伍」, 『東方學』36, 1966.
平中苓次, 「秦代の自實田について」, 『中國古代の田制と稅法』, 京都: 京都大東洋史研究會, 1967.
榎一雄, 「外國人の記錄に見える敦煌」, 『敦煌講座 1 敦煌の自然と現狀』, 東京, 1980.

下倉渉, 「漢代の母と子」, 『東洋史論集』8, 2001.

鶴間和幸, 「秦漢王權與農業」 (『秦漢史論叢』9, 三秦出版社, 2004)

許飛, 「「泰山治鬼」の形成年代考: 漢代の鎭墓文を中心に」, 『中國中世文學研究』60, 2012.

____, 「漢代の告知文·鎭墓文·買地券に見られる冥界(上)」, 『中國學研究論集』26, 2011.

邢義田, 1993년. 「中央研究院歷史言語研究所が所藏する居延漢簡の整理作業についての簡單な報告」 大庭修編 『漢簡研究の現狀と展望』 關西大學出版部.

戸川貴行, 「魏晋南朝の民爵賜与について」(『東洋史論集・九州大学』 30, 2002.

好並隆司, 「漢代下層庶人の存在形態」(二), 『史學雜誌』 82-2, 1973.

________, 「湖北江陵鳳凰山西漢墓出土の10號墓竹簡木牘について」, 『歷史學研究』436, 1976.

________, 「張家山漢簡の律文における"宦皇帝"について」, 『別府大学大学院纪要』5, 2003.

Wahlquist, H. 2001년. 「西域考古學の誕生と展開」, 冨谷至編 『流沙出土の文字資料』京都大學學術出版會.

リシェル, アンナ·グレ-テ, 「樓蘭古紙の科學的分析」, 冨谷至編 『流沙出土の文字資料』京都大學學術出版會, 2001.

Enno Giele, 「"郵" 制攷 - 秦漢時代を中心に -」, 『東洋史研究』63-2. 2004.

(4) 구미연구

Stein, M. A. 1913. *Les Documents Chinois decouverts par Aurel Stein dans les Sables du Turkestan Oriental, Oxford.*

Stein, M. A. 1953. *Les Documents Chinois de la Troisieme Expedition de Sir Aurel Stein en Asie Centrale,* The British Museum, London.

Bergman, F. 1945. *History of the Expedition in Asia 1927-1935,* Part 5, Stockholm.

Martin Powers, *Art & Political Expression in Early China*, New Haven, 1991.

Anthony J. Barbieri-Low, *The Organization of Imperial Workshops during the Han Dynasty*, Ph.D., Princeton University, 2001

Chang, Kwang-chih, *Shang Civilization*, New Haven: Yale University Press, 1980

Chang, Kwang-chih, *Art, Myth, and Ritual : The Path to Political Authority in Ancient China*, Harvard University Press, 1983 (이철 역, 『신화, 미술, 제사』, 東文選, 1990).

Joseph Needham, *Science and Civilisation in China*, Vol.4 Pt.2 (Mechanical Engineering), Cambridge University Press, 1965.

Lothar Ledderose, *Ten Thousand Things: Module and Mass Production in Chinese Art*, Princeton University Press, 2000 (張總 等 譯, 『萬物 -中國藝術中的模件化和規模化生産』, 三聯書店, 2005)

Noel Barnard, *Bronze Casting and Bronze Alloys in Ancient China*, Canberra: Australian National University, 1961.

Li Yung-ti, *The Anyang Bronze Foundries: Archaeological Remains, Casting technology and Production Organization*, Ph.D., Harvard University, 2003.

Dieter Kuhn, "The Silk-workshops of The Shang Dynasty (16th-11th

Century B.C)", *Explorations in the History of Science and Technology in China,* edited by Li Guohao, Shanghai Chinese Classics Pub. House, 1982.

Robert W. Bagley, "Shang Ritual Bronzes: Casting Technique and Vessel Design", *Archives of Asian Art* 43, 1990.

Robert W. Bagley, "Replication Techniques in Eastern Zhou Bronze Casting", *History from Things: Essays on Material Culture*, Washington: Smithsonian Institution Press, 1993.

Robert W. Bagley, "What the Bronze From Hunyuan Tell Us about Foundry at Houma", *Orientations*, Vol.26, No.1, Hong Kong : Pacific Communications, 1995.

Ursula M. Franklin, "The Beginnings of Metallurgy in China", *The Great Bronze Age of China: a symposium*, edited by G. Kuwayama, University of Washington Press, 1981.

Ursula M. Franklin, "On Bronze and Other Metals in Early China", edited by David N. Keightley, *The Origin of Chinese Civilization*, University of California Press, 1983.

Cosmo, Nicola di and Wyatt, Don J. eds., *Political frontiers, ethnic boundaries, and human geographies in Chinese history*, New York: Routledge Curzon, 2003.

Li Feng, *Bureaucracy and the State in Early China: Governing the Western Zhou*, Cambridge University Press, 2008.

Evelyn S. Rawski, 1979, *Education and Popular Literacy in Ch'ing China*, University of Michigan Press.

Jack Goody, 2009, *Renaissances: The One or the Many?*, Cambridge University Press.

James A. Brundage, 2008, *The Medieval Origins of the Legal Profession*, The University of Chicago Press: Chicago and London.

Mark Elvin, 2008, Vale atque ave, in Joseph Needham, *Science and Civilization in China*, Volume Vii:2, Cambridge University Press.

Melissa Macauley, 1998, *Social Power and Legal Culture: Litigation Masters in Late Imperial China*, Stanford University Press.

Xiaoqun Xu, 2008, *Trial of Modernity: Judicial Reform in Early Twentieth-Century China, 1901-1937*, Stanford: Stanford University Press.

Ulrich Lau/ Thies Staack, *Legal Practice in the Formative Stages of the Chinese Empire*, Brill, 2016.

Micheal Loewe and Edward L. Shaughnessy, *THE CAMBRIDGE HISTORY OF ANCIENT CHINA*, Cambridge University Press, 1999

D.C.LAU, *CONFUCIUS THE ANALECTS(LUN YǓ)*, Hong Kong, The Chinese University Press, 1983

Cho-yun Hsu, *Ancient China in Transition,* Stanford University Press, 1965

Creel H. G., *The Origins of Statecraft in China vol.1:The Western Chou Empire*, Chicago: University of Chicago Press, 1970,

Lao Kan, "The early use of the tally in china", Edited by David T. Roy and Tsuen-hsuin Tsien, *Ancient China: Studies in Early Civilization*, Hong Kong: The Chinese University of Hong Kong Press, 1978.

색 인

중국고대의 법제

저 자 : 임 병 덕
발행처 : 충북대학교 출판부
발행인 : 윤 여 표
주 소 : (28644) 충북 청주시 서원구 충대로1 (개신동12)
전 화 : 043)261-2952, 3014
팩 스 : 043)274-1256
이메일 : presscbu@chungbuk.ac.kr
등 록 : 제1983-2001-7호
초판1쇄 : 2017년 12월 15일
인쇄처 : 삼성디자인기획 042)221-3111

* 이 저서는 2015학년도 충북대학교 학술도서지원사업에 의하여 발행되었음 (This work was supported by the academic books of the Chungbuk National University in 2015).

ISBN 978-89-7295-310-4

값 25,000원